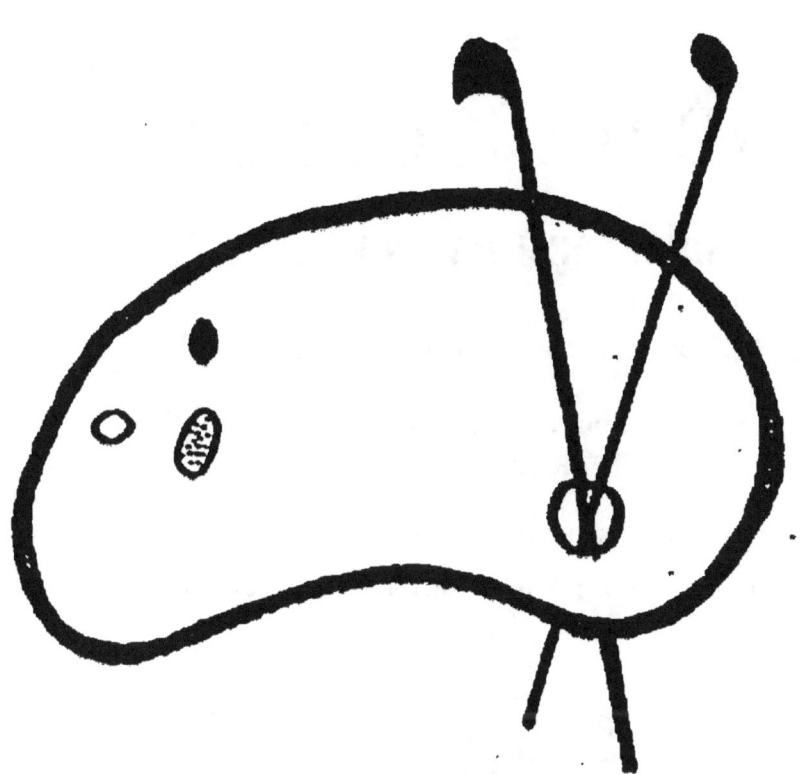

DEBUT D'UNE SERIE DE DOCUMENTS
EN COULEUR

# JOURNAL
## DE
# GÉNÉRAL GORDON,
## SIÈGE DE KHARTOUM,

Préface par **A. EGMONT HAKE**.

TRADUIT DE L'ANGLAIS
PAR M. A. B.

AVEC NOTES ET DOCUMENTS INÉDITS,

UN PORTRAIT, DEUX CARTES ET 18 GRAVURES D'APRÈS LES CROQUIS DE L'AUTEUR.

PARIS,
LIBRAIRIE DE FIRMIN-DIDOT ET C<sup>ie</sup>,
IMPRIMEURS DE L'INSTITUT, RUE JACOB, 56.

1886.

# BIBLIOTHÈQUE DES MÉMOIRES
## Relatifs à l'histoire de France pendant le 18e siècle,

PUBLIÉE AVEC NOTES ET NOTICES PAR M. BARRIÈRE. 28 VOL. IN-18 JÉSUS, A 3 FR. LE VOL.

**Alfieri** (Victor). *Mémoires*, traduction de l'italien. 1 vol.
**Besenval** (baron de). — **Collé**. *La vérité dans le vin, ou les Désagréments de la Galanterie*, comédie. 1 vol.
**Bouillé** (marquis de). *Mémoires*. 1 vol.
**Campan** (Mme). *Mémoires sur la vie de Marie-Antoinette*, suivis de souvenirs sur les règnes de Louis XIV, Louis XV et Louis XVI, et de ses propres Mémoires. 1 vol.
**Clairon** (Mlle). — **Lekain**. — **Préville**. — **Dazincourt**. — **Molé**. — **Garrick**. — **Goldoni**. *Mémoires*. 1 vol.
**Cléry**. *Mémoires*. Procès-verbal d'inhumation de Louis XVI. — Journal de tout ce qui s'est passé à la tour du Temple pendant la captivité de Louis XVI. — Dernières heures de Louis XVI, par l'abbé **Edgeworth de Firmont**. — Récit des événements arrivés au Temple depuis le 13 avril 1792 jusqu'à la mort du Dauphin Louis XVII, par la duchesse d'**Angoulême**. — Duc de **Montpensier**. — **Riouffe**. 1 vol.
**Duclos**. *Mémoires secrets sur le règne de Louis XIV*. — La régence et le règne de Louis XV. — Ministère du duc de Bourbon. — Ministère du cardinal de Fleury. 1 vol.
**Dumouriez**. *Mémoires*, avec éclaircissements historiques et pièces officielles. 1 vol.
—— (Suite). — **Louvet**. — **Daunou**. *Mémoires pour servir à l'histoire de la Convention nationale*. (Ouvrage inédit.) 1 vol.
**Genlis** (Mme de). *Mémoires*. 1 vol.
—— *Souvenirs de Félicie*. — Duc de **Lévis**. *Souvenirs et portraits*. 1 vol.
**Hausset** (Mme du). *Mémoires sur madame de Pompadour*. — **Bachaumont**. *Mémoires historiques et littéraires*. 1 vol.
**Holland** (lord). *Souvenirs*. Mistress **Elliot**. *Journal*. 1 vol.
**Journées de septembre 1792**. Mon agonie de 38 heures, par **Jourgniac-Saint-Méard**. — Fruits amers de la Révolution. — Relation de l'abbé **Sicard**. — Déclaration de **Jourdan**, président de la section des Quatre-Nations. — Procès-verbaux de la Commune de Paris. 1 vol.
**Lauzun**. — **Tilly**. *Mémoires*. 1 vol.
**Linguet**, **Dussaulx** et **Latude**. *La Bastille*. 1 vol.
**Marmontel**. *Mémoires*. 1 vol.
**Masson**. *Mémoires secrets sur la Russie et sur les mœurs de Saint-Pétersbourg à la fin du dix-huitième siècle*. 1 vol.
**Richelieu** (duc de). *Mémoires*. 2 vol.
**Roland** (Mme). *Notices historiques sur la Révolution*. — Portraits et anecdotes. 1 vol.
**Ségur** (comte de) et prince de **Ligne**. *Mémoires et pensées*. 2 vol.
**Staal-Delaunay** (Mme de). — Marquis d'**Argenson**. **Madame**, mère du régent. — **Saint-Simon**, extraits. 1 vol.
**Thiébault**. *Souvenirs de Berlin*. 2 vol.
**Vaublanc**. *Mémoires et souvenirs*. 1 vol.
**Weber**. *Mémoires*, avec éclaircissements historiques et pièces officielles. 1 vol.

---

## MÉMOIRES SUR LA RÉVOLUTION FRANÇAISE,
### PUBLIÉS AVEC NOTES PAR M. DE LESCURE.

Chaque volume in-18 Jésus, à 3 fr. 50 c. le volume.

**Journées révolutionnaires et coups d'État**. Extraits de Roederer, Fiévée, Méda, Barras, Lucien Bonaparte, Lecouteulx de Canteleu. 2 vol.
**La Vendée et Quiberon**. 1 vol.
**Mémoires de Brissot**. 1 vol.
**Mémoires sur l'émigration**. 1 vol.
**Mémoires sur les Comités de salut public, de sûreté, et sur les Prisons**. 1 vol.
**Mémoires sur les Assemblées parlementaires de la Révolution** :
    *Constituante*. 1 vol.
    *Convention*. 1 vol.
**Mémoires biographiques et littéraires** : Duclos, Florian, Mme Suard, Corancez. 1 vol.

---

Typographie Firmin-Didot. — Mesnil (Eure).

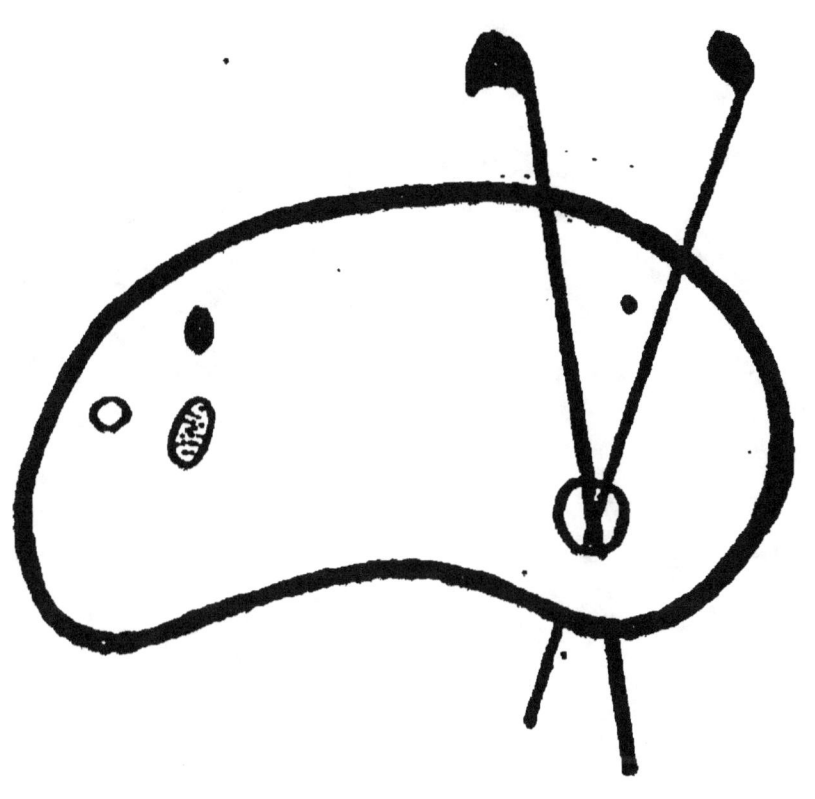

**FIN D'UNE SERIE DE DOCUMENTS EN COULEUR**

# JOURNAL
## DE
# GÉNÉRAL GORDON,
## SIÈGE DE KHARTOUM.

TYPOGRAPHIE FIRMIN-DIDOT. — MESNIL (EURE).

# JOURNAL
## DU
# GÉNÉRAL GORDON,
## SIÈGE DE KHARTOUM,

### Préface par A. EGMONT HAKE.

TRADUIT DE L'ANGLAIS
PAR M. A. B.

AVEC NOTES ET DOCUMENTS INÉDITS,

UN PORTRAIT, DEUX CARTES ET 18 GRAVURES D'APRÈS LES CROQUIS DE L'AUTEUR.

PARIS,
LIBRAIRIE DE FIRMIN-DIDOT ET C<sup>ie</sup>
IMPRIMEURS DE L'INSTITUT, RUE JACOB, 56.

1886.

# PRÉFACE.

> « Romains, mes concitoyens et mes amis, prêtez-moi votre attention. Je viens pour ensevelir César et non pour le louer. Le mal qu'ont fait les hommes leur survit ; le bien est souvent enterré avec eux...
> « Mes bons amis, mes aimables amis, que je ne vous excite pas à un mouvement si soudain de révolte. Ceux qui ont accompli cet acte sont honorables. Quels sont les griefs particuliers qui le leur ont fait commettre, je ne les connais pas, hélas ! mais ce sont des hommes sages et honorables, qui vous donneront sans aucun doute de bonnes raisons...
> « Mais, si j'étais Brutus et si Brutus était Antoine, il y aurait ici un Antoine qui déchaînerait vos courroux et qui mettrait dans chacune des blessures de César une langue capable de pousser les pierres mêmes de Rome au soulèvement et à la révolte. »
>
> (SHAKSPEARE, *Jules César*, acte III, scène III.)

Au début du travail que j'entreprends, ces grandes paroles viennent d'elles-mêmes se placer sous ma plume, et peut-être cependant ne s'appliquent-elles pas exactement à mon sujet. Marc-Antoine ne plaidait que la cause de la vengeance ; je défends, moi, celle de la justice. Je me flatte de faire sentir à l'Angleterre combien est triste et irréparable la perte de Charles-

Georges Gordon, non seulement pour les siens, mais pour l'humanité entière, de montrer combien il était digne de tenir dans sa main l'honneur de son pays, combien était sûr son jugement et élevé son sens moral. Son journal renferme, avec ses dernières paroles et ses pensées suprêmes, de précieuses informations pour son gouvernement, et tout Anglais jaloux de l'honneur britannique le lira d'un cœur oppressé, les yeux obscurcis par les larmes. Gordon est mort, nous ne pouvons le rappeler à la vie; mais il nous est possible de faire en quelque sorte revivre sa pensée par la publication de ce journal, qui montre au peuple anglais et à son gouvernement comment peut être réparé le mal qui a été fait au Soudan. C'est à ce malheureux pays qu'il avait voué une partie de sa vie, c'est pour lui qu'il est mort. Nous nous proposons, dans cette préface, de montrer quelle en était la misérable condition avant qu'il en prît le gouvernement, ce qu'il a fait pour lui et ce qu'il aurait fait encore, s'il eût été le maître et s'il lui eût été donné de vivre plus longtemps.

Lorsque Saïd-Pacha, vice-roi d'Égypte avant Ismaïl, alla visiter le Soudan, il fut tellement frappé d'horreur à la vue de la misère du peuple, que, parvenu à Berber, il jeta ses canons dans le Nil, se refusant à être l'instrument de l'oppression qui avait réduit ce pays à un état aussi lamentable. Quand, en 1874, Gordon y arriva comme gouverneur des provinces de l'Équateur, c'est dans cet esprit qu'il exposa ses vues sur les devoirs des Européens attachés au service des États orientaux. Les paroles ardentes qu'il a prononcées alors respirent la sagesse la plus généreuse et la plus prudente philanthropie, et sont dignes d'inspirer tous ceux à qui la destinée impose une mission semblable : n'accepter l'autorité que pour servir les intérêts de la race qui vous est confiée; la conduire sans contrainte vers une civilisation plus avancée; ne tenter d'autres réformes que celles qui répondent à ses besoins et à ses vœux; oublier sa propre patrie pour n'avoir souci que des intérêts de l'État au service duquel on est entré; enfin, dans tous ses actes, n'avoir pour règle et pour but que la justice universelle et l'intérêt particulier du peuple que l'on gouverne.

Tels étaient les sentiments dans lesquels Gordon avait abordé sa tâche, et il eût été heureux pour l'Égypte, pour l'Angleterre et pour le monde entier, que ses successeurs eussent pris à cœur cet idéal; le bonheur et la paix qu'il avait fait régner au Soudan n'eussent point été troublés.

Jamais peut-être, dans les annales de la barbarie, la justice et la vérité n'avaient été plus méconnues qu'au Soudan, lorsque Gordon y arriva en 1874. Les sept huitièmes de la population étaient en esclavage; les chasseurs d'esclaves et les traitants y régnaient en maîtres avec la complicité de gouverneurs cupides qui leur prêtaient main-forte. Les indigènes libres étaient terrorisés au point de voir un ennemi dans tout étranger, dégradés et misérables au point d'échanger leurs propres enfants contre du grain et du bétail. Leurs troupeaux n'étaient pas plus en sécurité que leurs personnes; ils n'osaient semer, sachant que les gouverneurs et les marchands d'esclaves les empêcheraient de récolter, et, s'ils se risquaient à cultiver un morceau de terre, c'était dans quelque coin reculé, ignoré de leurs tyrans. Ceux-ci avaient pour règle de conduite de traiter en coupables ces pauvres noirs ignorants lorsqu'ils n'agissaient pas conformément aux lois de la civilisation la plus avancée, et d'invoquer à leur propre décharge la barbarie des coutumes locales lorsqu'ils étaient poursuivis pour excès de pillage et de cruauté. La désolation régnait dans ces contrées dépeuplées par les négriers, véritables jungles où pas un être humain ne se montrait au milieu des hautes herbes et des arbres rabougris. Le gouvernement égyptien en avait fait une colonie pénitentiaire pour ses soldats arabes, qui périssaient par centaines dans cette région humide et insalubre. Par crainte de représailles de la part des tribus, on n'osait communiquer d'un poste à l'autre que par des détachements d'au moins cent hommes, et ces postes étaient souvent séparés par une distance de six semaines de marche. Enfin, les chefs des tribus habitant la région des grands lacs guerroyaient perpétuellement sur les frontières et venaient faire des razzias d'esclaves dans le pays.

Et ce n'était pas seulement dans la région située entre Khartoum et les lacs que régnaient l'oppression et l'anarchie. Dans le Khordofan et dans le Darfour, la traite des nègres était encore plus éhontée. Une guerre engagée entre les négriers et les troupes du sultan venait d'y prendre fin au moment de l'arrivée de Gordon, et les deux provinces avaient été réunies en un *homkumdircat*, ou gouvernement général, relevant du Caire et indépendant du Soudan proprement dit.

Gordon avait pour mission d'établir une chaîne de postes entre Gondokoro et les lacs et de s'efforcer de soulager les tribus de l'oppression des marchands d'esclaves. Son premier soin fut de gagner la confiance des indigènes, et, dans ce but, il se rendait seul et sans armes en des lieux où avant lui des groupes de cent hommes avaient seuls osé s'aventurer. Là, il engageait ces pauvres gens à semer leur grain sans crainte, leur donnant les moyens de vivre jusqu'à la prochaine récolte. Sans doute, il ne pouvait aller partout, mais c'était toujours quelque chose de fait, disait-il, et cette expérience devait lui montrer si les nègres, sentant leur liberté et leurs biens en sécurité, sauraient subvenir à leurs besoins. Il s'empara de toutes les caravanes qui amenaient du sud des esclaves, de l'ivoire et du bétail, châtia les négriers ou les enrôla dans ses troupes, car ces hommes, descendants d'une vieille race, étaient de robustes et hardis compagnons; enfin, il renvoya au Caire les gouverneurs tyranniques et pillards. Quant aux esclaves qu'il confisquait, il les gardait jusqu'au moment où il pouvait les renvoyer dans leurs tribus, tandis que l'ivoire et le bétail étaient vendus au profit du Trésor.

Mais il est dans la destinée de ceux qui se dévouent à la cause de l'humanité de rencontrer dans l'accomplissement de leur tâche plus d'obstacles que d'assistance. Gordon eut à lutter contre ceux-là mêmes dont il était en droit d'attendre la coopération. Ismaïl-Pacha-Yacoub, gouverneur général du Soudan, jaloux du zèle et des vertus de son nouveau collègue, sema son chemin d'embûches, et le khédive lui-même méconnut trop souvent les difficultés qu'avait à surmonter le gouverneur de l'Équateur. Mais, disait Gordon, blâmer le khédive serait blâmer sa race, et par conséquent blâmer l'œuvre du Créateur, car ces gens-là ne peuvent agir que conformément à leur tempérament moral. Aussi prenait-il les choses en patience. Il proclamait hautement que sa devise était : *Hurryat* (liberté); qu'il ne permettait plus à personne d'opprimer son voisin, qu'il mettait fin au règne du rapt et du pillage, et que, quant à ceux qui n'étaient pas satisfaits du nouvel ordre de choses, cette devise impliquait pour eux la liberté de quitter le pays. Au reste, il ne cachait pas au gouvernement égyptien qu'il le considérait comme ayant tout autant besoin des bienfaits de la civilisation que les provinces qu'il s'était annexées sous prétexte de les leur apporter.

Il réussit à établir sa chaîne de postes entre

Gondokoro et les lacs, à pacifier les tribus guerroyantes, à abolir les cruels abus des *mudirs* (gouverneurs de district) et des pachas, à donner au peuple la sécurité et la paix. Et cependant, tout en accomplissant ces bienfaisantes réformes, son cœur se serrait à la pensée de ce que le pays deviendrait après lui, sous des successeurs qui n'auraient pas le plus léger souci de ses intérêts. « Je me demande pourquoi je cherche à soumettre les indigènes, pour les laisser ensuite entre les mains de pachas corrompus. Mon influence sur ces tribus n'aura d'autre résultat que d'en faire une proie facile pour mon successeur arabe. »

Cette triste perspective, jointe aux difficultés que ne cessait de lui susciter Ismaïl-Pacha-Yacoub, dont les intérêts étaient contraires à l'abolition de la traite, amenèrent Gordon à résigner ses fonctions après un labeur de trois années. Mais ce n'est pas sans remords qu'il prit cette détermination : « En me retirant, je détruis mon œuvre, tandis qu'en restant, je pourrais dans une certaine mesure sauvegarder cette province contre l'injustice et la cruauté. Qu'ai-je à redouter ? L'homme est-il plus fort que Dieu ? Les choses en sont arrivées à un point tel, dans ces pays musulmans, qu'une crise est imminente. »

Ces paroles significatives, prononcées en septembre 1876, devaient, moins de dix ans après, trouver leur confirmation.

Mais Gordon ne tarda pas à être réinstallé à son poste dans des conditions plus favorables à ses desseins. Du moins, s'il avait à accomplir une tâche presque surhumaine, ne serait-il plus contrecarré dans ses volontés. Non seulement il était nommé gouverneur général du Soudan à la place d'Ismaïl-Pacha-Yacoub, mais il était investi de pouvoirs plus étendus qu'aucun de ses prédécesseurs : autorité civile et militaire, avec droit de vie et de mort sur ses administrés et droit absolu d'interdire à qui bon lui semblerait le séjour dans son gouvernement. Sachant les autorités égyptiennes favorables à la traite, il avait stipulé que son commandement serait indépendant du Caire. Le territoire qu'on lui confiait avait été gouverné successivement par les Arabes, les Égyptiens et les Turcs. Le Soudan devait désormais comprendre la vaste région bornée au nord par la haute Égypte, au sud par les lacs, à l'est par l'Abyssinie et la mer Rouge; à l'ouest, il s'étendait jusqu'à une limite mal définie au delà du Khordofan et du sultanat de Darfour récemment conquis, le tout mesurant approximativement 1,600 milles de long sur 700 de large. Il était partagé entre trois *vakéels* (sous-gouverneurs); un pour le Soudan proprement dit, un pour le Soudan oriental, ou province de la mer Rouge, et un pour le Darfour.

L'abolition de la traite et l'amélioration des communications, seul moyen efficace de pourchasser les négriers, étaient les deux buts que Gordon voulait particulièrement poursuivre, et son expérience déjà acquise dans le sud le rendait parfaitement capable de les atteindre.

Les premiers mois de son administration convainquirent Gordon que son prédécesseur Yacoub était la quintessence de la vénalité égyptienne et de l'incurie turque, double cause de la ruine de la population. Il avait sous les yeux le tableau agrandi de la misère, de l'oppression et de la cruauté qu'il avait déjà constatées dans son ancien gouvernement. Les pachas circassiens, les bachi-bouzouks, la soldatesque arabe, excitaient par leurs excès la population à la révolte; le mauvais gouvernement entretenait la guerre entre les tribus; des villes que tout destinait à être florissantes étaient affamées et désolées; un territoire fertile restait en friche. De tous côtés, sur un sol jonché d'ossements humains, se voyaient des caravanes de nègres mourant de faim et dévorés par le soleil, loin de leur patrie et loin du lieu où les attendait la captivité, ainsi que des bandes de chasseurs d'esclaves, pareils à des vautours prêts à fondre sur leur proie. Enfin, le pays tout entier était soumis à l'influence exécrable de Zubehr-Pacha, le grand traitant, alors ostensiblement prisonnier au Caire, mais entretenant toujours cette odieuse chasse à l'homme par l'intermédiaire de son fils Suleiman, devenu chef de son abominable bande.

Le premier exploit de Gordon fut de disperser cette horde de Suleiman. On voit ici un des plus frappants exemples de ce qu'était le prestige de sa personne dans ce pays. Seul et désarmé, par l'unique force de sa parole et de son influence, il obtenait la soumission de Suleiman et de ses six mille mécréants. Dès qu'il s'éloignait, il est vrai, ceux-ci rentraient en révolte ouverte, si bien qu'après avoir renouvelé plusieurs fois sa tentative pacifique, Gordon prit le parti de recourir aux armes. Il écrasa complètement ces rebelles et fit un exemple éclatant en ordonnant l'exécution sommaire des principaux d'entre eux. « La mort du fils de Zubehr, dit-il, marquera la fin de la traite des noirs. » Les bachi-bouzouks furent licenciés, les mudirs et les pachas coupables de vénalité furent destitués, et, lorsque après trois années de gouvernement il quitta le pays, il fut accompagné par les bénédictions des indigènes qui le suppliaient de revenir.

S'il lui avait été donné de pouvoir continuer à agir suivant la lettre et l'esprit du firman qu'il avait reçu, il ne se serait assurément pas retiré une seconde fois. Mais la chute du khédive Ismaïl et la suppression du Contrôle au Caire devaient ouvrir une autre ère pour le Soudan. Avec toutes ses fautes, Ismaïl avait du moins le mérite d'avoir foi dans son gouverneur général anglais et de le soutenir de tout son pouvoir. L'intrépidité de Gordon, arrivant seul à cheval et sans armes dans le camp des traitants à Schakah, avait enflammé l'imagination du khédive, et, à toutes les critiques des pachas de cour contre le gouvernement du Soudan, il répondait en citant cet exploit. Il reconnaissait ouvertement la supériorité de Gordon sur tous et sur lui-même, et, le tenant pour placé au-dessus des murmures des hommes, ne voulait jamais rien écouter des réclamations adressées contre lui. Mais l'avènement de Tewfik changea la face des choses. Les pachas du Caire, impuissants sous Ismaïl, devinrent prépondérants sous un prince ignorant des affaires, et, intéressés au maintien de l'esclavage, ils dictèrent au nouveau khédive le choix du successeur de Gordon. Ce fut Reouf-Pacha, un homme que Sir Samuel Baker avait dénoncé comme coupable de meurtre, et qu'en 1877 Gordon avait chassé de Harrat pour actes tyranniques. Cette nomination équivalait à une déclaration en faveur des traitants, et Gordon prévoyait l'avenir lorsque, six mois auparavant, en avril 1879, il avait dit : « Avec le système actuel de gouvernement, si on abolit l'esclavage en 1884, on marche tout droit à une insurrection du pays entier (1). »

Les événements ont montré la vérité de ces paroles prophétiques. Une année plus tard, en avril 1880, au moment de son départ pour l'Inde, Gordon écrivait :

« J'apprends avec douleur et indignation que le khédive et ses officiers ont permis le rétablissement de la traite dans

(1) La convention de 1877 stipulait l'interdiction immédiate de la traite et l'abolition de l'esclavage en 1884. Chaud partisan de la première de ces réformes, Gordon pensait que, pour entreprendre la seconde, il fallait assurer au Soudan un gouvernement fort et honnête, sans quoi une modification aussi radicale de l'état économique et social du pays, et de nature à léser autant d'intérêts, y provoquerait des troubles sérieux. Cette manière de voir est développée en maints endroits de son journal.

le Darfour et les autres provinces de l'Afrique centrale et équatoriale, que de nouvelles bandes de négriers se forment dans le Khordofan, et que toutes les mesures que j'avais prises pour la suppression de cette abomination ont été rapportées. Les deux missionnaires Wilson et Felkin, qui arrivent d'Uganda en passant par ces régions, me disent que l'on croit à l'expulsion prochaine de tous les Européens, y compris, naturellement, Gessi et les autres officiers qui ont servi avec moi. Même dénué de fondement, ce bruit suffirait à affaiblir l'autorité des fonctionnaires européens et à rendre leur tâche plus malaisée. Voilà d'affligeantes nouvelles, surtout lorsqu'on songe à l'immense misère qui en résultera pour les débris de ces malheureuses tribus nègres. »

La justesse des prévisions de Gordon a été surabondamment démontrée. De l'aveu même du gouvernement anglais, il ressort que le motif déterminant de l'insurrection soulevée par le Mahdi est moins le fanatisme religieux des tribus, que la vénalité et la tyrannie des fonctionnaires égyptiens, les abus dans la perception des taxes, et, par-dessus tout, l'abolition de l'esclavage, que Gordon avait toujours considérée comme funeste, si elle avait lieu sous un pareil gouvernement.

Ainsi, la condition à laquelle le Soudan se trouva réduit après le départ de Gordon doit être entièrement attribuée à l'abandon des mesures qu'il avait conseillées. Si le gouvernement égyptien avait surveillé les traitants et mis obstacle à leur reconstitution après que Gordon leur avait porté un coup fatal par l'exécution de Suleiman, s'il avait mis un frein à la corruption et à la tyrannie de ses fonctionnaires, le Soudan serait resté paisible, tel qu'il était en 1879 lors du départ de Gordon. Mais les nouveaux gouvernants ayant rouvert l'ère de l'esclavage, de l'oppression et du *bakchisch*, la révolte du pays en est résultée.

Il est inutile de s'étendre sur les événements qui ont précédé ceux relatés par Gordon dans son journal. On se rappelle son arrivée, son voyage triomphal, l'enthousiasme avec lequel il fut reçu au Soudan, l'accueil favorable fait à sa première proclamation, et le succès que rencontra d'abord sa politique pacifique. On sait qu'après une semaine de séjour à Khartoum, il prévint les rebelles qu'il allait être contraint de recourir à la sévérité. Le colonel Stewart avait rapporté de son voyage sur le Nil Blanc la conviction que les scheikhs et le peuple ne demandaient qu'à rester fidèles, mais que, si le gouvernement ne les protégeait pas contre le Mahdi, ils seraient contraints de prendre parti pour celui-ci. Aussi Gordon demanda-t-il qu'on eût recours à Zubehr, comme au seul homme dont l'influence fût suffisante pour tenir le pays en respect. Lui seul pourrait l'emporter sur le Mahdi, et il fallait écraser le Mahdi ; sans quoi, non seulement la paix et l'évacuation de Khartoum seraient impossibles, mais encore l'Égypte même serait menacée. Le gouvernement britannique ayant considéré que sa dignité lui interdisait de se commettre avec un marchand d'esclaves, le gouverneur général dut se contenter d'utiliser de son mieux les ressources qu'il avait sous la main.

Ses prévisions quant aux conséquences du refus d'envoyer Zubehr au Soudan ne tardèrent pas à se vérifier. Peu à peu, les rebelles se rassemblèrent autour de la ville, en assiégèrent les faubourgs et coupèrent les communications. Les indigènes demeurés fidèles furent massacrés ou contraints de passer à l'ennemi. Quelquefois Gordon parvint à chasser les assiégeants des tranchées, à débloquer les villages avoisinants et à rentrer dans Khartoum, chargé de munitions et de vivres ; d'autres fois son armée, composée en grande partie d'Égyptiens et de bachi-bouzouks, et pour le reste de troupes nègres, se laissa battre honteusement. Ces expéditions se faisaient dans de petits steamers spéciaux pour la navigation du Nil (1),

(1) Khartoum est situé au confluent du Nil Bleu et du Nil Blanc. (*V. la carte, p.* 1 *du journal.*)

cuirassés avec des plaques de chaudières et armés de pièces de montagne, protégées par des traverses de bois de l'invention de Gordon. Le 16 mars, dans une de ces sorties, les troupes, trahies par cinq de leurs propres chefs, furent prises de panique et rejetées en désordre dans la place, avec des pertes considérables des deux côtés. Justice fut faite des traîtres, dont deux, les pachas nègres Saïd et Hassan, furent fusillés par leurs hommes. A partir de ce moment, la place fut en butte aux attaques continuelles des troupes du Mahdi, le blocus se resserra et bientôt le bombardement devint incessant. Les habitants étaient tués en traversant les rues, mais le gouverneur général, qui s'exposait sans cesse, soit en inspectant ses défenses, soit en observant du haut de la terrasse de son palais, ne fut pas blessé une seule fois.

Pendant ce temps, l'insurrection gagnait chaque jour du terrain. D'El-Obeyed, où était son quartier général, le Mahdi dépêchait des émissaires dans toutes les directions et faisait des recrues de force ou de gré à Souakim, Berber, Schendy, Kassalah; le cercle se resserrait autour de Khartoum, et, pour narguer les assiégés, les rebelles répétaient ironiquement les paroles sans cesse réitérées du gouverneur : « Les Anglais arrivent. » Après

Tokhar, après Sinkhat, Berber, la principale place entre Khartoum et le Caire, demanda en vain du secours. Son gouverneur, jusque-là fidèle, reçut pour réponse qu'il pouvait agir comme bon lui semblerait, et, pour sauver sa vie et celles des habitants, il rejoignit les hordes du Mahdi. Dans son triomphe, celui-ci envoya à Khartoum deux derviches pour demander à Gordon s'il voulait lui-même s'enrôler sous la bannière du prophète. Il lui fut répondu que, tant que Khartoum tiendrait, il ne serait ouvert aucune négociation.

Tout espoir de paix ou de secours de son gouvernement étant évanoui, Gordon prit les mesures nécessaires pour approvisionner la ville et la défendre. Le numéraire étant rare, il créa un papier-monnaie, et trois des plus riches notables avancèrent des sommes sous la garantie du gouverneur général, qui en servait les intérêts. Des rations étaient allouées aux indigents, le biscuit réservé aux officiers, le *dhoora*, espèce de maïs, formant le fond de la nourriture des hommes. Toutes sortes de défenses furent organisées : mines, torpilles, chausse-trapes en fil de fer et en verre cassé, et des postes furent établis sur tous les points. La population entière dut porter les armes, y compris les nègres réfugiés dans les quartiers pauvres. Il ne négligea pas la défense du Nil, et, comme il l'avait fait lors de la guerre des Taï-Pings, il sut, avec des matériaux insuffisants, organiser une flottille dont les rebelles ne purent jamais venir à bout, et au moyen de laquelle il put faire entrer dans la place des armes et des vivres et harceler l'ennemi. Il trouva même moyen de distraire de sa petite marine un steamer pour emmener son camarade Stewart; Power, le consul, anglais; Herbin, le consul français, et les Grecs qui quittèrent Khartoum, et, plus tard, d'envoyer encore à Metemmah trois autres bateaux. C'est ainsi qu'il lutta désespérément pendant onze longs mois, résistant aux attaques quotidiennes des assiégeants, et ayant à se défendre dans la place même contre la lâcheté, la mutinerie et la trahison. C'est du jour du départ de Stewart que date le commencement de son journal, alors que, nuit et jour, il attendait l'arrivée de l'armée anglaise. Quelles ont été pendant ce temps ses craintes, ses espérances, ses projets et ses actes, son journal le dira.

Je me suis efforcé de montrer que Gordon était le seul homme capable de rétablir l'ordre au Soudan. Mais, lorsqu'il y fut envoyé par le gouvernement de Sa Majesté, il n'était investi d'aucune autorité pour agir, et n'avait d'autre mission que celle de conseiller. Il devait rendre compte de la situation militaire dans le Soudan, et aviser aux mesures à prendre pour assurer la sécurité des garnisons égyptiennes qui tenaient encore et de la population européenne de Khartoum, et, subsidiairement, pour maintenir l'autorité du khédive dans les villes de la côte. A ce moment, Gordon n'était donc qu'un agent du cabinet anglais et de son représentant au Caire.

Pour tous ceux qui connaissaient le caractère et les antécédents de Gordon, il était évident que le gouvernement de Sa Majesté n'avait rien de mieux à faire que d'adopter les mesures suggérées par Gordon et de lui donner carte blanche pour leur exécution; telle semblait être la signification de cette phrase de ses instructions : « Vous vous considérerez comme autorisé à remplir toutes les missions que le gouvernement égyptien pourra désirer vous confier, » phrase dont le sens, il est vrai, était modifié par cette conclusion : « et qui pourront vous être transmises par Sir Evelyn Baring (1). » Et cependant, tant que l'Angleterre ne s'annexait pas régulièrement l'Égypte et le Soudan, Gordon se trouvait par là

(1) Consul général et agent diplomatique anglais au Caire.

autorisé à accepter une mission sur laquelle le cabinet anglais n'aurait aucun contrôle à exercer. Le khédive jugea devoir nommer Gordon gouverneur général du Soudan, Gordon jugea devoir accepter, et le gouvernement anglais jugea devoir ratifier cette acceptation par une note officielle qui lui fut transmise par Sir E. Baring. De ce jour, la position de Gordon était complètement modifiée, du commun accord des gouvernements anglais et égyptien. Gordon devait « *opérer l'évacuation du Soudan, et le gouvernement égyptien avait la plus entière confiance dans son jugement et sa connaissance du pays et dans le choix qu'il ferait de la ligne de conduite à adopter. Rien ne serait négligé par les autorités du Caire, tant anglaises qu'égyptiennes, pour coopérer de tout leur pouvoir à ses efforts.* »

Dès l'instant où le général Gordon, gouverneur général du Soudan, avait été officiellement envoyé pour assurer la retraite des garnisons du pays, il était évident que la direction des opérations échappait au gouvernement de Sa Majesté. Le khédive lui-même s'en était virtuellement dessaisi par le firman qu'il avait remis à Gordon et qui n'a jamais été rapporté entre le jour où Gordon a quitté le Caire et celui où il est mort à Khartoum.

Ce firman disait : « Nous vous instituons par les présentes gouverneur général du Soudan, et nous avons pleine confiance que vous saurez remplir nos intentions pour le rétablissement de l'ordre et de la justice, que vous assurerez la paix et la prospérité du Soudan en maintenant la sécurité des communications, etc. » Il est donc absurde et injuste de prétendre que « le général Gordon a outrepassé les instructions que lui avait données le gouvernement de Sa Majesté. » Ces instructions n'étaient autres que celles données par le khédive au gouverneur général; il n'y avait pas à les outrepasser. Toute la question était de savoir si Gordon parviendrait à réaliser les espérances que l'on mettait en lui, et ceci dépendait de la bonne foi des gouvernements qu'il servait.

Tenant à la fois une commission de Sa Majesté et des pouvoirs du khédive, Gordon s'efforça en toutes choses de concilier les vœux du gouvernement anglais avec les intérêts des populations auxquelles il s'était engagé à venir en aide. Ceci ne fait aucun doute pour les membres du cabinet Gladstone eux-mêmes, qui approuvaient officiellement les intentions du khédive, telles qu'elles sont exprimées dans cette lettre adressée à Gordon, le 26 janvier 1884 :

« Excellence,

« Vous savez que l'objet de votre mission au Soudan est d'assurer l'évacuation de ce territoire par nos troupes et nos fonctionnaires civils, ainsi que de faciliter à ceux des habitants qui le souhaiteront l'émigration en Égypte avec ce qui leur appartient. Nous sommes assuré que Votre Excellence saura adopter toutes les mesures efficaces dans ce but, après quoi vous aurez à faire le nécessaire pour organiser un gouvernement régulier dans les provinces, y maintenir l'ordre et apaiser l'esprit de révolte qui y règne. »

Le khédive aurait-il écrit cette lettre, s'il eût pu imaginer ce que, trois mois plus tard, lord Granville télégraphierait à Gordon ? « Entreprendre des expéditions militaires dépasse la teneur de vos instructions et est en contradiction avec l'esprit pacifique de votre mission au Soudan. » Il est pourtant bien évident que « l'adoption de toutes les mesures efficaces » comportait un recours éventuel aux armes, qui seules pouvaient amener le rétablissement de l'ordre, et il serait étrange que lord Granville ne l'eût pas compris lorsqu'il contresigna le firman khédival.

Pour ma part, je ne crois pas que le cabinet Gladstone ait jamais envisagé autrement la situation de Gordon. Ce n'est que lorsque celui-ci fit appel à son pays pour soutenir la cause du droit et de la justice, sans souci de l'esprit de parti et de l'opinion publique égarée, ce n'est qu'alors qu'on a commencé à parler « des vues personnelles du général Gordon et de sa désobéissance aux ordres qu'il avait reçus. » Il s'est établi à ce sujet une légende que la lecture de ce journal détruira, j'en suis certain. J'ajouterai que, si le khédive avait prescrit à Gordon de ne s'occuper que de l'évacuation de Khartoum en abandonnant les autres garnisons, de tout sacrifier plutôt que de lutter par les armes contre le Mahdi, et de ne se point préoccuper des intérêts de la population indigène, jamais Gordon n'aurait accepté le poste de gouverneur général du Soudan. Et, lorsque le cabinet anglais lui suggéra cette conduite comme le seul moyen de sortir des difficultés dans lesquelles il se débattait, il télégraphia à Sir E. Baring : « Pourrais-je obéir à un ordre de rappel, tant que je n'ai pas assuré le départ de fonctionnaires que j'ai nommés moi-même et que j'abandonnerais aux vengeances du Mahdi? Oserais-je donc fuir ainsi à la face du monde, et, en homme d'honneur, pouvez-vous me conseiller une telle conduite? » Et il ajoutait ces paroles amères : « Peut-être a-t-on eu tort de m'envoyer ici; mais, puisqu'on l'a fait, je n'ai pas d'autre voie à suivre que d'accomplir ma tâche jusqu'au bout. »

Je me suis étendu sur ce sujet parce que je le crois nécessaire à l'intelligence du journal que l'on va lire et à sa juste interprétation. Il est encore deux questions qu'il me faut toucher pour ce motif.

La première est celle-ci : dans quelle limite le gouvernement de Sa Majesté se trouvait-il moralement tenu de soutenir Gordon? La réponse se trouve dans le firman du khédive, ratifié par le cabinet anglais, et dans ces paroles prononcées à la Chambre des communes par M. Gladstone, le 4 février : « Les devoirs du général Gordon vis-à-vis de notre gouvernement sont, à mon sens, primés par ceux de la grande mission qu'il tient directement du gouvernement égyptien, *sous la pleine responsabilité morale et politique du cabinet britannique.* »

Gordon établit dans son journal notre part de responsabilité. Nous sommes moralement responsables du désastre du général Hicks; car, si l'on n'avait pas formé son armée de conscrits fellahs arrachés à leurs foyers par la force et amenés enchaînés à leur corps, Hicks n'eût pas été obligé de quitter Khartoum, et ses troupes n'eussent pas été détruites. Par suite de ce désastre, nous sommes moralement responsables de l'extension de l'influence du Mahdi, dont le prestige en fut considérablement accru, et de la transformation d'un simple soulèvement local en une grande insurrection. Quant à notre responsabilité politique, elle a commencé avec l'ordre d'abandonner le Soudan, intervention de notre part absolument inutile, puisque pratiquement le Soudan était perdu, et elle a continué avec notre refus de recourir à des troupes turques, avec la mission donnée à Gordon et avec nos opérations de Tokhar et de Sinkhat. Puisque nous devions forcer la main au khédive, pourquoi ne pas lui avoir fait rapporter le firman de nomination de Gordon? Dégagé de ses devoirs envers les Soudanais, celui-ci aurait quitté Khartoum. Tant que nous ne l'avions pas fait, nous étions responsables, moralement et politiquement, vis-à-vis de lui, comme vis-à-vis du gouvernement égyptien. Avec un peu de décision, nous aurions épargné la vie de Gordon, de Stewart, de Power et de milliers d'autres, et nous aurions économisé des millions.

Quant à la seconde question de savoir pourquoi, avec la promesse de coopération de l'Égypte et de l'Angleterre, Gordon n'a pu mener à bonne

## PRÉFACE.

fin la tâche qui lui était prescrite, des volumes ont été déjà écrits sur ce sujet et bien d'autres encore verront le jour, y compris le journal rédigé par lui et le colonel Stewart, pris avec celui-ci par un ennemi déloyal, et qui se trouve sans doute entre les mains des successeurs du Mahdi Méhémet-Achmet. Je me borne à résumer en quelques points les causes de cet échec, en essayant de prouver que Gordon, loin d'avoir jamais été soutenu, a été, au contraire, continuellement contrecarré.

1° Gordon avait parlé de l'éventualité d'une entrevue avec le Mahdi. Au nom du gouvernement anglais, Sir E. Baring lui a interdit de la façon la plus positive toute démarche de ce genre. Gordon s'est conformé à une défense dont il lui était facile de ne pas tenir compte, preuve du soin qu'il mettait à obéir aux vœux de son gouvernement, lorsqu'ils n'étaient contraires qu'à ses appréciations personnelles, et que son devoir et son honneur n'étaient pas en question.

2° Gordon avait proposé de se rendre dans les provinces équatoriales, et le gouvernement de S. M. a refusé de sanctionner des opérations au delà de Khartoum.

3° Gordon avait demandé à Souakim 3,000 soldats turcs à la solde de l'Angleterre, qui lui ont été refusés sur l'avis de Sir E. Baring.

4° Gordon n'avait cessé, depuis le mois de février jusqu'en décembre, de demander, pour les motifs les plus probants, la nomination de Zubehr comme son successeur, ce que le cabinet anglais n'a jamais voulu permettre au khédive.

5° Gordon avait demandé un firman établissant une suzeraineté et un contrôle moral sur le Soudan, ce qui lui a été péremptoirement refusé.

6° Gordon avait demandé des troupes indiennes musulmanes, qui lui ont été refusées.

7° Au mois de mars, Gordon avait demandé cent soldats anglais à Assouan. En transmettant sa demande au gouvernement, Sir E. Baring a déclaré qu'il ne conseillait pas l'envoi d'un si petit détachement dans un climat insalubre. Les soldats n'ont pas été envoyés.

8° Gordon avait toujours dit que, dans l'intérêt général, il fallait écraser le Mahdi. Le gouvernement de S. M. s'est toujours refusé à intervenir dans ce sens.

9° Dans une série de onze télégrammes consécutifs, Gordon avait exposé les difficultés de sa situation. Il déclarait que, si le gouvernement de S. M. ne consentait pas à envoyer des troupes britanniques à Ouedy-Halfah et à rétablir les communications entre Berber et Souakim, au moyen d'une colonne de troupes indiennes musulmanes, il n'y avait plus qu'à choisir entre ces deux partis : abandonner le Soudan au Mahdi ou le donner à Zubehr. Quant à lui-même, il ferait de son mieux, mais était convaincu qu'il serait pris dans Khartoum. Sir E. Baring lui a répondu en le priant de *bien considérer cette question de nouveau et de lui mander par télégramme ce qu'il conseillait de faire*. Gordon a télégraphié : « *La coopération de Zubehr est de nécessité absolue et urgente. Je ne puis agir efficacement qu'avec lui, et il faut l'envoyer sans délai.* » Il ajoutait dans une seconde dépêche : « *Croyez-moi, j'ai raison, il y a urgence.* » Zubehr lui a encore été refusé.

10° Sir E. Baring a télégraphié à lord Granville que le général Gordon réitérait sa demande de deux cents soldats anglais, mais que lui, Baring, ne jugeait pas devoir accéder à ce désir.

11° Enfin, Gordon, désespérant de rien obtenir, a envoyé au gouvernement de Sa Majesté un suprême adieu. Sur ces entrefaites, Berber étant tombé aux mains des rebelles, Sir E. Baring a aussitôt télégraphié à lord Granville « qu'il était maintenant de la plus haute importance, non seulement de rétablir les communications entre Berber et Souakim, mais encore de négocier avec les tribus entre Berber et Khartoum. » Et lord Granville a répondu que, « le général Gordon ayant depuis longtemps suggéré une diversion sur Ouedy-Halfah, *les conjonctures actuelles rendraient peut-être cette opération avantageuse.* »

Après ceci, ne pouvons-nous pas dire avec Gordon : « Quelle comédie ce serait, si des vies humaines n'étaient en jeu ! » Oui, nous le croyons fermement comme lui, si l'on s'était borné à l'abandonner à lui-même, sans le contrecarrer continuellement, Gordon, avec les seules ressources de son jugement, de son intrépidité, de son indomptable énergie, serait parvenu au moins à sauver les garnisons du Soudan et à protéger le départ de tous ceux qui voulaient quitter le pays. Gordon l'a dit, et il était juge compétent de sa situation. Mais il a eu la faiblesse d'avoir foi dans autrui, noble faiblesse de l'homme loyal. Pendant ses campagnes en Chine, pendant ses séjours antérieurs au Soudan, il s'était fié à ses ennemis, et, au milieu de souffrances si terribles, qu'il avait souvent appelé la mort, cette confiance lui avait réussi ; cette fois, il s'est fié à ses amis, et il lui en a coûté la vie.

Je ne crois pas qu'on puisse aller loin dans la lecture de ce journal sans se sentir pénétré pour Gordon d'une admiration sympathique. Il s'y peint lui-même dans les traits les plus déliés de sa riche nature : la lucidité de son jugement, qui donnait à ses prévisions un caractère presque prophétique ; l'énergie surhumaine et la sereine fermeté avec lesquelles il tenait tête aux difficultés les plus insurmontables ; la générosité et la loyauté envers ses ennemis ; une franchise un peu rude, le poussant à des vivacités de langage, mais sans jamais l'entraîner à la violence et à la déraison ; une certaine irritabilité, corrigée par un grand fonds d'indulgente bonté ; un amour passionné de la justice et de la vérité ; un mépris profond pour l'hypocrisie, la lâcheté et le mensonge ; une immense pitié pour les malheureux et une grande miséricorde pour les méchants ; un esprit humoristique dont la gaieté résistait aux plus cruelles épreuves ; une résignation à la fois chrétienne et fataliste aux événements les plus douloureux, sans impatience ni murmures, sauf contre ceux qui ont lésé son honneur et nui au malheureux peuple dont il avait pris la défense ; un profond sentiment religieux et un goût prononcé pour l'interprétation, souvent paradoxale, des Écritures saintes; une humilité touchante, qui ne lui enlevait pas la conscience de sa force et de son mérite, mais lui faisait sentir ses imperfections. Pas une fois on n'y découvrira trace de doute ou de désespoir. Aussi ne devons-nous pas plaindre Gordon, qui a maintenant trouvé dans le sein de Dieu la vie éternelle à laquelle il a si longtemps aspiré.

A. Egmont HAKE.

# INTRODUCTION.

Quelques mots d'explication de ma part sont nécessaires avant de livrer ce journal au public.

Le premier jour de l'an 1884, le général Gordon, venant de la Terre-Sainte, arrivait à Bruxelles, où il conférait avec Sa Majesté le roi des Belges au sujet du Congo. De là, il faisait un court voyage en Angleterre, et en partait, le 16 janvier, pour la Belgique, d'où il devait aussitôt s'embarquer pour le Congo. Le 17, il était rappelé à Londres par dépêche; il y arrivait le 18 au matin, et le soir du même jour il était en route pour Khartoum.

Il partait plein de confiance dans sa mission, qui consistait à délivrer les garnisons égyptiennes du Soudan et à les ramener en Égypte, ainsi que les employés civils et leurs familles; il devait atteindre ce but en rétablissant dans leur autorité les chefs arabes, anciens possesseurs de ce territoire avant que le gouvernement égyptien se le fût annexé.

Pendant le voyage de Brindisi à Port-Saïd, il rédigea, à la date du 22 janvier, un mémoire dans lequel il commentait les instructions qu'il avait reçues, et attirait l'attention du gouvernement de S. M. sur certaines difficultés et complications devant résulter de la politique qu'on lui prescrivait, et qu'il ne pourrait peut-être pas suivre à la lettre. A la même date, le colonel Stewart faisait les mêmes observations dans une note par laquelle il conseillait de « s'en remettre à la sagesse du général Gordon et à sa connaissance du pays. »

Le général Gordon était à ce moment d'avis que l'abandon du Soudan était le seul parti sage à prendre. Il lui semblait inique de reconquérir ce pays sans être à même de lui garantir un gouvernement honnête et équitable, ce qui eût entraîné l'Angleterre à des sacrifices de temps et d'argent qu'elle était hors d'état de faire.

Arrivé au Soudan, au milieu de ces populations qu'il aimait de tout ce qu'il avait fait pour elles et dont il était aimé, il changea de manière de voir. Il n'était pas dans son caractère de se créer une opinion avant d'être parfaitement édifié sur les circonstances, et d'y persister lorsqu'il était en possession d'éléments nouveaux de nature à la modifier. Aussi, dès son arrivée à Abou-Hamed, le 8 février, trouvant le pays dans une désorganisation et une confusion plus grandes qu'il ne l'avait cru, déclara-t-il qu'il ne fallait pas procéder brusquement à la séparation du Soudan et de l'Égypte, et qu'il était nécessaire, par voie de transition, de maintenir sur ces provinces une suzeraineté du khédive, plus nominale qu'effective.

Le 18 février, jour de son arrivée à Khartoum, confirmé dans son opinion, il demanda que cette autorité nominale fût placée entre les mains de Zubehr-Pacha. Ce grand traitant, descendant direct des Abbassides, ce qui lui donnait un prestige auquel le khédive lui-même ne pouvait prétendre, est un homme d'une très remarquable capacité et possède dans le pays une influence considérable.

Cette demande fut rejetée par le cabinet britannique, bien que Gordon la renouvelât sans cesse de la façon la plus persistante et d'accord avec Sir Evelyn Baring, qui considérait aussi Zubehr-Pacha comme seul en état de faire échec au Mahdi. Je sais pertinemment qu'un des principaux membres du cabinet et que lord Wolseley partageaient cette opinion. Au commencement d'août, le général Gordon ayant fait une nouvelle tentative sur ce point, je me suis efforcé de lui faire obtenir gain de cause, mais sans succès.

A défaut de Zubehr, il ne restait qu'à recourir aux Turcs, pour empêcher le retour du Soudan à l'anarchie et à la barbarie. Le général Gordon suggéra cette solution, qui ne fut pas adoptée.

Si le général Gordon avait pu savoir à quel point Sir Evelyn Baring partageait sa manière de voir et combien il a fait son possible pour lui venir en aide, il lui eût assurément rendu justice.

Il me reste à dire quelques mots des commentaires sévères qui se trouvent en maints endroits du journal au sujet du service des renseignements (*Intelligence-Department*), dirigé par les majors Chermside et Kitchener, et du peu d'aide que le général Gordon en a reçu. Le premier de ces officiers était à Souakim ; il est donc hors de cause. Quant au major Kitchener, je suis persuadé qu'il a toujours fait de son mieux pour communiquer avec Khartoum, mais que beaucoup de ses messagers ne parvenaient pas à destination, sort qu'avaient aussi nombre des émissaires envoyés par le général Gordon. Il faut rendre cette justice au major Kitchener que, jusqu'à son départ pour Dongolah, il nous a renseignés fort convenablement sur la situation de Khartoum.

Et maintenant, je laisse la parole au journal de mon frère, qui expliquera, je crois, avec la plus

## INTRODUCTION.  XLI

grande clarté, sa situation et fera comprendre pourquoi il n'a pas cru devoir quitter Khartoum sans avoir assuré le sort de ceux qui y étaient avec lui. Le 14 décembre, jour où finit son journal, il eût encore pu pourvoir à son salut personnel. Depuis ce jour, nous ne savons rien des événements. Mais lui n'ignorait pas alors que, tout espoir de secours étant évanoui, les vivres s'épuisant et la trahison faisant son œuvre dans la place, la fin était proche, et, le 14 décembre, il écrivait à sa sœur : « C'est Dieu qui est le maitre, et ce qu'il fait est pour sa gloire et pour notre bien ; donc, que sa volonté soit faite. Moi, je suis heureux, car je me suis efforcé de faire mon devoir. »

Sir Henry W. Gordon, K. C. B. (1).

---

(1) Commandeur de l'ordre du Bain.

## DESCRIPTION DU MANUSCRIT ORIGINAL.

Le journal tenu par le lieutenant-colonel Stewart et par le général Gordon, du 1er mars au 9 septembre, et auquel Gordon fait de fréquentes allusions, avait été emporté lors de son départ de Khartoum à cette date par Stewart, qui a été pris et mis à mort par les Arabes. On sait par Slatin-Bey, un des lieutenants du Mahdi, que ce journal a été remis à celui-ci.

Le journal de Gordon date du 10 septembre et est divisé en six fascicules, qui ont été emportés successivement par les steamers qu'il envoyait à Berber et à Metemmah. Le sixième fascicule va jusqu'au 14 décembre, et fut remis avec les autres entre les mains du colonel sir Charles Wilson (1), à Metemmah, le 22 janvier, par l'officier qui commandait la flottille. Quant à la suite du journal, jusqu'au jour de la chute de Khartoum et de la mort de Gordon, elle doit également se trouver aux mains des Arabes.

Mon avis, conforme à celui du général Gordon, (*v. la lettre qui est jointe au sixième fascicule*), est

---

(1) Chef d'état-major du corps expéditionnaire du Soudan.

que ce journal devait être considéré comme un document officiel. Il m'a été transmis par le ministère, avec une note disant que « les vœux du gouvernement de S. M. étaient pour la publication intégrale de ce journal, mais qu'il s'en remettait à mon appréciation. » J'en ai donc entrepris la publication, la note que mon frère a mise à la fin du premier fascicule en donnant la propriété à sa famille, après que le gouvernement en aurait pris connaissance.

Chacun des fascicules, enveloppé dans un foulard ou dans une toile, était adressé au lieutenant-colonel Stewart, au chef d'état-major du corps expéditionnaire du Soudan ou à lord Wolseley, et portait cette mention : « Ne contient pas de secrets en ce qui me concerne, » ainsi que cette note, plusieurs fois répétée : « A élaguer en cas de publication. » Je n'ai cru devoir en omettre que la valeur de six à sept pages, dont la matière n'offrait aucun intérêt public.

H.-W. Gordon.

# JOURNAL DE GORDON[1]

## PREMIER FASCICULE.

### DU 10 AU 23 SEPTEMBRE 1884.

10 *septembre.* — Le colonel Stewart, MM. Power et Herbin (2) sont partis cette nuit pour Dongolah, *via* Berber.

Un espion venu du front Sud et un autre venu d'Halfeyeh (3) rapportent que les Arabes (4) n'ont pas l'intention de faire une attaque de vive force et se bornent à continuer le blocus.

J'ai envoyé à Schendy un espion, porteur de plusieurs télégrammes.

---

(1) Pour l'intelligence du journal, se reporter à la carte placée à la fin du volume.
(2) Consuls d'Angleterre et de France.
(3) Petite ville à 8 milles au N. de Khartoum.
(4) Ainsi qu'il le fait remarquer plus loin, Gordon désigne sous le nom d'Arabes les partisans du Mahdi. Cette insurrection, en effet, avait été fomentée par les chefs arabes du Soudan, sous couleur de guerre religieuse, mais dans le but réel de reconquérir leur ancien pouvoir dans ce pays. Ils avaient entraîné une partie de la population nègre musulmane, tandis qu'au contraire, quelques tribus arabes étaient demeurées fidèles au gouvernement. Le lecteur désireux d'avoir des détails circonstanciés sur cette insurrection, antérieurement au siège de Khartoum, les trouvera dans l'Appendice, M.

Hier, les Arabes ont tiré sur le messager qui portait au Mahdi ma réponse à sa lettre, bien qu'il fût porteur d'un drapeau blanc. Ils usent eux-mêmes du drapeau parlementaire, que nous respectons toujours, mais ils font prisonniers les hommes que nous leur envoyons.

Il est curieux que les habitants de cette ville, qui ont toutes facilités pour la quitter, s'obstinent à y rester et que des gens viennent par centaines s'y réfugier, alors qu'on nous sait dépourvus de vivres et d'argent. Ceci n'est pas sans me donner quelque confiance dans l'avenir, car il est rare que les masses soient trompées par leur instinct. Je crois qu'un habitant de Khartoum considérerait comme le plus grand des châtiments d'être renvoyé de la ville.

On me mande d'Halfeyeh que Faki-Mustapha, qui commande les Arabes sur la rive gauche du Nil Blanc, voudrait se rallier au gouvernement. Je lui fais savoir que nous en sommes bien aises, mais que nous l'engageons à se tenir tranquille jusqu'à ce que la balance ait penché d'un côté. Il sera toujours à temps de se déclarer lorsque nous prendrons l'offensive, et du moins, si nous tombons, il ne sera pas compromis. Tout ce que nous lui demandons, c'est de faciliter le passage à nos espions, ce qu'il peut faire sans risque. Le même avis a été envoyé aux gens de Schendy, qui voulaient aller attaquer Berber. Les gens qui s'étaient enfuis à Tuti (1) demandent à rentrer, ce qui leur est accordé.

(1) Ile située au confluent du Nil Blanc et du Nil Bleu.

Les mèches pour les mines sont faites, et nous allons réunir ces engins par groupes de dix. De nombreuses rangées de chausse-trapes en fil de fer sont disposées devant les lignes. Mon cheval, qui avait été blessé à la tête à la défaite d'El-Foun, va très bien.

Le Mahdi est toujours à Rahad (1). La réponse à sa lettre (*Voir le journal du colonel Stewart*) lui a été envoyée ouverte, afin que les chefs arabes puissent en prendre connaissance.

Les lettres que j'ai écrites au Mahdi et aux chefs arabes au sujet de l'apostasie de certains Européens sont un peu sévères. C'est qu'aussi ce n'est pas peu de chose qu'un Européen renie sa foi par crainte de la mort. Cela ne se passait pas ainsi dans d'autres temps, et on ne changeait pas alors de religion comme d'habit. Si l'on croit la foi chrétienne mauvaise, qu'on la rejette; mais si on la tient pour vraie, c'est une chose vile et déshonorante de la renier pour sauver sa tête. Qu'y a-t-il de plus fort que ces paroles : « Celui qui me reniera sur terre, je le renierai au ciel. » Les anciens martyrs se faisaient gloire de confesser leur foi. Au temps des reines Marie et Élisabeth, on voyait des hommes sacrifier leur vie à une simple question de dogme, et ceux d'aujourd'hui n'hésitent pas à renier le Seigneur lui-même pour racheter quelques années d'existence terrestre. Peut-être, si ce journal doit jamais être publié, fera-t-on bien de supprimer ces quelques lignes, car un

---

(1) Près d'Obeyed, à 200 milles à l'O. de Khartoum.

homme n'a pas le droit d'en condamner un autre. Mais en tous cas, à un point de vue politique aussi bien que moral, il vaut mieux pour nous n'avoir rien à faire avec les renégats qui se trouvent dans le camp arabe. Il faut toujours se tenir à distance des lâches, et mieux vaut tomber avec honneur que se commettre avec des gens équivoques. Les ulémas (1) de la ville sont de cet avis et ne veulent rien écouter des propositions de ces traîtres. Sans doute, les chefs arabes se serviront de ces lettres pour monter les Européens apostats contre nous; mais, comme ils n'auront jamais grande confiance dans ceux-ci, cela ne nous fera pas grand mal.

Aujourd'hui nous avons tiré de prison une cinquantaine d'individus et nous avons renvoyé aux Arabes neuf d'entre eux, qu'il ne serait pas prudent de garder dans la ville.

Un âne, qui broutait tranquillement près du fort du Nord, a fait partir une mine; il en est resté tout stupéfait, sans avoir aucun mal. C'était un vieil alambic de fer du temps de Méhémet-Ali, qui pouvait contenir dix livres de poudre. Il est extraordinaire qu'après avoir été exposée à la pluie pendant trois mois, cette mine ait conservé sa force explosive.

L'école est bien amusante. Il y a là deux cents garçons, dont chacun a sa leçon écrite sur une planchette. Lorsqu'il vient des visiteurs, les enfants la lisent à tour de rôle sur une espèce de mélopée, avec un balancement du

---

(1) Prêtres musulmans.

corps, comme les juifs dans leurs synagogues et aux lieux saints de Jérusalem, ce qui porterait à croire que c'est là une vieille forme de prière, car les leçons sont toujours tirées du Coran. Il y a des petits négrillons, entièrement dépourvus de nez et de pas plus de deux pieds de haut, qui se bousculent pour venir dire les dix premières lettres de l'alphabet, ce qui constitue toute leur science.

Nous avons terminé le recensement : la ville compte 34,000 habitants.

11 *septembre*. — Les steamers de Stewart, qui avaient été arrêtés à Halfeyeh par une avarie à la machine, se sont remis en route pour Berber cette nuit. On me rapporte qu'un des steamers pris à Berber par les Arabes est désemparé (1).

Lorsque Cuzzi (2) est venu aux avant-postes hier, l'officier Hassan-Bey l'a fait marcher à genoux pour passer les lignes, sous prétexte que des mines terribles y sont disposées en grande quantité. Puis il l'a fait entrer dans une baraque et l'a questionné sur le Mahdi. Cuzzi a d'abord prétendu que celui-ci était à Duem (3), puis a fini par reconnaître qu'il est toujours dans le Khordofan. Il dit que le Mahdi n'a pas plus de deux régiments, qu'il a subi des pertes considérables dans ses combats avec les

---

(1) Lors de la prise de Berber par les Arabes, deux des steamers de Gordon qui s'y trouvaient étaient tombés entre leurs mains.

(2) Ancien agent consulaire anglais à Berber, qui avait joint les troupes du Mahdi, embrassé la religion musulmane sous le nom de Méhémet-Youssouf, et que l'on soupçonne d'avoir livré Berber aux Arabes.

(3) Sur le Nil Blanc, à environ 100 milles au S. de Khartoum.

tribus nubiennes et qu'il manque de munitions; que Oualed-a-Goun (1) a environ deux cents soldats réguliers, dix pièces de montagne et deux canons Krupp, mais pas plus de cinq caissons de gargousses de montagne, trois de gargousses Krupp et cinq de cartouches Remington. Mais dans notre déroute d'El-Foun les Arabes nous ont pris 75,000 cartouches; cela leur fera du bien. Cuzzi paraissait fort malheureux. Trois Arabes et le Grec Zarada l'attendaient en avant des lignes.

Peu après le départ de Cuzzi, deux derviches (2) sont arrivés, porteurs d'une lettre du Mahdi et d'une robe de derviche dont il me fait présent. Je leur ai donné les lettres que j'avais reçues du Caire pour Slatin (3) et ma réponse aux Arabes, ainsi que la têtière de bride perdue par Abou-Gugliz, ce qui les a fort amusés.

Ce matin, les steamers le *Bordéen* et le *Talatawéen* sont partis pour aller chercher du dhoora à Senaar (4). J'ai écrit au scheikh El-Obeyed pour lui faire des propositions de neutralité.

*Jérémie*, XVII, 5 : « Maudit soit, dit le Seigneur, celui qui met son espoir dans l'homme et qui se confie à la chair, et dont le cœur s'éloigne du Seigneur. » Ce qui veut dire :

(1) Ou Abderrahman-en-Najoomi, un des chefs arabes qui assiégeaient Khartoum.
(2) Sorte d'ascètes musulmans. Les adhérents du Mahdi avaient pris ce titre, pour bien constater qu'ils vivaient saintement.
(3) Officier autrichien, ancien gouverneur du Darfour, s'était rallié au Mahdi, avait embrassé l'islamisme sous le nom d'Abdel-Kadi, et commandait la cavalerie du Kordofan dans l'armée arabe.
(4) Sur le Nil Bleu, à une centaine de milles au S. de Khartoum.

maudit soit du Seigneur celui qui espère être délivré par quelque secours extérieur de la situation où nous sommes. — *Jérémie*, xvii, 7 : « Béni soit, dit le Seigneur, celui qui se confie au Seigneur et qui met son espoir dans le Seigneur. » C'est-à-dire : béni soit du Seigneur celui qui, prenant toutes ses mesures de son mieux, ne met son espoir qu'en le Seigneur et non en ses propres forces terrestres. Qu'il est difficile pour l'homme d'accepter cette interprétation! car de quel cœur peut-on agir, si l'on n'a pas confiance dans le succès de ses efforts? Il y a dans Ézéchiel, xxix, 10-14, de curieux versets dépeignant l'Égypte comme désolée par la colère céleste depuis la tour de Syène (Assouan) jusqu'à la frontière d'Éthiopie; c'est certainement du Soudan qu'il s'agit, et on est en train de refaire la même œuvre.

Un derviche m'apporte une lettre d'Abd-el-Kader, le scheikh du Nil Blanc, qui est annexée à ceci avec ma réponse (1). Il m'apporte également une lettre des messagers qui m'avaient transmis la lettre du Mahdi. (*Voir le journal du colonel Stewart.*) Ceux-ci se plaignent de ne pas avoir reçu ma réponse, que, si l'on s'en souvient, j'avais envoyée par un esclave sur lequel ils ont tiré. Cet homme m'a enfin remis une lettre ci-annexée, ainsi que ma réponse, d'un Grec nommé Calamatino, qui me demande de le recevoir dans la place pour entendre de sa bouche des nouvelles importantes (2).

(1) V. Appendice, lettre A.
(2) V. Appendice, lettre B.

Cuzzi me fait savoir qu'il part pour Berber; peut-être y rencontrera-t-il Stewart. S'ils avaient su que leurs voyages devaient coïncider, ils auraient pu voyager de conserve.

J'attribue à deux motifs notre défaite au *Dem* (1) (quartier général) du scheikh El-Obeyed : d'abord, on a laissé rompre le carré par une bande de colporteurs de Khartoum qui s'étaient joints aux troupes pour piller. Puis, il s'est commis chez nous un crime qui ne pouvait manquer de provoquer la vengeance d'en haut. Méhémet Ali-Pacha, ayant fait prisonnier un enfant de douze à quatorze ans, l'a fait fusiller parce qu'il nous avait traités de chiens en affirmant sa foi dans le Mahdi.

Les anciens chrétiens croyaient que tout ce qui se passe en ce monde est le résultat d'une harmonie préétablie; dès lors il est inutile que nous nous efforcions de changer le cours des choses. A mon sens, peu importe ce que sont les accidents de la vie; la question est de savoir comment notre âme les supporte. Je ne puis croire qu'il y ait promesse d'exaucer les prières faites dans des vues temporelles; il n'y a pas d'autre promesse que celle d'écouter les prières et de donner la force de se soumettre à la volonté divine. L'outre contenant les événements du Soudan est vidée sur la terre; il en sort toute espèce de calamités, et nous en rendons responsable le gouvernement britannique. En bonne

---

(1) Près d'El-Foun, sur le Nil Bleu, à une vingtaine de milles S.-O. de Khartoum. Les troupes du gouvernement y avaient été battues le 5 septembre.

logique, nous devrions nous en prendre à celui qui a vidé l'outre; mais nous n'osons pas, car celui-là est le Tout-Puissant.

Cet après-midi, une autre mine a sauté à Tuti. La victime est encore un âne, qui, moins heureux que son congénère du fort du Nord, a été amputé de son train de derrière. *Requiescat in pace.*

Il faut qu'il se soit passé en Europe quelque chose d'extraordinaire dont les Arabes ont connaissance, car ils paraissent assurés du succès, et cela sans faire mine de vouloir se battre.

Nous avons décidé ce soir de mander aux Arabes que nous nous refusons à admettre dans la place aucun de leurs envoyés européens, mais que nous consentons à des entrevues avec ceux qui se présenteront à un point désigné par un drapeau placé sur le front de nos lignes, où ils seront reçus par le consul et le médecin grecs.

12 *septembre.* — La situation où je me trouve est vraiment démoralisante. Moi qui ai pu dire, à l'époque où j'ai quitté ce pays : « Aucun homme n'osera lever la main ou le pied sans mon ordre dans la terre du Soudan » (*Genèse*, XLI, 44), j'en suis aujourd'hui réduit à ne pouvoir compter sur vingt-quatre heures d'existence. Toute cette population est contre nous, et elle est maîtresse de la situation; elle n'a pas besoin de nous combattre, il lui suffit de refuser de nous vendre son grain. L'estomac gouverne

le monde, et c'est ce misérable organe qui est la cause première de tous nos malheurs. Il est étrange que le tube digestif soit le maître des petites et des grandes choses d'ici-bas.

Un parent de Séyd-Méhémet-Osman, arrivant de Schendy, rapporte ceci : dans des lettres adressées à Berber, Osman-Digmah annonce l'arrivée des Anglais à Souakim (1), où ils font des acquisitions de chameaux dans le but de marcher vers nous. Le chef arabe de Berber en a informé les siens, ainsi que de l'approche des troupes de Debbeh (2) (le corps de Wood), et leur a recommandé de se tenir prêts.

J'ai écrit aujourd'hui aux Arabes pour leur dire que je laisserais sortir le consul grec, afin qu'il puisse conférer avec celui de ses nationaux qui m'a écrit. Cette fois, ils ont respecté le drapeau parlementaire.

L'homme de Schendy prétend que la rive droite du Nil est tranquille. Nous avons envoyé un détachement pour essayer de prendre Cuzzi, qui est en route pour Berber.

Il est vraiment singulier de voir combien la religion est traitée légèrement par les hommes, à la facilité avec laquelle musulmans et chrétiens apostasient lorsque leur vie ou leur fortune est menacée. Il n'est pas une des grandes familles arabes du Soudan, des familles dont la généalogie remonte à cinq cents ans, qui, dans l'intérêt de ses biens, n'ait reconnu Méhémet-Achmet pour le

---

(1) Port sur la mer Rouge, à environ 400 milles au N.-E. de Khartoum.
(2) Ville sur la rive gauche du Nil, à environ 220 milles au N. de Khartoum.

Mahdi, tout en sachant fort bien qu'il n'est qu'un imposteur.

Un de nos soldats pris à Obeyed est arrivé du camp de Oualed-a-Goun, et quatre autres avec une femme sont arrivés de celui de Faki-Mustapha; ils disent que les vivres manquent chez les Arabes et que beaucoup d'hommes désertent, à cause des mauvais traitements qu'on leur fait subir.

Les ulémas écrivent aux chefs arabes pour protester contre leurs actes, comme étant contraires à la loi de Mahomet (1).

Les Grecs et autres prisonniers d'Obeyed écrivent à des Grecs d'ici pour se plaindre amèrement des privations et des mauvais traitements que leur font endurer les Arabes.

J'ai été réveillé ce matin par une femme qui criait : « Mon fils a été tué, je demande justice. » Son unique petit garçon, se trouvant à côté d'une de ces norias arabes mises en mouvement par des bœufs, avait été brutalement repoussé par un homme et avait eu le crâne fracturé. On l'avait porté à l'hôpital, et nous espérions sa guérison; mais il a été emporté par une inflammation. C'était un gentil petit bonhomme de huit ans, couleur chocolat, aux yeux brillants. On se sent porté de tendresse

---

(1) « J'ai bouleversé tant de situations établies, que les ulémas sont les seuls sur qui je puisse compter, parce que je leur ai rendu leurs anciens privilèges, dont Yacoub les avait dépouillés. » (*Extrait d'une lettre de Gordon, datée de Khartoum, 4 mai 1877.*)

pour les enfants de ce pays, soit les noirs, soit les bruns; ceux-ci ont exactement la nuance du bronze. Quant aux hommes, bruns et noirs supportent leurs blessures sans un murmure, tandis que les pauvres soldats fellahs hurlent dès qu'on les touche si légèrement que ce soit. Il y a à l'hôpital un nègre dont le nez, — si on peut parler du nez d'un nègre, — a été coupé d'un coup de sabre sans que les joues aient été touchées; il a maintenant quatre narines au lieu de deux. Un autre homme, blessé à la poitrine, est mort au bout de onze jours. Le docteur lui a trouvé une balle de calibre Martini-Henri logée dans la paroi qui sépare les deux ventricules, au centre même du cœur. Il a conservé cet organe dans l'alcool.

Tout au rebours des soldats turcs ou fellahs, les soldats nègres sont d'une extrême propreté; ils reluisent comme une botte bien cirée sortant des mains d'un décrotteur.

Un Grec s'étant présenté ce soir aux avant-postes de la part des Arabes, je lui ai envoyé le consul de Grèce.

J'ai vu les ulémas aujourd'hui, et j'ai déploré avec eux la dégénérescence de la foi. Qu'est-ce qu'une époque où les chrétiens se font musulmans pour sauver leur tête, et où les musulmans se font sectateurs d'un faux prophète pour sauver leurs biens?

Les ulémas ont l'intention de prêcher sur ce sujet, mais je crains bien qu'entre Allah et leurs chèvres, les gens n'hésitent pas à prendre parti pour les chèvres. Je dois reconnaître que nous ne valons guère mieux; nous avons plus de confiance dans cinquante mille hommes sous nos ordres que dans les promesses de l'Écriture. Ce n'est que lorsque nous sommes acculés dans un coin, sans les cinquante mille hommes, que nous nous rabattons sur l'Écriture. Du moins, c'est ce que je fais. Il n'est pas douteux que l'homme, volontiers dur à son prochain dans la bonne fortune, ne s'humanise dans la mauvaise. Voyez un ministre tombé du pouvoir et un colonel en retraite et, comparez-les à ce qu'ils étaient, l'un aux affaires, l'autre à la tête de son régiment.

Je crois que le fanatisme du vieux temps n'existe plus, à en juger par ce que je vois dans ces pays soi-disant fanatiques. C'est beaucoup plutôt une question de communisme, masqué sous une apparence religieuse, qui provoque ce qui se passe ici (1).

La généralité de nos missionnaires en pays musulman ignorent que dans le Coran on ne trouve aucune imputation de péché à Notre-Seigneur et que pas un musulman ne nie la divinité de Jésus-Christ, ni le miracle de l'Incarnation. (Voyez le chapitre III du Coran.) Nos évêques ne trouvent rien à dire sur l'islamisme, sinon que c'est une fausse religion; mais cette fausse religion est professée par d'innombrables millions de nos semblables. Les musulmans ne prétendent pas non plus que Mahomet fût sans péché; le Coran reconnaît souvent qu'il a failli. Quant à

---

(1) « S'il y a des luttes au Soudan, ce sera parce que les conservateurs soudanais défendront leurs biens contre les communistes qui veulent le leur dérober. » (*Extrait du mémoire du général Gordon reçu par Sir F. Baring, le 4 février 1884.*)

la ferveur, elle est bien plus grande chez eux que chez les catholiques, à plus forte raison que chez les protestants. Continuellement, lorsqu'on demande son domestique, il faut attendre qu'il ait fini ses prières, et ce n'est pas là une vaine excuse, car il n'y a rien de réjouissant pour lui à demeurer indéfiniment dans une posture incommode. Le Dieu des musulmans est notre Dieu, et ils ne croient nullement à une influence médiatrice de Mahomet. Ils croient que les hommes sont jugés selon leurs actes, et ils sont soumis à la loi divine comme les juifs.

Depuis le commencement du blocus, nous discutons souvent cette question de savoir si un homme peut avoir peur, ce qui est réprouvé par le monde. Pour ma part, j'ai toujours peur, et très peur; je redoute l'avenir dans toutes les entreprises. Ce n'est pas que j'aie peur de la mort, cela est passé, Dieu merci; mais j'ai peur de la défaite et de ses conséquences. Je ne crois pas du tout à l'homme calme et impassible; tout au plus peut-il le paraître extérieurement. Aussi je suis d'avis qu'un commandant en chef ne doit pas vivre avec ses subordonnés en rapports intimes qui leur permettent de pénétrer le fond de sa pensée, car rien n'est contagieux comme la peur. Je me rappelle ma colère lorsque, l'inquiétude m'empêchant de manger, je voyais ceux qui étaient à table avec moi également privés d'appétit.

Le consul grec a eu son entrevue avec l'émissaire de Oualed-a-Goun, qui m'engage à me rendre. La lettre de celui-ci et ma réponse sont annexées (1). Cet homme avait pour mission d'obtenir ma capitulation. Il a dit que Lupton-Bey, le gouverneur du Bahr-Ghazel (2), est venu faire sa soumission à Sebakah, et qu'Emin-Bey, gouverneur de l'Équateur, est prisonnier; que Cuzzi est parti pour Berber, que Slatin-Bey est au Khordofan et que le Mahdi est en route pour venir ici. Le consul croit que cet homme est surtout venu afin de se procurer de l'argent pour les Grecs prisonniers. Je le laisse faire ce qu'il voudra quant à ceci.

A neuf heures du soir, nous avons eu un tremblement de terre qui a duré quelques secondes et qui, comme les précédents, s'est produit du sud au nord.

Lorsqu'on songe à l'énorme dépense de vies humaines qui s'est faite au Soudan depuis 1880, on ne peut s'empêcher de vouloir mal de mort à Sir Auckland Colvin (3), à Sir Edward Malet et à Sir Charles Dilke, car c'est à ces trois hommes, les conseillers en cette affaire du gouvernement de Sa Majesté, que sont dues toutes ces calamités. Ils se sont emballés sur les porteurs d'obligations et n'ont voulu entendre à rien. En laissant en Égypte Sir Auckland Colvin et Sir Edward Malet, *** s'est fait leur complice (4). Les événements ont montré ce que valait leur po-

---

(1) V. Appendice, lettre O.
(2) Province située sur la rivière de ce nom dans le Sud.
(3) Conseil financier du gouvernement égyptien.
(4) Sir Henry W. Gordon a cru devoir laisser en blanc certains noms propres. Il pense que les lecteurs au courant des affaires égyptiennes y suppléeront aisément.

litique. A un degré moindre, le correspondant du *Times* au Caire est coupable aussi, car il les a soutenus. Notre nation est honnête, mais nos diplomates sont des niais et n'ont pas de probité politique.

13 *septembre*. — J'ai mandé à toutes les autorités du Soudan et d'Égypte d'avoir à rechercher Cuzzi, que j'ai tout lieu de croire un émissaire du Mahdi; on peut l'arrêter sous un prétexte de douane. Je penche à croire que c'est lui qui a livré Berber aux Arabes; comment expliquer autrement sa situation auprès du Mahdi, si différente de celle des autres Européens?

Cinq de nos soldats pris à Obeyed sont arrivés aujourd'hui, en rapportant leurs armes. Ils disent que les Arabes ne sont pas en force, qu'ils ne projettent aucune attaque prochaine et qu'ils sont instruits de notre expédition à Berber. On dit que les steamers ont passé sans encombre le défilé de Schoboloah; en ce cas, ils doivent être aujourd'hui à Berber.

Les ulémas ont adressé aujourd'hui aux chefs arabes une lettre intéressante, qui fait bien connaître l'esprit de ces peuples (1).

Je fais remarquer que je ne qualifie pas les ennemis de rebelles, mais que je les désigne sous le nom d'Arabes. La question est douteuse, en effet, de savoir si ce n'est pas nous qui sommes les rebelles, puisque j'ai entre les mains

(1) V. Appendice, lettre D.

un firman qui restitue le Soudan à ses anciens chefs.

Le Grec qui est venu hier a dit au docteur que le supérieur de la mission d'Obeyed est le seul qui n'ait pas renié sa foi ; il s'appelle Luigi Bonorni. Les autres prêtres et les religieuses se sont faits musulmans, et, pour échapper aux outrages, celles-ci ont conclu un mariage fictif avec des Grecs (1). Il dit aussi que Cuzzi a reçu du Mahdi, avec lequel il est dans la plus étroite intimité, deux chevaux, une femme, une esclave et soixante dollars ; que, lorsque Slatin s'est rendu, il avait encore 4,000 *ardebs* de *dhoora* (2) et 1,500 vaches, et que le Mahdi lui a fait présent de huit chevaux. Tout ceci ne doit être accepté que sous toutes réserves. Les Grecs ont réuni trente-huit livres sterling pour leurs compatriotes prisonniers, et le consul autrichien a remis cent dollars pour la mission d'Obeyed ; j'ai donné moi-même cinq dollars. Je soupçonne, d'ailleurs, que ce Grec s'appropriera tout l'argent qu'on lui a confié. Je regrette bien les vingt dollars que j'ai donnés à Cuzzi, car il n'est qu'un vil traître. Je pense qu'il aura livré au Mahdi tous nos chiffres de correspondance ; par bonheur, il n'avait pas celui du Foreign-Office, que Stewart a emporté avec lui. Si j'avais su plus tôt ce que je sais maintenant de Cuzzi, j'aurais dû le faire décapiter ; mais il vaut autant que je l'aie abandonné à son destin.

Si ce que ce Grec raconte de l'apostasie de la mission

---

(1) La mission catholique italienne d'Obeyed se composait de cinq prêtres et six religieuses.
(2) Un *ardeb* équivaut à cinq boisseaux. — *Dhoora*, espèce de maïs.

d'Obeyed est exact, qu'est-ce donc que la foi d'aujourd'hui ? Si c'est là tout l'effort dont sont capables des gens qu'elle a conduits dans un pays où ils devaient s'attendre à toutes sortes de périls, je me demande ce que peut être celle des gens qui restent tranquillement chez eux. Mais, après tout, les récits de cet homme sont fort suspects.

Le nom arabe de Slatin-Bey est Abd-el-Kadi, et celui de Cuzzi Méhémet-Yousouf. Le Mahdi me propose, lorsque je me serai rendu (?), de me mettre sous la direction d'Abou-Gugliz, qui a pour spécialité de dresser des derviches. Il paraît que chaque chef a auprès de lui un conseiller spirituel qui remplit en même temps le rôle d'espion.

Deux nouveaux soldats échappés d'Obeyed sont arrivés tantôt. Ils disent que les Arabes se proposent d'établir une batterie sur le Nil Bleu, au-dessus de Bourré, et une autre en face du front Sud, afin de bombarder la ville.

Le roi Psammétique a bloqué Azotus ou Adshod pendant vingt-neuf ans, dit Hérodote. Quelle vie pour les gens d'Azotus ! Nous ne sommes bloqués que depuis six mois, et nous en avons grandement assez. Azotus ou Adshod est un méchant petit village situé entre Gaza et Jaffa, dont, par parenthèse, le nom vient de celui de Japhet, fils de Noé.

Presque tous les soldats nègres sont de vieilles connaissances à moi, c'est-à-dire qu'ils me connaissent, car pour moi toutes leurs faces de chien noir se ressemblent. Dans l'ordre de mes préférences, je place d'abord les Chinois, puis les nègres à figure de chien, puis les Soudanais couleur chocolat. Quant aux fellahs à visages de suif, je les plains, mais je ne les aime pas.

Les chapitres XXIX et XXX d'Ezéchiel sont curieux ; ils disent que l'Égypte est condamnée à être la plus misérable des nations, l'esclave des royaumes, et à ne jamais avoir un roi de sa race. Il est positif que Méhémet-Ali lui-même était étranger à ce pays ; c'était un *sandjak* (1) de Salonique.

Berber, où le colonel Stewart a dû arriver ce soir, est à 200 milles de Mérowé ; à partir de là, il n'y a plus de cataractes et le fleuve est ouvert jusqu'à Dongolah, distant de 150 milles. Là il trouvera le télégraphe et, le 20 septembre, il pourra communiquer avec le Caire et l'Europe.

Je me demande pourquoi, lorsqu'on s'est décidé à abandonner le Soudan à son sort, on n'a pas évacué aussitôt les garnisons de Dongolah et de Senheït, qu'il n'y avait aucun motif pour conserver. Je crois qu'au lieu de nourrir nos jeunes officiers de traités de tactique, il vaudrait mieux leur faire méditer *les Vies* de Plutarque. Là nous voyons des hommes, de purs païens, qui, sans le soutien d'une foi quelconque, considèrent comme chose allant de soi le sacrifice de leur vie, tandis qu'aujourd'hui il est considéré comme très méritoire de vouloir bien seulement ne pas se sauver.

Je suis assurément dans de cruelles anxiétés, non pour ma peau, mais parce que je déteste être battu et voir

---

(1) Capitaine turc.

échouer mes plans. Et cependant, me plaindre d'avoir à souffrir la dixième partie de ce qu'endure une garde-malade au chevet d'un moribond serait absurde. Il n'y a pas de comparaison à établir; car, lorsque je serai sorti d'ici, je ne recueillerai que des compliments, tandis que, lorsque le malade est mort, c'est tout au plus si l'on consent à payer celle qui l'a soigné. Nous nous prétendons disciples d'un Dieu qui, du jour de sa naissance à celui de sa mort, n'a rencontré que malveillance et mauvais traitements, et nous gémissons, moi comme les autres, quand nous nous trouvons exposés à des souffrances que notre devoir de chrétiens est d'endurer.

Quand j'y songe, depuis que je suis ici, j'ai fait une vie de chien à tous mes subordonnés, les aiguillonnant sans cesse et ne leur laissant pas un moment de répit. Sans doute, ce sont des imbéciles; mais j'aurais pu être indulgent, et j'ai remords de ma dureté. Il m'est pénible de voir ces gens trembler à ce point, lorsqu'ils viennent me trouver, qu'ils ne peuvent arriver à allumer leur cigarette. Et cependant, je n'ai point fait tomber de têtes autres que celles des deux pachas (1); encore ai-je eu la main

---

(1) Il s'agit de ce fait mentionné par M. Egmont Hake dans sa préface (p. xii). Après l'affaire du 16 mars, des soldats déclarèrent que les deux pachas Saïd et Hassan, étant revenus sur leur propre carré, les rangs s'étaient ouverts pour les laisser entrer et que la cavalerie arabe les avait suivis par cette brèche. Cette trahison, évidemment concertée, eut un plein succès; mais le châtiment ne se fit pas attendre. Les troupes réclamèrent par leurs incessantes clameurs le jugement des traîtres, qui n'osaient sortir de leur demeure, de peur d'être massacrés. Jugés par une cour martiale, ils furent convaincus d'intelligences avec l'ennemi, de vol de deux mois de solde des

forcée, sans quoi ils seraient toujours de ce monde. Heureux ceux qui se meuvent dans de petites sphères, et malheureux ceux qui cherchent les aventures et se heurtent à tous les extrêmes du bien et du mal. Les nuances neutres sont les plus agréables à porter.

Quelles contradictions dans la vie! Je hais le gouvernement de Sa Majesté pour avoir abandonné le Soudan après l'avoir jeté dans toutes ces calamités, tandis que, croyant Notre-Seigneur le grand régulateur du ciel et de la terre, c'est lui que je devrais haïr, ce que je ne fais pas.

On dit que le consul autrichien Hansall se dispose à s'en aller rejoindre les Arabes avec sa suite, composée de sept femmes. Je le verrai partir de bon cœur.

Chaque jour on amène des quantités de bétail, mais fort peu de grain. Seyd-Méhémet-Osman a mandé à ses gens de se réfugier à Khartoum. Voilà qui est bien agréable pour nous. Mais enfin cela prouve qu'il a foi dans l'avenir, et je me fais gloire d'inspirer, moi chrétien, cette confiance à un musulman qui, au temps de ma prospérité, n'avait pour moi que mépris.

Quel tapage il y aura à Rome à propos de ces religieuses qui ont épousé des Grecs! On peut dire qu'elles ont réalisé l'union des églises grecque et latine.

*14 septembre.* — Hier soir, les Arabes ont tiré sur le

troupes, de recel d'armes et de munitions, et, après de longs et consciencieux débats, ils furent fusillés par leurs hommes, à la satisfaction générale des troupes nègres.

front Sud quatre coups de canon qui n'ont pas atteint les fortifications. On mande d'Halfeyeh que les Arabes se concentrent dans le but d'attaquer la place. J'ai envoyé des éclaireurs pour vérifier cette information.

Quatre soldats prisonniers sont arrivés aujourd'hui, échappés du camp arabe. Ils n'ont apporté que fort peu de renseignements et disent que les Arabes ont l'intention de continuer le blocus sans faire d'attaque de vive force. Ils ont tué quatre prisonniers qui tentaient de s'enfuir, mais mes hommes prétendent que cet exemple n'arrêtera pas les autres.

Un homme que j'avais envoyé à Oualed-Mocaschèe, après le combat de celui-ci contre Oualed-a-Goun (*Voir le journal de Stewart*), a été pris par les Arabes avec les lettres dont il était porteur et était sur le point d'être pendu, lorsque est arrivée la lettre dans laquelle je reprochais aux ennemis de maltraiter mes messagers. Mon homme a aussitôt été relâché. Ils auraient, cette fois, été parfaitement dans leur droit en le mettant à mort, car c'était un espion, et je ne réclamais que pour mes messagers adressés directement à l'ennemi. Cet homme est de retour, et m'a dit que le Grec qui est venu hier dans nos lignes est parti pour le Khordofan. Il y a de fortes raisons de douter de ce prétendu combat entre Oualed-Mocaschêc et Oualed-a-Goun.

Dans ma lettre au scheikh Abd-el-Kader, je lui proposais une entrevue; les chefs arabes l'ont engagé à venir me trouver, mais il ne l'a pas voulu. Il sait bien que nous refusons de nous rendre.

Si jamais l'on peut calmer l'animosité qui règne entre ces deux grands partis du Soudan, les partisans du Mahdi et ses ennemis, ce sera un grand pas de fait pour la pacification du pays. On peut y arriver graduellement.

La viande, qui valait dix shillings la livre, est tombée à deux shillings.

Le steamer le *Tewfikia*, qui avait remonté le Nil Bleu jusqu'à Djiraff, a surpris des Arabes faisant du fourrage et les a mis en déroute. Voilà de petites satisfactions qui font grand bien de temps en temps.

Le mot *islam* signifie soumission et dévotion absolue au service de Dieu, suivant Sale; un vrai chrétien professe donc la religion de l'islam, à ne considérer que les mots.

Il est curieux de voir à quel point ces gens-ci oublient vite leurs désastres; il y a dix jours à peine que nous avons perdu près de mille hommes, et personne n'y pense plus aujourd'hui.

Le vieil épouvantail de la défection des Schaggyehs (1) est revenu sur l'eau. Saleh-Pacha, qui est prisonnier du Mahdi, a écrit à son frère pour le prévenir de l'approche de celui-ci et l'engager à m'abandonner. Tous ces bruits contradictoires, toujours acceptés comme parole d'Évangile par ceux qui m'entourent, sont un des plus grands désagréments de ma situation. Ceux-là mêmes qui me répondent un jour de la fidélité des Schaggyehs me pressent

(1) Tribu d'une fidélité douteuse.

le surlendemain de prendre contre eux des mesures de rigueur, ce qui est, à mon sens, précisément le moyen de les jeter dans la rébellion, pour peu qu'ils y soient enclins. Par rébellion, j'entends se rallier aux Arabes.

Le frère de Saleh-Pacha est venu me voir aujourd'hui. Il a entendu dire que celui-ci est depuis neuf jours avec le Mahdi à Schatt, situé à vingt milles à l'intérieur de Duem, qui se trouve à cent milles d'ici sur la rive gauche du Nil Blanc, et il paraît certain de son information. Si elle est authentique, nous aurons le Mahdi ici avant peu. Cette nouvelle ne me trouble pas; car, s'il échoue dans son entreprise, il est perdu, ce qui rendra inutile une expédition au Khordofan, et, s'il réussit, peut-être sa présence empêchera-t-elle des massacres. J'ai toujours pensé que nous étions destinés à nous trouver face à face pour terminer cette affaire.

Je me demande si, la place étant prise, je devrais faire sauter le palais et moi avec, ou bien me laisser prendre et, avec l'aide de Dieu, souffrir pour la foi. Le premier parti est le plus simple, et le second entraînera pour moi de longues souffrances et de douloureuses humiliations. Je crois cependant que c'est celui que j'adopterai, parce que l'autre ressemble fort à un suicide; il ne peut, en effet, en résulter aucun bien, et c'est retirer les choses des mains de Dieu.

Le Grec de l'autre jour a raconté au consul que le Mahdi met du poivre sous ses ongles, ce qui lui permet, lorsqu'il reçoit des visiteurs, de provoquer d'abondantes larmes en portant ses mains à ses yeux. Il paraît aussi qu'en public il ne mange que quelques grains de dhoora, mais que chez lui il se nourrit confortablement et fait usage de boissons alcooliques. Il reçoit constamment des lettres du Caire (1), de Stamboul et de l'Inde, et ne parle que de Khartoum et des chances qu'il a de s'en emparer.

Maintenant que je sais cette histoire de poivre, je pense que je ne prendrai plus la peine d'écrire au Mahdi pour tâcher de lui persuader des choses raisonnables.

Ce Grec dit encore que le Mahdi est fort intrigué de savoir ce que je suis venu faire au Soudan, où je n'ai aucun intérêt. Cette question est encore bien plus embarrassante pour les autres, moi y compris.

Décidément cette histoire de poivre me dégoûte. Jusqu'ici je croyais avoir affaire à un fanatique convaincu; mais il serait vraiment humiliant de tomber sous les coups d'un homme qui se met du poivre dans les ongles, et je me figure que cela n'arrivera pas. C'est tout de même une farce assez amusante : on arrive, la corde au cou, à genoux, pour implorer merci; le Mahdi se frotte les yeux, et, ayant obtenu un copieux flot de larmes, se lève et retire la corde. Les larmes étant généralement considérées comme une preuve de sincérité, je recommande cette recette à nos ministres quand ils ont à faire avaler une

---

(1) « Je soupçonne fortement le Mahdi de n'être qu'un fantoche mis en avant par Elyas, beau-père de Zubehr-Pacha, le plus grand propriétaire d'esclaves d'Obeyed, et qui, sous couleur de religion, n'a que des vues politiques. » (*Entretien du général Gordon avec le directeur de la Pall-Mall Gazette, 8 janvier 1884.*)

bonne fourberie. Mais il faut se tenir les ongles longs pour pouvoir y mettre assez de poivre.

*15 septembre.* — Un soldat prisonnier nous est encore revenu ce matin, et il nous apprend que les Arabes attendent des ordres du Mahdi et ne se disposent pas à attaquer nos lignes.

La charité ne croit pas au mal, dit-on. Il faut alors qu'elle ne soit jamais venue au Soudan; car, avec toutes les vilenies qui s'y commettent, elle aurait dû en rabattre!

On raconte du Mahdi que, lorsqu'il voit une femme porter une jarre d'eau, il se précipite pour lui demander de la porter à sa place. Moi aussi, je m'empresse auprès des dames, mais je n'avais pas encore songé à porter de l'eau. Il paraît que cette histoire de poivre est de tradition au Soudan et que le Mahdi n'a pas le mérite de l'invention.

Toute la force des potentats orientaux est due à la retraite dans laquelle ils se confinent; ce sont des personnages sacrés. Dès qu'ils se laissent voir, ils sont finis; et c'est peut-être bien ce qui arrivera au Mahdi, s'il vient ici. Tant qu'il a pu rejeter sur ses subordonnés la responsabilité de ses actes, c'était bien; mais lorsqu'il sera forcé d'agir par lui-même et que les choses n'en iront pas mieux, ce sera fait de son prestige.

Un parent de Seyd-Méhémet-Osman est arrivé tantôt de Schendy. Il rapporte que l'expédition de Stewart a dépassé cette ville (95 milles de Khartoum) et qu'elle a fait la capture d'un grand bateau chargé de grain, ainsi que de vingt-quatre esclaves qui levaient des taxes pour les Arabes. Il confirme l'arrivée de troupes à Dongolah, dont le mudir serait parvenu à pacifier le territoire. Il paraît qu'à cette nouvelle le chef arabe de Berber, Méhémet-El-Kehr, s'est mis à recruter des soldats en leur promettant une solde mensuelle de vingt dollars. Il en est arrivé à Berber un certain nombre qui ont tout d'abord réclamé l'argent. Méhémet les a envoyés dans une maison où ils devaient, prétendait-il, trouver l'argent du gouvernement, ces fameuses soixante mille livres sterling qui m'avaient été données au Caire. Ils n'ont rien trouvé du tout, et Méhémet leur a expliqué que c'était sans doute le diable qui avait enfoui le trésor dans la terre; après quoi, il a feint d'être mandé par le Mahdi et a déguerpi. Sans doute, il a craint de ne pouvoir se tirer de ce mauvais pas. Mais s'il va trouver le Mahdi et s'il ne peut lui rendre un meilleur compte de la disparition de l'argent, je crains qu'il ne passe un mauvais quart d'heure. Le Mahdi veut bien utiliser pour son compte les événements miraculeux, mais il est à croire qu'il ne les permet guère à ses lieutenants, surtout lorsque sa bourse en souffre. Quant à ces soixante mille livres volées par les Arabes du Soudan, ce n'est que la dixième partie de ce qui a été volé dans ce même pays par cette race dégénérée des pachas égyptiens; il n'y a donc pas à les regretter.

Un nouveau prisonnier évadé est arrivé. Il dit que les Arabes commencent à s'inquiéter de toutes ces évasions et à exercer une surveillance plus stricte. Presque tous ces hommes du Darfour me connaissent personnellement.

Nous espérons avoir terminé dans vingt jours un de ces petits steamers du modèle de l'*Abbas*, sur lequel Stewart est parti pour Dongolah, et dans quarante jours en avoir fini un autre. Le colonel Prout (1) avait acheté en 1878 quatre de ces bâtiments, dont l'un, le *Méhémet-Ali*, a été livré aux Arabes sur le Nil Bleu par Saleh-Bey.

Je ne serais pas surpris que Berber se rendît à Stewart. Cette ville s'est autrefois très faiblement défendue, et la population n'a jamais eu beaucoup de sympathie pour le Mahdi. Je persiste à croire que c'est Cuzzi qui l'a livrée.

Le steamer le *Tewfikia* est allé aujourd'hui jusqu'à Djiraff, où il a tiré sur des Arabes et d'où il a ramené une vache. Quatre évadés d'Obeyed sont arrivés en rapportant leurs armes, comme presque tous le font, d'ailleurs. Ils ne disent pas grand'chose, sinon qu'ils ont enduré beaucoup de souffrances et que les Arabes s'attendent à notre prochaine capitulation. Je voudrais bien que Berber se rendît à Stewart; ce serait pour lui un bel exploit.

Un vol de magnifiques faucons plane autour du palais; je me demande souvent si c'est pour m'arracher les yeux un jour, car j'ai bien peur de n'avoir pas été le meilleur des fils. (L'œil de celui qui se raille de son père et qui dédaigne d'obéir à sa mère sera arraché par les corbeaux de

---

(1) Le colonel Prout avait été nommé par Gordon, en 1876, gouverneur des provinces équatoriales.

la vallée et dévoré par les jeunes aigles. — *Proverbes*, xxx, 17).

« C'est assez pour un jour de songer au mal présent, » dit-on, et cependant je ne puis m'empêcher de penser avec effroi à tout ce qui restera à faire après que nous aurons réussi, — en admettant que nous réussissions, — à tirer Khartoum d'affaire. Il nous faudra d'abord pacifier les territoires de Senaar et de Kassalah, et puis aller assurer l'évacuation des provinces de Bahr-Ghazel et de l'Équateur, car je ne crois pas un mot des histoires de ce Grec sur l'abandon de ces provinces. Ensuite se posera la question de savoir s'il y a lieu d'abandonner à leur sort les prisonniers du Khordofan. Soit que le cabinet britannique se décide à une intervention directe par les armes, soit qu'il demeure dans son rôle de conseiller du gouvernement khédival, il ne saurait se faire le complice de cet abandon. Et puis il y aura de terribles dépenses à faire, ce qui est à considérer. Enfin, qui gouvernera ce pays? Une évacuation en masse est impraticable; il n'y faut pas penser. Il n'y aura d'autre solution que de le donner aux Turcs, ou de m'y laisser, perspective qui me fait frissonner; ou enfin d'y envoyer Zubehr-Pacha. En tous cas, il faudra un subside annuel d'au moins cent mille livres sterling.

*16 septembre.* — L'homme qui est resté pour garder le jardin de la mission catholique est furieux contre le consul d'Autriche, lequel a pris cent dollars sur la vente des produits de ce jardin, afin de les faire parvenir aux captifs à conclure avec les Bédouins pour nous escorter, aurait excité l'hilarité du Mahdi, s'il avait été écrit en arabe (1). Il m'informe que « le gouvernement de Sa Majesté serait disposé (en vérité!) à payer un tant par tête de réfugié du Soudan sur le territoire égyptien, et même (cela est positivement incroyable) à rétribuer les tribus avec lesquelles je pourrais traiter pour nous faire escorter. » C'est vraiment trop généreux, et quand Egerton a écrit ces lignes, il faut que sa nature chevaleresque l'ait emporté sur son éducation diplomatique! Les employés de mon bureau en sont restés stupéfaits! Egerton doit penser que je suis un triple idiot pour avoir besoin qu'on m'envoie de telles instructions. J'espère qu'il aura de l'avancement et qu'il ne sera pas, comme moi, blâmé pour avoir excédé ses pouvoirs!

Un homme est venu de chez le scheikh El-Obeyed; il

---

(1) Voici le texte de cette dépêche envoyée par M. Egerton, successeur au Caire de Sir E. Baring, suivant les instructions de lord Granville en date du 17 mai 1884 :

« Le plan primitif d'évacuation du Soudan ayant été abandonné et le gouvernement de S. M. ne pouvant autoriser des opérations offensives, il est enjoint au général Gordon de soumettre au gouvernement, ou de les mettre à exécution immédiatement en cas de nécessité, les mesures nécessaires pour son départ et pour celui des sujets égyptiens de Kharloum qui l'ont fidèlement servi, ainsi que de leurs familles, en s'attachant avant tout à son propre salut et à celui des autres sujets anglais. Il est autorisé à user largement de récompenses en argent et de promesses à sa discrétion; comme, par exemple, de fixer aux soldats égyptiens de Kharloum un tant par tête pour chaque personne amenée saine et sauve à Korosko ou en tout autre point, ou bien de rétribuer les tribus du voisinage pour s'en faire escorter. Le gouvernement de S. M. présume que les Soudanais de Kharloum ne courent aucun danger. Si le général Gordon a envoyé dans le pays des agents, il est autorisé à dépenser le nécessaire pour les faire revenir ou assurer leur sécurité. »

dit que les Arabes ont perdu fort peu de monde dans leur engagement avec Méhémet-Ali-Pacha, et qu'ils attendent la baisse des eaux pour essayer d'attaquer Khartoum.

Je ris de bon cœur de la véhémente indignation que doit exciter ma circulaire sur la traite, laquelle ne disait autre chose que ceci : « La convention de 1877, stipulant que le commerce des esclaves serait interdit à partir de cette époque, ne sera pas mise en vigueur. » Je pense qu'on aura qualifié cette circulaire de pacte avec les démons. Cela est fort drôle, quand on songe qu'après notre départ, tout ce pays deviendra un repaire de négriers et de bandits (1).

On prétend que le Mahdi va s'établir sur la rive gauche du Nil, pour avoir sa retraite assurée en cas d'accident.

Le *Tewfikia* revient du Nil Bleu et a trouvé à Djiraff des Arabes qui ont tiré cinq ou six coups de canon sur le steamer sans lui faire de mal.

Un soldat, qui s'est échappé avec sa femme, dit que les Arabes avaient amené trois canons pour couvrir une reconnaissance et qu'ils les ont remmenés, ce dont je suis fort aise.

Je crains fort que le journal de Stewart ne soit pas publié *in extenso*, et même que le sens en soit altéré; ce serait grand dommage, car il contient quantité de choses

(1) V. Appendice, lettre E, pour avoir des éclaircissements sur cette circulaire.

curieuses. Bien que ce soit Stewart qui l'ait écrit, il est autant de moi que de lui.

Les soldats qui rentrent dans la ville viennent me rendre visite. Je leur donne un dollar, et je les conduis devant les glaces du palais en leur disant de me faire part de leurs impressions. La plupart demeurent stupéfaits, n'ayant jamais vu leur noire figure de bouledogue. Ils sont généralement très satisfaits d'eux-mêmes. Quant aux femmes, d'affreuses maritornes, elles se trouvent belles comme Vénus et fourrent leur poing dans leur bouche, en signe de pudique confusion; ce geste traduit, chez les nègres, notre action de baisser les yeux.

La lettre de Faki-Mustapha a provoqué un grand émoi chez les ulémas, car il dit qu'il se propose de « fermer les mosquées, de détruire le Coran et de n'écouter que le Mahdi. »

Le ton du télégramme d'Egerton (1) ne me convient guère. Il semble me dire : « Vous vous êtes fourré dans un gâchis; mais, quoique vous ne le méritiez guère, je veux bien vous tendre la perche et je vous autorise à... etc. » La vérité, c'est que ce sont eux, Egerton et C$^{ie}$, qui ont fait le gâchis, et qu'ils voudraient bien maintenant en rejeter sur moi la responsabilité. Ce n'est pas que je me soucie du fardeau, mais je voudrais qu'on ne m'envoyât pas de pareils télégrammes. (Par C$^{ie}$, j'entends Malet et Colvin.)

Je dois dire qu'en principe je déteste les diplomates (je

---

(1) V. la note p. 32.

les vois d'ici s'indigner de l'audace avec laquelle je me permets de les juger), j'entends sous les espèces officielles, car les quelques-uns d'entre eux que je connais personnellement sont des gens charmants. J'excepte tout particulièrement le commis principal Alston et le concierge du ministère, Weller, qui est devenu tout à fait aimable ces dernières années. Mais lorsqu'ils sont dans l'exercice de leurs fonctions, ce sont certainement, depuis les grands chefs jusqu'au menu fretin, les gens du monde auxquels il est le plus insupportable d'avoir affaire. J'ai eu occasion d'approcher ***, ***, ***, et, en sortant de leur auguste présence, je m'émerveillais de voir en de pareilles mains la politique de la Grande-Bretagne. Ce ne serait rien encore s'ils n'inoculaient pas leur virus à ceux qu'ils emploient, mais j'ai trouvé Stokes, du canal de Suez, Wilson, en Anatolie, et bien d'autres, absolument pervertis par cet esprit diplomatique fait de faux-fuyants, d'atermoiements et d'un respect superstitieux pour les puissances établies.

On m'informe que Stewart s'est emparé de deux cents chameaux chargés de marchandises appartenant aux Arabes, et qu'il a dépassé Schendy sans avoir été inquiété. Le Mahdi sera furieux.

Si le Mahdi prend Khartoum, ce qui entraînera la chute de toutes les autres places du Soudan, il faudra des forces considérables pour lui faire échec, car il trouvera dans la place de grandes ressources en armes et en munitions. On prétend qu'il médite une invasion de l'Égypte et de la Palestine, où il a de nombreux partisans prêts à se lever en sa faveur. Tous les steamers du Nil, même ceux qui croisent au-dessous d'Assouan (1), ne sont que de la quincaillerie, et seraient mis en miettes par un simple obus de pièce de montagne. Il suffirait donc, si les gens d'Esneh (2) se soulevaient, que le Mahdi y envoyât deux canons pour intercepter le fleuve. La force du Mahdi réside dans son éloignement ; ici nous savons ses histoires de poivre et de bombances, mais à Esneh tout cela est noyé dans les brumes de l'éloignement et le sera encore bien plus au Caire et en Palestine. Qu'avons-nous fait pour nous concilier la basse Égypte? Nous lui avons imposé des fonctionnaires européens qui lui coûtent 450,000 livres sterling par an, et, loin de réduire les taxes, nous avons perfectionné les procédés employés pour les extorquer. Le Mahdi, lui, expose ce séduisant programme : « Je vous prendrai seulement un dixième de vos produits, et je vous débarrasserai de ces chiens de chrétiens. » S'il sait bien manœuvrer, après la chute de Khartoum, les efforts combinés de la France et de l'Angleterre seront impuissants à l'arrêter, à moins qu'on n'aille le prendre au gîte. Au point de vue professionnel, je voudrais être le Mahdi, et, avec sa situation militaire, je braverais l'Europe entière. Étant convaincu de tout cela, pourrais-je être excusable de négocier avec le Mahdi conformément aux instructions d'Egerton, c'est-à-dire en m'occupant uniquement du salut des personnes et

---

(1) Sur le Nil, à plus de 900 milles de Khartoum, au N. du tropique du Cancer.
(2) Sur le Nil, à quelques milles au N. d'Assouan.

en lui abandonnant tout le matériel de guerre de Khartoum?

Sans doute, je serais justifié par la lettre de mes instructions. Mais après? Si ce dont j'ai la certitude arrivait, si l'Égypte se soulevait, que penserait l'Angleterre? Egerton se déroberait en se faisant nommer quelque chose comme ministre au Chili, et l'on dirait que tout est arrivé par ma faute. Mais, par le ciel! on ne le dira pas, car je ne rendrai la place qu'avec ma vie. Je voudrais convaincre le public que ce ne sont pas les troupes du Mahdi qui sont à redouter, mais les émissaires avec lesquels il excite les populations. Je ne crois pas qu'il eût seulement quatre mille hommes quand il a battu Hicks. Que l'on songe seulement à ce que pourraient les dix mille hommes de garnison du Caire contre un soulèvement en masse de la population.

Si l'on avait envoyé Zubehr-Pacha lorsque je l'ai demandé, il est plus que probable que Berber n'aurait pas été perdu, et l'on aurait eu un gouvernement du Soudan à opposer à celui du Mahdi. On a jugé à propos de refuser son concours à cause de ses antécédents au point de vue de la traite des nègres. Soit ; mais, comme on ne prend aucune mesure pour préserver dans l'avenir le pays de ce fléau, cela est parfaitement absurde. Je n'envoie pas A..... parce qu'il a fait ceci et cela, mais j'abandonne le pays à B..... qui fera exactement la même chose.

*18 septembre.* — Un homme venu de Schendy raconte

en détail une attaque sur le marché de Metemmah (1), où les Arabes ont pris une quantité de marchandises. On parle aussi de l'arrivée de troupes à Dongolah, de leur marche sur Berber et d'une reconnaissance qui serait envoyée pour savoir si Khartoum tient toujours. Trois soldats évadés du camp arabe disent qu'il y a des troupes à Faschoda (2). Je présume que ce sont celles des provinces de l'Équateur et du Bahr-Ghazel; il paraît qu'elles ont beaucoup de bétail et qu'elles sont là depuis quelque temps. Sans doute, elles n'osent se porter en avant, dans l'ignorance où elles sont du sort de Khartoum.

*Dix heures du matin.* — Un combat est engagé près de Djiraff entre 500 de nos hommes, que j'y avais envoyés sur le *Tewfikia* pour chercher du bois, et des Arabes qui s'y étaient rendus dans le même but. Ceux-ci battent en retraite vers le Nil Blanc.

Trois prisonniers rentrés aujourd'hui disent que, pour prévenir les désertions, les Arabes ôtent aux hommes leurs fusils pendant la nuit. Ils disent aussi que le Mahdi est instruit de la marche sur Berber et qu'il s'en inquiète. Hier j'avais arrangé le départ des sujets grecs avec leur consul pour l'Équateur, d'où ils auraient pu se rendre à Zanzibar; mais, après les nouvelles que je reçois aujourd'hui, je suspends leur départ jusqu'à ce que cette marche sur Berber soit confirmée.

(1) Sur le Nil, en face de Schendy.
(2) Ancien centre important de la traite des nègres, sur le Nil Blanc, à environ 400 milles au S. de Khartoum.

S'il est vrai qu'un corps expéditionnaire, composé en partie de troupes britanniques, marche sur Berber, qu'en résultera-t-il ? Les gens du Mahdi se retireront dans l'intérieur et le commandant de l'expédition me dira : « Maintenant que la route de Khartoum à Berber est libre, évacuez la place. » Il ajoutera peut-être : « Je vous donne trois mois. » Bien. Nous envoyons les steamers remonter le Nil Blanc jusqu'au Bahr-Ghazel, la garnison de Khartoum marche sur Senaar, et les garnisons de ces territoires sont délivrées et rapatriées. Naturellement, les premières mesures d'évacuation jettent toutes les tribus neutres ou même amies dans les bras du Mahdi, parce que, se voyant livrées à lui, elles voudront sauvegarder leurs intérêts en se conciliant sa faveur, en sorte que notre retraite sera contrariée par ces populations maintenant nos alliées, devenues nos ennemies, au milieu desquelles il nous faudra passer. Il ne faut pas songer à garder des troupes anglaises ici, passé le mois de janvier. J'en conclus qu'il n'y a d'autre alternative que d'installer Zubehr au Soudan, ou de céder ce pays au sultan, dans les deux cas avec un subside. Ou bien, si l'on ne veut se résoudre ni à l'un ni à l'autre parti, il faut évacuer purement et simplement; puis, après avoir ramené la garnison de Senaar, me donner les steamers avec les troupes nègres, qui me suivront volontiers, et me laisser remonter vers l'Équateur, tandis que le corps expéditionnaire redescendra vers Berber. Quant à la garnison de Kassalah (1), elle ne peut être délivrée que par

(1) A environ 250 milles à l'E. de Khartoum.

une expédition partant de Senheït et Massouah (1). Assurément, ce sera une faute d'abandonner les prisonniers d'Obeyed et de livrer Khartoum au Mahdi; mais, du moins, y regardera-t-il à deux fois avant de quitter cette place pour marcher sur l'Égypte, me sachant avec les steamers sur ses derrières, prêt à couper ses communications.

Personne plus que moi n'est persuadé de la nécessité pour les troupes anglaises d'être, coûte que coûte, en route pour l'Égypte au mois de janvier. C'est pourquoi je persiste dans mon idée de donner le pays à Zubehr ou de le céder aux Turcs.

Dans le sérail, nous avons un dindon avec ses cinq femelles, tous très apprivoisés, sauf que, m'étant un jour amusé à fourrer de force la tête du dindon sous son aile et à le bercer pour l'endormir, il est devenu un peu réservé avec moi. Si on s'approche de ses femmes et qu'on les touche, il devient furieux, son cou prend toutes les couleurs de l'arc-en-ciel, mais il reste à distance. J'ai le regret de dire que, l'une d'elles ayant couvé patiemment pendant trois semaines et fait éclore deux dindonneaux, il les a tués; du moins, c'est le cuisinier qui l'en accuse. Je trouve qu'un dindon, avec toutes ses plumes hérissées, son cou rouge et bleu tout gonflé, et son œil enflammé, dès qu'on touche à une de ses femmes, est le type de la force physique.

Je suis de ceux qui croient à une existence antérieure

(1) Port sur la mer Rouge, à environ 450 milles à l'E. de Khartoum.

et future de ce que nous appelons les animaux. Tandis que, d'après la Genèse, Dieu a animé directement l'homme de son souffle, il a dit à la terre et à la mer « de créer des êtres ayant déjà eu vie » et il les a mis sous les pieds de l'homme, entendant ainsi, selon le Psalmiste, lui soumettre toutes choses.

Quant à l'homme, ayant été formé par les mains de Dieu, comme le vase d'argile l'est par les mains du potier, il n'en diffère qu'en ce qu'il n'est pas sans péché, et Jésus-Christ lui-même, en prenant la forme humaine, nous a montré qu'il croit l'homme capable de contenir l'essence divine, c'est-à-dire de participer un jour à la divinité. Je crois que notre bonheur futur consistera à nous transformer en des intelligences infinies, qui seront en possession de la vérité absolue, de la connaissance universelle.

Quelle chute de passer de ces sujets à nos misérables affaires du Soudan! Mais la souffrance est notre lot ici-bas; car, si nous voulons être avec le Maître, il nous faut souffrir comme lui, qui pendant sa vie terrestre a enduré tous les maux imaginables. Cela ne m'empêche pas, d'ailleurs, de trépigner au moindre obstacle à ma volonté.

Certainement, si les troupes de Sa Majesté arrivent ici, j'insisterai énergiquement pour qu'elles quittent le pays avant le mois de janvier, et j'assumerai volontiers la responsabilité de ce qui en résultera. En réalité, ce peuple n'est pas digne de très grands sacrifices, et nous ne sommes liés envers lui qu'à cause de notre conduite équivoque en

Égypte. Il y a une limite à nos devoirs, et cette limite, je la fixe, en mon âme et conscience, au mois de janvier. Quant aux Européens du Khordofan, ils ont, sauf une exception, renié leur Dieu, et méritent leur sort dans une certaine mesure.

19 *septembre*. — L'ex-khédive Ismaïl, convaincu que la difficulté des communications entre le Caire et le Soudan était une des causes du mauvais gouvernement de ce pays, en laissant le champ libre aux abus des gouverneurs, qui échappaient ainsi à son contrôle, s'était embarqué dans de grandes entreprises de chemins de fer. Des marchés avaient été passés pour une section de voie ferrée de Ouedy-Halfah à Hanneck, sur une longueur de cent quatre-vingts milles à travers le désert. 450,000 livres sterling furent dépensées pour cette ligne, dont, en 1877, le manque d'argent força d'abandonner la construction, à une cinquantaine de milles au sud de Ouedy-Halfah. Il ne fallait pas songer, avec la crise financière, à terminer jamais ce chemin de fer. J'étudiai donc la question, et je fis reconnaître le Nil par le colonel Mason et M. Gooding, qui trouvèrent entre les cataractes des sections navigables, dont l'une avait quarante milles de longueur. En utilisant la voie ferrée déjà construite, que l'on pouvait raccorder au rivage, on établissait les communications par eau de la façon suivante.

Cette coupe représentant la section du fleuve comprise entre Khartoum et Assouan, *a, b, c, d, e, f, g* les cata-

ractes, placer de petits steamers dans les sections navigables qui les séparent, élever un fortin à chaque cataracte,
établir des tramways à traction animale pour assurer le
transbordement d'un steamer à l'autre, et voilà une route

sûre et facile. Par économie, on pouvait n'avoir qu'un
équipage pour tous les steamers, un service hebdomadaire
de transport devant être suffisant, et, au besoin, on rem-
placerait les tramways par des chameaux. J'avais calculé
que la dépense totale n'excéderait pas 70,000 livres
sterling, steamers compris, tandis que le chemin de fer en
aurait coûté plus d'un million et demi. Les insurrections,
les troubles, les embarras financiers ont empêché de mettre
à exécution ce projet, et le chemin de fer que le gouvernement du Caire avait tant à cœur est resté inachevé, tout
son matériel détérioré, après une dépense de près d'un
demi-million de livres sterling. Tous les malheurs du
Soudan résultent de cette funeste idée d'avoir voulu cons-
truire un chemin de fer au lieu d'utiliser le Nil. Aujourd'hui
encore on pourrait établir cette communication par eau
avec une mise de fonds qui n'excéderait pas 10,000 livres
sterling, puisqu'on a les steamers; après quoi, l'entreprise
subviendrait aux dépenses courantes d'entretien.

Rien de nouveau aujourd'hui. C'est le jour du sabbat musulman, et il ne se fait aucune opération. Ce n'est pas, d'ailleurs, qu'il s'en fasse beaucoup les autres jours. On n'aperçoit les Arabes que fort loin, à cinq ou six milles en avant du front Sud, et du matin au soir le calme règne dans leur camp.

Cette inaction m'a permis de songer de nouveau à l'explosion d'indignation causée par ma circulaire sur la traite. N'ayant pas vu de journaux, je ne puis que deviner ce qui s'est dit, mais je suis sûr que cette diabolique affaire a fait dresser les cheveux sur la tête de bien des gens et qu'on s'est écrié avec horreur : « Mais c'est la fin du monde ! » Quelle niaiserie ! N'a-t-on pas déclaré ouvertement qu'on abandonnait le Soudan, ce qui entraîne virtuellement le retour aux pratiques esclavagistes ? Quel inconvénient peut-il y avoir, dans ces conditions, à ce que j'aie déclaré nulle et non avenue la convention, d'ailleurs sans effet, de 1877 ? Le seul et unique objet de ma mission est de rapatrier saines et sauves les garnisons, et ma circulaire pouvait y aider en donnant aux Soudanais une permission qu'ils s'empresseront de prendre aussitôt que nous serons partis.

Baring avait daigné me promettre son concours ; c'était sans doute une bien grande satisfaction d'avoir son approbation ! Je suppose que ma demande de faire venir Zubehr a été la goutte qui fait déborder le vase, et que depuis lors je suis traité comme une brebis galeuse. Et cependant, je le demande, si le Soudan doit être abandonné, qu'importe que la traite soit faite par lui ou par le Mahdi, qui en est tout aussi partisan que lui? Nous avons décidé de laisser le Soudan se gouverner à sa guise, et, une fois ces malencontreuses garnisons rapatriées, peu nous importe que le chaos y règne; mais les Arabes se sont fort sottement mis en tête de ne pas nous laisser partir. Voilà ce qui a fait la situation où nous sommes. La présence de Zubehr aurait pu faciliter l'exécution de ce plan et aurait sauvé la garnison de Berber. On n'a souci que de ces garnisons, parce qu'il serait par trop déshonorant de les abandonner; mais on pense au fond qu'elles eussent bien mieux fait de se rendre tout de suite; que Dieu les bénisse!

Stewart sera témoin que je me suis efforcé de suivre littéralement mes instructions, c'est-à-dire de rapatrier les garnisons et les fonctionnaires, et, sans la défaite de Méhémet-Ali-Pacha, j'y aurais réussi, au moins pour les deux tiers. On m'a offert une certaine mission; je l'ai acceptée, trouvant qu'en somme il valait encore mieux abandonner le Soudan à lui-même que le laisser à ces misérables pachas égyptiens; le gouvernement de Sa Majesté a ratifié mon acceptation, et voilà où j'en suis. Ma position est absolument indépendante. Dans un des derniers journaux que nous avons reçus, j'ai lu ce mot d'un membre du parlement : « Peut-on admettre qu'un militaire refuse le poste qu'on lui donne? » Il a parfaitement raison; mais on ne m'a pas nommé à ce poste. La question était trop complexe pour qu'il pût y avoir lieu à un ordre. On m'a dit : « Voulez-vous essayer? » et j'ai répondu : « Avec plaisir. » Tout ce qu'on a pu dire de mon obstination à tenir bon n'est que balivernes, car je n'avais pas le choix du parti à prendre. Quant à me reprocher maintenant de ne pas être parti avec Stewart, si je ne l'ai pas fait, ce n'est pas pour me draper dans mon héroïsme, mais tout simplement parce que les gens d'ici n'auraient pas été assez sots pour me laisser partir. Quant à eux, placés entre la certitude de la mort ou de l'esclavage, s'ils se rendent, et une chance de salut, s'ils résistent, leur choix n'était pas douteux. Je dois dire, d'ailleurs, que, m'eussent-ils laissé partir, je ne les aurais pas abandonnés à leur sort. J'ajouterai que je n'ai jamais réclamé le secours d'une expédition anglaise. J'ai seulement demandé l'envoi de deux cents hommes à Berber à un moment où, Graham ayant battu Osman-Digmah, il n'y avait pour eux aucun risque à courir, et j'ai demandé la nomination de Zubehr au poste de gouverneur.

Baring ayant offensé Cuzzi, celui-ci s'est vengé en livrant Berber par trahison. Baring avait eu la bonté de déclarer, avec un éclat tout à fait superflu, qu'on n'enverrait pas de troupes à Berber, ce que, naturellement, Cuzzi se sera empressé de faire savoir au Mahdi; et le même Baring me reproche d'avoir demandé tout haut l'envoi de Zubehr, ce que j'ai fait à dessein, pour épargner au gouvernement de Sa Majesté l'odieux de cette mesure nécessaire. Quant au refus de venir que Cuzzi prête à Zubehr, je l'attribue à quelque intrigue de palais qui lui aura forcé la main. Si l'Angleterre se décide à envoyer du secours, je lui en exprimerai officiellement ma reconnaissance, au nom de la population de Khartoum, et cependant elle ne fera en cela que remplir un devoir strict; car si, entre le 21 novembre 1883, jour où l'on a appris la défaite de Hicks, et aujourd'hui, 19 septembre 1884, il est arrivé pour tous renforts au Soudan sept hommes, moi compris, c'est à l'intervention du cabinet britannique auprès du gouvernement égyptien qu'il faut l'attribuer. J'en serai aussi personnellement reconnaissant, car je m'empresserai de me décharger, en faveur du commandant en chef de l'expédition, du fardeau du pouvoir, tout en lui prêtant mon concours de mon mieux. Mais jamais je n'oublierai que les calamités de ce pays sont dues au refus d'y envoyer Zubehr, et il n'est pas de belles paroles qui puissent me faire perdre le souvenir de ces calamités. Que m'importent les éloges qu'on pourra me faire sur ma défense de Khartoum? Le beau mérite de résister, lorsqu'on sait qu'en se rendant on tend la gorge au couteau.

Quant à ceux qui prient pour nous, je leur suis profondément reconnaissant.

Assurément, quiconque aurait lu les dépêches d'Egerton datées de Souakim, 5 mai, et de Massouah, 29 avril, disant : « Le gouvernement de Sa Majesté n'accueille pas votre proposition d'entreprendre des opérations militaires au Soudan avec des troupes turques ou autres, et, par conséquent, si vous demeurez à Khartoum, vous aurez à en faire connaître la raison, » se serait imaginé que je m'oublie ici dans les délices de Capoue, alors que, j'en réponds, personne plus que moi ne souhaite de m'en voir sorti. Mon Dieu, la raison, ce sont ces détestables Arabes qui s'imaginent de ne pas nous laisser partir.

Je reconnais avoir fait preuve de peu de respect pour le gouvernement de Sa Majesté, mais c'est dans mon caractère et je n'y puis rien. Je sais bien que je ne *me* prendrai jamais sous *mes* ordres, car je suis incorrigible. Pour des hommes tels que Dilke, qui pèsent toutes leurs paroles, je dois être un vrai cauchemar. Je frémis en songeant à la peine que les dépêches relatives au Soudan doivent coûter au Foreign-Office. Ainsi, il y a la ville El-Obeyed et le scheikh El-Obeyed; il y a le Haloman du Caire et le Haloman de Khartoum : cela a dû embarrasser quelque peu Sanderson. Quels quiproquos ! « La ville se met en marche... Qu'est-ce que cela veut dire? Haloman est attaqué... Mais alors le Caire est menacé. Vite, que l'on fasse venir Wolseley... Les troupes de Khartoum sont battues par El-Obeyed... Est-ce qu'El-Obeyed n'est pas la place dont le général Hicks avait tenté de s'emparer? C'est tout à fait extraordinaire ! Que l'on fasse venir Wolseley... Ah! enfin, *eureka*... Il y a El-Obeyed, homme, et El-Obeyed, ville, et, quand on parle d'un mouvement, ce n'est pas de la ville qu'il s'agit, mais de l'homme. »

Je crois qu'après ceci, je serais mal venu à solliciter un poste au Foreign-Office. Je les entends d'ici dire : « Encore cette brute de Mahdi ! Qu'est-ce que c'est que cette insupportable résurrection de Stewart, Power et Herbin ? Ne serons-nous jamais débarrassés de ces gens-là? » Cela va, en effet, troubler le repos bien gagné du gouvernement de Sa Majesté.

Lorsque je songe à toutes les tristes affaires de 1882, je trouve que la pire de toutes est la panique des Européens à Alexandrie et leur fuite devant ces misérables troupes fellahs. S'ils s'étaient barricadés dans les rues, ils auraient résisté à cinquante mille de ces soldats de carton, comme l'ont fait Abbot dans son hôtel et l'administration de la Banque dans ses bureaux. Il est impossible d'imaginer un soldat plus méprisable que l'Égyptien ; ici, nous ne comptons nullement sur les troupes fellahs, qui sont tenues dans le plus profond dédain. Jamais elles ne veulent se battre, et il serait tout à fait inutile d'essayer de les y faire consentir. Une seule fois nous avons fait une tentative, et elles se sont obstinément refusées à quitter les steamers. Nous les conservons dans du coton pour les envoyer à Baring.

« Béni celui qui ne raille point » (*Psaume I*, 1). Je conviens que c'est très mal de se moquer de ses supérieurs, mais je ne le fais point par malignité et j'espère qu'ils n'en prendront pas ombrage. La vie est un fort lourd fardeau qu'il faut alléger de son mieux. Si je critique Baring, Egerton et tout le Foreign-Office, ce n'est point que je croie valoir mieux qu'eux, mais c'est que je voudrais les voir se mettre un peu à la place des autres et ne pas toujours envisager les questions à leur point de vue personnel. De ce que je pense autrement qu'eux, il ne s'ensuit pas, assurément, qu'ils ne puissent avoir raison, et, en agissant selon ma conscience, il se peut que je fasse mal. Je suis certain que Malet est convaincu d'avoir fait en Égypte absolument ce qu'il fallait; allez le voir à Bruxelles, et vous comprendrez au premier coup d'œil qu'il est très content de lui-même.

Je me rappelle une histoire amusante qui s'est passée quand j'étais en Palestine : un article du *Times* confondant Sir Charles Wilson, du corps royal du génie, avec Rivers Wilson, de la Dette nationale, et exaltant les « capacités financières » dont il avait fait preuve en Égypte. Naturellement, les deux Wilson ont été également mécontents de cette confusion, due à ce qu'en écrivant son article le journaliste était préoccupé du paiement de son terme ou de quelque chose d'analogue. En somme, Pierre s'inquiète beaucoup plus de ce qu'il aura pour son dîner que de ce que Paul a pu faire ou ne pas faire, et nous sommes bien bons de nous agiter au sujet de ce que le monde dit de nous. L'auteur de l'article du *Times* avait fait de son mieux pour satisfaire un Wilson, et il en a mécontenté deux. Assurément, la presse est fort utile, et je ne voudrais pas qu'on la bâillonnât; mais, quand messieurs les correspondants se mêlent de blâmer ou de louer, je m'en soucie comme d'une guigne, car je les ai vus de près et je ne me suis pas aperçu qu'ils valussent mieux que moi. A mon sens, ce genre d'appréciations n'est pas de leur compétence, car louer ou blâmer un homme est se déclarer supérieur à lui, et je ne crois pas qu'un correspondant de journal puisse se prétendre supérieur au général dont il suit les opérations... bien qu'à vrai dire, cela puisse bien arriver quelquefois. Prenons pour exemple notre défaite du 16 mars, attribuée à la trahison des deux pachas (1). Dix mille articles du *Times* qui me justifieraient n'ébranleraient pas la conviction où je suis que leur exécution a été un meurtre judiciaire; il en résulterait que mon intelligence serait inférieure à celle du correspondant. Si le *Times* lit ceci un jour, il pourra me dire : « Alors, pourquoi les avez-vous fait exécuter? » ce à quoi je crains d'être assez empêché de répondre.

20 *septembre*. — Six soldats évadés du camp arabe sont rentrés aujourd'hui avec leurs armes. Ils disent que leurs camarades méditent une fuite en masse, et que les Arabes s'inquiètent de notre inaction et croient que nous établissons une mine sous leur camp. Il paraît que le Mahdi est toujours à Rahad, et pas du tout à Schatt. Un de ces hommes est vêtu d'une robe de derviche avec des pièces de toutes couleurs qui le font ressembler à un paon.

Le mudir de Dongolah m'a transmis une lettre fort curieuse d'un de ses collègues, écrite au moment du désastre de Hicks (2); elle est conçue dans le sens de la phrase célèbre : « Étranger, va dire à Sparte que nous sommes morts ici en obéissance à ses lois. »

Dans une des pages qui précèdent, j'ai médit des soldats égyptiens; j'ai eu tort, car, après tout, quel intérêt peuvent-ils prendre aux opérations de guerre du Soudan? Les An-

(1) V. la note p. 20.
(2) V. Appendice, lettre F.

glais les battent en Égypte et les envoient se faire massacrer ici. Les dix mille malheureux de l'armée de Hicks, qui ont été taillés en pièces, ont prouvé que, s'ils ne savent pas se battre, ils savent du moins mourir.

Au début du blocus, une certaine quantité d'esclaves appartenant à des habitants de Khartoum avaient été enlevés; ils sont revenus les uns après les autres, et nous avons fait les hommes soldats et affranchi les femmes. J'ai décidé qu'il y avait lieu d'indemniser leurs maîtres aux taux de sept livres sterling par tête d'homme et de cinq seulement par tête de femme, l'article étant de moindre valeur.

Je voudrais qu'on fît des *Vies* de Plutarque le livre de chevet de nos jeunes officiers; cela vaudrait bien l'*Art de la Guerre* et la *Petite Tactique*. Quelques-uns des considérants donnés par la *Gazette*, à l'appui de certaines croix de Victoria qui ont été décernées, sont stupéfiants. Par exemple, un homme envoyé en reconnaissance avec un autre a pris en croupe son camarade blessé et lui a ainsi sauvé la vie. Eh bien! qu'est-ce qu'on aurait pensé, s'il l'avait abandonné? On en fait tous les jours autant, et la lecture de Plutarque enseignerait peut-être que c'est remplir le plus élémentaire des devoirs. Un soldat est tenu de faire en conscience son métier de soldat, et il ne peut jamais faire plus que son devoir. Son métier est la bataille; c'est pour cela qu'il est payé, et non pour la vie de garnison. La croix de Victoria avait été instituée dans le but de remplacer pour les sous-officiers et les officiers subalternes la décoration du Bain, que les statuts de l'ordre ne permettent pas de donner au-dessous du grade de major. Insensiblement on en est venu à la donner pour de prétendues actions d'éclat, et l'abus est maintenant enraciné. J'aime ce mot du vieux duc de fer (1), qui, à un ami de mon père, faisant valoir ses longs services pour obtenir une récompense, répondait brutalement « qu'il devait se tenir pour diablement heureux que le pays ait bien voulu le garder si longtemps. »

Je serais bien aise de voir Wolseley entrer dans cette voie et nous inspirer un peu de don quichottisme, ce qui est très faisable, car nous ne sommes pas faits autrement que les hommes d'autrefois. Dans les trois campagnes de ces quatre dernières années, il n'est pas un officier ni un soldat qui ait été exposé aux privations et aux dangers affrontés journellement dans toutes les parties du monde par nos matelots et nos officiers de la marine de guerre, et ceux-ci ne s'imaginent pas d'arguer de ces privations et de ces dangers pour obtenir des récompenses. En défendant son poste, un homme défend en même temps sa peau. Pourquoi lui donner la croix de Victoria? et, si on la lui donne, pourquoi ne pas la donner à tous ceux qui étaient avec lui?

J'aimerais à entendre interroger, sur le pays dans lequel ils se trouvent, nos généraux, dont le temps se passe dans leur bureau, dans les commissions, les conseils de guerre, etc.,

(1) Surnom de Wellington.

avec un jour de loin en loin consacré à faire faire aux hommes des manœuvres qui ne sont jamais mises en pratique sur le champ de bataille. Le métier d'un général est la guerre et non la paperasserie, et ils font comme un cavalier qui ne s'occuperait de son cheval qu'à l'écurie et ne le monterait jamais. Je voudrais que Wolseley obligeât les généraux à circuler par tout leur district, les interrogeant sur les routes, les dispositions des troupes en cas d'attaque, les ravitaillements des forts. Je ne crois pas qu'il soit généralement connu que, si la digue de Cooling sur la Tamise venait à être détruite par une simple canonnière qui la bombarderait, les forts de Cliffe et de Shornemead se trouveraient coupés de la terre ferme, la Tamise inondant le pays et s'étendant dans les terres sur une largeur de dix milles. Je ne connais qu'un homme en état d'examiner nos généraux sur la question des côtes; c'est Sir W. Jervois. Wolseley pourrait le prendre pour maître d'école. Naturellement, ce que je dis là n'est qu'impertinence et présomption.

Un espion venu d'Halfeyeh m'informe que Stewart a repris les deux steamers qui étaient tombés aux mains des Arabes à Berber et qu'il n'a pas eu à soutenir d'engagement sérieux. Il paraîtrait que les troupes anglaises approchent d'Amboukol (1), entre Debbeh et Mérowé, et qu'elles ont battu les Arabes. La capture des steamers de Berber coupe les communications des Arabes avec l'autre rive.

(1) Sur le Nil, à 180 milles au N. de Khartoum.

J'ai écrit à Abd-el-Kader, le vieux scheikh du front Sud, en lui envoyant un paquet de savon, ayant appris qu'il se désolait de n'en pas avoir (1). Je pense qu'il n'osera pas ouvrir ce paquet, de peur d'une explosion.

Un jeune soldat nègre vient d'arriver, poursuivi jusqu'à nos lignes par trois cavaliers et plusieurs hommes à pied ; il prétend avoir tué deux d'entre eux. Trois autres prisonniers, qui s'étaient évadés avec lui, ont manqué de courage et ont été repris. J'ai peur qu'ils ne soient fort maltraités, mais cela ne les rendra pas plus braves, car la souffrance physique ne peut rien sur le moral ; c'est pourquoi je ne crois pas au purgatoire.

J'ai fait mettre en vente cinq cents ardebs de la réserve de dhoora du gouvernement, avec défense de céder plus de deux ardebs à chaque famille.

Le steamer le *Tewfikia* est allé à Djiraff pour y disposer vingt fourneaux de mine, afin d'éloigner une fois pour toutes les Arabes de cette ville, qu'ils paraissent affectionner particulièrement. Les mèches étant éventées, il a fallu s'ingénier pour les remplacer tant bien que mal. Je crois que de bonnes chausse-trapes de fil de fer de vingt mètres de profondeur, semées de mines, sont une défense absolument sûre pour une place, pour peu qu'on ait des troupes possibles derrière les parapets. L'artillerie de campagne ne peut pas les détruire ; il faut un bombardement continu de plusieurs jours pour en venir à bout.

---

(1) V. Appendice, lettre G.

Un homme qui arrive de Schendy corrobore la nouvelle de la marche en avant du corps expéditionnaire et de la défaite des Arabes. Un autre annonce que l'*Abbas* continue à descendre le Nil sans encombre et que les deux steamers le *Mansourah* et le *Safia*, qui l'accompagnaient, sont en route pour revenir; mais il ne fait pas mention de la prise des deux steamers de Berber le *Faschéer* et le *Monsuhaniah*.

Les Arabes ont gardé l'homme que je leur avais envoyé avec le drapeau parlementaire pour porter une lettre au vieux scheikh Abd-el-Kader et une autre des ulémas au Mahdi.

Je tiens d'une source assez sûre que le Mahdi a mandé aux tribus du voisinage de ne plus se battre, de se soumettre à notre autorité, de payer les taxes, disant que le jour viendra où les Turcs et tous les musulmans le reconnaîtront pour le véritable Mahdi, sans qu'il soit nécessaire de recourir aux armes. Ceci me revient de deux côtés différents. Il pense sans doute que, s'il échouait ici, il serait perdu, et il négocierait volontiers pour garder le Khordofan, comme je le lui avais proposé autrefois.

Faki-Mustapha, le chef de la rive gauche du Nil Blanc, se défend d'avoir écrit la lettre impertinente qu'on lui attribue (*v. p.* 30), disant que son sceau n'y est pas apposé, preuve qu'elle est apocryphe.

Aujourd'hui le docteur a opéré un homme de la pierre et lui a retiré du corps un caillou de la grosseur d'un œuf de cygne.

Il n'est rien de tel que la guerre civile pour montrer combien l'homme est semblable au caméléon. Mes plus grands tracas ici sont causés par les Schaggyehs, qui oscillent perpétuellement entre moi et le Mahdi, se faisant d'ailleurs mépriser également des deux côtés. L'histoire nous fournit bien des exemples de ce genre, entre autres celui du prince de Danemark, mari de la reine Anne, qui a eu une conduite assez louche lors du débarquement en Angleterre de Guillaume d'Orange, et je crois que l'impératrice Eugénie en aurait long à dire sur les transfuges. Je hais cordialement cette espèce, et, si je m'écoutais, je tomberais à bras raccourci sur ces Schaggyehs. Je leur ai reproché de n'avoir d'autre mobile d'action que l'intérêt, pure niaiserie de ma part, d'ailleurs, car tous les hommes en sont à peu près là.

21 *septembre*. — Six soldats sont encore rentrés aujourd'hui avec leurs armes. D'après eux, les Arabes, furieux de toutes ces évasions, notamment de celle du derviche à la robe multicolore, qui est un officier, et des désertions continuelles qui ont lieu dans leurs rangs, auraient écrit au Mahdi pour lui demander s'il ne vaudrait pas mieux tuer tous ces nègres. Le Mahdi avait, paraît-il, loué mille chameaux au prix de trois dollars par tête pour envoyer du dhoora aux assiégeants de Khartoum, mais les gens avec lesquels il avait conclu le marché ont décampé en emmenant les chameaux dans l'intérieur et en gardant l'argent.

Des messagers arrivés à Omdourman (1) disent qu'une colonne de troupes anglaises et indiennes est arrivée à Debbeh, sur le Nil, après avoir battu les Arabes, et d'Halfeych on mande qu'une reconnaissance ennemie a traversé le défilé de Schoboloah.

Le Grec que les Arabes nous avaient envoyé, il y a quelques jours, raconte que le Mahdi a donné à Cuzzi un onguent pour s'oindre le corps, afin de se conserver en odeur de sainteté !

Trois messagers sont arrivés de Dongolah avec deux dépêches chiffrées d'Egerton que je ne puis lire, Stewart ayant emporté le chiffre; ils apportent aussi des lettres photographiées que je n'ai pu entièrement déchiffrer, ainsi que des notes de Floyer (2) et de Kitchener (3) relatives à la marche des troupes (4).

(1) Sur la rive gauche du Nil Blanc, en face de Khartoum.
(2) Colonel Fraser Floyer, du génie, chef du service télégraphique au Soudan.
(3) Major Kitchener, du génie, chef du service des renseignements (*Intelligence-Department*).
(4) Voici le texte de ces notes, écrites sur la même feuille de papier :
« *Londres*, 12 *août*. — Débats aux Communes sur l'Égypte. Gladstone refuse de faire connaitre les instructions données à Northbrook. L'accord anglo-français est déclaré lettre morte. »
« 13 *août*. — Les financiers allemands, autrichiens et russes blâment l'attitude de l'Angleterre. Fitzmaurice déclare que le gouvernement maintient le conseil donné à l'Égypte d'abandonner Khartoum. Parlement prorogé jusqu'au 15 septembre. Message de la reine dit attendre d'heureux résultats de la mission de Northbrook. — Angleterre résolue à remplir les devoirs que lui imposent les événements d'Égypte. »
« 17 *août*. — Les 88°, 46° et 56° régiments, avec le 19° hussards et un corps d'infanterie montée, marchent sur Halfah. Général Earle commande la colonne; Buller chef d'état-major. »
« Cher général Gordon, je vous envoie les dernières nouvelles reçues d'Angleterre. Je suis nommé inspecteur général des télégraphes du Soudan, mais

Le mudir de Dongolah me mande qu'il a battu les Arabes quatre fois avant l'arrivée des troupes britanniques. Je le fais pacha, et je demande pour lui au khédive la décoration de Saint-Georges et Saint-Michel. J'ai fait tirer à quatre heures de l'après-midi trois coups de canon à blanc pour saluer les Arabes et leur annoncer qu'il y a du nouveau. Demain j'enverrai des espions du côté du nord. J'ai donné à chacun des messagers de Dongolah dix livres sterling en promettant que dix autres leur seront payées à Dongolah à leur retour. Ils prétendent n'avoir rien reçu à leur départ; si cela est vrai, ce serait curieux.

Trois soldats rentrés ce matin disent que les Arabes ont désarmé tous les nègres qu'ils avaient pris, en leur disant d'aller où bon leur semblerait; je pense que nous allons en voir arriver des bandes. Il paraît que l'ennemi s'attend à être attaqué et est tout en désarroi.

Demain j'enverrai au Caire une dépêche ainsi conçue, pour régler la situation en ce qui me concerne : « Si vous voulez me relever de mes fonctions de gouverneur général, je n'ai plus aucune responsabilité. Sinon, dussé-je faire le sacrifice de mon grade dans l'armée britannique, je resterai pour remplir ma tâche jusqu'au bout. »

mon inspection ne peut, pour le moment, s'exercer au delà de Debbeh. On me rappelle à Halfah et je m'y rends par eau. Mes meilleurs souvenirs au colonel Stewart. — Sincèrement à vous, E.-A. FLOYER. *Debbeh*, 22 *août* 1884. »

« Cher Stewart, puis-je faire quelque chose pour vous et pour le général Gordon? J'en serais bien heureux. Une colonne est en marche, mais je ne sais si elle arrive directement ou par Berber. Le Mahdi est en mauvaise situation et n'a pas de renforts à envoyer à Khartoum et à Senaar, où l'on en réclame. — Toujours à vous, H.-H. KITCHENER. »

En réponse à notre salut à blanc, les Arabes ont tiré ce soir sur nos lignes neuf coups à boulet, à quoi nous avons riposté par cinq coups à boulet également. Un de nos messagers, revenu ce soir avec la réponse du scheikh Abd-el-Kader, qui nous renvoie notre paquet de savon (1), prétend que ces cinq boulets ont tué vingt hommes, ce qui me semble légèrement exagéré. Il dit que les Arabes manquent de vivres. Ils l'ont menacé et maltraité. J'envoie une nouvelle lettre au scheikh.

22 *septembre*. — J'ai expédié deux cents hommes du côté d'Halfeyeh pour nettoyer les routes entre cette place et Shoboloah, qui sont infestées de détachements arabes faisant des razzias.

Le *Safia* et le *Mansourah* sont arrivés; ils ont exécuté mes ordres et conduit l'*Abbas* sain et sauf jusqu'au delà de Berber, Dieu en soit loué! Le colonel Stewart me rend compte en détail de son expédition; les steamers ont perdu trois hommes et ont eu quatre blessés (2).

23 *septembre*. — Le détachement qui était allé pour chasser les maraudeurs arabes est de retour; il les a dispersés et a fait un butin considérable.

Depuis le commencement du blocus, c'est-à-dire depuis le 12 mars jusqu'à aujourd'hui, nous avons usé 3,240,770 cartouches Remington, 1,570 gargousses de canon Krupp et 9,442 de pièce de montagne; sur les cartouches, il y

(1) V. Appendice, lettre H.
(2) V. Appendice, lettre I.

en a eu à peu près 240,000 prises par l'ennemi (1), ce qui fait environ trois millions de coups de fusil tirés. Je pense que les Arabes ont dû perdre un millier d'hommes; il faut donc trois mille cartouches pour tuer un Arabe. Il nous reste à tirer 2,242,000 coups de fusil, 660 coups de canon Krupp et 8,490 coups de pièce de montagne, et nous fabriquons environ 50,000 cartouches Remington par semaine.

Cinquante cavaliers arabes ont chargé un détachement qui faisait un ravitaillement en avant de Bourré (2), mais le steamer les a mis en fuite.

Je suis sûr que j'aimerais cet excellent Egerton; ses dépêches décèlent une aimable jovialité, et je croirais volontiers que les soucis de la vie ne lui pèsent guère. Lisez la lettre ci-jointe (3). Il désire savoir exactement le jour, l'heure, la minute précise où le général Gordon s'attend à être dans l'embarras quant aux vivres et aux munitions!

---

(1) Dans la déroute d'El-Foun, le 5 septembre.
(2) Sur le Nil Bleu, à l'extrême gauche du front Sud.
(3) « Cher général Gordon, M. Egerton me prie de vous communiquer la note suivante : — « 30 *août*. Dites à Gordon que l'on est en train de faire « franchir à des steamers la seconde cataracte et que nous le prions de nous « faire savoir par Dongolah l'époque exacte à laquelle il s'attend à être dans « l'embarras quant aux vivres et aux munitions. » Lord Wolseley arrive de Londres pour prendre le commandement en chef; le 35ᵉ régiment marche sur Dongolah; Sir E. Wood est à Halfah. La colonne remonte le Nil sous les ordres du général Earle, Buller chef d'état-major, Dormer et Freemantle commandant les brigades. Je crois qu'on enverra une colonne directement à Khartoum et une autre à Berber par eau. Nous serions heureux d'avoir un mot de vous nous disant ce que nous pouvons pour votre service. — A vous, H.-H. KITCHENER, R. E. (*Royal Engineers*, corps du génie militaire). *Debbeh*, 31 *août*. »

Eh bien, si Egerton veut prendre la peine de faire des recherches dans ses archives (quel mot admirable!), il pourra voir que depuis des mois nous sommes dans l'embarras quant aux vivres. Il me fait l'effet d'un homme qui, regardant du rivage son ami se débattre dans l'eau, lui crierait : « Je vous en prie, mon cher, faites-moi savoir quand il faudra vous jeter la bouée. Je vois bien que vous avez déjà bu deux ou trois coups, mais ce serait vraiment dommage de tenter le sauvetage avant que vous soyez tout à fait *in extremis;* prévenez-moi à ce moment-là bien exactement. » Ah! c'est qu'Egerton est un homme élevé à l'école de l'exactitude et de la précision, bien qu'il ait oublié (?) de dater sa dépêche de juin relative aux marchés à conclure avec les Bédouins pour s'en faire escorter.

Voyez ce que j'ai dit plus haut : « Que l'on fasse venir Wolseley. » Il paraît que c'est fait depuis un mois. Quel cauchemar que ce Soudan!

La dépêche chiffrée d'Egerton que je ne puis lire, Stewart ayant emporté le chiffre, est courte; mais je suis sûr qu'elle est de poids et je regrette vivement de n'en pouvoir prendre connaissance, car elle m'aurait, je pense, fourni matière à des commentaires divertissants.

Le mudir de Dongolah me mande que l'émotion a été grande au Caire à la nouvelle de la chute de Berber, le bruit ayant couru en même temps que Khartoum était pris, et qu'il a été vivement pressé d'évacuer Dongolah. Il a reçu dépêche sur dépêche : « Jetez tout dans le fleuve... revenez... il est inutile de rester... nous ne voulons pas vous perdre, etc. » Il n'en a rien fait et pense comme moi que le gouvernement voudrait bien élever une muraille infranchissable entre le Caire et Khartoum et autres places assiégées, et ne plus entendre parler de cet insupportable Soudan. Ce mudir est un de mes anciens officiers; je viens de le faire pacha. A mon arrivée ici, je l'avais renvoyé, non que j'en fusse mécontent, mais parce que mes instructions me prescrivaient « d'organiser le le pays avec des fonctionnaires soudanais. » On m'a écrit du Caire pour me prier de le garder (on doit s'en mordre les doigts à présent), et il a sauvé indirectement Khartoum en se maintenant à Dongolah. Si j'avais mis à sa place un mudir indigène, celui-ci se serait rallié au Mahdi, comme l'a fait Hussein-Pacha-Khalifa (1), et je crois bien qu'alors la pierre du sépulcre aurait été solidement scellée sur nos têtes. Cela doit être bien amer pour le gouvernement du Caire de penser que c'est à une intervention de sa part que nous devons indirectement notre salut. On trouvera dans le journal de Stewart la correspondance échangée au sujet de ce mudir.

J'espère que Stewart se procurera pour son journal la copie de tous les télégrammes envoyés du Caire qui ont été interceptés par les Arabes (quelle agréable lecture pour eux!) et qu'il apprendra le résultat de la mission de Hewitt auprès du roi Jean (2). Il saura aussi, sans doute,

---

(1) Gouverneur de Berber.
(2) L'amiral Hewitt était chargé de négocier un traité entre le gouvernement égyptien et le roi Jean d'Abyssinie. (V. à ce sujet Appendice, lettre N.)

ce que sont devenues les négociations entamées par Baring pour s'assurer de la route de Souakim à Berber, négociations dont il a été question le 29 mars et dont la nouvelle a excité ici une grande hilarité. C'est ce qui a amené la querelle avec Cuzzi : celui-ci ayant eu l'impudence de paraître révoquer en doute l'opportunité et l'efficacité de cette mesure, Baring l'a mis à la porte, ce dont il s'est vengé à la fois sur Baring et sur moi en livrant Berber aux Arabes, du moins est-ce fort probable.

Egerton est évidemment un statisticien qui rassemble les matériaux d'un grand ouvrage. Je vous demande en quoi cela peut nous servir qu'à quinze cents milles d'ici, il soit « exactement informé » de notre situation au point de vue des vivres? Je suis bien contrarié de ne pouvoir apprécier toutes les finesses de sa dépêche chiffrée; la seule chose que j'y voie, c'est que le chiffre 7775, qui veut dire Zubehr, n'y figure pas.

Je m'apprête à débarrasser le palais en n'y laissant que le télégraphe et à me transporter dans la maison du mudir, afin de faire de la place pour l'état-major, si toutefois il doit jamais arriver, ce dont je suis loin d'être certain.

Puisque lord Northbrook arrive en Égypte, je suppose que Baring revient au Caire et que mon ami Egerton retourne au pied de l'Acropole. J'espère qu'il dira au roi des Hellènes quelques bonnes paroles en faveur de Léonidas, le consul grec à Khartoum, qui, sur un moindre théâtre, se montre digne de son ancêtre des Thermopyles.

Je suis intimement persuadé que nous ne ferons rien de bon et de durable en Égypte qu'avec le concours de la France, qu'il serait aisé de s'assurer.

L'ancien secrétaire particulier d'Arabi-Pacha (1), dont Stewart lui-même, avec sa patience angélique, n'a jamais rien pu faire, est venu me trouver aujourd'hui, se plaignant de mourir de faim, si bien que je lui ai rendu ses dix livres sterling par mois. Je me demande comment il pouvait s'entendre avec Arabi; je me rappelle Stewart passant des heures avec lui à suer sang et eau pour traduire des lettres arabes et finissant par s'apercevoir que le drôle donnait libre carrière à son imagination et ne prenait pas la moindre peine pour rendre le sens propre de ces lettres.

Les Schaggyehs empoisonnent ma vie avec leurs querelles de famille; j'irai demain à Halfeyeh pour tâcher de les apaiser. Ils ont pris cinq hommes qui, après avoir passé de notre côté, étaient retournés au camp des Arabes, et ils veulent que je les mette à mort; je n'en ferai rien, car lesquels sont les rebelles, en somme, de nous ou des Arabes? Je suis responsable du meurtre judiciaire des deux pachas nègres, et cela me suffit.

Il me semble que le colonel Stewart est un peu sévère pour nos soldats nègres. J'en conviens, ce ne sont pas des héros, mais ce ne sont pas positivement des lâches. Ils ne

---

(1) Awâan, fonctionnaire égyptien qui avait été au service d'Arabi et qui, exilé à Khartoum, a été dans la suite convaincu d'intelligences avec le Mahdi.

sont pas crânes, et il faut, pour se risquer, qu'ils se sentent une chance de succès, auquel cas ils se battent avec assez d'intrépidité. Les Chinois sont de même tempérament. « Deux hommes ne peuvent pas occuper la même place; si tu y viens, je m'en vais, » est un axiome universellement mis en pratique en Orient.

Un espion rapporte que le scheikh El-Obeyed a appris l'arrivée de troupes à Kassalah, sous les ordres d'Abd-el-Kader-Pacha (1). Quel ennui pour Sanderson que tous ces Abd-el-Kader, qu'il va peut-être confondre avec le vieil Abd-el-Kader d'Algérie!

Deux mines que l'on relevait à Omdourman, pour en renouveler les fusées, ont fait explosion, mais sans blesser personne.

J'ai vu le chef schaggyeh Abdul-Hamed. Il prétend que les deux pachas nègres Saïd et Ibrahim-Hassan, exécutés le 20 mars, n'étaient pas coupables; car, s'ils avaient été d'intelligence avec les Arabes, ceux-ci n'auraient pas pillé leurs maisons comme ils l'ont fait. Tout ce que je puis à présent, c'est de rechercher leurs familles et de donner à chacune mille livres sterling d'indemnité.

On raconte qu'en s'évadant du camp arabe, un soldat aurait emporté la culasse mobile des deux canons Krupp, ce qui les mettrait hors de service.

Si Abd-el-Kader est à Kassalah, je me demande à quoi diantre l'on pense, à l'*Intelligence-Department*, de ne

(1) Ministre de la guerre du khédive et prédécesseur de Gordon au Soudan.

pas me l'avoir fait savoir, car je pourrais lui prêter un concours efficace. Il faut vraiment qu'ils aient perdu la tête; c'est pourtant un service qui nous coûte assez cher.

Je terminerai ce cahier en disant ceci : évacuer est une chose, lâcher pied en est une autre. Puisque nous avons résolu de ne pas conserver ce pays, j'approuve le premier de ces partis ; quant au second, je ne veux pas en entendre parler, d'abord parce que ce serait déshonorant, et ensuite (ceci aura peut-être plus de poids) parce que ce serait impraticable. Par conséquent, si c'est là qu'on en veut venir, il est inutile que les troupes dépassent Berber avant qu'une décision définitive soit prise.

C.-G. GORDON.

23 septembre 1884.

*N. B.* — Pour être communiqué au colonel Stewart, qui en prendra copie et en donnera des extraits à M. Power, à qui je l'ai promis; après quoi, si le Foreign-Office n'en fait rien, il le remettra à Miss Gordon, à Southampton.

# DEUXIÈME FASCICULE.

## DU 23 AU 30 SEPTEMBRE.

*24 septembre.* — Voici le plan que je conçois, relativement aux opérations du corps expéditionnaire. J'enverrais trois steamers, armés chacun de deux canons et portant un détachement d'infanterie, soit à Metemmah, en face de Schendy, soit à la cataracte qui se trouve en aval de Berber, pour y attendre les troupes britanniques qui arriveraient de Dongolah, en traversant le pays compris dans la boucle du Nil.

Une fois leur jonction avec les steamers opérée, ces troupes reprendraient Berber, puis établiraient les communications avec Khartoum. Je donnerais aux steamers un mois de vivres. Quant au corps expéditionnaire, il n'enverrait qu'une colonne volante, le gros restant à Dongolah; inutile d'amener de l'artillerie, elle n'est d'aucun usage dans ce genre d'opérations. Après la prise de Berber, y amener le gros des forces et faire marcher la colonne volante sur Khartoum en la munissant de vivres, car je n'ai pas de quoi la nourrir; puis, concurremment avec nous, nettoyer le pays compris entre A et B, ce qui serait l'affaire d'une semaine. Ceci fait, il y aurait à prendre une décision quant à la marche à suivre pour en finir avec ces affaires du Soudan. Voici, là-dessus, mon opinion personnelle.

J'établirais sur le Nil, par Mérowé, Abou-Hamed, Ber-

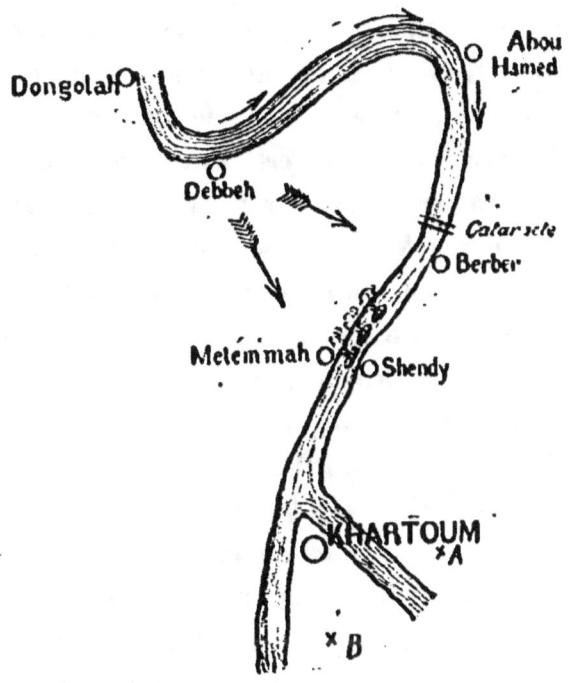

ber, une chaîne de postes avec de petites garnisons à chaque cataracte et une chaloupe à vapeur dans chaque section navigable du fleuve, comme je l'ai exposé dans le premier cahier de mon journal (*v. p.* 43). Cela me donnerait une route sûre entre Khartoum et Dongolah, où resteraient les réserves.

Fort bien, et après? Ceci fait, et les Arabes de la région

A à B dispersés, on pourra avec la colonne volante, et sans mettre en mouvement le gros des forces, aller délivrer la garnison de Senaar, tandis que les steamers remonteront le fleuve pour aller chercher celles des provinces du Bahr-Ghazel et de l'Équateur. Ces opérations demanderont au moins six mois, à dater d'aujourd'hui, car je n'attends pas le corps expéditionnaire avant un mois d'ici. A ce moment, on commencera le mouvement de retraite vers le nord, on sera harcelé tout le long de la route, le Mahdi se vantera de nous avoir chassés, et tout notre prestige sera perdu. Voilà quel sera le résultat de l'expédition.

C'est pourquoi je ne cesse de dire : une fois Khartoum délivré, donnez le Soudan aux Turcs ou établissez-y Zubehr, et, au lieu de perdre du temps à aller à Senaar et dans les provinces de l'Équateur, venez avec nous prendre l'offensive dans le Khordofan. Les troupes vont passer six mois ici, n'est-ce pas? Encore faut-il bien employer ce temps-là et ne pas, en partant, laisser croire qu'on a été mis à la porte; mieux vaut sauvegarder sa dignité en établissant un gouvernement régulier avant d'évacuer le pays. Les deux combinaisons coûteront autant d'argent l'une que l'autre, mais la première sera beaucoup plus onéreuse au point de vue de l'honneur. Si ensuite Zubehr ne peut se maintenir au Soudan, que vous importe? Vous aurez agi honorablement tout en vous épargnant la peine et les difficultés sans nombre qui vous attendent dans ces expéditions de Senaar et de l'Équateur. Vous n'aurez pas seulement à aller à cinquante milles au delà de Khartoum. Quant aux provinces de l'Équateur, donnez-les-moi et je me charge de les défendre contre les razzias (1). C'est vraiment pitié d'abandonner Khartoum au Mahdi quand on a une chance de le conserver avec Zubehr.

Si la colonne volante a besoin d'artillerie, elle pourra prendre celle des steamers, qui ont de bonnes pièces de campagne avec affûts, avant-trains et caissons. Moi, je garderai les canons Krupp et les chaloupes blindées. Quant à la façon de maintenir ses communications pendant la marche à travers le désert, elle est fort simple : il suffit de faire garder par une compagnie tous les puits dans un rayon assez étendu autour de la ligne d'opérations. Une fois que vous serez maîtres de l'eau, vous serez sûrs de ne pas être inquiétés dans votre marche. Les éléphants viendront directement de Debbeh à Khartoum par les puits de Gabrah (2).

En approchant d'Omdourman, il sera bon de se méfier, la garnison fellah étant peu sûre. Je suis d'avis, d'ailleurs, qu'il y aura lieu de renvoyer au Caire ces soldats fellahs et ces misérables bachi-bouzouks, l'écume d'Alexandrie, qui ne sont absolument que des bouches inutiles.

Pour ma part, je n'hésiterais pas à marcher de Debbeh sur Khartoum avec trois cents cavaliers seulement, après

---

(1) Gordon avait proposé de donner au roi des Belges les provinces du Bahr-Ghazel et de l'Équateur, s'engageant à les défendre contre la traite des nègres.

(2) Environ 30 milles au N.-O. de Khartoum.

avoir au préalable conclu un arrangement avec la tribu des Kababischs.

On peut très facilement établir des ponts volants sur le Nil, même aux endroits les plus larges, avec les bateaux du pays réunis par des câbles faits en fil de fer galvanisé, de celui qui est employé pour le télégraphe.

Le petit garçon de Seyd-Méhémet-Osman, âgé de neuf ans, a été pris par les Arabes et s'est conduit en vrai héros. Il a déclaré « qu'il ne voulait pas être derviche, que Méhémet-Achmet n'était pas plus le Mahdi que lui-même, et qu'on le tuerait, si l'on voulait, mais qu'il tenait pour le gouvernement et pour Gordon-Pacha. » Le sandjak qui m'a raconté cette scène m'a dépeint ce petit diable l'œil en feu, gesticulant et trépignant avec fureur. On ne lui a pas fait de mal.

Je ne saurais trop insister sur ce fait que l'expédition n'aura pas à lutter contre un ennemi digne de ce nom au point de vue militaire européen, mais seulement contre le climat et la pauvreté du pays. C'est une œuvre de temps et de patience à accomplir, au moyen de petites troupes d'hommes résolus, avec la coopération d'indigènes que l'on se conciliera par un peu d'argent et beaucoup de politique. Une lourde colonne, si forte qu'elle soit, ne fera rien de bon ici et sera avantageusement remplacée par des détachements de quarante à soixante hommes à marche rapide ; on perdra sans doute un peu de monde, mais c'est la guerre. Avant toutes choses, il faut s'assurer à tout prix des alliés indigènes, avec le concours desquels ces détachements, tombant à l'improviste sur les Arabes, les pourchassant de tous côtés, finiront par les disperser, tandis qu'une colonne marchant en masse compacte rencontrerait toutes sortes de difficultés de ravitaillement et autres et n'entrerait jamais en contact avec l'ennemi. Il ne s'agit pas ici de faire la guerre régulière. En attaquant un peu avant le point du jour, soixante hommes peuvent mettre en déroute un parti arabe dont mille hommes n'auraient pas raison quelques heures plus tard; c'est qu'en effet, toute la force des Arabes réside dans leur cavalerie, qui n'est bonne à rien dans l'obscurité. C'est là la vraie tactique de la guerre avec les Arabes, et Zubehr l'a toujours pratiquée avec succès. J'espère bien qu'on ne s'embarrassera pas d'une artillerie absolument inutile, qui ne sert qu'à retarder la marche. Je puis dire que c'est à cette encombrante artillerie que je dois mes défaites dans ce pays, et qu'elle a été aussi la cause principale du désastre de Hicks (1).

(1) Dans le manuscrit original, la citation suivante d'Hérodote est écrite au verso de la page :
« Les espions ayant fait leur rapport, Cambyse se mit en marche contre les Éthiopiens, sans avoir assuré la subsistance de son armée et sans avoir une seule fois songé qu'il portait ses armes aux extrémités les plus reculées du monde. Mais, comme un homme privé de raison, à peine eut-il entendu les Ichthyophages, il partit..... Avant que l'armée eût fait la cinquième partie de la route, toutes les provisions étaient dévorées et, après elles, les bêtes de somme qui les portaient. Si Cambyse eût été sage, il fût revenu sur ses pas. Mais il poursuivit sa marche, et depuis lors nul n'a entendu parler de lui; son armée n'est jamais arrivée chez les Ammonites, n'est jamais revenue, et on raconte qu'elle a disparu, enfouie sous les sables du désert. » Gordon avait ajouté à la suite de ces lignes : « L'armée de Hicks a disparu dans ces mêmes parages. »

Mieux vaut mille fois pour nous périr que de vous exposer à un désastre semblable, mais je crois fermement que, Dieu aidant, nous ne périrons pas. Tout ce tapage de fusillade continuera, mais les Arabes ne prendront pas l'offensive, et ce n'est pas nous qui irons les chercher ; pendant ce temps-là, vous ferez votre chemin tranquillement et sans danger en dispersant les Arabes, et vous nous tendrez la main. Je voudrais qu'on laissât à Buller la direction de ces petites expéditions; je le tiens pour un homme entendu; il n'est pas marié, à ce que je crois, ce qui pour un militaire est un avantage considérable, et lui et ses subordonnés seront à bonne école pour apprendre la guerre de partisans. C'est de ce même genre de tactique qu'il faudra faire usage, si jamais nous voulons arrêter les empiétements de la Russie en Afghanistan : il faudra débarquer des troupes dans le golfe Persique et attaquer les Russes par le flanc, en manœuvrant avec de petites colonnes volantes. Cette expédition-ci servira d'apprentissage à nos jeunes officiers.

Ce misérable paysan soudanais déguenillé est un excellent soldat, qui endure parfaitement la soif et la faim et n'a pas le moindre souci de la douleur ni de la mort. On pense combien peuvent être endurcis des gens dont un des jeux favoris consiste à éprouver qui supportera le mieux des coups de cravache en cuir d'hippopotame. Ils se battent sur le sol natal, les fatigues de la guerre sont pour eux la vie normale, enfin ils sont soutenus par un sentiment religieux poussé jusqu'au fanatisme et par le souvenir amer d'années de souffrances endurées sous le joug de cette race corrompue de pachas et de bachi-bouzouks. Aussi, pour lutter contre ces gens-là avec nos honnêtes garçons des comtés d'York et de Kent, ne saurait-on prendre trop de précautions. Heureusement, nous avons ici peu d'Européens et, Dieu aidant, je pourrai pourvoir à leur salut; et, s'il faut mourir, après tout, en entrant dans l'armée, n'avons-nous pas vendu notre vie à tant par jour? Le prix moyen d'un homme dans ce pays-ci est de 200 livres sterling, et je crois qu'un marchand ne les donnerait pas de ma personne.

Une chose fort extraordinaire, absolument incompréhensible même, c'est que, sauf cet homme au service de Zubehr qui m'a apporté du Caire la fameuse dépêche non datée d'Egerton, il ne m'est jamais arrivé un seul messager envoyé directement du dehors. Toutes les nouvelles que je reçois me sont rapportées par mes propres messagers à leur retour dans Khartoum. Il paraît que l'*Intelligence-Department* considère comme mon devoir d'envoyer chercher des nouvelles et non comme le sien de m'en faire parvenir. Il faut que ces messieurs ne veuillent pas dépenser un sou pour payer des espions, ou bien qu'ils jugent absolument indifférent que je sois ou non instruit de ce qui se passe. Quant à mes messagers, ils ne me donnent presque jamais de renseignements de quelque valeur; ils me transmettent des « J'espère que vous allez bien, etc. » qui m'exaspèrent. J'aurais cru vraiment pouvoir attendre davantage d'hommes comme Kitchener et Chermside (1). Si je ne m'étais organisé un assez bon service d'espionnage, nous n'aurions pas eu signe de vie de l'extérieur. Quelle pauvre espèce, vraiment, que ces officiers-là! Quand ils devraient payer les espions de leur poche, ils pourraient bien, je pense, risquer une vingtaine de livres; les circonstances présentes en valent bien la peine, et on les aurait remboursés. La vérité, je crois, est que ni eux ni les ministres de Sa Majesté au Caire ne se soucient de nous plus que d'un fétu. Nous n'avons jamais pu tirer d'eux autre chose que des questions saugrenues, et il ne faut pas s'étonner que je m'indigne de leur conduite peu patriotique et que je ne sois pas avec eux plus poli qu'il ne faut. Que l'on compare seulement les dépêches que nous envoyons avec les balivernes qu'ils nous font parvenir par nos propres messagers payés par nous!

Trois soldats et deux enfants évadés du camp arabe sont arrivés aujourd'hui, mais sans apporter de nouvelles.

La lecture de la dépêche de Floyer avec la lettre de Kitchener à Stewart sur la même feuille de papier (*v. la note 4, p.* 58) me met décidément hors de moi. Kitchener demande « ce qu'il peut faire pour nous. » Rien de pareil à ce qu'on a fait au Soudan depuis l'expédition de Graham, assurément (2)... Il est si simple de ne pas écrire, quand on n'a à dire que des niaiseries.

---

(1) Gordon croyait alors le colonel Chermside à Debbeh, tandis qu'il était à Souakim, hors d'état de lui être de quelque utilité.

(2) Expédition entreprise en mars pour le dégagement de la garnison de Tokhar.

Je proteste énergiquement contre une expédition qui aurait pour but d'assurer mon salut personnel. Elle ne doit avoir d'autre objet que de sauvegarder *notre honneur national* en délivrant les garnisons, les fonctionnaires, les colons d'une situation critique où les a placés notre intervention en Égypte. J'ai constitué à moi tout seul la première expédition de secours ; celle-ci est la seconde. Je pourrais de ma personne quitter Khartoum, si bon me semblait. Mais si je m'en allais, moi, laissant les steamers et le reste aux mains du Mahdi, cette seconde expédition serait en fort mauvaise posture ; elle ne pourrait cependant battre en retraite, son honneur étant engagé dans la délivrance des garnisons, tout comme le mien. Ceci me parait de bonne logique. Je suis venu pour pourvoir au salut des garnisons, etc., et j'ai échoué ; Earle vient dans le même but, et j'espère qu'il réussira, mais il ne vient pas pour me sauver, *moi*. Si Earle triomphe, *l'honneur national* lui en aura l'obligation et l'en récompensera, je présume ; mais ceci est tout à fait en dehors de moi, qui ne puis pas et ne veux pas être « la brebis sauvée ».

Je ne puis prendre mon parti de ceci : j'envoie à Debbeh l'espion A ; Kitchener et Cie me le renvoient avec leur réponse. Ils auraient pu se dire qu'A ayant déjà été remarqué dans le pays, son second passage peut éveiller les soupçons de l'ennemi et le faire prendre. Mais enfin il a la chance de s'en tirer et me revient sain et sauf, sans avoir, d'ailleurs, reçu un centime pour sa peine de Kitchener et Cie. Et puis c'en est fini des communications jusqu'à ce que j'envoie l'espion B. Je me demande ce que fait Kitchener à Debbeh pour ne pas se donner la peine de m'écrire autre chose que des numéros de régiments et des noms de généraux dont nous n'avons que faire à Khartoum.

*25 septembre.* — Les Arabes ont envoyé sur le Nil Bleu un assez gros détachement, qui a pris la fuite à l'arrivée du *Mansourah*. Je suis allé à Halfeyeh, chez les Schaggyehs, qui font le tourment de ma vie; le marché était fort animé, et j'ai trouvé la tribu moins irritée que je ne le craignais.

J'en reviens toujours à ceci :

Quel était le but du gouvernement de Sa Majesté en envoyant le général Gordon à Khartoum ? — Tenter de rapatrier les garnisons du Soudan par des moyens pacifiques.

Quel est le but de l'expédition du général Earle ? — Le même, le général Gordon ayant échoué.

Si l'expédition du général Earle se borne à assurer le salut du général Gordon, qu'en résultera-t-il ? — Que le gouvernement de Sa Majesté abandonne les garnisons.

Je défie qu'on sorte de là.

Il paraît que les Arabes étaient venus nuitamment en assez grand nombre se cacher dans les villages autour de Bourré, pour surprendre nos colonnes de ravitaillement. Mais ils avaient compté sans le *Mansourah* et ses deux canons, qui, lorsqu'ils se sont démasqués, les ont mis en fuite en leur faisant subir des pertes sérieuses.

Un soldat est rentré, mais ne m'a apporté aucune nouvelle; il était si horriblement galeux, que je n'ai pas eu le courage de pousser bien loin l'interrogatoire. Il s'est vu dans une glace et a demandé : « Qui est-ce? » il n'a jamais pu se reconnaître. Il est évident que, dans ce pays-ci, lorsqu'un homme se trouve en présence de son image, il faut les présenter l'un à l'autre.

J'ai écrit dans ces termes à Oualed-a-Goum : « A Halfeyeh, chez les Schaggyehs, j'ai trouvé cinq hommes de la tribu qui, après être venus avec moi, m'ont trahi pour aller te rejoindre, et que les Schaggyehs ont repris et voulaient mettre à mort. J'ai interrogé ces cinq hommes; ils ont prétendu qu'ils ne pouvaient te souffrir, et que c'est pour s'approprier leurs dépouilles que les Schaggyehs ont forgé cette accusation. J'ignore si le Mahdi Méhémet-Achmet a des balances pour peser la vérité ; moi, je n'en ai point. Et, comme tu m'as renvoyé dernièrement beaucoup de mes soldats, je te renvoie ces hommes. Je garde le paon que tu m'as envoyé » (allusion à cet officier revenu avec une robe de derviche multicolore), « mais je te renvoie le plumage sur un autre oiseau » (j'ai habillé un de ces hommes avec cette robe). « Pourquoi donc as-tu couru si vite aujourd'hui? C'est donc Abou-Gugliz qui était là? Je ne puis croire que ce fût toi, qui parles tant de ton désir de mourir au pied de nos remparts. Quant à savoir la vérité dans ce pays du Soudan, j'y renonce, car il est infesté par les démons du mensonge et du vol. »

J'ai donné à chacun de ces hommes un dollar et un bonnet de derviche, je leur ai remis un étendard arabe que nous avions pris, et je les renvoie demain dans cet attirail : ce sera un vendredi, le jour du sabbat musulman; ils arriveront en procession au moment de la parade religieuse, et cela mettra les Arabes en colère.

Il passe tous les jours des milliers de grues poussant leur cri bizarre. Peu de gens, je crois, ont lu les poëmes de Schiller : *les Grues d'Ibycus*, *l'Image voilée de la Vérité à Saïs*, *l'Anneau de Polycrate*; moi, je ne les connais que par la traduction de Bulwer. On y trouve de grandes choses.

Les notables de la ville ont été mis en grand émoi par ma visite aux Schaggyehs. Une députation est venue me supplier d'y renoncer; le mudir s'est jeté à mes pieds et m'a embrassé les genoux. Je n'ai tenu aucun compte de ces manifestations. Pour le mudir en particulier, je crois que sa sollicitude avait pour motif beaucoup moins l'intérêt qu'il porte à ma personne que la crainte de voir dévoiler tous les vols qu'il a dû commettre dans cette tribu. Mais, au risque de scandaliser le Foreign-Office, je ne me gêne pas pour dire : « Puisque vous avez un détestable gouvernement qui ne vous paye pas, volez, mes bons amis, pillez gaiement, mais avec discrétion et de façon à ce que je n'en sache rien. »

Il est impossible d'imaginer l'état nerveux dans lequel vous met ce tapage incessant de canonnade, de fusillade, d'explosions de mines; on en arrive à ne plus pouvoir laisser tomber un objet sans sauter au plafond. Stewart,

Power et Herbin en savent quelque chose ; le consul d'Autriche, Hansall, prétend avec raison que « *c'est abrutissant* » (1). A chaque bruit un peu retentissant, répercuté par cette atmosphère si sèche qui en augmente l'intensité, on éprouve cette sensation bien connue du cavalier dont le cheval, en s'enlevant brusquement, semble s'évanouir sous lui. Les Russes ont dû terriblement souffrir à Sébastopol de cette surexcitation perpétuelle.

Mon plus vif désir serait de voir arriver ici quelques officiers de la marine royale, car il y aurait pour eux de bien beaux coups de main à faire avec les steamers. Ces petits bâtiments sont excellents, bien armés et approvisionnés, et chacun d'eux ferait la besogne de deux mille hommes, s'il était bien commandé.

Si j'étais à la place d'Earle, je laisserais à Dongolah les sommités du corps de santé militaire et je n'emmènerais avec la colonne que les médecins de grade subalterne. Ces gros bonnets du service médical sont exigeants, grincheux et parfaitement insupportables, comme la plupart des gros bonnets, d'ailleurs. Toute la médecine, dans ce pays-ci, consiste à *maintenir les voies libres*, ce qui est à la portée du dernier des carabins. Quant aux blessures, il n'y en aura pas, les Arabes ne faisant pas de quartier et nous ne comptant pas, je pense, leur en faire davantage.

Lorsque je suis passé devant le fort d'Halfeyeh, un

---

(1) En français dans le texte.

Égyptien à visage de suif s'est précipité à mes pieds en se couvrant de poussière et moi avec, et en poussant des gémissements lamentables. J'ai vainement tenté de le calmer, et Kassim-el-Mouss, le chef schaggych, qui m'accompagnait, a pris le parti de l'épousseter avec sa *courbache* (1) pour le faire taire. Mes *cavas* (2) m'ont conseillé de le mettre en prison, disant que c'est le plus insigne voleur d'Alexandrie, si bien qu'à tort ou à raison, je l'ai fait incarcérer en rentrant à Khartoum.

On se tromperait fort, si l'on croyait nos troupes démoralisées (j'en excepte toujours celles du Caire et les bachibouzouks). Bien que nous ayons subi des pertes sérieuses, nos soldats nègres n'admettent pas qu'ils aient jamais été battus et sont toujours résolus à tenir bon. Stewart parle de leur couardise, mais il exagère, et, en tous cas, elle est rachetée par leur force de résistance passive. Je connais peu d'armées capables de supporter avec autant d'indifférence que la nôtre des pertes comme celles que nous avons subies lors de la défaite de Méhémet-Ali-Pacha, où un cinquième de l'effectif a péri. Il n'y a que vingt jours de cela, et on n'y pense plus.

Voici ce qui a jeté le trouble dans la tribu des Schaggychs : un certain nombre de chefs de famille se sont ralliés au Mahdi avec Saleh-Sacha ; nous avions passé l'éponge sur cette affaire. Mais voilà qu'ils nous réclament ceux de

---

(1) Cravache en cuir d'hippopotame.
(2) Gendarmes turcs.

leurs clients qui, se trouvant dans Khartoum au moment de leur défection, n'ont pu les suivre. Les chefs de famille qui nous sont restés fidèles, et qui ont pris ces hommes à leur service, n'y veulent point consentir, et j'ai décrété qu'on laisserait à chacun la liberté de rester ou de partir. J'ai donc réuni ces hommes à ma porte, les faisant entrer successivement, les interrogeant sur ce qu'ils désiraient et les faisant sortir par la fenêtre, vu que je n'ai pas de seconde porte. Un certain nombre d'entre eux ont pensé que ce petit exercice gymnastique était tout ce qu'on leur demandait et l'ont exécuté avec toute la célérité possible, sans répondre à ma question. Je me plais à étudier le cœur humain, il n'est pas dans la nature de spectacle plus intéressant. Ces gaillards-là savaient fort bien que je voulais leur laisser la responsabilité de leurs actes, et ils ont fait de leur mieux pour y échapper. J'avais organisé le défilé de la porte à la fenêtre pour éviter une inextricable confusion, qui n'aurait pas manqué de se produire; en dépit de cette précaution, l'opération a été laborieuse, nombre d'entre eux étant rentrés une seconde fois par la porte après leur sortie par la fenêtre. Il était aussi très difficile d'obtenir qu'ils se prononçassent catégoriquement, intimidés qu'ils étaient, sans doute, par la présence des chefs rivaux, et qu'ils regardassent en face le scribe à qui ils répondaient. Ce n'est qu'à l'expression du regard que l'on peut reconnaître la sincérité de l'homme; quatre-vingt-dix-neuf fois sur cent, celui qui ne regarde pas en face en répondant est un menteur.

*26 septembre.* — Voici une grave question à résoudre. Vous savez que X est sans foi et disposé à trahir vos intérêts pour servir les siens; devez-vous le démasquer? Jésus-Christ, sachant Judas sur le point de le vendre, continua à le traiter comme par le passé. Je crois qu'on doit suivre son exemple, et, jusqu'à preuve positive de la perfidie de X, agir avec lui comme avec Z, qui ne vous inspire aucun soupçon. Pour ma part, je l'avoue, je suis enclin à me méfier de tous en général; il n'y a donc pas de raison pour que je me méfie de l'un ou de l'autre en particulier. Je crois que les circonstances peuvent amener vos proches eux-mêmes à vous trahir plus ou moins à un moment donné, si leur intérêt personnel est en jeu. L'homme est un animal essentiellement perfide, et le Psalmiste n'avait pas besoin de s'excuser d'avoir dit *dans sa précipitation :* « Tous les hommes sont des menteurs. » S'il avait pris le temps de la réflexion, il l'aurait affirmé bien plus énergiquement encore.

Vous dites à un solliciteur : « Soyez sûr que je ferai tout pour vous, » réponse que vous avez faite à quarante autres sur le même objet. Votre homme s'en va satisfait; puis, quelque temps après, il tonne à son club contre votre manque de parole. A bien prendre les choses, il aurait dû comprendre que vous lui aviez simplement promis de faire tout... ce qui vous était possible sans vous gêner. Voici une histoire vraie, que je raconterai sous le voile de l'anonyme pour ne compromettre personne. Un personnage important, mort depuis longtemps, avait été sollicité par une dame de recommander son fils pour un poste vacant. Trop obligeant pour lui refuser et trop honnête pour patronner une nullité, il écrit : « Le jeune\*\*\* demande telle et telle chose, mais il n'est qu'un propre à rien; » puis il mande à la dame qu'il a fait de son mieux pour la satisfaire. Par malheur, il se trompe d'enveloppes en envoyant ses deux lettres ! Jamais la dame ne lui a pardonné. Il est certain qu'il l'avait trahie; il aurait mieux fait de refuser d'écrire que de couler à tout jamais cet infortuné jeune homme.

J'aime assez cette façon de prendre légèrement les choses; j'admire ce contrat tacite : « Si tu m'es utile, je me servirai de toi, » et son corollaire : « Quand je ne te serai plus utile, tu me lâcheras. » Quant à moi, je m'efforce de mettre en pratique la maxime : « Ne fais à autrui que ce que tu voudrais qu'il te fît, » et je ne placerais jamais personne dans une situation où je ne voudrais pas être moi-même.

Au reste, bien que je considère l'homme comme essentiellement perfide, je crois que chacun a la bonne volonté d'être honnête; c'est l'intérêt personnel qui l'en empêche.

Il est au moins singulier que l'on n'ait commencé à songer à secourir les garnisons du Soudan qu'à l'expiration du délai de six mois fixé, au mois de mars, comme étant le terme extrême de leur résistance possible. Tout ceci est fort louche. On y gagnera, d'ailleurs, d'avoir beaucoup plus de dépenses à faire. Si de mars en août on avait tranquillement travaillé à établir les communications entre Ouedy-Halfah et Hanneck (1), la marche sur Khartoum serait actuellement la chose la plus simple du monde, et la confiance régnerait partout. J'admire l'humilité de Baring me demandant mon avis quant aux moyens de parvenir à Khartoum : « Sir E. Baring, partant pour Londres, me charge de vous mander que le gouvernement de Sa Majesté désire être instruit, non seulement de votre situation actuelle et des dangers que vous pouvez prévoir, mais aussi des mesures à prendre pour assurer votre retraite, de l'effectif à envoyer dans ce but, des routes les plus sûres et les plus rapides pour parvenir à Khartoum, et de l'époque à laquelle il serait opportun que l'expédition se mît en marche. Le gouvernement ne croit pas devoir accéder à votre demande de troupes turques ou autres, vos instructions ne vous permettant point d'entreprendre des expéditions militaires qui seraient en contradiction avec l'esprit pacifique de votre mission au Soudan. Si dans ces conditions vous persistez à demeurer à Khartoum, vous aurez à en faire connaître la raison (2). » On n'a qu'à se reporter à mes dépêches à Baring pour voir que je lui avais depuis longtemps fait connaître tout ce qu'il désirait savoir, notamment qu'une expédition à Ouedy-Halfah aurait été à cette époque une simple promenade militaire (3).

(1) A travers le désert de Nubie, au N. du Soudan.
(2) Dépêche envoyée de Souakim le 5 mai, par l'agent consulaire anglais, et parvenue à destination le 29 juillet.
(3) *Dépêche du général Gordon à Sir E. Baring, du 27 février* 1884 : « Je

L'homme propose, et Dieu dispose. On aurait traité de fou celui qui, il y a deux ans et demi, aurait prédit l'envoi par le ministère Gladstone d'une expédition au Soudan; et non seulement il y aura eu celle de Graham, mais en voici une seconde. On peut faire un curieux rapprochement entre les faits actuels et un article de revue de 1877 (1), dans lequel M. Gladstone, combattant les idées de M. Dicey sur l'annexion de l'Égypte, déclarait cette annexion impraticable à cause de l'état du Soudan. L'opinion publique considère l'abolition de l'esclavage comme de nature à simplifier cette question. Ce n'est pas facile, mais ce serait possible en s'y prenant en temps opportun, et quelle plate-forme ce serait pour les dîners du lord-maire et autres banquets politiques!

Grâce à Dieu, les steamers qui étaient allés en ravitaillement à Senaar sont en vue (2); c'est un grand soulagement pour moi. Les Arabes du front Sud sont tout en émoi à la vue des bâtiments descendant le fleuve, et ceux du

---

vous prie de me faire savoir si une évacuation partielle du Soudan remplit votre but. Au cas contraire, il faut que vous agissiez sans délai en envoyant des détachements à Ouedy-Halfah, d'où vous ferez ensuite partir des troupes indiennes musulmanes. »

*Dépêche du même au même, du 29 février :* « Si vous voulez intervenir, envoyez à Ouedy-Halfah 200 soldats anglais avec des adjudants pour reconnaître Dongolah, et établissez les communications de Berber à Souakim au moyen de troupes indiennes musulmanes; l'insurrection sera aussitôt étouffée. C'est à vous de juger de l'opportunité d'une expédition; je ne puis que vous indiquer le *modus operandi*. Si vous en décidez autrement, vous aurez à choisir entre le Mahdi et Zubehr; celui-ci vous coûtera 500,000 livres sterling. »

(1) Le *Nineteenth Century* d'août 1877.
(2) Le *Talataween* et le *Bordéen*, partis le 11 septembre.

Nil Bleu tirent sur eux, brûlant beaucoup de poudre sans faire grand mal, à ce que je crois. J'envoie le *Mansourah* au-devant d'eux pour leur prêter main-forte. Les voici hors de portée du feu; ils naviguent en file, ce qui est fort imprudent. Je vois tout cela de la terrasse du palais, qui commande une étendue considérable à la ronde.

Les voici enfin arrivés. Ce sera, j'en suis sûr, une satisfaction pour la marine de Sa Majesté d'apprendre que notre salut est dans notre excellente petite flottille. Les steamers ont essuyé un feu sérieux; les Arabes avaient cinq pièces de canon et lançaient des fusées; sept de leurs obus ont atteint les bâtiments. Les gens de Oued-Medinet, eux, se sont bornés à brandir leurs lances et à faire de la fantasia sur le passage des steamers. Ceux-ci ont eu trois tués et huit blessés, et ils rapportent deux mille ardebs de dhoora. Tout va bien à Senaar, et il n'y a pas d'Arabes dans ces parages; Seyd-Méhémet-Osman serait avec son monde à Katariff (1). Un scheikh a promis au gouverneur de Senaar de reprendre le *Méhémet-Ali*, qui est sur la rivière Dinder (2), et de le lui amener. Les Arabes sont absolument dénués de délicatesse : ils contraignent, sous peine de mort, nos soldats prisonniers à servir leurs canons.

Décidément, mes hommes ne doivent pas être accusés de lâcheté; ils donnent à peu près ce qu'on leur demande, supportent les revers avec une patience sans égale et sont

---

(1) A environ 200 milles au S.-E. de Khartoum.
(2) Ce steamer avait été pris par les Arabes sur le Nil Bleu. — La rivière Dinder est un affluent du Nil Bleu.

d'un caractère excellent, sans parler de leur sobriété extraordinaire. Nous autres Anglais, nous sommes la crème des bons soldats, tout le monde le sait, mais nous ne nous contenterions pas sans murmurer de deux dattes par jour pour toute nourriture, comme le font ces gens-là.

Les Arabes ont dirigé un feu de mousqueterie et d'artillerie si furieux contre les steamers, que les blindages sont comme marqués de la petite vérole. Je voyais cela du haut de la terrasse, et je n'étais pas sans inquiétude. L'*Ismaïlia* a reçu trois obus, le *Talatawéen* deux, et le *Bordéen* deux, dont l'un a fait un trou juste au-dessus de la ligne de flottaison. Notre directeur de l'arsenal, Hussein-Bey, avait eu l'heureuse idée de disposer à bord des paquets de toile, débris de vieilles tentes, pour calfater les voies d'eau; sans cette précaution, le *Bordéen* était perdu.

Les Arabes ont élevé trois ouvrages fortifiés sur le fleuve, un peu en amont de Djiraff.

Voyez ce que c'est que la chance. Les steamers avaient recueilli en route trois soldats échappés du camp arabe; ceux-ci étaient paisiblement endormis dans la cale du *Bordéen*, quand un obus y a éclaté, tuant deux d'entre eux et blessant grièvement le troisième, tandis que, de nos combattants, un seul a péri. En présence de faits aussi singuliers, on peut être aussi tranquille au milieu de la plus terrible bataille que dans un salon.

27 *septembre*. — J'ai pris mes dispositions pour en-

voyer à Schendy trois steamers qui y attendront la colonne de Dongolah et s'efforceront de nous assurer le concours des tribus schaggyehs. J'envoie ce renseignement à Dongolah par un homme qui ne porte pas de lettre, mais un simple billet certifiant sa fidélité.

Il est inutile désormais d'envoyer à Senaar chercher du dhoora, n'ayant plus d'argent pour le payer; d'ailleurs, ces expéditions sont trop dangereuses pour les steamers. Ils ont à peu près la même solidité que les bateaux de la Tamise : c'est dire le danger que leur fait courir un feu d'artillerie. La canonnade d'hier les a fort maltraités; les œuvres mortes ont été avariées, les blindages compromis. De plus, ils sont revenus dans un état de saleté et de puanteur affreuses; l'élégant *Ismaïlia* est transformé en une vraie sentine. Quant au *Bordéen*, l'obus qui l'a atteint à un pied au-dessus de la ligne de flottaison a fait un trou par où passerait un homme et a éclaté en allant frapper le blindage de la paroi opposée. Cela me fend le cœur de voir mes beaux steamers dans cet état. A mon sens, ces pièces de montagne égyptiennes sont bien supérieures à nos canons d'acier de faible calibre, et, pour la guerre que nous faisons ici, un obusier à âme lisse est préférable à un canon Armstrong.

Deux hommes arrivent du camp ennemi, disant que les Arabes sont informés par un courrier de l'arrivée de troupes anglaises à Berber. Le *Tewfikia* va remonter le Nil Bleu pour échanger quelques coups de fusil avec les Arabes.

Grand émoi sous les fenêtres du palais avec force glapissements féminins : c'est une négresse en train de se battre avec les cavas. Informations prises, madame s'en allant faire son marché avec deux dollars dans la main, avait été bousculée par un malotru et les dollars étaient tombés à l'eau; de là vociférations et réclamations. Bien que je ne voie pas trop en quoi je suis responsable de ce fâcheux incident, je réconforte son cœur ulcéré avec deux dollars et quelques bonnes paroles. Plût à Dieu que je pusse être quitte à aussi bon marché de tous mes embarras!

La présence des Schaggyehs dans nos lignes nous ayant attiré beaucoup de désagréments, nous nous en étions débarrassés en les renvoyant à Halfeyeh; mais là ils ont retrouvé ceux de leur tribu qui avaient d'abord pris parti pour le Mahdi et il en est résulté une telle zizanie, qu'il me faut maintenant faire venir ceux-ci à Khartoum. Je ne pense pas qu'ils soient dangereux pour la sécurité de la place, car ils ont été si fourbes avec les Arabes, qu'ils ne pourront plus jamais faire la paix avec eux.

Je nomme Nutzer-Bey pacha en récompense de son expédition à Senaar, et je l'envoie avec Kassim-el-Mouss à Metemmah, au-devant des troupes de Sa Majesté. Ibrahim-Tondji-Bey et Moussa-Bey ont refusé de partir avec les steamers, si je ne les nommais pas pachas aussi; ne voyant pas la nécessité d'octroyer cette faveur à ces éminents officiers, je les laisse ici.

J'imagine cet échange de dépêches entre deux officiers anglais de ma connaissance (1) :

A à B. — « Vous savez que j'avais ajouté, sur le télégramme que j'ai fait passer à Khartoum, ces mots pour Stewart : « J'espère que vous allez bien. » Voilà ce diable de Gordon qui prend feu et dit : « Naturellement, vous n'espérez pas qu'il est malade. » Quel mauvais caractère ! Que pouvais-je dire de plus, et ai-je à m'occuper de satisfaire son intempérante curiosité ? »

B à A. — « Eh bien ! moi, il me cherche querelle pour avoir demandé à Stewart si je pouvais quelque chose pour son service (vu l'extrême facilité des communications), et pour lui avoir donné les noms des généraux qui commandent l'expédition, renseignement de la plus haute importance pourtant, car ces noms seuls jetteront la terreur chez les Arabes. Il prétend ne pas se soucier des généraux. C'est vraiment écœurant ! Je ne lui écrirai plus une ligne en outre des documents officiels. Il faut qu'il ait le foie malade pour attaquer ainsi des officiers de son arme (2). C'est abominable ! »

*28 septembre.* — Deux femmes et un homme arrivés dans la place me disent que, dans le combat d'avant-hier, les Arabes avaient trois canons, dont un Krupp, que le feu était commandé par Hussan-Effendi et qu'ils n'ont pas

---

(1) Floyer et Kitchener. Allusion aux dépêches de ceux-ci (V. p. 58, note 1. et la note de la p. 61).

(2) Gordon appartenait à l'arme du génie, dont font partie le major Kitchener et le colonel Floyer.

subi de pertes sérieuses. Il paraît que le Mahdi est toujours à Rahad.

Si l'expédition actuelle n'a d'autre but que de faciliter ma retraite, sans souci du sort des autres garnisons, tout le sang versé dans ce pays-ci jusqu'à présent l'aura été en pure perte, d'autant plus que, si je n'y étais pas venu, l'insurrection aurait été étouffée dans son germe, du moins est-ce fort probable. Et que le gouvernement de Sa Majesté ne prétende pas mettre en ligne de compte les chances que j'avais de réussir dans mon entreprise : je crois n'avoir jamais rien dit qui pût faire préjuger du résultat de mes efforts.

Un des plus grands coupables dans ces tristes affaires financières d'Égypte, cause première des événements du Soudan, est ***, que j'ai connu en Crimée vendant des fromages et toutes sortes d'articles de ce genre, à des prix exorbitants.

Quand les steamers seront à Schendy, ils ne seront éloignés que de 150 milles d'Amboukol, situé à 35 milles en amont de Debbeh. Jusqu'à présent, les Arabes ne paraissent pas vouloir couper nos communications avec Schendy, et je crois que les populations au nord de cette ville sont avec *Khartoum*; je ne dis pas avec *le gouvernement*, car je ne sais trop où est le gouvernement.

Sir Samuel Baker aura regret à apprendre que son pimpant steamer l'*Ismaïlia*, le plus grand et le plus beau de ses bâtiments, est en somme le plus mauvais au point de vue militaire, quelque chose comme un bon yacht.

Cette flottille de Sir Samuel Baker avait été amenée du Caire par deux Français, MM. de Bizemont et Leblanc, qui leur ont fait passer les cataractes.

*29 septembre.* — C'est demain que commencent les fêtes du Baïram (1); j'ai donné à Ferratch-Pacha (2) la direction des réjouissances publiques.

Demain soir, le *Talatawéen*, le *Mansourah* et le *Safia* partiront pour Schendy en emmenant Kassim-el-Mouss; je profite de cette occasion pour envoyer à lord Wolseley un billet qui lui sera porté par un espion et les deux fascicules de ce journal du siège, du 10 au 30 septembre, avec une carte des environs de Berber; on trouvera, j'espère, un moyen sûr de les faire parvenir à Debbeh ou ailleurs.

On a découvert en magasin 700 sacs de riz indien que j'ai fait distribuer aux troupes en guise de solde, au taux de deux *okes* (3) pour un dollar; les hommes le revendront avec bénéfice, et je serai en règle avec eux.

D'après un prisonnier évadé, le Mahdi, informé de l'arrivée par eau de troupes anglaises, aurait déclaré qu'Allah lui avait prescrit en rêve de rétrograder vers le Khordofan.

J'espère que les officiers de Sa Majesté traiteront bien les soldats et les marins égyptiens, qui servent de leur mieux; ils ne comprennent pas un mot d'anglais et mettent

(1) Carnaval musulman.
(2) Général égyptien, commandant des troupes de Khartoum.
(3) L'*oke* vaut trois livres et demie.

notre patience à de rudes épreuves, sans doute, mais enfin, sans eux, nos soldats auraient à souffrir bien des maux dans ces grands déserts poudreux.

Quant à moi, une de mes joies est de penser que je ne remettrai plus jamais le pied sur le sol de la Grande-Bretagne. Si, comme je l'espère, je me tire d'ici, je partirai pour le Congo, soit par l'intérieur, soit en faisant le grand tour par Bruxelles. Jamais je ne consentirai à endurer de nouveau tous les tracas qui m'ont harcelé pendant les huit jours que j'ai passés à Londres cette année.

Je dis ceci pour faire comprendre à ceux qui auront affaire à moi ce que peut être l'obstination d'un homme résolu à ne jamais revoir l'Angleterre et pour qui demeurer au service de Sa Majesté n'est plus, sauf au point de vue honorifique, qu'une question absolument indifférente.

Me voici obligé de mettre ma personnalité en avant, mais c'est dans l'intérêt général, pour épargner au gouvernement de Sa Majesté une foule de difficultés; aussi j'espère qu'on me le pardonnera, eu égard aux pénibles conjonctures actuelles. C'est le seul moyen d'éviter un malentendu que je déplorerais profondément.

Mon intention est d'amener le gouvernement britannique à entreprendre la délivrance de toutes les garnisons bloquées, des fonctionnaires et colons prisonniers, et, si ce programme n'entre pas dans ses vues, de donner ma démission de mon grade dans l'armée de Sa Majesté, afin de pouvoir agir en toute liberté et faire de mon mieux pour le mettre à exécution à mes risques et périls. Seulement, il y a ceci : une fois entré dans l'armée, est-on libre d'en sortir à sa volonté ? Non, en ce qui concerne le soldat qui s'engage pour un temps déterminé. Mais l'officier n'est pas dans le même cas, et, en reprenant son épée pour la consacrer à une cause aussi digne d'intérêt que celle-ci, il n'est point coupable de félonie envers son pays.

Je dis ceci parce que je serais désolé que lord Wolseley entreprît sa marche en avant sans être complètement édifié sur mes vues. Si le gouvernement de Sa Majesté se propose d'abandonner les garnisons, il est inutile d'aller plus loin. Je maintiens que, si nous évacuons le pays, il faut que chacun dans le Soudan, soit bloqué, soit captif, soit mis à même de pouvoir nous suivre, si tel est son désir; après quoi, il nous sera loisible d'abandonner ces provinces. C'est un misérable pays que le Soudan, cependant il est lié à l'Égypte, et, à mon sens, l'en détacher serait difficile; mais enfin je n'insiste pas sur cette question.

Je termine ces observations personnelles en affirmant que rien ne pourra m'ébranler dans ma résolution. Quant aux moyens dont je puis disposer, on n'a pas à s'en inquiéter; j'ai pour moi la population, au moins celle des villes. En conséquence, si le gouvernement de Sa Majesté n'a pas l'intention de pourvoir au rapatriement de la totalité des garnisons, je crois que le général en chef du corps expéditionnaire fera mieux de ne pas poursuivre sa marche en avant (1). Je ne prétends point dicter au cabinet la con-

(1) Voici la teneur des instructions reçues par lord Wolseley à ce sujet :
« La position des garnisons du Darfour, du Bahr-el-Ghazel et de l'Équateur

duite à tenir, mais je crois fermement, — et je pense que tout galant homme de l'armée de Sa Majesté sera d'accord avec moi, — qu'il serait lâche de ne pas tenter, coûte que coûte, d'assurer le salut de ces pauvres gens. Ce ne sont sans doute pas des héros, au sens européen du mot; mais, dans leurs calamités, ils se sont confiés à moi, un chien de chrétien. Et je les livrerais par mon abandon à un ennemi qui ne les a point conquis, et cela pour obéir aux vœux d'une puissance étrangère et pour sauver ma peau! C'est-à-dire que, si l'on pouvait ici me croire capable d'une pareille vilenie, je serais lapidé par les noires femelles elles-mêmes. Stewart sait tout cela, et il en a souvent gémi avec moi (1).

30 *septembre*. — Hier soir à neuf heures, sept obus sont venus éclater dans nos lignes, sans faire de mal. Ce matin, les Arabes ont tiré dans leur camp quatre salves : un

---

vous rend impossible d'assurer leur retraite sans entreprendre des opérations dépassant de beaucoup la limite que s'impose le gouvernement. Quant à la garnison de Senaar, le gouvernement ne saurait approuver l'envoi d'une expédition anglaise sur le Nil Bleu pour lui venir en aide. D'ailleurs, les dernières dépêches du général Gordon font espérer qu'il a déjà pris des mesures pour dégager le contingent égyptien de cette garnison. Tous vos efforts doivent être concentrés sur le salut des troupes égyptiennes de Khartoum, ainsi que des fonctionnaires civils et de leurs familles qui souhaiteront de retourner en Égypte.

« Quant au futur gouvernement du Soudan et particulièrement de Khartoum, on voudrait le voir entièrement indépendant de l'Égypte en ce qui concerne les questions d'administration intérieure. »

(1) Ces lignes renferment la substance de la dépêche adressée par Gordon à Sir E. Baring le 3 mars 1884, qui est citée dans l'introduction (V. p. xiv), et parvenue le 11 mars à la connaissance du cabinet anglais. Le 3 avril, M. Gladstone déclarait à la chambre des Communes que « le général Gordon n'était retenu à Khartoum par aucun ordre et aucune obligation ».

salut en l'honneur du Bairam, je suppose. Ici, c'est Ferratch-Pacha que j'ai chargé de présider aux cérémonies qui ont lieu dans les cantonnements; je ne suis guère en train de m'occuper de fêtes, tandis qu'il se plaît fort à la représentation, à ce que je crois.

On me confirme l'entrée à Katariff de Seyd-Méhémet-Osman.

Les trois steamers appareillent pour partir à quatre heures pour Schendy.

Dès que les troupes seront à Berber, j'y enverrai les Grecs, les bachi-bouzouks et les fellahs, en leur donnant un mois de vivres; là, on s'arrangera pour les diriger sur le Caire, et je m'en laverai les mains. Mes préparatifs pour leur départ sont déjà faits. Les soldats qui sont sur les steamers sont des fellahs; une fois Berber pris, ce qu'on aura de mieux à faire sera de les renvoyer aussi en Égypte et de les remplacer par les troupes nègres que l'on trouvera dans la place. Mais il ne faudra pas négliger de payer leur solde et d'assurer leur subsistance. Quant aux steamers, ne nous faites pas observer que nous vous les envoyons dans un état de saleté remarquable; nous le savons parfaitement.

Nous n'avons plus ici de fil de fer galvanisé pour réparer les lignes télégraphiques, l'ayant employé en entier pour fabriquer des chausse-trapes; Floyer fera bien d'y pourvoir.

Si vous marchez sur Khartoum, assurez-vous que les Arabes n'ont pas mis d'artillerie au défilé de Schoboloah, et, si vous avez besoin de bois, réquisitionnez-le sur la rive gauche du Nil et non sur la rive droite.

Je ne me soucie guère de voir arriver ici les hommes de Wood, car on ne les aime pas au Soudan, et il y aura certainement des collisions entre eux et nos nègres; et j'ai encore bien moins envie d'avoir des bachi-bouzouks ou des gens des tribus à notre solde, lesquels ne feront que piller de tous les côtés.

Le steamer du type de l'*Abbas* sera terminé dans douze jours; Hassan-Bey en a fait un croiseur de premier ordre. Nous avons repeint tous les autres; ils sont comme des sépulcres blanchis.

Je fais remarquer que nous n'avons presque plus de dollars ici et que l'or y est très déprécié : il ne nous reste en caisse que mille livres sterling. Il serait sage de prévenir les créanciers grecs, qui pourront venir avec le corps expéditionnaire, qu'ils ne doivent pas s'attendre à voir leurs droits pris en considération par le gouvernement avant un délai d'au moins une année.

Les beys Ibrahim-Tondji et Moussa feront partie du premier convoi que j'expédierai à Berber, aussitôt cette place prise, et j'espère bien qu'ils seront immédiatement renvoyés au Caire et non point employés à Berber ou ailleurs, sous aucun prétexte.

J'ai la manie de chercher des solutions à ce problème du Soudan; en voici encore une, la dernière que je suggérerai. Que Tewfik-Pacha nomme immédiatement Abd-el-Kader-Pacha gouverneur général à ma place; aussitôt que le firman me sera parvenu, j'abdiquerai mes pouvoirs et le gouvernement de Sa Majesté agira à sa guise, car Abd-el-Kader lui obéira aveuglément. Je ne serais en aucune façon blessé de cette nomination, qui, en donnant le champ libre à lord Wolseley, me délierait de mes engagements avec les populations et avec les troupes, et me libérerait de tous soucis d'argent, de ravitaillement, etc. Mais il serait bien entendu qu'on n'est pas venu pour me délivrer; qu'ayant été chargé d'une certaine mission, je n'ai pas pu la remplir, et que je suis remplacé par Abd-el-Kader et une armée britannique. Ils se débrouilleront ensuite pour justifier leur changement de programme.

Je fais pour ce fascicule les mêmes remarques que pour le premier, relativement à M. Power, au Foreign-Office, etc.

C.-G. Gordon.

30 septembre, 2 h. après-midi. — Khartoum.

---

Plus j'y songe, plus je suis d'avis qu'étant donné la profonde divergence d'opinions que je crois exister entre le gouvernement de Sa Majesté et moi au sujet de la question d'évacuation, la solution la plus simple serait de me remplacer par Abd-el-Kader-Pacha, qui serait bien accueilli ici, à ce que je crois. On pourrait faire de lui ce qu'on voudrait et on s'éviterait un scandale. Naturellement, je me réserverais le droit de rire dans ma barbe, si, tout compte fait, le gouvernement de Sa Majesté finissait par se trouver dans la nécessité ou de donner le Soudan aux Turcs, ou d'y établir Zubehr, ou enfin de le laisser sous la souveraineté du khédive. Mon dernier mot est donc pour recommander cette mesure, qui me décharge de toute responsabilité et me permet de me retirer sans susciter de pénibles débats.

# TROISIÈME FASCICULE.

## DU 1ᵉʳ AU 12 OCTOBRE.

1ᵉʳ *octobre.* — Les steamers sont partis hier à trois heures de l'après-midi pour Schendy, qui ne sera, s'il plaît à Dieu, qu'une étape vers Berber. Hier le *Tewfikia* a attaqué les Arabes sur le Nil Blanc et leur a tué un cheval et trois hommes; le *Bordéen* a poursuivi les cavaliers sur le Nil Bleu. Les Arabes ont attaqué un village sur le fleuve en aval d'Halfeyeh et ont été repoussés par les habitants avec des pertes sensibles. De ceci, on peut ne croire que ce qu'on veut, mais l'avantage remporté par les steamers est certain, et c'est le principal.

Je ne cesse de réfléchir à la possibilité de mon remplacement par Abd-el-Kader-Pacha, et je trouve de plus en plus que cette solution est excellente, au point de vue du gouvernement de Sa Majesté comme au mien. Ce changement de personne n'a rien qui puisse me blesser, puisqu'il implique un changement de politique. Je ne consens pas à assumer la responsabilité de l'abandon des garnisons; mais, si mes supérieurs croient devoir s'en charger, ai-je qualité pour m'y opposer, et, quand je le voudrais, en ai-je la possibilité? Je ne disconviens pas que ce rapatriement des garnisons ne soit malaisé, mais il n'est pas impossible, et, le fût-il, notre honneur nous commande de le tenter; à mon sens, c'est donc une vilenie de ne pas le vouloir. Il est vrai que les gouvernements sont sujets à faire des vilenies, témoin l'affaire des boërs au Cap, et, s'il plaît au cabinet actuel d'en commettre une nouvelle, je suis bien obligé de lui en faciliter les moyens; à cet effet, je suggère la combinaison d'Abd-el-Kader comme étant la meilleure pour parvenir au but. Quant à me contraindre à participer à l'exécution, c'est une autre affaire; on ne saurait le prétendre, et, d'ailleurs, je suis parfaitement résolu à ne pas me laisser forcer la main. Si donc le gouvernement de Sa Majesté adopte mon idée, j'entrevois pour moi une heureuse chance de sortir, avec honneur et sans fracas, d'une situation où je suis loin de me trouver sur un lit de roses, et j'en aurai fini du même coup avec des luttes qui pourraient se prolonger pendant plus d'une année encore, non seulement contre les Arabes, mais, ce qui est pire, contre la malveillance et l'hostilité mal déguisées d'un gouvernement entraîné à son corps défendant dans une voie qu'il déteste.

Je nous crois moralement engagés à sauver les garnisons à tout prix; les ministres ne le croient pas. Quand une pareille divergence d'opinion se produit entre un gouvernement et un individu à son service, le gouvernement n'a qu'à remplacer celui-ci par un autre individu qui sera plus docile ; dans le cas présent, il est tout trouvé : c'est Abd-el-Kader-Pacha.

Quant à l'effet moral de mon remplacement par Abd-el-Kader, il ne saurait être mauvais, et cela pour les raisons suivantes : d'abord, ma révocation ne surprendrait personne, car on sait que je ne suis point en faveur auprès de Tewfik ; ensuite, l'on sait que l'Angleterre souhaite de se décharger de toute responsabilité dans ces affaires du Soudan, il n'y aurait donc rien que de naturel à ce que moi, gouverneur anglais, je me retirasse ; enfin, Abd-el-Kader étant le meilleur gouverneur égyptien qu'ait eu le Soudan, il y serait bien reçu. Tout le monde ici se rend parfaitement compte que, si Stewart et moi n'étions pas en question, il ne serait jamais venu de troupes anglaises au Soudan et que les garnisons, fonctionnaires, etc., pourraient y périr à leur aise (1) ; on sait aussi que, sans l'intervention du gouvernement de Sa Majesté auprès du khédive, celui-ci aurait depuis longtemps envoyé des renforts. Il n'y a donc pas à demander de reconnaissance à ces gens-là ; ils seront bien aises d'être tirés du pétrin, mais ils sauront fort bien que l'Angleterre ne leur aura prêté assistance qu'à son corps défendant.

Au besoin, si le temps presse, que l'on télégraphie à Tewfik de nommer à ma place le mudir de Dongolah ; le

---

(1) On voit que Gordon avait pressenti le sens des instructions données à lord Wolseley, qui donnaient en effet « pour but principal à l'expédition de pourvoir au salut du général Gordon et du colonel Stewart, » et qui enjoignaient au général en chef de « n'entreprendre que les opérations strictement nécessaires pour atteindre ce but. »

nom de l'homme de paille qu'il faut ici importe peu. Et pourtant on ne le trouvera peut-être pas si facile à mener qu'Abd-el-Kader.

Quant à moi personnellement, je le répète, je serai trop heureux de me trouver en décembre à Bruxelles, honorablement sorti de cette affaire; car je ne pense pas que l'on compte me voir rester ici après ma révocation. Je le dis donc positivement, si l'on veut tout lâcher, que l'on prenne ce parti, et les apparences seront sauvées. Abd-el-Kader-Pacha découvrira que le gouvernement du Mahdi n'est pas aussi mauvais qu'on se plaît à le dire, qu'il est impossible de s'en aller en campagne par toute l'Afrique; il fera là-dessus un beau rapport qui imposera au public, et ce ne seront à la ronde que congratulations réciproques. On a bien accepté en Angleterre, sans aucune difficulté, le jugement d'Arabi-Pacha par des hommes tels qu'Ismaïl-Pacha-Yacoub et Reouf-Pacha, lesquels, s'ils avaient eu à juger l'ange Gabriel ou l'archange Michel, et que Tewfik eût manifesté le désir de les voir condamner, les auraient déclarés trois fois coupables !

Je reconnais, d'ailleurs, que ma proposition de mettre Abd-el-Kader-Pacha à ma place, pour essayer ensuite d'opérer l'évacuation du pays, est un peu un traquenard, car il sortirait de cette combinaison une série de difficultés sans fin ; mais au moins, si on l'adopte, j'aurai tout fait pour ouvrir les yeux du gouvernement sur la situation.

Voici maintenant ce que je ferais, si j'étais commandant en chef avec tous les pouvoirs civils et militaires.

# SIÈGE DE KHARTOUM.

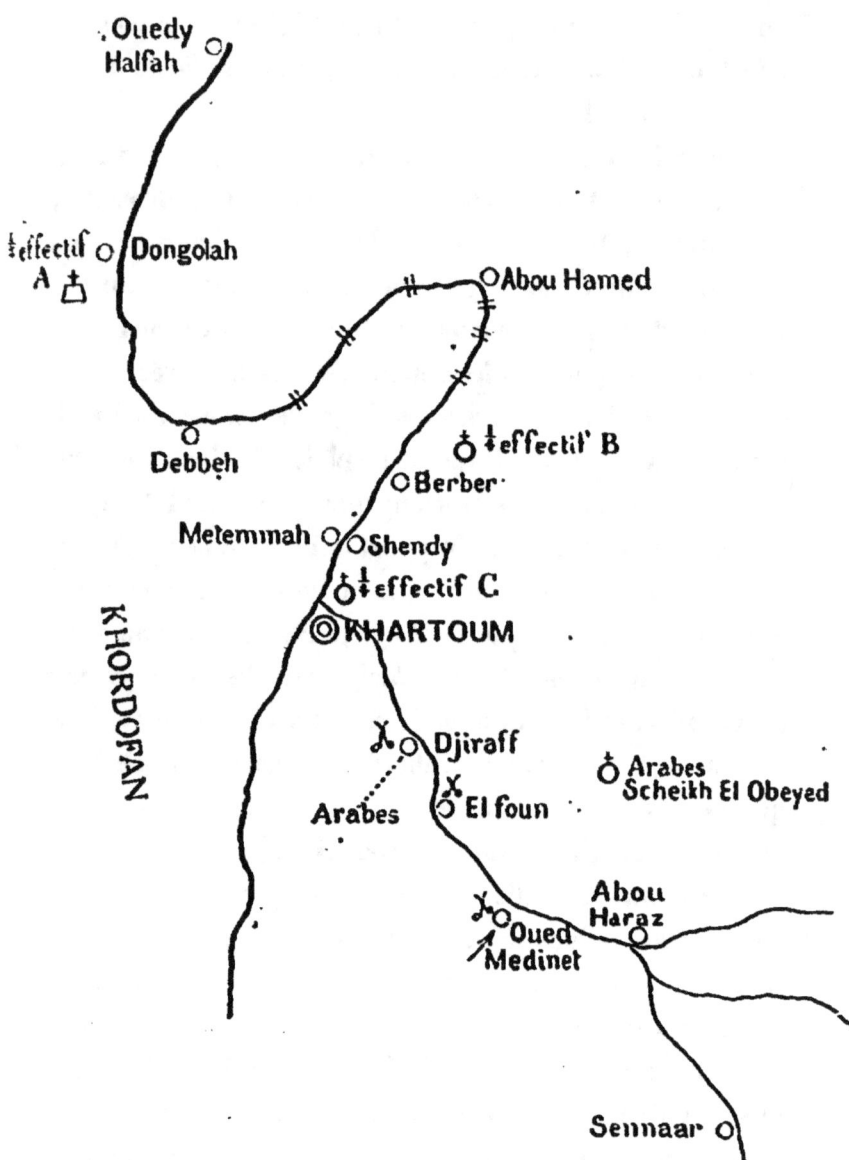

Je partagerais les troupes en trois corps : A, qui comprendrait la moitié de l'effectif et prendrait position à Dongolah pour veiller aux communications établies entre Berber et Ouedy-Halfah par ces sortes d'échelles fluviales dont j'ai parlé à plusieurs reprises ; B, un quart de l'effectif, qui occuperait Berber, et enfin C, le quatrième quart de l'effectif, colonne volante sans artillerie, qui marcherait sur Khartoum, refoulerait les Arabes vers le sud et les battrait en détail à Djiraff, à El-Foun et à Oued-Medinet, ouvrant ainsi la route de Senaar, ce qui faciliterait les ravitaillements, en rétablissant les lignes télégraphiques sur le chemin. Alors on verrait à prendre un parti pour la suite. On aurait à soutenir probablement trois combats, dont chacun coûterait quelque chose comme huit tués et quinze blessés, à ce qu'on peut prévoir ; et même, si la première défaite des Arabes était sérieuse, il n'y aurait sans doute pas d'autre engagement et le reste de la campagne ne serait qu'un jeu d'enfants (1). Il faut infliger aux Arabes une bonne défaite pour effacer le souvenir du désastre de Hicks et de mes propres revers. La colonne se rendrait à Djiraff dans les chaloupes blindées, qui sont de véritables forteresses, protégées par cinq steamers armés chacun de deux pièces de campagne et par deux chaloupes portant chacune un canon Krupp, ce

---

(1) Gordon pensait à ce moment que le corps expéditionnaire parviendrait à Khartoum à la mi-novembre, tandis qu'il n'y est arrivé qu'à la fin de janvier, et c'est pendant les mois de décembre et janvier que la force des rebelles s'est considérablement accrue.

qui mettrait les troupes à l'abri de tout risque. Les forts des Arabes ne sont pas défendus à la gorge.

Il serait inutile que la colonne comptât plus de mille hommes, car, s'il était nécessaire de la flanquer, nous aurions trois mille hommes pour cet objet ; mais, devant opérer le long d'un fleuve, elle n'aurait pas à redouter d'attaque de flanc. Tout cela demanderait trente jours au plus.

Le résultat de ces opérations serait de rejeter les troupes du Mahdi dans le Khordofan et de soumettre les Arabes des environs de Kassalah. Naturellement, la question du Khordofan demeurerait entière. Peut-être le Mahdi consentirait-il à négocier et à abdiquer son pouvoir spirituel, mais j'en doute.

Je donnerais le commandement de la colonne à Buller ; Earle serait à Berber, Dormer à Abou-Hamed, Freemantle à Dongolah, le *sirdar* (1) à Ouedy-Halfah, lord Wolseley partout ; Goodenough commanderait l'artillerie, et Harrison, un camarade de Chine, le génie. J'espère que Goodenough ne se trouvera pas déshonoré de se servir de nos canons, qu'il trouvera affreusement détériorés par le feu continuel qu'ils ont à entretenir.

Personne ne s'étonnera, je pense, de ma répugnance à décamper sans emmener les garnisons, car ce serait rendre stériles tous nos efforts de sept mois ; il eût mieux valu alors se rendre tout de suite. On rougirait vraiment d'avoir mis les gens dans la nasse pour les planter là après.

1. Commandant de la gendarmerie égyptienne.

2 *octobre*. — Un sergent-major, arrivé cette nuit du camp arabe avec un soldat, rapporte que le Mahdi était venu à Schatt avec deux *ortas* de soldats nègres prisonniers, deux canons Krupp et sept pièces de montagne; mais que, les tribus arabes s'étant levées sur ses derrières, il a rebroussé chemin avec son artillerie, envoyant à Kalaklah (1) un de ses *améers* (2), Abdullah-Oualed-Jubirah, avec cent soldats nègres. Il paraît que le Mahdi traîne avec lui la mission catholique d'Obeyed, dont pas un membre n'a apostasié, pas même une religieuse qu'il a fait exposer à l'ardeur du soleil pour l'amener à renier sa foi; Slatin et tous les autres Européens l'accompagnent également. Presque tous les canons du Mahdi sont hors de service, les avant-trains ayant été brisés dans les combats qu'il a eu à soutenir contre des tribus arabes. Au dire de mon homme, les assiégeants auraient encore 140 obus Krupp et 200 caissons de cartouches Remington, et ils n'auraient pas subi de pertes dans leur engagement avec les steamers venant de Senaar. Ils ont salué de quatre coups de canon l'arrivée d'Abdullah-Oualed-Jubirah. Oualed-a-Goun a envoyé sur ses derrières les troupes nègres, à cause de leurs continuelles désertions.

Un esclave venu de la rive gauche dit que le bruit de la marche en avant du corps expéditionnaire se confirme, et que les Arabes ont établi à Kalaklah un bac qu'ils ne passent que de nuit; Faki-Mustapha a peu de monde avec lui.

---

(1) Sur le Nil Blanc, à quelques milles au S. de Khartoum.
(2) Émirs.

D'après mon sergent-major, je ne suis pas plus aimé du Mahdi que des autres. Quelle plaie, que ce Gordon, quelle peste !

Le *Tewfikia* revient du Nil Blanc, et le *Bordéen* du Nil Bleu, ayant tous deux fait le coup de feu avec les Arabes ; les gens d'Halfeych ont fait une sortie et se sont emparés d'un chameau. Voilà des *opérations* que ne saurait approuver le gouvernement de Sa Majesté et qui affligeront cet aimable plaisant d'Egerton.

J'ai envoyé un nouvel émissaire à Debbeh pour annoncer que trois steamers sont à Metemmah, à 150 milles de Debbeh, attendant des ordres.

Ces abominables tribus des Schaggychs recommencent à me tourmenter avec leurs perpétuelles querelles de famille. C'est exaspérant.

Un cheval qui nous avait appartenu s'est échappé de chez les Arabes et nous est revenu ; il ne nous a apporté aucun renseignement, mais nous inférons de sa conduite qu'il n'est pas pour le Mahdi.

Simmons (1) est d'accord avec moi sur ce point : l'Égypte ne peut nous être de quelque utilité que tant que nous sommes maîtres des mers, et, tant que nous sommes maîtres des mers, l'Égypte est à nous ; il est donc superflu de s'attacher ce boulet au pied. La population ne nous aimera jamais, car nous agissons au rebours de ses aspirations. A mon sens, il nous serait plus profitable et moins onéreux de consacrer aux colonies du Cap, de Maurice et

---

(1) Le général Sir Lintorn Simmons, G. C. B.

autres l'argent que nous gaspillons en Égypte et au Soudan ; mais, comme l'Égypte était autrefois d'une grande importance pour nous, nous continuons à nous y cramponner, par habitude. La navigation à vapeur a complètement modifié l'état de la question égyptienne, et l'apparition dans la Méditerranée de puissances maritimes autres que la France et l'Angleterre ne fait plus de la suprématie dans cette mer une affaire de rivalité entre ces deux États.

J'ai mentionné plus haut des bruits qui courent de troupes marchant sur Kassalah, et cependant je ne reçois pas un mot de Kitchener; que ce soit vrai ou non, je devrais être renseigné là-dessus.

L'ancien secrétaire d'Arabi, Ahmet-eff-Awâan (1), que

(1) *Lettre au Times de M. Wilfred Blunt, 4 mai 1885* :
« J'ai acquis la conviction que l'agent principal de la reddition de Khartoum n'est point Ferratch-Pacha, comme on l'a dit d'abord, mais un employé civil égyptien exilé au Soudan, qui avait été secrétaire d'Arabi, alors que celui-ci était ministre de la marine. Il y a quatre ans, Awâan était un honnête et zélé employé, sous Sir Auckland Colvin, au service du cadastre, le plus mal organisé de tous les services dépendants du Contrôle, comme on le reconnaît aujourd'hui. Indigné de l'incurie et du gaspillage qu'il y voyait régner, Awâan eut la témérité de rédiger sur ce sujet un mémoire qu'il adressa à son chef; en réponse, il fut révoqué. Il en appela à l'opinion publique par la voie de la presse indigène, assez libre à cette époque, et l'exposé de ses griefs fit de lui une manière de héros, si bien qu'Arabi le prit pour secrétaire. Il garda ce poste jusqu'au bombardement d'Alexandrie, et, bien qu'à ma connaissance il n'ait pris aucune part importante aux événements politiques de cette époque troublée, il fut arrêté un des premiers, lors du débarquement de Sir Auckland Colvin. Jugé par une cour martiale, il fut déclaré coupable d'excitation à la rébellion, livré aux mauvais traitements des terribles Circassiens, et, après soixante-quatorze jours de fers dans l'affreuse prison du Borgho, exilé à Khartoum. C'était assurément un condamné politique, s'il en fut jamais, et, lorsque lord Dufferin eut promis l'amnistie pour les personnes compromises dans l'affaire d'Arabi, je lui écrivis pour lui recommander particulièrement le cas d'Awâan. Mais il se refusa à intervenir, et Awâan fut laissé

Stewart connaît bien, était venu, comme je l'ai dit, crier misère auprès de moi, si bien que je lui avais rendu ses dix livres par mois. Ce soir, j'apprends que mon ami Awâan fait de la propagande pour le Mahdi et je l'envoie en prison. Avant-hier, un incendie, dû évidemment à la malveillance, a éclaté dans le voisinage des magasins, à la mission catholique; je fais démolir toutes les maisons voisines pour mettre les magasins à l'abri d'une nouvelle tentative. Tout ceci est peu agréable, car cela dénote la présence ici de gens malintentionnés (1).

*3 octobre.* — Petite parade religieuse aujourd'hui sur le front Sud; une vingtaine de cavaliers qui se sont approchés de nos lignes ont essuyé quelques coups de fusil.

Une enquête est ouverte au sujet de la tentative d'incendie. Quelques soupçons pèsent sur Awâan, dont l'habitation est tout proche du lieu du sinistre, où quatre tentes ont été brûlées. Cela s'accorderait avec ses discours en faveur du Mahdi; si sa culpabilité est démontrée, il le payera cher.

à Khartoum, où il fut à même d'exercer sa vengeance. C'est lui qui, le 26 janvier, les Anglais étant aux portes de la ville, la livra aux Arabes. »

(1) « Un des plus pénibles soucis de ma position est celui que me causent de perpétuelles dénonciations contradictoires. Bien que j'en sois obsédé, je n'ai encore témoigné de défiance à personne, et j'ai évité de recourir à ces mesures de rigueur qui, sans mettre obstacle à la trahison, jettent l'alarme et le découragement dans une place..... Je me plais à reconnaître que la population et les troupes se sont jusqu'à présent parfaitement comportées, ce qui me crée l'obligation morale de ne pas les abandonner avant de voir leur sort assuré sous un gouvernement qui leur donne quelque espérance de paix. » (*Dépêche de Gordon à Sir E. Baring.*)

Je viens de visiter les lieux moi-même et j'en rapporte l'impression que le feu était bien l'œuvre d'un incendiaire, mais qu'Awâan n'est pas le coupable; cependant je ne doute pas que la commission d'enquête ne le condamne, ce qui fera jeter les hauts cris à Wilfrid Blunt et au pieux Arabi. J'indemnise les propriétaires des maisons démolies. C'est aujourd'hui la fin du Baïram.

Stewart sera étonné de ce trait d'Awâan qui, dans une discussion au sujet du Mahdi, s'est emporté jusqu'à ôter sa babouche pour en frapper son adversaire (1); il ne le reconnaîtra pas à cette fermeté dans son opinion. Je ne connais pas d'être plus vil et plus plat; s'il n'était pas un intrigant fieffé et s'il ne savait pas l'anglais, je l'enverrais au Mahdi.

Voici sur quoi je fonde les reproches de mollesse et d'incurie que j'adresse à l'*Intelligence-Department*. On voit par ce journal qu'il entre en moyenne quatre ou cinq personnes par jour dans la place, preuve que les Arabes ne sont pas d'une extrême vigilance et qu'il existe de grandes lacunes dans leurs lignes d'investissement, sans parler de la route de Schendy qui peut être considérée comme libre. Il est plus facile d'entrer à Khartoum que d'en sortir, parce que celui qui veut entrer peut reconnaître le terrain et n'avancer qu'à coup sûr, tandis que celui qui sort risque de tomber sur un nouveau campement arabe. Il me semble donc évident que l'*Intelligence-De-*

---

(1) La plus grave des injures entre musulmans.

*partment* n'a pas le plus léger souci de m'envoyer des émissaires, car il serait invraisemblable que tous eussent été pris; les miens, au contraire, tombent souvent aux mains des Arabes, parce qu'ils éveillent leur défiance par des allées et venues continuelles.

Plus on y réfléchit, plus il paraît impossible que le gouvernement de Sa Majesté songe à évacuer ce pays sans avoir dégagé les garnisons et établi à Khartoum un gouvernement quelconque. Le corps expéditionnaire étant à Dongolah se voit dans la nécessité de se porter sur Berber, d'où, par la voie fluviale, rien n'est plus aisé que de remonter jusqu'ici, et d'ici il est facile d'ouvrir la route de Senaar. Mais pour la suite je ne vois toujours pas de meilleure solution que de donner le pays aux Turcs. On ne pourrait pourtant pas se considérer comme satisfait, si, après avoir passé six à huit mois à opérer l'évacuation du Soudan, — en mettant les choses au mieux, c'est le minimum de temps nécessaire, — et y avoir dépensé des sommes considérables, on l'abandonnait au Mahdi, qui se targuerait de nous en avoir chassés.

Si nous proclamons l'abolition de l'esclavage, il faut prendre la même mesure en Égypte, ce qui y provoquera une diminution du revenu public. Non, il n'y a de possible que le recours aux Turcs, et cela à bref délai. Il sera moins onéreux de leur donner un million de livres sterling que d'entretenir ici un corps d'occupation et il sera parfaitement honorable pour nos armes, après avoir pris Berber et ouvert la route de Senaar, de remettre le pays aux mains des Turcs, qui se débrouilleront avec le Mahdi comme ils pourront. Dût-on leur donner deux millions, cette solution serait encore la plus économique, comme la plus rapide et la plus honorable.

L'Angleterre ne saurait prendre elle-même charge du Soudan; ce serait ruineux, car il faudrait donner des appointements considérables aux fonctionnaires qui consentiraient à servir ici et les soutenir par de nombreuses troupes. Quant à le restituer à l'Égypte, ce serait vouloir tout remettre en question d'ici à deux ans, car on aurait avant ce temps à lutter contre un autre Mahdi. Nous n'avons donc qu'à choisir entre Zubehr et les Turcs; mais le temps n'est plus où Zubehr presque seul aurait suffi à rétablir l'ordre au Soudan, et il lui faudrait aujourd'hui un concours armé, tandis que les Turcs n'auraient besoin de personne. Donc, une fois Khartoum dégagé, consacrez un ou même deux millions sterling, que vous coûteraient trois mois d'occupation, à prendre des arrangements avec la Porte; faites venir 3,000 Turcs, qui débarqueront à Souakim et marcheront sur Khartoum par Berber, et vous pourrez opérer votre retraite avant la saison chaude. 3,000 autres Turcs débarquant à Massouah, pour aller occuper Kassalah, vous épargneront la peine de faire vous-mêmes cette expédition, et vous n'aurez même pas besoin d'attendre les troupes de l'Équateur et du Bahr-Ghazel (1).

(1) Le 11 février 1884, Gordon avait télégraphié de Berber à Sir E. Baring : « Si j'avais le commandement supérieur, ce n'est pas avec des troupes égyptiennes que j'irais à Souakim, mais avec 3,000 Turcs à la solde de l'Angleterre.

Voici le programme de ces opérations, tel qu'on peut d'avance le régler au jour le jour :

28 *octobre*. — Occupation de Berber. — 5 *novembre*. — Arrivée à Khartoum de 1,000 hommes; 6,000 Turcs débarquent à Souakim et marchent sur Berber; 4,000 autres débarquent à Massouah et marchent sur Kassalah. — 8 *novembre*. — Défaite des Arabes sur le front Sud, à moins qu'ils n'aient battu en retraite. — 12 *novembre*. — Défaite des Arabes à El-Foun, à moins qu'ils n'aient fait leur soumission. — 15 *novembre*. — Envoi de troupes à Senaar pour nettoyer le pays aux environs de Medinet. — *Du 1er au 10 décembre*. — Arrivée des Turcs à Berber, Khartoum et Kassalah. — 20 *décembre*. — Mise en marche des troupes de Sa Majesté sur Ouedy-Halfah, en laissant 1,000 hommes à Dongolah jusqu'à ce que les Turcs aient occupé cette place.

La frontière établie à Ouedy-Halfah; les steamers et tout le matériel cédé aux Turcs; les deux millions payés en quatre termes; Souakim et Massouah déclarés ports francs sous la garde des Turcs; l'Égypte débitrice des fonctionnaires qui retourneront en Égypte, et la Turquie de ceux qui demeureront au Soudan.

Je ne vois aucun obstacle à ce que tout soit réglé à la fin de janvier, et le corps expéditionnaire rentré au Caire à la fin de février.

La seule présence des troupes du padischa apaiserait aussitôt la surexcitation religieuse. »

Quant à la traite des nègres, on ne peut rien pour l'empêcher (1).

Je ne vois pas quelles objections la France pourrait élever contre cet arrangement, moyennant que nous la laissions dire son mot en Égypte; mais, si nous ne lui faisons pas cette concession, elle fera tout pour nous contrecarrer au Soudan.

Quant à la Turquie, nous nous réconcilions avec elle par cette cession et nous nous assurons son concours pour défendre l'Égypte contre toute autre puissance.

Rappelez-vous que le temps presse pour prendre une décision, et que cette décision doit être énergique et définitive, sans atermoiements ni arrière-pensées. La campagne actuelle est très onéreuse, très chanceuse, et sera absolument stérile. J'entends ne pas être responsable aux yeux de la postérité d'une expédition n'ayant d'autre but que ma délivrance. Cette expédition ne doit avoir en vue que le salut des garnisons (2). Voici qui, je crois, ferait bonne figure dans l'histoire : « L'Angleterre, ayant assumé cer-

---

(1) « On me demande de différents côtés mon opinion sur la question de l'esclavage, et on me dit : « Avez-vous insisté sur l'affranchissement des « esclaves en 1879, prescrit par la convention de 1877? » J'ai répondu que la convention ne serait pas mise en vigueur, ce qui résulte forcément de l'abandon du Soudan par l'Angleterre. L'abolition de la traite et l'abolition de l'esclavage sont des questions distinctes, et je crois que la convention de 1877 ne sera jamais observée au Caire quant à la seconde d'entre elles. » (*Dépêche du général Gordon à Sir E. Baring, parvenue au Caire le 21 février 1884.*)

(2) Bien que Gordon pensât fort judicieusement que le but réel de l'expédition était la délivrance de Stewart et de lui-même (V. p. 105 et la note), il n'en avait pas moins raison de le présenter comme étant la délivrance des garnisons, car tel en était, en effet, le but officiel (V. la note p. 97).

taines responsabilités en Égypte et par conséquent au Soudan, a rétabli l'ordre dans ce pays par les armes, puis en a fait cession au sultan. »

Quant à l'Égypte, nous aurons beau faire, nous n'arriverons jamais tout seuls à la gouverner et à payer les intérêts de la dette ; il faudrait s'assurer la coopération de la France et abaisser à 3 p. 100 le taux de l'intérêt, ce que nous ne pouvons faire sans l'assentiment de cette puissance.

Tous les fonctionnaires qui du Caire prétendent administrer l'Égypte en sont parfaitement incapables ; que peuvent-ils savoir de l'état du pays et de ses besoins en restant tranquillement au Caire? Ce qu'il faut à la population, c'est la réduction des taxes de moitié et des inspecteurs parcourant les provinces pour remédier aux abus. Qu'on se débarrasse de l'armée de Wood, dépense absolument inutile, et des trois quarts des employés européens, de la gendarmerie, des administrations de chemins de fer et autres vautours qui dévorent le pays.

Demain j'enverrai trois hommes à Debbeh, par des voies différentes, pour notifier de nouveau que trois steamers, armés chacun de deux pièces de campagne, stationnent à Metemmah et à Schendy, à 150 milles d'Amboukol, attendant les instructions de l'état-major du corps expéditionnaire ; je recommande aussi de pratiquer une perquisition dans les bagages de Cuzzi. J'aurai fait ainsi tout ce que je puis pour le moment. Dans une dizaine de jours, j'enverrai à Metemmah un autre steamer avec de nouvelles instructions.

La tentative d'incendie m'a exaspéré contre la population. Personne n'est venu de chez l'ennemi aujourd'hui. Est-ce d'heureux augure?

*4 octobre.* — Aujourd'hui on installera la chaudière du nouveau steamer, jumeau de l'*Abbas*; dans six jours, il sera prêt à naviguer.

Kassim-el-Mouss me mande que les Arabes projettent une attaque sur Halfeyeh. Le souci que me donnent ces Schaggyehs dépasse toute croyance.

Lamentations d'Ibrahim-Bey-Rukdi (1) : « Il m'a fait appeler à trois heures du matin (lisez neuf heures du soir), pour me faire travailler et me malmener. Peut-on imaginer une semblable tyrannie? Et, comme je lui représentais combien il était déraisonnable, il s'est jeté sur moi comme un tigre. Et cela pendant les fêtes de Baïram! Quelle inconcevable barbarie! »

Awâan a raconté dans la ville que c'est moi qui lui ai fait écrire les lettres m'annonçant l'arrivée des troupes anglaises, pour me les faire ensuite apporter de l'extérieur. Le vœu général est qu'on lui coupe le cou; mais je tâcherai de résister, le croyant plus sot que coquin.

Le fils de Saleh-Pacha me télégraphie qu'il voudrait venir me parler; je lui réponds qu'il peut venir ou s'en aller, à son gré. Il me demande ce que j'entends par « s'en aller ».

---

(1) Commis principal des bureaux du gouverneur général.

J'ai été fortement tenté de lui répliquer : « T'en aller retrouver ton père chez le Mahdi, » mais je me suis tenu et je lui ai dit : « T'en aller... du bureau du télégraphe. » J'ai dû, hier soir à dix heures, envoyer dix chaloupes pour chercher ces misérables Schaggyehs..

Pas d'arrivée d'espions ce matin. On va commencer à croire dans la ville que, comme le prétend Awâan, je suis l'auteur des lettres soi-disant reçues des Anglais.

Une femme vient, racontant que les troupes britanniques seraient à Dongolah, qu'un steamer et quatre autres bateaux chargés d'Anglais seraient arrivés à Berber (?), dont le chef arabe aurait demandé en vain du secours ; je soupçonne qu'elle aura fait confusion avec l'expédition de Stewart.

Un petit garçon et cinq hommes arrivent du camp ennemi. Il paraît que le Mahdi est à Schatt, d'où il se propose de venir à Omdourman, et qu'il a renvoyé des troupes à Obeyed pour mettre à la raison les tribus soulevées sur ses derrières, comme on l'avait déjà raconté.

La chaudière a été arrimée sans difficultés dans le petit steamer.

Un gamin ayant marché sur un de nos gros obus (1), dans le groupe de dattiers situé en face du palais, une explosion s'est produite sans que personne ait été atteint, mais non sans causer une grande frayeur aux gens qui se

(1) Il s'agit d'obus enterrés sur certains points, pour faire explosion sous les pieds des assiégeants en cas d'assaut.

trouvaient là. Il est curieux que les nègres aient découvert instinctivement le moyen d'éviter les éclats d'obus en se jetant vivement à terre dès qu'ils entendent le crépitement précurseur de l'explosion. Un jour d'assaut, ce ne serait pas pratique. Jamais le petit négrillon de tout à l'heure n'a couru si vite qu'après l'accident, et sans regarder derrière lui. Deux négresses étant accourues au bruit, il s'est mis à leur narrer, avec force gesticulation et mimique expressive, ce qui s'était passé; puis ils ont tenu un vérible *medgliss* (1) pour décider si, après un si terrible événement, il ne serait pas sage de rentrer chez soi et de renoncer à ramasser de l'herbe en un lieu si dangereux, ce qu'ils ont fini par faire.

Je m'attendais à un affreux gaspillage de vivres pendant les fêtes du Baïram; il paraît, en effet, que ces gens imprévoyants ont tué plus de mille chèvres et moutons. Il n'y a pas à douter, du reste, qu'une terrible famine ne règne dans ce pays-ci l'année prochaine, de vastes régions habituellement cultivées se trouvant rester en friche.

Le détachement qui était allé au secours de Jaïla, ce village au nord d'Halfeyeh, attaqué par les Arabes, est revenu en ramenant les habitants et vingt-cinq vaches prises aux rebelles ou prétendus tels.

Voici notre deux cent sixième jour de blocus plus ou moins étroit. Charmante existence! Je me demande com-

---

(1) Cour d'enquête.

ment se trouvaient les gens d'Adshod ou Azotus à leur vingt-neuvième année de blocus.

*5 octobre.* — Deux hommes et un enfant venant des lignes ennemies donnent peu de renseignements, sinon que le Mahdi se porte sur Omdourman, accompagné de Saleh-Pacha, Hussein-Pacha-Khalifa, Slatin et tous les Européens renégats ou prisonniers; que le Khordofan est en ébullition, et que les Arabes disent attendre d'être en nombre pour attaquer Khartoum.

Si vous ne vous décidez pas à vous entendre avec les Turcs à bref délai, vous avez une année à passer ici en y dépensant douze millions, après quoi vous en viendrez à ce parti (1). Ah! l'on pourra dire que ce noir Soudan aura vengé sa blanche sœur l'Égypte!

Ce matin, en prenant mon bain, j'ai trouvé dans mon éponge un scorpion qui m'a piqué au doigt; je l'ai tué, nous sommes quittes. Je me demande si on a jamais analysé le venin du scorpion et du cobra-capell; voilà la sixième fois que je suis piqué.

Un scheikh du voisinage me raconte qu'il y a peu de temps, un Français en costume de derviche, accompagné de deux Arabes et venant de Dongolah, est arrivé auprès du Mahdi; celui-ci, fort surpris, lui ayant demandé ce qu'il venait faire, il a répondu n'avoir d'autre but que de saluer le Mahdi, ce qui a paru louche. Il a été emprisonné

(1) Cette prédiction semble être en voie de se réaliser, si l'on ne se trompe pas sur le but de la mission de Sir Henry Drummond Wolff à Constantinople.

pendant sept jours, puis remis en liberté; comme il avait eu des entretiens secrets avec Slatin et Saleh-Pacha, le Mahdi a séparé ces deux personnages et les a fait garder à vue. Le Français les aurait informés de la présence des Anglais à Dongolah, qu'il aurait niée au Mahdi. Qui est cet homme? Serait-ce Rochefort (1)?

Peut-être aussi est-ce Renan, l'auteur de la *Vie de Jésus*, qui, dans son dernier ouvrage, prend congé du monde, et que l'on a prétendu être parti pour l'Afrique sans esprit de retour. C'est un ancien prêtre catholique, grand arabisant, et que je crois un esprit inquiet et tourmenté. J'ai eu occasion de le rencontrer un matin dans les salons de la Société royale de géographie, et je me rappelle que le secrétaire lui a proposé de monter tout en haut de la maison pour visiter l'observatoire, ascension qui n'a pas paru lui sourire et dont il s'est privé. Il paraissait fort importuné des empressements dont il était l'objet, et, quand je lui ai été présenté par Sir R. Alcock, il a sans doute lu sur ma physionomie ma commisération pour ses épreuves, car il s'est montré fort aimable. J'ai toujours souhaité le revoir. Quelle calamité pour celui qui en est l'objet que le fétichisme du grand homme! Est-il rien de plus impertinent que de casser à un homme l'encensoir sur le nez? C'est se proclamer supérieur à lui, car c'est au plus grand à louer le plus petit, et, se crût-on le plus grand, il est tout à fait superflu de le signifier à l'autre. Lorsqu'on se con-

---

(1) Il s'agit évidemment d'Olivier Pain.

naît soi-même, on n'a que faire de louanges qui, tombant généralement à côté, vous feraient préférer une critique sincère et judicieuse. Par exemple, que signifient les éloges du monde sur l'abnégation, l'héroïsme et autres balivernes? Un jour, à Sébastopol, \*\*\*, commandé de service à la tranchée, se laissa mettre aux arrêts par son colonel plutôt que de s'y rendre. Il lui a fallu bien plus de courage pour faire cela que pour affronter les boulets russes. Je ne connais de véritable héroïsme que celui d'une garde-malade, obscure, ignorée... et payée, évidemment; que peut-elle vouloir de plus, après tout? Personne ne s'extasie sur son dévouement.

Je ne pense pas que Renan approuve le système du poivre sous les ongles. Si c'est vraiment lui qui est auprès du Mahdi, et qu'il s'approche de nos lignes, j'irai certainement le trouver. On peut penser ce que l'on voudra de son incrédulité, mais du moins a-t-il le courage de son opinion et n'a-t-on pas à lui reprocher d'avoir renié ses croyances dans un but intéressé.

Une négresse, qui est arrivée avec ses deux fils, parle de la présence du Mahdi à Djura-Hadrah, à 25 milles au sud de Duem. Elle a paru ravie de se voir dans une glace et s'est mise à se faire des grâces à elle-même.

On prétend que c'est Nuhehr-Bey-Angara qui a été chargé par le Mahdi d'apaiser les tribus soulevées du côté d'Obeyed. C'est un ancien ami à moi, et, s'il voulait, au contraire, se soulever lui-même, le Mahdi serait en mauvaise posture, se trouvant coupé de ses communications.

Le *Bordéen* est revenu d'Halfeyeh.

Il est convenu de considérer la Grèce, l'Espagne, la Turquie, le Mexique et d'autres pays comme étant ruinés et en état de banqueroute, mais jamais on n'a prétendu en rendre les gouvernants personnellement responsables, comme on l'a fait en Égypte pour Ismaïl-Pacha, déposé par les puissances européennes à cause des dettes contractées par son gouvernement. On a trouvé très simple d'en faire le bouc émissaire de tout ce qui s'est passé, sous prétexte qu'il a agi avec mauvaise foi; il n'a pas été de plus mauvaise foi que les autres, à ce qu'il me semble. Il est entendu que l'on a agi dans l'intérêt des fellahs opprimés, mais je ne vois pas ce que ceux-ci ont gagné au nouvel ordre de choses. Où prendra-t-on les millions dont j'ai parlé et qui nous sont nécessaires?

Considérons sans passion l'état des affaires. Le gouvernement de Sa Majesté se regarde-t-il comme tenu d'assurer le rapatriement des garnisons du Soudan? Cela me semble incontestable; sans quoi, quel aurait été le but de ma mission et de l'expédition de Tokhar? Une fois cette responsabilité assumée, on ne peut, sous aucun prétexte, ne pas aller jusqu'au bout de sa tâche. Quant à prétendre n'avoir en vue aujourd'hui que mon salut personnel, c'est absurde; et puis-je, moi, abandonner des gens que j'ai excités à la lutte, que j'ai encouragés à la résistance? Un gouvernement peut-il me prescrire une pareille lâcheté? Et, s'il se croit autorisé à le faire, puis-je lui obéir? Voilà le point délicat. Il serait peut-être plus patriotique de ma part de m'en aller; mais, quand bien même je m'y résoudrais, je doute qu'il me fût possible de sortir d'ici. Si, au mois de mars, Baring m'avait dit : « Tirez votre épingle du jeu comme vous pourrez, » je me serais arrangé pour me retirer dans la province de l'Équateur; mais que l'on relise mes dépêches, et l'on verra que je lui ai posé à cet égard des questions toujours demeurées sans réponse. A cette époque, mon monde n'avait pas encore eu de souffrances à endurer et je n'étais pas engagé envers lui comme je le suis maintenant (1).

(1) « Les consuls européens sont venus aujourd'hui me demander si je croyais Khartoum menacé. Je leur ai répondu qu'il ne l'était pas directement, mais que les communications avec Berber étaient compromises. Ils m'ont alors demandé si je pourrais faciliter leur retraite sur Berber, à quoi j'ai fait une réponse affirmative. Il est clair que leur départ montrera à la population de la ville et des provinces que Khartoum ne compte pas sur un secours extérieur. Dans cette conjoncture, que dois-je dire pour neutraliser la fâcheuse impression produite par ce départ des consuls? » (*Dépêche du général Gordon à Sir E. Baring, du 9 mars 1884, 11 h. 30 du soir.*)

« Vous connaissez la situation des garnisons, et vous savez que je n'ai pas à compter sur l'efficacité de ma proclamation, ni à espérer voir la population se rallier à moi. Si vous avez l'intention de faire la diversion sur Berber que j'ai suggérée, ou d'accepter ma proposition relative à Zubehr, il y a lieu de tenir à Khartoum; sinon, c'est tout à fait inutile, car je suis dans l'impossibilité de venir en aide aux autres garnisons, et la résistance n'aura d'autre effet que de sacrifier en pure perte les troupes et les employés civils. En ce cas, il vaut mieux me prescrire l'évacuation immédiate de Khartoum et le transfert à Berber du siège du gouvernement, ce qui, je vous prie de le remarquer, implique l'abandon de toutes les autres places, à l'exception de Dongolah. Je vous demanderai une prompte réponse à ceci, car la retraite, déjà difficile aujourd'hui, sera impraticable dans quelques jours. Il me faudrait, de toutes façons, abandonner neuf steamers et des approvisionnements considérables. Je tiens, du reste, à établir que je ne réponds pas du succès de ma tentative, et j'ajoute qu'une fois Khartoum aux mains du Mahdi, les opérations contre lui en faveur de Senaar et Kassalah seront très laborieuses. » (*Dépêche du même au même, 9 mars 1884, 11 h. 40 du soir.*)

Dans un post-scriptum à cette dépêche, Gordon propose, si on lui prescrit

Personne ne peut imaginer le gaspillage d'hommes et d'argent dû aux indécisions de notre gouvernement dans ces affaires du Soudan. Si, dès le début, on avait dit : « Tant pis pour les garnisons du Soudan, qu'elles périssent, » si l'on n'avait pas fait une tentative en faveur de Tokhar, si l'on ne m'avait pas télégraphié, le 29 avril et le 5 mai, pour me demander des renseignements quant aux moyens de me dégager, si l'on m'avait dit : « Débrouillez-vous comme vous pourrez, » eh bien! j'aurais su à quoi m'en tenir et je n'aurais rien à dire. Mais non, le gouvernement n'a pas voulu assumer la responsabilité de l'abandon des garnisons, et il n'en est résulté que tiraillements et gâchis. En m'en allant, je désertais le service de Sa Majesté; en restant, j'ai engagé l'Angleterre dans une expédition. Baring m'a formellement interdit de me porter dans les provinces de l'Équateur (*Voir le journal de Stewart*) sans l'autorisation expresse du gouvernement (1). Je ne discute pas la politique du cabinet relativement à ce misérable Soudan, qui ne vaut pas la peine qu'il donne; mais, quelle qu'elle fût, il la fallait ferme et définitive. Je déplore plus que quiconque cette malheureuse expédition, si onéreuse, si sanglante et si stérile; mais, puisqu'elle est

---

l'évacuation de Khartoum, d'envoyer les troupes blanches et le personnel administratif à Berber avec le colonel Stewart, et, après avoir donné sa démission de général dans l'armée britannique, de se porter lui-même avec les troupes nègres et les steamers, en emportant les approvisionnements, dans les provinces du Bahr-Ghazel et de l'Équateur, cédées au roi des Belges.

(1) Autorisation refusée péremptoirement par une dépêche de lord Granville Sir E. Baring, du 11 février 1884.

engagée, il faut s'en tirer honorablement et, au risque de paraître rabâcher, je persiste à dire qu'il n'y a d'autre issue que de tout remettre entre les mains des Turcs.

Pour ma part, je souhaiterais de bon cœur être hors d'ici, où je n'ai pas eu une minute de paix, mais encore faudrait-il trouver le moyen d'en sortir. Peut-être me trompé-je, mais je m'imagine que, si l'on m'avait vu arriver sur l'*Abbas* avec Stewart, on aurait éprouvé, dans les cercles officiels, une très vive satisfaction, un peu de me voir hors de danger et bien davantage d'être débarrassé du souci de ma personne. Mais, quand j'aurais eu la possibilité matérielle d'échapper aux gens d'ici, qui veulent me garder, je me serais cru déshonoré de me soustraire ainsi à mes devoirs. D'ailleurs, n'étais-je pas alors dans l'ignorance absolue des intentions du gouvernement de Sa Majesté, et pouvais-je, dans le doute, déserter mon poste, ce qui était livrer au Mahdi la place et son matériel? Les événements me donnent raison, puisque, à peine Stewart parti, j'apprends l'arrivée d'un corps expéditionnaire qui compte me trouver à Khartoum. Je suppose, naturellement, que cette expédition a pour objet la délivrance des garnisons; car, si elle ne venait que pour la mienne propre, je serais dans mon tort en étant resté à mon poste. Oui, mais en ce cas il était bien inutile que le gouvernement se mit en dépense et en péril pour assurer le salut de ma personne; il n'avait qu'à me télégraphier : « Débrouillez-vous comme vous pourrez, » et il était dégagé de toute responsabilité envers moi, car alors je me serais tiré d'affaire en disant à la population de ne plus résister au Mahdi et en partant pour l'Équateur. De la sorte, j'aurais agi honorablement ; car il est évident que, tout espoir de secours pour Khartoum étant évanoui, ma présence au milieu des habitants ne servait à autre chose qu'à les perdre aux yeux des Arabes exaspérés de ma résistance.

Et si l'on m'objecte que j'aurais pu battre en retraite sur Berber, je répondrai que je ne le veux point, afin qu'il soit bien constaté que je ne suis pas complice de l'abandon des garnisons ; et de plus, en restant ici, j'ai encore quelques chances pour sauver celles du Bahr-Ghazel et de l'Équateur.

*6 octobre.* — Le *Bordéen* est sur le Nil Bleu, gaspillant des munitions à tirer sur des fourrageurs arabes. Aucun arsenal ne serait en état de fournir à une pareille consommation.

Trois déserteurs sont arrivés du camp ennemi. Ils disent que les Arabes ont mis en batterie à Djiraff un canon Krupp et une pièce de montagne, ce qui expliquerait la violence de la canonnade dont je viens de parler. Ils avaient, paraît-il, placé deux bateaux sous le feu de leurs pièces avant de les démasquer, dans l'espoir d'y attirer le steamer pour le couler ; le *Bordéen* ne s'est heureusement pas laissé prendre au piège. Rien n'est harassant comme cet état d'angoisse continuelle où je suis à propos des plus petites choses, me demandant à chaque instant si une imprudence ne va pas me faire perdre un steamer ou un détachement. Je n'ai plus un homme comme Gessi (1) à qui confier le commandement de ces petites opérations.

Ce que je craignais est arrivé : le *Bordéen* est revenu avec un trou d'obus à environ un pied au-dessus de la ligne de flottaison; personne n'a été blessé. Le *Tewfikia* revient du Nil Blanc, où il était allé tirailler. Il paraît que les Arabes de ces parages se portent sur Djiraff; je pense qu'ils vont recommencer leurs méfaits à Bourré. On pense si je suis irrité contre l'*Intelligence-Department*, qui ne me fait parvenir aucun renseignement. Il est évident que l'ennemi veut concentrer ses forces à Djiraff pour être maître du Nil Bleu, pensant que je n'oserai pas tenter de le déloger et qu'il pourra alors communiquer facilement avec le scheikh El-Obeyed, au besoin même se porter sur Schoboloah, tandis que le Mahdi, en s'établissant à Omdourman, resserrera le cercle autour de nous.

Une intrigue que j'ai découverte me fait envoyer Ibrahim-Rukdi à Malia, et Gugliz-Bey de Malia le remplace auprès de moi comme premier commis. Il n'y a rien de tel pour ces gaillards-là que le changement d'air. Je vais raconter les détails de cette intrigue pour Stewart que cela intéressera.

Il sait qu'Ibrahim-Rukdi avait été accusé de vénalité

1) Romulus Gessi, ancien interprète du quartier général de l'armée anglaise à Sébastopol, avait été un des meilleurs lieutenants de Gordon dans sa lutte contre les traitants du Soudan en 1878. Il avait ensuite été nommé gouverneur du Bahr-Ghazel. Obligé de se retirer par suite des intrigues de Reouf-Pacha, il est mort en 1881 à l'hôpital de Suez.

par des lettres anonymes. Un *medgliss* a été réuni, et Méhémet-Bey-Agad a été convaincu d'être l'auteur de ces lettres. Je ne me souciais pas d'éclaircir l'affaire, persuadé que l'accusation d'Agad était fondée, tout en le blâmant de l'avoir portée anonymement. Naturellement, le *medgliss* l'a déclaré coupable, tout prévenu étant un coupable pour un tribunal égyptien; aussi ai-je temporisé et insinué à un tiers qu'Ibrahim devrait faire sa paix avec Agad. Il a compris que c'était un ordre déguisé et s'est exécuté; mais, depuis lors, j'avais remarqué qu'il agissait sous main contre Agad. Hier, il m'arrive avec un rapport dans lequel Ferratch-Pacha demandait le renvoi du sandjak Hassan-Agad, et il profite de la similitude de nom pour établir une confusion volontaire avec le bey Méhémet-Agad, son ennemi. J'ai éventé la ruse; mais, bien qu'irrité de la malignité de cet homme, je n'ai rien dit, ce qui n'empêche que ce matin, comme je lui prescrivais de rédiger un ordre relatif au salut que me doivent les troupes et que je le rendais responsable de l'exécution, il m'ait répondu insolemment: « Suis-je le commandant des troupes? » Je l'ai, séance tenante, expédié à Malia.

J'avoue que je suis fort soupçonneux; je juge par l'expression du regard, de la physionomie et autres signes extérieurs, à défaut d'une connaissance suffisante de la langue, et, en somme, je me trompe rarement. Ainsi, j'entre dans le bureau et je tombe sur un groupe d'employés en confabulation mystérieuse, qui se troublent à ma vue; je me dis : « Les voilà en train de machiner une diablerie, » et je suis sur la piste de quelque méchant tour.

Un nouveau déserteur me confirme le bruit de l'arrivée du Mahdi à Djura-Hadrah et de son dessein de venir à Omdourman. Il prétend que les Arabes s'inquiètent peu de la marche en avant du corps expéditionnaire, disant que de Dongolah à Khartoum il y a un bon ruban de queue. Ils envisagent le désastre de Hicks comme une défaite infligée à des troupes anglaises (1). Je considère comme favorable à nos opérations leur concentration à Djiraff, parce que de la sorte ils tomberont tout de suite sous les coups du corps expéditionnaire, sans que celui-ci ait à fournir une longue marche pour les atteindre. Cette sécurité des Arabes est singulière, alors qu'une armée anglaise est à 150 milles de leurs positions, j'entends 150 milles par terre, ce qui est la distance entre Metemmah, où sont les trois steamers, et Debbeh (2), d'où l'on a une route fluviale pour aller à Dongolah, comme pour venir ici. En réalité, pour des troupes bien équipées, Debbeh n'est pas à plus de huit jours de marche des abords de Khartoum, savoir : six jours et demi pour franchir les 150 milles à travers le désert, à raison de 25 milles par jour, étape très modérée pour des chameaux, et un jour et demi de navigation. L'arrivée ici d'un seul officier ou soldat de l'armée britannique suffirait à montrer à la population que je ne mentais point en annonçant la venue d'une expédition de secours.

(1) L'armée du général Hicks était composée exclusivement de troupes égyptiennes.
(2) La corde de l'arc formé par la boucle du Nil.

Cette réplique d'Ibrahim-Rukdi : « Suis-je commandant des troupes? » a été malencontreuse, car je m'étais résigné à le garder auprès de moi, pensant, en somme, que je n'en ai plus pour longtemps à remplir mes fonctions ici ; cette impertinence a mis le feu aux poudres, et il lui a fallu *hic et nunc* signer son propre renvoi. Ses appointements tombent de soixante à trente livres par mois. Je crois qu'il n'a pas compris ce qui lui arrivait, même après avoir écrit l'arrêté; au surplus, cela a été une surprise pour moi-même.

Le steamer jumeau de l'*Abbas* sera, je pense, terminé dans quatre jours ; il sera baptisé l'*Husseinyeh*. L'autre, du même type, sera fini dans six semaines, si toutefois nous sommes encore de ce monde à ce moment-là. J'envoie le *Bordéen*, — dont l'avarie est réparée, — en éclaireur sur le Nil Blanc, de Kalakli à Schoboloah; l'*Ismaïlia* est à Halfeyeh, le *Tewfikia* à Omdourman. Nous avons dans notre cale sèche un grand steamer, le *Chabéen*, qui, je l'espère, sera bientôt en état d'entrer en ligne.

Un homme venu de chez l'ennemi dit que Seyd-Méhémet-Osman a réuni trois cents chameaux pour transporter sa smalah de Schendy à Kassalah; voilà qui est mauvais signe. On parle toujours de la marche des Anglais sur Berber.

*7 octobre.* — Seize soldats avec leurs armes et un esclave arrivent du camp arabe ; ils ont peu de chose à dire, sinon que l'ennemi a une pièce de canon à Djiraff, gardée la nuit par de petits détachements. Ces hommes ont essuyé quelques coups de fusil, mais sans être atteints. Ils ont amené avec eux quatre de leurs femmes. Je crois que les Arabes se tiennent à une si grande distance de nos lignes pour rendre plus difficiles les évasions de nos hommes. Ceux-ci sont de solides gaillards de six pieds de haut. Quarante de leurs camarades se disposent à s'enfuir ensemble aujourd'hui ou demain.

Un Arabe de Khartoum me dit qu'à Omdourman l'on élève des huttes de gazon pour le Mahdi et sa suite. L'ennemi parle de troupes anglaises et turques qui seraient à Debbeh.

Un nouveau déserteur arrive. Les Arabes, exaspérés de ces évasions continuelles, répandent le bruit que je mets à mort les soldats qui rentrent; mais tous ces Soudanais me connaissent de longue date et n'en croient rien. Celui-ci m'a vu à Berberah autrefois, à l'époque où j'avais transféré à Senheit la garnison nègre de cette ville, dont le climat ne lui convenait pas. Il est singulier que les Égyptiens et les gens nuance chocolat se trouvent bien du séjour à Berberah, Zeilah et Harrar, tandis que les noirs y souffrent d'affections pulmonaires.

Le crépitement de la fusillade aux avant-postes ce matin m'a rappelé nos combats d'autrefois; les Arabes tiraient sur les fugitifs.

Certains officiers souhaiteraient que nous prissions l'offensive, mais je ne partage pas leur manière de voir. Il ne serait pas prudent de nous éloigner des rives du fleuve, et, dans notre position, il ne faut rien risquer; de plus, nous ne sommes pas assez forts pour infliger à l'ennemi une défaite écrasante, qui seule rétablirait nos affaires.

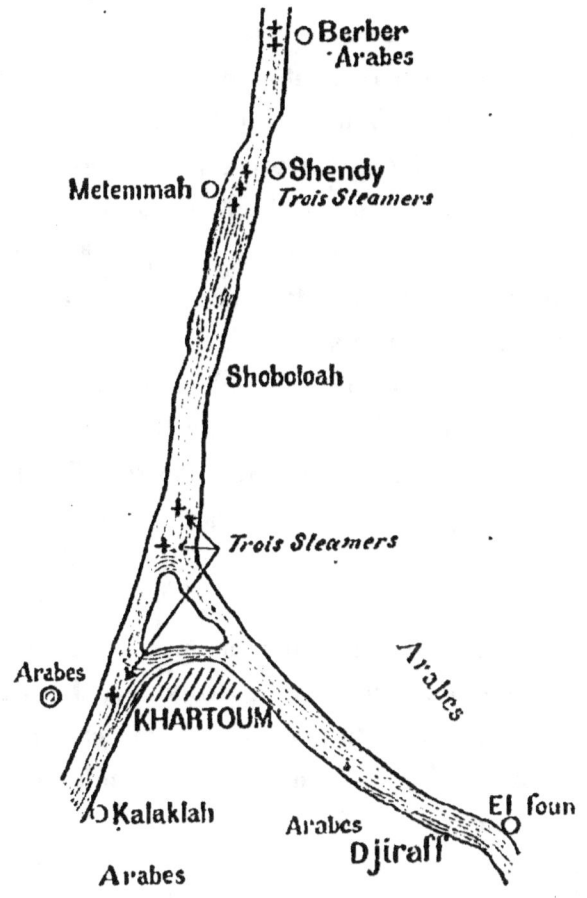

Tout le bénéfice que nous retirerions d'un petit succès serait de les refouler dans le désert, hors de portée du corps expéditionnaire.

Voici le secret de la mauvaise administration égyptienne : dans n'importe quel service, un ordre n'est exécuté que trois jours après avoir été donné, moyennant encore qu'on l'ait réitéré avec insistance pendant ce laps de temps; il semble qu'il se soit évaporé à la chaleur de ces contrées. Vos subordonnés vous riraient au nez, si vous leur disiez : « Mais je vous avais donné un ordre formel. » Quant à leur faire comprendre qu'un ordre formel doit être exécuté immédiatement, sans qu'il soit nécessaire de le répéter, c'est inutile; cette prétention leur paraît absurde et ridicule. Je ne sais s'il est ailleurs des administrations où les ordres formels sont obéis, mais il n'en existe pas en Égypte; aussi toutes les belles proclamations et toutes les lois bienfaisantes édictées par le Contrôle et par ses successeurs restent-elles à l'état de lettre morte. Elles ne sont faites qu'en vue de la presse européenne. Ce qu'il faut, c'est harceler sans cesse les gens pour s'en faire obéir. Orage terrible ce soir au sujet du *Bordéen*, à bord duquel ne se trouvait pas un homme au moment d'appareiller pour Halfeyeh, bien que l'ordre en ait été donné, il y a trente-six heures, et plusieurs fois réitéré à Ferratch-Pacha. On dira ce qu'on voudra, mais des choses pareilles vous font sortir des gonds.

Saleh-Pacha me mande : « Le Mahdi marche avec 40,000 hommes sur Omdourman, va s'en emparer, traverser le fleuve et prendre Khartoum avant l'arrivée des Anglais. » Ce ne sont là que balivernes; le Khordofan tout entier ne pourrait fournir un pareil nombre de combattants, et, le pût-il, ce pays-ci ne les nourrirait pas pendant cinq jours. Je réponds : « Le Mahdi n'est pas assez sot pour croire qu'il lui suffira de traverser le fleuve pour prendre Khartoum, et il n'a pas 40,000 hommes. Mettez aux fers ce messager de Saleh-Pacha comme espion. » Des gens qui nous arrivent du camp du Mahdi évaluent à 3,000 hommes l'effectif de ses troupes. J'avais cette affaire sur les bras en même temps que ma scène avec Ferratch-Pacha. Ah! dans ce palais, je ne suis pas sur un lit de roses.

8 *octobre*. — Le messager de Saleh-Pacha, une fois aux fers, a avoué que cette histoire des 40,000 hommes du Mahdi n'est qu'une hâblerie.

Un sergent échappé du camp arabe donne les renseignements suivants : 200 soldats nègres, envoyés en fourrageurs à Mesalamieh par les Arabes, ont déserté et se sont rendus à Senaar; Oualed-a-Goun médite de venir avec deux pièces de canon occuper les anciennes positions du fils d'El-Obeyed au nord d'Halfeyeh, ce qui serait fort ennuyeux pour nous; le Mahdi est à Djura-Hadrah; un homme venu de Berber annonce la marche des Anglais sur cette ville. Je révoque en doute l'une de ces deux dernières informations; car, si le corps expéditionnaire approchait réellement de Berber, Oualed-a-Goun ne se porterait pas sur Halfeyeh, au risque d'être attaqué. J'envoie un espion pour voir ce qui se passe entre Halfeyeh et Schendy.

Quoi qu'il arrive, j'espère que vous me saurez gré de vous avoir d'abord donné l'*Abbas*, puis d'avoir mis à votre disposition à Metemmah trois autres steamers avec lesquels, si nous les avions gardés, nous aurions pu couper les communications entre Djura-Hadrah, sur la rive gauche, et Fakir-Ibraham, sur la rive droite, sans parler des 350 hommes prélevés sur notre maigre garnison pour embarquer sur ces bâtiments. Au point de vue militaire, ces indécisions du gouvernement nous auront créé bien des difficultés en nous empêchant d'agir suivant notre inspiration; l'éventualité d'une intervention de sa part nous a continuellement paralysés.

Voyez l'affaire de Tokhar. Si Baker avait été soutenu par seulement 500 hommes, il n'aurait pas été battu, et, une fois qu'il est battu, vous faites une expédition pour dégager la ville; il valait mieux lui donner tout de suite les 500 hommes. Si Baker avait été vainqueur, il aurait marché sur Berber, qui n'aurait pas été pris par l'ennemi, et je n'aurais pas aujourd'hui à me défendre contre son artillerie, tournée contre moi par les Arabes. Ce qu'on a fait en mars, on pouvait le faire en février. Quel déplorable gaspillage d'hommes et d'argent résulte de ces tiraillements! Cette expédition de Baker aurait dû être menée par petites étapes et protégée par des fortifications passagères; c'est à la sape qu'il fallait franchir ces quinze à vingt milles.

Quant à l'expédition actuelle, je ne suis au courant de rien, grâce à l'*Intelligence-Department*, mais je devine ce qui s'est passé. On se croyait débarrassé de nous, lorsque aux environs du 20 août nous nous avisons de ressusciter et aussitôt de dire : « Envoyons chercher Wolseley et entrons vite en campagne. » Si, au mois de mars, au lieu d'envoyer Duncan de Ouedy-Halfah à Assouan, on l'avait fait remonter jusqu'à Dongolah, tout aurait été disposé pour l'expédition d'aujourd'hui. Personnellement, je ne m'en soucie guère; mais je pense au gâchis dans lequel nous serions, si nous avions à soutenir une guerre européenne. Je suis persuadé que Wood, le sirdar et autres avaient bien prévu ce qui arriverait, mais qu'ils n'ont pas voulu se mettre martel en tête. Décidément, Plutarque est inconnu à notre génération ; nous n'aimons pas ce que les piliers de cercles appellent « des officiers insubordonnés », alors qu'eux-mêmes sont les pires de tous. d'ailleurs.

Qu'est-il résulté de tout cela ? Des dépenses considérables et des difficultés sans fin. Pense-t-on que ce soit pour ses beaux yeux que le Mahdi traite si bien Cuzzi? Ne serait-ce pas plutôt parce que celui-ci lui a communiqué ce précieux télégramme de Baring : « On n'enverra pas de troupes à Berber? » Remarquez que je parle dubitativement, mais que je suis sûr de ce que j'avance; c'est de l'histoire. Pourquoi Baker est-il allé à Souakim, et pourquoi Wood et le sirdar sont-ils restés au Caire? L'un était le chef de la gendarmerie, l'autre le commandant supérieur. C'était là affaire de guerre et non pas de politique. Si l'on jugeait bien d'abandonner Senheït, il était aussi bien d'abandonner Tokhar; et, si l'on voulait délivrer Tokhar, il fallait aussi s'occuper de Berber, et subséquemment de Khartoum, Senaar et Kassalah, du Bahr-Ghazel et de l'Équateur; enfin, il fallait être conséquent avec soi-même. Personne ne peut mettre en doute le droit absolu du gouvernement à décider d'une question, mais une fois décidé, il doit agir avec fermeté et esprit de suite. Tout ce qu'on a fait est tellement embrouillé, que j'en suis à ne pas savoir quelle est en somme la marche adoptée; c'est la boîte à l'encre. J'espère que Stewart éclaircira tout cela.

*Neuf heures du soir.* — Les communications télégraphiques avec Halfeyeh sont interrompues. Ceci corrobore la nouvelle apportée tantôt de l'intention qu'auraient les Arabes de prendre position au nord de cette ville. Ce serait le commencement d'un second blocus, le dernier, j'espère, car je ne me sens pas de force à en supporter un troisième. Je dis blocus, car ce qui se passe ici ne saurait passer pour un siège.

9 *octobre.* — Le télégraphe est réparé. L'ennemi a mis deux pièces en batterie devant nos lignes et échangé quelques coups de canon avec les nôtres; c'est de la poudre aux moineaux. Dix-sept obus ont été tirés par les Arabes sans résultat.

Oh! ces Schaggyehs! Je les tiens pour propres à mettre à l'épreuve la patience humaine, plus que n'importe quelle race de l'univers entier. Je n'entrerai pas dans le détail de leurs intrigues. Je comprends, d'après le souci et l'exaspération qu'ils me causent, que les Arabes aient plus d'une fois été tentés de les passer au fil de l'épée, comme on le raconte.

Naturellement, le rapport de l'officier de service aux avant-postes parle d'une foule d'ennemis tués par notre feu, dans la canonnade de ce matin.

Il paraît que le scheikh El-Obeyed a massacré tous les prisonniers qu'il avait faits lors de la déroute de Méhémet-Ali à El-Foun.

Je fais mettre en vente 200 ardebs de grain ; personne n'en pourra acheter plus d'un.

Stewart apprendra avec regret qu'Ibrahim-Rukdi est très malade. Sa maladie date de l'heure où il a perdu son poste de commis principal et je pense qu'il n'a pas fait venir le médecin.

L'*Intelligence-Department* sera fort aise, je n'en doute pas, de savoir que l'ignorance où je me trouve de tout ce qui se passe, m'expose à être obsédé de toutes sortes de rumeurs inquiétantes, dont je n'ai cure, sans doute, mais qui ne sont pas pour embellir ma vie.

Depuis deux jours, les ulémas demandaient à me voir et me persécutaient pour se faire donner du grain ; je n'ai pas voulu les recevoir et, pour m'en débarrasser, je leur en ai fait distribuer un ardeb par tête. Mais aujourd'hui ils ont encore sollicité une entrevue ; j'ai tenu bon et je leur ai fait dire de s'adresser à mon vakéel. Après force circonlocutions, ils ont fini par déclarer que « la ville tout entière me demandait le rappel d'Ibrahim-Rukdi. » Voilà une idée ! J'ai répondu que « je priais la ville de se mêler de ses affaires et de me laisser m'occuper des miennes. » Je trouve cette invention admirable, et je pense que Rukdi y aura contribué pendant sa grave maladie. Il avait gagné jusqu'à mes domestiques. Le maître d'hôtel, Edress, m'avait parlé d'un ton de profonde commisération de l'état de Rukdi; je lui avais ri au nez. J'avais demandé s'il était porté sur la liste des malades. Avec un profond soupir : Oui! Il est très malade. — Depuis quand? — Oh! depuis longtemps déjà, mais son zèle et son dévouement à ma personne lui avaient fait dompter le mal. » Nouvelle hilarité de ma part. Là-dessus, les ulémas arrivent avec leur requête. Je comprends le motif de cet intérêt pour Rukdi. Quand on a suborné le commis principal A, il est fort désagréable d'avoir à recommencer avec son successeur B; toutes les combinaisons sont bouleversées. Le résultat de ceci est que Rukdi sera renvoyé au Caire avec Toudji.

En plein désert; scène du voyage d'exploration de l'armée de Sa Majesté; personnages : des troupiers ballottés sur des chameaux conduits par des nègres.

« Ouf! quelles secousses! il y a de quoi en mourir... Et je peux à peine tenir mes yeux ouverts... Je donnerais un shilling pour une heure de sommeil... Nous sommes bientôt arrivés, dis-tu, grand diable noir? Oui, oui, je sais, cela veut dire dans trois heures au moins.

— Que je passe la bouteille d'eau?... Impossible; je n'ose pas toucher cette grande bête à long cou... Holà! mon fusil... Brisé, naturellement, en tombant d'une telle hauteur, serait-ce possible autrement?

— Holà, eh! arrêtez, arrêtez la bête; le *machu-*

*fat* (1), comme vous dites, est en train de glisser. Mais arrêtez donc cette brute... Patatras! me voilà par terre. Rien de cassé? Non... J'en ai assez, du *vaisseau du désert*, j'aime mieux aller à pied. »

Sur ce, il marche l'espace d'un demi-mille, ses bottes se remplissent de sable, et il s'embarque de nouveau sur le *vaisseau du désert*.

Et les *machufats* de glisser et les chameaux de secouer leurs cavaliers; ceux-ci sont écorchés, sans avoir de glycérine pour s'adoucir la peau; ils laissent tomber leur pipe, sans oser descendre pour la ramasser, ils se meurtrissent les mollets en frôlant les caisses à bagages lorsqu'ils passent à côté d'un chameau de bât, ils jurent, — ah! ce qu'ils jurent! — ils sont moulus de fatigue, et alors de dire : « Je n'en puis plus, j'ai les reins brisés par ce roulis continuel de jour et de nuit, les yeux me cuisent de sommeil et je les ai comme piqués par des pointes d'aiguille, et, vous me croirez, si vous voulez, je vous jure que je vois des squelettes de chameaux qui marchent et que je vois des maisons comme je vous vois vous-même (2). Je suis entre Charybde et Scylla : je tombe de sommeil et je n'ose pas dormir, de peur de tomber. Ah! en voilà une marche que je n'oublierai jamais. »

Chermside à Kitchener : « Avez-vous de ses nouvelles? » Kitchener à Chermside : « Rien de particulier. Des steamers à Metemmah. Suite des injures à l'adresse de

(1) Selle arabe.
(2) Allusion aux effets du mirage dans le désert.

l'*Intelligence-Department*. Le Mahdi étant en meilleure position pour intercepter ses lettres, il en enverra moins et aura du loisir pour soigner son foie et épancher sa bile. Stewart dit que c'était l'enfer de se trouver avec lui quand il était dans ses humeurs noires. J'espère que vous allez bien; que puis-je pour votre service (1)? »

Un homme venant du camp arabe dit que les soldats nègres sont gardés à vue, mais qu'ils méditent une évasion en masse.

Un jeune garçon arrivé du camp du Mahdi, en face de Djitanah (2), dit que celui-ci marche sur Omdourman par la rive gauche du Nil, accompagné de tous les Européens, de Slatin et d'Elyas-Pacha, avec l'intention de faire une tentative pour s'emparer de la place avant l'arrivée des Anglais, que l'on croit être aux environs de Berber. Il a de trois à quatre mille hommes avec lui et prétend qu'il traversera le fleuve à pied sec, par l'effet d'un miracle. Le Khordofan est pacifié.

J'ai rappelé d'Halfeyeh l'*Ismaïlia* et l'ai remplacé par le *Tewfikia*, auquel j'adjoindrai le *Bordéen* au retour de sa croisière dans le bas du fleuve. L'arrivée imminente du Mahdi a ranimé mes esprits. Rien n'est mortel comme de se sentir séparé du reste du monde, ainsi que nous le sommes depuis si longtemps; maintenant, du moins, d'ici à un mois, la victoire sera décidée en faveur de l'un de

---

(1) Allusion à cette fameuse dépêche terminée par cette phrase qui avait tant irrité Gordon.
(2) Sur le Nil Blanc, à une douzaine de milles au S. de Khartoum.

nous deux, selon la volonté de Dieu. Je pense qu'il essayera le négocier, car il sait certainement par Hussein-Pacha-Khalifa que j'ai entre les mains un firman m'autorisant à donner le pays à qui je le jugerai opportun.

Kitchener à Chermside : « Hurra ! Excellentes nouvelles ! Il a maintenant le Mahdi sur le dos. C'est une affaire finie, et nous n'aurons plus d'observations impertinentes sur notre service. Dongolah illumine, c'est une vraie fête ; je voudrais que vous y fussiez, mon vieux camarade. J'espère que vous allez bien, etc. »

Réflexions de *** : « Enfin, ces nouvelles sont comme l'aurore après une longue nuit. J'avoue que je n'ai jamais été grand partisan des explorations de Livingstone, et je n'aurais jamais imaginé que j'aurais un jour à les refaire à la tête d'une armée anglaise. Pourquoi donc ce Mahdi ne s'est-il pas décidé plus tôt à se mettre en mouvement ? Il ne m'aurait pas gâté mon congé. D'ici à trois mois je me retrouverai là-bas, dans cette cour du roi Pétaud, et je serai accablé de questions. Quelle vie, mon Dieu ! Vous me direz que je me dois à mon pays ; c'est vrai, je suis un martyr du patriotisme, s'il en fut jamais. »

Tous les gens, fort nombreux, qui sont venus de chez les Arabes, ayant crié par-dessus les toits les intentions du Mahdi et ses doctrines, la ville sait ce qui l'attend. L'ennemi empêche de venir à moi, tandis que, loin d'empêcher quiconque de passer à l'ennemi, je donne des permissions écrites à ceux qui veulent s'en aller, ce qui me garantit la fidélité de ceux qui restent.

Je suis persuadé que le Mahdi vient avec l'intention d'ouvrir des négociations, auquel cas, et si toute espérance raisonnable de délivrer les garnisons est évanouie, j'entrerai certainement en pourparlers avec lui, mes instructions antérieures n'ayant jamais été modifiées et le gouvernement de Sa Majesté ne se souciant assurément pas de prolonger une campagne au Soudan au delà de ce qu'exige le soin de son honneur. Je donnerai les steamers, le matériel, etc., comme rançon des garnisons, et, si l'Égypte a à souffrir plus tard de ces avantages donnés au Mahdi, je m'en lave les mains. Le gouvernement de Sa Majesté m'a donné des ordres précis : « Dégagez les garnisons et évacuez le pays; » jamais ils n'ont été rapportés, jamais on ne m'a notifié un changement de politique ni avisé de l'envoi d'une expédition, je reste donc fidèle à l'esprit comme à la lettre de mes instructions. La note de Kitchener est insuffisante pour m'autoriser à les méconnaître (1); quant au télégramme d'Egerton, je n'ai pas pu le déchiffrer.

10 *octobre*. — L'année 1302 des musulmans commence le 21 octobre. Le 1ᵉʳ, le 2 et le 3 novembre sont les anniversaires des trois journées du désastre de Hicks.

Le fait que le Mahdi traîne à sa suite tous les Européens prouve qu'il a confiance dans le résultat de sa tentative. Tout tend à faire croire qu'il a le dessein de nous réduire par la famine. Si cet homme voulait seulement déposer son

(1) V. la note p. 61.

masque de prophète, nous pourrions nous entendre; mais je crains qu'il ne le fasse pas. Il y a un bon côté à l'arrivée du Mahdi : c'est que, si l'on veut entrer en communication avec lui, il sera d'un accès facile, et que, d'autre part, s'il essuie un échec, il est perdu, et une campagne dans le Khordofan deviendra inutile. Je pense qu'à Debbeh, on est au moins au courant de ses faits et gestes. Curieuse coïncidence que celle de la marche en avant simultanée du Mahdi et du corps expéditionnaire.

J'ai 240 hommes à Omdourman, qui est assez fort et que je ne crois pas devoir être attaqué, car, le Mahdi parvînt-il à s'en emparer, cela ne le rendrait pas maître de Khartoum; cependant un avantage de ce genre nous causerait quelque ennui par le découragement qu'il ferait naître dans la place.

Si des négociations sont entamées, ce dont je doute, à tout prendre, la question des steamers, du matériel et des approvisionnements me causera un grand souci. Si j'avais ici Zubehr, ce serait fort simple, au lieu que cette expédition anglaise vient tout embrouiller et me mettre en doute sur ce qu'il conviendrait de faire.

J'ai perdu sept pièces de canon : deux sur chacun des steamers en station à Metemmah, et une sur l'*Abbas*.

Ce matin, six obus Krupp sont tombés dans nos lignes, mais ils n'ont pas éclaté.

Un homme venu d'Omdourman rapporte que le Mahdi y doit arriver aujourd'hui ou demain avec son cortège

## SIÈGE DE KHARTOUM.

d'Européens, de religieuses, etc., et qu'il n'a en vue que l'investissement de la place. On dit toujours que les Arabes vont prendre position aux environs d'Halfeyeh, mais ce seraient maintenant ceux d'Oualed-a-Goun et non plus ceux du scheikh El-Obeyed. Il est probable qu'il y a brouille entre eux. Nous savions d'ailleurs qu'El-Obeyed ne s'entendait pas avec Abou-Gugliz.

La nouvelle de l'arrivée du Mahdi ne fait pas grand effet sur nos gens; ils en sont plutôt satisfaits, comprenant que l'affaire sera vidée plus vite et sans qu'il y ait lieu d'aller courir dans le Khordofan.

Un tout petit garçon arabe, avec de beaux grands yeux noirs limpides, vient d'arriver du camp ennemi; il avait été pris il y a plusieurs mois.

Le *Bordéen* n'est pas de retour; je pense qu'il pille tant qu'il peut à droite et à gauche.

Un sandjak des Schaggyehs, qui a été pendant quelques mois prisonnier du scheikh Ibrahim, fils du scheikh El-Obeyed, me raconte les querelles qui avaient lieu entre celui-ci et Abou-Gugliz. Abou-Gugliz avait dérobé le canon qu'Ibrahim nous avait pris, et Ibrahim n'avait pas caché sa satisfaction lorsque nous avons battu Abou-Gugliz à Djiraff. Un jour même, Abou-Gugliz avait fait mettre Ibrahim aux fers.

Quatre obus Krupp viennent de tomber au centre de la ville, sans faire ni mal ni peur; cela tourne au bombardement de Paris.

Le petit steamer l'*Husseinyeh* fera demain sa traversée

d'essai ; les Arabes vont penser qu'un de nos grands bâtiments a fait des petits.

Je ne puis m'empêcher de rire en pensant à cette suite bigarrée du Mahdi : religieuses, prêtres, Grecs, officiers autrichiens, un singulier état-major. Wolseley pourra faire le coq, s'il réussit à avoir raison de ce personnage.

C'est dans ces déserts que Cambyse, fils de Cyrus, a perdu son armée, il y a 2,409 ans.

L'année musulmane 1302 commence le jour anniversaire de Trafalgar. Ceci me fait songer à la phrase de Nelson : « L'Angleterre compte que chacun fera son devoir. » (Sous-entendu : et elle ne vous dira pas seulement merci.) Ceux qui ont été en garnison à Gibraltar se rappellent les deux célèbres dépêches qui y sont conservées à l'état d'inscriptions : celle de Collingwood sur Trafalgar et celle de Wellington sur Waterloo. Que le ton en est différent ! Je crois que, dans tous les pays du monde, la marine est bien plus chevaleresque que l'armée ; ayant à affronter plus de dangers, elle a le caractère mieux trempé.

D'après le rapport de trois femmes arrivées ce soir du camp d'Oualed-a-Goun, je croyais le Mahdi parvenu à Omdourman, d'autant plus que j'avais remarqué un grand déploiement d'étendards autour des tentes de Faki-Mustapha ; mais un soldat évadé avec ses armes me dit qu'il n'est attendu que demain.

Dans cinq jours, le *Tewfikia* partira pour Metemmah

en emportant ce fascicule de mon journal ; il y demeurera en station à la place du *Talataween*, qui reviendra ici.

Deux chaloupes blindées ont pris position à l'extrême droite des lignes, sur le Nil Blanc ; les deux autres sont à Bourré, à l'extrême gauche.

Le *Bordéen* est revenu de Schoboloah à Halfeyeh en rapportant quinze vaches et quatre esclaves ; il a essuyé des coups de feu tirés de la rive gauche du Nil Blanc. Dans l'avenir, pour défendre Khartoum, il faudra fortifier le défilé de Schoboloah.

J'ai armé les hommes de la musique, et j'en ai fait les gardes du corps de Ferratch-Pacha.

Le *Bordéen* me télégraphie d'Halfeyeh : « Capture d'un espion important ; » je réponds : « Que dit cet espion important ? » On me réplique : « Cet espion important dit... que les Anglais ont envoyé trois éclaireurs pour reconnaître les routes qui mènent à Khartoum. » Et c'est pour avoir ce renseignement que deux heures et demie de temps ont été perdues et que des estafettes ont couru dans tous les sens. Voir une pareille montagne accoucher d'une telle souris, il y a de quoi rendre fou. Je me dispose à tancer d'importance le capitaine du *Bordéen* demain. Lorsque ces gens-là récoltent une bribe d'information, qu'ils se figurent avoir quelque valeur, ils l'enflent à la taille du mont Blanc pour se faire valoir et avoir de l'avancement. Que diable cela peut-il nous faire que le général anglais ait envoyé cent cinquante éclaireurs, si cela lui fait plaisir ?

Le capitaine du *Bordéen* m'a communiqué les noms des hommes envoyés en reconnaissance par le général anglais, autre renseignement tiré de cet « espion important » et qui ne pouvait manquer de me ravir d'aise. Non, ces choses-là vous exaspèrent. Vingt personnes ont été mises en mouvement pour rien, et moi, comme un triple idiot, j'ai passé deux heures à piétiner sur place, anxieux et surexcité… tout cela pour apprendre que trois éclaireurs reconnaissent des routes pour le général anglais. Si cet « espion important » m'avait appris le départ du général anglais lui-même pour Khartoum, c'eût été autre chose. Non pas, au surplus, que je blâme le général anglais de ne pas se lancer à l'aveuglette dans le désert.

11 *octobre*. — Un sergent-major est entré à Omdourman aujourd'hui; il avait quitté trois jours auparavant le Mahdi, qui était à une journée de marche d'Omdourman, à l'endroit où Stewart avait eu son entrevue avec les chefs au mois de mars. Le prophète sera ce soir ou demain au camp de Faki-Mustapha; il a avec lui deux à trois mille soldats réguliers, prisonniers qu'il a faits de droite et de gauche, trois canons Krupp et quatre pièces de montagne; il attend du Khordofan un grand nombre d'autres pièces de montagne. Il est accompagné par Hussein-Pacha-Khalifa, Saleh-Pacha, Slatin, tous les Grecs, les membres de la mission catholique qui, décidément, ont embrassé l'islamisme, sauf un prêtre et une religieuse qu'il a laissés à Obeyed, et il traîne à sa suite une

foule hétérogène de gens qui ne sont pas animés d'un bien grand zèle pour sa cause, car il se les est aliénés par ses exactions. Le Français dont on avait parlé n'est plus auprès de lui. Il a beaucoup de bestiaux, mais peu de grain. Son intention est de bombarder Khartoum du côté ouest et d'essayer de détruire le fort d'Omdourman. On se bat au Khordofan dans le Djebel-Nubar. Il est toujours question des Anglais qui seraient encore à Debbeh. L'argent tombé aux mains des Arabes à Berber y est encore.

Un soldat évadé du camp d'Oualed-a-Goun dit que les réguliers nègres ont été mis aux fers.

L'ennemi élève un ouvrage à 2,000 mètres en avant du front Sud. Huit obus Krupp sont arrivés dans la ville sans y faire de mal. Quatre autres, qui y ont éclaté hier, ont légèrement blessé cinq négresses et atteint une maison appartenant à un parent du Mahdi.

L'essai du petit steamer a pleinement réussi, mais il roule terriblement.

Deux hommes arrivent du camp du scheikh El-Obeyed et confirment le bruit de son départ pour ses anciennes positions du front Nord ; il paraît qu'il n'est pas dans les meilleurs termes avec Oualed-a-Goun.

Deux hommes partent par des voies différentes pour Debbeh, afin d'y annoncer l'arrivée à Omdourman de Sa Sainteté le Mahdi.

Établi une communication télégraphique entre le fort d'Halfeyeh et la rive du fleuve, distants de 1,500 mètres.

Donné à Moussa-Bey le commandement du *Bordéen* et de l'*Ismaïlia*, et celui des forts de Mogrim (1) et d'Omdourman.

Je nomme Ferratch-Pacha au grade de *férile* (général de division). Lorsque je n'étais que colonel, je faisais déjà des généraux de division, au grand désespoir du khédive dont les cheveux se dressaient sur sa tête en présence de ce bouleversement de toute hiérarchie. Peut-être bien que, dans quinze jours, Ferratch-Pacha sera vendu sur le marché et portera de l'eau pour l'un des officiers du Mahdi, si la ville est prise.

J'avoue que je suis l'ennemi des médecins. Lorsqu'un homme souffre cruellement et qu'il est considéré comme perdu, on devrait lui donner une dose de morphine suffisante pour mettre fin à ses souffrances. Les anciens avaient coutume de faire prendre aux crucifiés une potion stupéfiante : voyez saint Mathieu, xxvii, 34, et saint Marc, xv, 23. Notre-Seigneur, lui, n'a pas voulu recourir à des moyens terrestres pour abréger sa passion et s'est refusé à boire ce qu'on lui offrait; mais les malades ne sont pas dans le même cas. Puisque les médecins donnent des calmants pour faire dormir, je ne vois pas pourquoi ils ne feraient pas un pas de plus ; sans doute, leurs principes professionnels s'y opposent.

A Jaffa, Napoléon demanda au médecin en chef de l'armée s'il ne serait pas légitime d'administrer des nar-

---

(1) A l'extrême droite du front Sud, sur le Nil Blanc.

cotiques aux pestiférés qu'il ne pouvait emmener dans sa retraite et qui étaient destinés à être massacrés par les Turcs. Le médecin lui répondit qu'il faisait métier de guérir, et non de tuer. Napoléon ne lui donna pas d'ordre, mais peut-être a-t-il obtenu d'un autre médecin ce que celui-là lui refusait; c'est un point historique controversé. Ce qu'il y a de certain, c'est que, stupéfiés ou non, les pestiférés ont été achevés par les Turcs. A mon sens, le médecin en chef était un sot qui a saisi cette occasion de faire une phrase. Napoléon à Sainte-Hélène a parlé de cette affaire, et je suis disposé à croire que, comme il le prétend, il avait simplement soumis le cas au médecin, sans lui donner aucun ordre.

Je termine ici ce troisième cahier. J'envoie 200 hommes à Omdourman et je me dispose à évacuer Halfeyeh pour en transférer la garnison à Gobah (1), au cas où le scheikh El-Obeyed opérerait le mouvement qu'il projette au nord d'Halfeyeh.

C.-G. GORDON.

(1) Sur la rive droite du Nil Bleu, au N. de l'île Tuti, à 2 milles de Khartoum.

# QUATRIÈME FASCICULE (1).

## DU 12 AU 20 OCTOBRE.

12 *octobre*. — Le *Tewfikia* est parti pour Metemmah en emportant le courrier.

Je suis à peu près décidé à évacuer Halfeyeh et à transférer à Gobah les Schaggyehs qui s'y trouvent.

Hier, j'ai expérimenté sur un mannequin l'effet des obus enfouis sur les retranchements et j'ai constaté qu'ils sont enterrés trop profondément; leur puissance explosive se déploie horizontalement et non en hauteur, en sorte qu'il faut être dessus pour être touché. Si c'était à recommencer, je disposerais ces obus au ras du sol, en en cachant seulement la fusée; dans un assaut, on ne mesure pas ses pas comme en traversant une rue, il n'y aurait donc pas d'inconvénient à ce qu'ils fussent visibles.

---

(1) A ce fascicule était jointe la lettre suivante :

« *Khartoum*, 20 octobre 1884. — Mon cher Stewart, voici le journal jusqu'à la date ci-dessus; vous n'y trouverez pas grand'chose d'intéressant. J'ai appris que vous étiez passé sans encombre. Mes souvenirs à lord Wolseley. J'ai renoncé à recevoir des nouvelles de vous tous. — Sincèrement à vous, C.-G. Gordon. »

De plus, le document que l'on trouvera dans l'Appendice, lettre M, était annexé à ce fascicule. C'est une notice rédigée par l'*Intelligence-Department*, résumant l'histoire de l'insurrection du Mahdi jusqu'au désastre de Hicks, en novembre 1883.

J'ai concentré mon artillerie sur le front que bombarde l'ennemi, et j'ai donné l'ordre de laisser passer plusieurs décharges avant de répondre à son feu.

C'est vraiment une rude épreuve pour la patience, que d'avoir affaire à cette race uniquement occupée à dire ses prières, à manger et à dormir. Il n'y a pas de gens au monde sachant mieux qu'eux mettre des prétextes au service de leur fainéantise; lorsqu'ils vous ont dit : « Je suis malade, » vous avez beau savoir qu'ils n'ont d'autre maladie que la paresse, vous n'avez qu'à vous taire, si vous ne voulez pas être considéré comme un brutal. Quand vous dites à un soldat évadé du camp ennemi : « Que viens-tu faire ici? » il répond : « Les Arabes nous laissent mourir de faim, tandis qu'ici je trouverai toujours quelque chose à gratter. » Voilà pour eux toute la question. C'est bien décidément le ventre qui gouverne le monde.

J'ai donné l'ordre au *Bordéen* d'appareiller au lever de la lune pour aller surprendre le bac de l'ennemi à Kalaklah.

Je suis allé reconnaître Gobah et désigner des positions pour la tribu des Schaggyehs. Si nous évacuons Halfeyeh, nous abandonnons trois forts détachés et un fort central, qui est la maison de Seyd-Méhémet-Osman.

Le dindon du palais rend vraiment dangereux le passage dans la cour; l'autre jour, il a tué deux de ses enfants. Je ne sais si l'on a remarqué que le jabot du dindon au repos et en négligé est de couleur grise; en une demi-minute, sous l'influence de la colère ou de la coquetterie, il devient du plus bel écarlate, tandis que la tête prend une couleur bleue; je ne m'explique pas ce phénomène. Le dindon est vraiment un animal intéressant et je le tiens pour le plus crâne de tous les oiseaux.

J'ai décidé le transfert à Gobah de ces misérables Schaggyehs et j'envoie des bateaux pour les prendre. Je déclare solennellement que, si je n'en faisais une question de point d'honneur, j'abandonnerais ces gens-là de bon cœur; c'est une méprisable engeance, et j'aime dix fois mieux les Arabes. Mais après tout, c'est justement leur faiblesse qui me fait un devoir de leur venir en aide; n'est-ce point là ce que Notre-Seigneur a fait pour nous? Ces Schaggyehs ne connaissent pas la honte, et le sentiment le plus élémentaire de l'honneur leur est absolument étranger. Quelle vie je mène ici! Professionnellement parlant, je voudrais commander les Arabes. C'est une chose abominable de m'avoir refusé Zubehr; il aurait su, lui, s'arranger avec ces drôles qui font le tourment de mon existence depuis le mois de février et qui, à ce que je crois, ne sont pas moins insupportables aux Arabes.

Décidément, je mettrai les Schaggyehs au fort du Nord et non à Gobah.

Un esclave est entré dans la place sans apporter de nouvelles. Les Arabes ont suspendu leur feu aujourd'hui; nous n'avons donc pas eu à essayer de notre tir concentrique. Une femme apporte une lettre d'Abou-Gugliz (1). Le *Tewfikia* devait partir ce matin; mais hier soir, me

(1) V. Appendice, lettre J.

trouvant au bureau du télégraphe, je demande s'il est prêt à appareiller, et le capitaine me répond qu'il n'a pas de bois pour sa machine ! Il n'y a plus à compter sur le départ pour aujourd'hui.

Je serais particulièrement curieux de savoir combien de communications m'ont été transmises du Caire ou d'un point quelconque de l'Égypte depuis le 12 mars, date de l'interruption de la voie télégraphique, jusqu'à aujourd'hui. J'espère que Stewart éclaircira ce point, sans qu'on puisse lui faire prendre le change. Je serais bien aise aussi de connaître la teneur de ces communications.

La femme qui a apporté la lettre d'Abou-Gugliz dit que le Mahdi arrive ce soir à Omdourman ; il prétend que je lui demanderai aussitôt à capituler. Il doit m'écrire trois fois, attendre ma réponse cinq jours, puis traverser le fleuve, dont les eaux s'écarteront pour lui livrer passage. En supputant les dates et en faisant la part du temps nécessaire à ce qu'il entend pratiquement par l'ouverture des eaux, je trouve que l'attaque du Mahdi tomberait le 21 octobre, premier jour de l'année de l'hégire 1302.

Les Arabes sont, paraît-il, fort intrigués du silence par lequel, l'autre jour, nous avons répondu à leur canonnade, et ils ont interrogé à ce sujet ceux de nos soldats réguliers qui sont encore à leur camp et qu'ils se figurent être restés en communication avec nous. Il me semble absolument inutile de gaspiller nos munitions pour riposter à un feu qui use celles des assiégeants sans nous faire de mal. De plus, nous nous conservons ainsi les sympathies des réguliers qui servent, bon gré mal gré, dans les rangs ennemis. En effet, ces soldats, nègres pour la plupart, constituent à peu près en totalité l'effectif combattant des Arabes, et ce sont eux qui souffrent le plus de notre feu ; aussi les ravages que nos obus font parmi eux les exaspèrent contre nous et les portent à nous combattre en esprit de vengeance. Depuis que nous en avons tué un assez grand nombre à Bourré, nous avons pu constater une grande diminution dans la quantité des déserteurs qui reviennent auprès de nous.

Est-ce un nouveau complot? On a surpris en ville un homme qui recevait des mains d'un employé d'une de nos administrations un billet écrit en une langue mystérieuse et accompagné d'une somme de trente-quatre livres sterling, sans doute un envoi au Mahdi de notre *scheikh-el-islam* (1), l'aveugle. Il se fait en ce moment des efforts extraordinaires pour resserrer le cercle autour de nous, et je crois que chacun prend ses mesures pour se tirer d'affaire avec le Mahdi, au cas où il triompherait. Je vais, ce soir, opérer une arrestation en masse de tous ceux qu'il y a lieu de soupçonner d'entretenir des intelligences avec l'ennemi, — quelque chose comme le coup de main de Napoléon III dans la nuit du 1er au 2 décembre. Je ne leur ferai pas de mal, mais je les enverrai au Mahdi.

Un scrupule me prend : est-ce dans la nuit du 1er au 2, ou dans celle du 2 au 3 décembre que Napoléon III a opéré ses arrestations? Je crois bien que c'est dans celle du

(1) Chef des prêtres, sorte d'évêque musulman.

1ᵉʳ au 2, et que c'est dans la journée du 2 qu'a eu lieu le fameux massacre. Voir l'*Histoire du Coup d'État* de Kinglake.

J'ai demandé à Méhémet-Edress, mon domestique, s'il voulait se faire chrétien; il m'a répondu qu'il ne le voulait pas. « Alors, lui ai-je dit, pourquoi voudrais-tu que je me fisse musulman? Quant à ton scheikh-el-islam, il n'est qu'un faux croyant, puisqu'il est prêt à reconnaître Méhémet-Achmet pour le Mahdi. »

*Cinq heures du soir.* — Les arrestations sont faites : seize personnages qualifiés, dont le scheikh-el-islam, le cadi, le mudir Achmet-Bey-Jelabah, sont gardés à vue dans leurs maisons. Voilà un bon coup de balai qui intimidera les autres. Je nomme Moussa-Bey mudir. Réflexion faite, je garde mes prisonniers et je ne les envoie pas au Mahdi.

Tous mes musiciens régimentaires sont armés, et leur aspect est tout à fait martial. On se tromperait fort, si l'on croyait nos hommes abattus et démoralisés; ils sont, au contraire, matamores au possible et se pavanent dans les rues avec des mines de foudre de guerre. Les nègres sont des gens têtus, et, une fois qu'on se les est attachés, ils ne vous lâchent pas.

Le *Tewfikia* a enfin appareillé pour se rendre à Metemmah.

Une souris a pris la place de Stewart à table; elle vient manger dans mon assiette sans aucune frayeur et d'un air fort satisfait d'elle-même. Le dindon est devenu tellement

insupportable, qu'il m'a fallu tout à l'heure lui fourrer de
force la tête sous son aile et le bercer pour l'endormir;
j'ai si bien réussi, qu'un instant les cavas l'ont cru mort,
mais il n'a pas tardé à reprendre ses sens. Ce procédé est
infaillible pour endormir tous les oiseaux, mais je ne connais que le coq que l'on puisse hypnotiser en lui traçant
sur le bec des lignes avec de la craie. Comment expliquer
cette bizarrerie?

Je crois que des nègres et des Chinois, recrutés avec soin
et encadrés dans un sixième de l'effectif de soldats anglais,
donneraient à la Grande-Bretagne une excellente armée
coloniale avec laquelle je fournirais aux garnisons de l'Inde,
en licenciant ces misérables cipayes qui ne servent à rien.
Les Chinois de Shang-Haï manifestent le plus profond mépris pour eux et les battent tant qu'ils peuvent; je veux
parler des cipayes indous proprement dits, car les Sikhs
et les Béloutchis sont de meilleurs soldats (1). Dès que le
cipaye n'est plus de service, il dépouille l'uniforme de
Sa Majesté pour revêtir son méchant torchon de toile, et il
n'est plus soldat, pas plus par l'esprit que par le costume.
Je déteste ces êtres rampants, et il n'est pas besoin d'être
grand physionomiste pour voir qu'ils ne peuvent nous
souffrir. Les musulmans de l'Inde auraient facilement
raison de ce vil troupeau.

Au reste, je ne crois pas que la possession de l'Inde

---

(1) Ces deux tribus, originaires l'une du Béloutchistan, l'autre du Pendjab,
et de religion musulmane, fournissent à l'armée des Indes des soldats qu'il ne
faut pas confondre avec les cipayes indous, sectateurs de Brahma.

soit pour nous d'un grand profit; nos fonctionnaires et officiers y contractent des habitudes de luxe qu'ils ne retrouvent pas en Angleterre, et leurs femmes s'y ruinent la santé. Tout ce qu'il nous faut, c'est de rester maîtres des côtes; les administrations sont des foyers de plates intrigues et absorbent des forces qui seraient dix fois mieux employées ailleurs. Lord Cardwell, à qui je demandais un jour quel avantage nous retirerons de cette colonie, m'a répondu qu'il nous fallait y rester parce que nous ne pouvions pas en sortir; je crois que c'est, en effet, le seul argument à faire valoir en sa faveur.

13 *octobre*. — Ce matin, sortie de cavalerie devant Bourré, sous le commandement d'Abdul-Hamid, le sandjak des Schaggyehs; nous avons fait quinze esclaves prisonniers et tué treize hommes, et nous n'avons perdu personne.

Les Arabes ont établi leur campement devant Omdourman en forme de demi-cercle, sur la rive gauche, à une distance considérable de la place.

Les Schaggyehs d'Halfeyeh seront installés aujourd'hui dans le fort du Nord. Les Arabes campés en avant du front Sud, près du Nil Blanc, ont ouvert une fusillade nourrie contre nos lignes, sans faire de mal.

Hier soir, les cavaliers schaggyehs ont pris trois hommes d'Halfeyeh qui s'en allaient avec leurs armes rejoindre le scheikh El-Obeyed; je les ai fait remettre en liberté.

Pas encore de nouvelles positives de l'arrivée du Mahdi

à Omdourman ; au débotté, il apprendra l'avantage remporté par notre cavalerie, ce qui lui sera peu agréable.

J'apprends par le télégraphe qu'un homme a apporté au commandant du fort d'Omdourman deux lettres de Faki-Mustapha lui annonçant l'arrivée du Mahdi et l'engageant à se rendre (1). Il est trop tard pour voir ces lettres ce soir.

Nous sommes une nation bien extraordinaire : ce n'est jamais notre gouvernement qui a fait notre grandeur, il a toujours joué le rôle du sabot sur les roues; ce sont des aventuriers qui ont mis l'Angleterre au point où elle est, et ce sont des aventuriers qui l'y maintiendront. Aussi est-il écrit que Khartoum sera pris au nez et à la barbe du corps expéditionnaire, qui arrivera juste à ce moment-là (2). Il se croira peut-être obligé de reprendre la ville, ce qui serait une entreprise stérile et sanglante ; le mieux pour lui sera de rebrousser chemin tranquillement, en buvant sa honte (3). Une fois Khartoum pris, autant tout lâcher; l'opposition n'y fera pas d'objections, car, le soleil couché, on ne s'inquiète guère de ses satellites. (Voyez le croquis, page suivante.)

14 *octobre*. — Je me suis vu obligé de faire de nouvelles arrestations.

(1) V. Appendice, lettre K.
(2) Dans une dépêche du 1er mars à Sir E. Baring, Gordon disait : « Je ferai de mon mieux pour remplir ma mission, mais je suis persuadé que je serai pris dans Khartoum. »
(3) Il est à remarquer que, de tous les avis suggérés par Gordon sur le Soudan, celui-ci est le seul que le gouvernement britannique ait adopté.

Voici les bruits d'aujourd'hui : beaucoup de chefs et de gens de Schendy seraient allés à Metemmah pour entrer en communication avec les steamers; ceux-ci auraient échangé quelques coups de feu avec les Arabes; l'avant-garde du corps expéditionnaire serait à Abou-Hamed, et

La presse anglaise arrête le gouvernement, qui se dispose à donner l'assaut à Khartoum en prétextant qu'il y va d'une dépense de dix millions de livres sterling.

le gros à Mérowé; une colonne anglaise se porterait de Kassalah à Gross-Radjeb (1) avec Seyd-Méhémet-Osman; enfin, la tribu arabe des Sakkéyès méditerait une razzia dans le district de Schoboloah, dont les tribus sont fidèles au gouvernement.

Les assiégeants ont tiré sur nos lignes ce matin, sans faire de mal.

Dans les lettres apportées hier, Faki-Mustapha prétend que les Arabes se seraient emparés de l'*Abbas* avec Ste-

(1) Sur l'Atbarah, affluent du Nil, à environ 200 milles à l'O. de Khartoum.

wart à la cataracte de Dar-Djumnah, en amont d'Abou-Hamed; voilà qui serait lugubre.

Depuis notre sortie de cavalerie, on voit fort peu d'Arabes devant nos lignes, et ils se tiennent à grande distance ; feraient-ils un mouvement sur Berber? Pas de signes extérieurs de l'arrivée du Mahdi.

Une douzaine des gens que j'ai fait arrêter, et qui, jusqu'à présent, avaient été autorisés à rester chez eux, gardés à vue, vont être transférés ce soir dans les baraquements. Je répugne à ces mesures de rigueur et cependant je ne puis méconnaître les avis qui me sont revenus, de tant de côtés différents, de trahison ourdie par ces gens-là ; ce n'est pas qu'ils soient portés vers le Mahdi, mais ils craignent que je ne sois pas assez fort pour défendre la place, et ils ajoutent foi aux déclarations d'Awâan, prétendant qu'il a écrit sous ma dictée les lettres que je dis avoir reçues de Debbeh. Je ne suis pas sans éprouver quelque scrupule au sujet de ces arrestations. Si je pensais que la majorité souhaite prendre le parti du Mahdi, je saurais ce qu'il me reste à faire et ce serait pour moi un bien grand soulagement ; mais en est-il ainsi? Si la population ne veut pas de lui, je dois la défendre contre ceux qui voudraient la lui livrer. D'autre part, je me demande si, en prenant ces mesures répressives, je ne me fais pas tout simplement l'instrument des rancunes et des vengeances de l'élément turc et égyptien de mon entourage. Saint Paul disait : « J'ai appris où je dois trouver la satisfaction. » Plût à Dieu que j'en pusse dire autant !

Les approches du fort du Nord sont encombrées de chameaux, de chevaux, d'ânes, de moutons et de chèvres amenés d'Halfeyeh par les Schaggyehs; on dirait un grand marché.

Toujours pas le moindre indice de l'arrivée du Mahdi au camp de Faki-Mustapha. Ce soir, gros orage avec pluie abondante; voilà qui sera interprété par les disciples de Méhémet-Achmet comme un présage céleste en faveur de sa cause. Pour nos mines, cela est fâcheux; elles seront détériorées par la pluie.

15 *octobre*. — Calme profond, pas d'arrivée d'espions. On commence à douter ici que le Mahdi soit à proximité de la place. Le bruit se répand que, pour avoir osé arrêter le mudir, le cadi, le scheikh-el-islam et autres, il faut que j'aie la certitude de l'approche d'une expédition de secours.

Voici comment je justifie les arrestations que j'ai ordonnées : si le vœu général est pour le Mahdi, ce n'est pas cette mesure qui l'empêchera de se réaliser; si, au contraire, ceux qui veulent livrer la place sont en minorité, leurs intrigues seront déjouées au moins pour quelque temps. A mon sens, ces gens qui conspiraient n'avaient d'autre but que de ménager la chèvre et le chou en vue des éventualités futures. Méhémet-Hassan-Pacha, un trembleur qui me sert de baromètre, approuve ma conduite, — à ce que j'entends dire, car, naturellement, tous ceux que je consulte directement à ce sujet n'auraient garde de me donner tort. J'ai encore trois arrestations à faire; une fois entré dans cette voie détestable, on n'en peut plus sortir, et il me faut maintenant aller de l'avant hardiment. Autant que j'en puis juger, la population me donne raison, mais Wilfrid Blunt va faire un fameux tapage de mes procédés tyranniques.

Chose singulière, depuis deux jours il n'est entré personne dans la place.

J'ai été heureux de pouvoir remettre en liberté l'un de mes prisonniers, ayant été à même de constater l'injustice de son arrestation. Pareille mésaventure est survenue à différentes reprises à Jérémie, emprisonné et relâché successivement plusieurs fois par le roi Zédékias. Je me demande quelle satisfaction l'on peut éprouver à exercer un pouvoir despotique ; il me semble que, dans cette situation, l'on ne peut pas trouver un moment de quiétude et de sérénité, si l'on a seulement une ombre de conscience.

*Deux heures de l'après-midi.* — Apparition de six étendards dans le camp de Faki-Mustapha. Le bruit court en ville que le Mahdi serait dans son île d'Abbah, à 160 milles d'ici en remontant le Nil Blanc, où il procéderait à la circoncision de son fils (pauvre petit diable!). Plût à Dieu qu'il en fût ainsi, cela nous donnerait dix jours de répit. Peut-être aura-t-il eu un autre songe dans lequel Allah lui aura cette fois défendu de venir devant Khartoum, ou peut-être aura-t-il prescrit à quelqu'un de ses lieutenants d'en avoir un à cet effet. Cela ferait tout à fait mon affaire. Si les choses prennent une mauvaise tournure pour lui, le prétexte de cette circoncision, qui l'aurait amené du Khordofan à l'île d'Abbah, lui sera fort utile ; c'est en ce lieu qu'il a eu la première révélation de sa qualité de Mahdi (1).

*Trois heures.* — Les étendards du camp de Faki-Mustapha sont maintenant au nombre de dix ; il faut croire que les forces de l'ennemi s'augmentent de ce côté. Quant à nous, nos dispositions de concentration sont prises et les steamers viennent de rentrer de leur traversée de Khartoum à Halfeyeh. Nous sommes maintenant complètement parés, tout prêts à en venir aux mains. J'espère que le petit steamer l'*Husseinyeh* sera terminé demain.

*Six heures et demie.* — Grand remue-ménage de cavaliers dans le camp de Faki-Mustapha.

Des lettres de Slatin nous sont apportées par un Arabe et un esclave (2). Ce dernier, interrogé en particulier, dit que le bruit court de l'arrivée du Mahdi devant Omdourman pour après-demain, que les soldats réguliers de l'armée assiégeante ont été renvoyés au Khordofan, enfin qu'il a reçu de Faki-Mustapha l'ordre de semer l'alarme dans la place. Ce Mahdi tourne au croque-mitaine. J'ai renvoyé immédiatement les deux messagers de Slatin; quant à ses lettres, je n'ai ni réponse à y faire, ni commentaires à y ajouter, et je ne puis démêler l'intérêt dans lequel il les a écrites. Cet esclave prétend que Slatin n'est

---

(1) Méhémet-Achmet prétendait que l'archange Gabriel lui était apparu deux fois et lui avait commandé de tirer le sabre hors du fourreau pour réformer les mauvais croyants et fonder un empire musulman qui ouvrirait une ère de paix universelle.

(2) V. Appendice, lettre L.

pas au camp de Faki-Mustapha; qui ment, de lui ou des espions qui tous m'ont affirmé le contraire?

Voici le langage que me tient l'Angleterre : « Rappelez-vous que, lorsque vous êtes entré à mon service, vous m'avez vendu votre peau au prix de cinq shillings et trois deniers par jour dès le début, alors que vous n'auriez pas gagné ailleurs plus d'un shilling ; je vous ai donné, en outre, un brillant plumage et *vos entrées partout* (1). Aujourd'hui vous touchez une solde plus élevée, toujours en échange des mêmes risques, et vous ne pourrez jamais prétendre avoir fait plus que votre devoir ; en ne le faisant pas, vous manqueriez à vos engagements ; en le faisant, vous vous bornez à les remplir et vous n'avez rien à exiger de moi. »

Le *Bordéen* et l'*Ismaïlia* sont descendus jusqu'à Kérowé (2), et ils n'ont pas vu d'Arabes sur la rive gauche du Nil.

Ma conscience commence à se rassurer sur le chapitre des arrestations, auxquelles l'opinion publique se montre décidément favorable. C'est égal, c'était assez risqué de mettre sous clef le scheikh-el-islam, le cadi, le mudir et seize autres personnages d'importance, et cela sans révoquer de leurs fonctions les deux premiers. J'ai été pressé de divers côtés de prendre des mesures plus rigoureuses, mais mon nouveau commis principal m'a dit : « Nous voulons vous laisser faire comme vous l'entendrez ; » ce qui est fort plaisant, car je ne sais rien de ce qui se passe,

(1) En français dans le texte.
(2) Sur le Nil, en face d'Halfeyeh.

et j'ignore absolument qui trahit et qui ne trahit pas. S'il fut jamais un gouvernement fantaisiste et s'en allant au petit bonheur, c'est bien le mien à Khartoum; je prends souvent une décision sans avoir plus d'idées sur la matière que la vache de mon voisin. Je dois dire toutefois qu'il n'en est pas toujours ainsi. En somme, dans l'espace de dix années, je ne me rappelle pas avoir commis plus de six impairs graves, et encore ai-je pu m'arranger pour les réparer, non pas, il est vrai, sans compromettre mon prestige.

Si dans deux jours j'ai pu m'assurer de l'authenticité des nouvelles qui donnent le Mahdi comme étant encore au Khordofan, je mettrai en liberté tous mes prisonniers politiques, au regret de la population, mais à ma grande satisfaction, car je répugne à ces procédés arbitraires. J'ai le respect profond de la liberté individuelle, et je hais la soumission forcée; je suis convaincu que mettre ces gens dehors, en les laissant libres d'aller trouver le Mahdi, si cela leur fait plaisir, serait un acte de bonne politique. Je suis vraiment très flatté lorsque mes conseillers me disent de faire ce que je jugerai bien sans recourir à leurs avis, alors qu'ils me savent dans l'ignorance de tout ce qui se passe, de l'état des esprits, des mœurs arabes, et connaissant très imparfaitement la langue. Faire ce qu'il me plaira, en vérité, moi, pauvre diable, qui ne sais seulement pas de quoi il retourne. Ah! quelle ne sera pas la responsabilité de notre gouvernement, non devant moi, mais devant ces malheureux? Certes, si je pensais que la ville voulût du Mahdi, je la lui donnerais bien tout de suite, par égard pour la liberté de conscience.

16 *octobre.* — Grande pluie cette nuit; je pense que cela aura achevé nos mines, et nous n'avons plus rien de ce qu'il faut pour renouveler les mèches. Pas d'espions, pas d'Arabes en dehors de leur camp, et pas d'apparence de l'arrivée du Mahdi.

Le consul autrichien Hansall m'a demandé l'autorisation d'écrire à Slatin et d'avoir avec lui une entrevue aux avant-postes, ce que je lui ai accordé. La lettre de Slatin à Hansall est d'un tout autre style que celle qui m'est adressée. Au milieu de quels mensonges on se débat avec tous ces espions qui m'ont annoncé, il y a déjà plusieurs jours, la présence dans le voisinage du Mahdi et de son état-major hétéroclite!

*Midi.* — Arrivée de deux espions, venant l'un du campement du scheikh El-Obeyed, l'autre du Khordofan. Ce dernier prétend que, loin de se porter sur Khartoum, le Mahdi a été rappelé à Obeyed par la nouvelle de la marche en avant des Anglais, et qu'il a emmené avec lui tous ces réguliers incorporés de force ou de gré dans ses troupes, une foule d'Arabes l'ayant abandonné. Je ne sais pourquoi je reproduis tous ces racontars qui seront démentis dans quelques jours. Ce qui est certain, c'est le calme qui règne dans le camp ennemi.

J'espère pouvoir mettre les prisonniers en liberté le premier jour de l'année arabe 1302, qui tombe le 21 octobre. Je déléguerai Ferratch-Pacha pour faire à ma place les honneurs de cette solennité; tout cet apparat m'est à charge.

Une femme venue du camp ennemi dit qu'une panique s'y est produite, il y a quelques jours le bruit s'étant répandu que Katariff était pris par les Anglais, la moitié des Arabes avait rétrogradé vers le sud. Mais cette nouvelle a été démentie, et les positions ont été réoccupées.

Dans sa lettre au consul autrichien, Slatin déclare qu'il ne se mettra à mon service que si je lui promets de ne jamais rendre la place, car les Arabes le feraient périr dans les tortures, s'il venait à tomber entre leurs mains après sa défection. Il n'a, comme on voit, aucune prétention à se poser en Spartiate. Il dit aussi que, s'il a pu renier sa foi, c'est que son éducation religieuse a été très négligée pendant son enfance. Si nous nous tirons d'ici l'un et l'autre, je l'emmènerai au Congo avec moi, cela lui fera du bien. Je plains vraiment ce malheureux. Il dit aussi que le bruit court de la capture par l'ennemi d'un des bateaux de Stewart, à la cataracte de Dar-Djumnah, au-dessous d'Abou-Hamed, mais qu'il doute de ce fait.

L'ennemi a occupé Halfeyeh. Les Schaggyehs démolissent le village de Gobah et celui d'Hogali, en face du palais; celui d'Omdourman est rasé. Le petit steamer l'*Husseinyeh* fera samedi matin sa première expédition contre les Arabes; il recevra le baptême du feu. On lui a mis un petit lion comme figure de poupe.

Les employés de la poste, dont les fonctions sont une

sinécure complète depuis sept mois, et pour cause, demandent une augmentation d'appointements; ces gens-là n'ont vraiment pas de conscience.

On voit peu d'Arabes devant les lignes; quelques-uns se dirigent vers Djiraff. Au camp de Faki-Mustapha, tout est calme également, malgré le grand déploiement de baraques préparées pour l'armée du Mahdi. On dit en ville que les Arabes du Khordofan traitent le prophète de farceur, se trouvant beaucoup plus pillés et tyrannisés sous son autorité qu'ils ne l'étaient sous celle du gouvernement égyptien.

Il paraît que le Mahdi a mandé au scheikh El-Obeyed (l'homme, et non la ville) de se rendre à Obeyed (la ville, et non l'homme) pour s'y consacrer au service de Dieu comme derviche, mais que le scheikh El-Obeyed (l'homme, et non la ville) ne s'en soucie point, étant fort riche et n'ayant pas la vocation. Quel ennui que ces noms! mais ce n'est pas moi qui les ai inventés. Il serait vraiment charitable, dans l'intérêt de ceux qui ont à se débrouiller là-dedans, de se débarrasser de l'un des deux, de l'homme, naturellement; ce serait plus facile que de supprimer la ville.

17 *octobre*. — Parade religieuse peu importante chez les Arabes : pas plus de six cents hommes chez Faki-Mustapha, et un millier au camp du Sud.

M. Gladstone a ici un rival en faux col : Méhémet-Bey-Ibrahim a fait ce matin son apparition avec une paire de véritables ailerons dressés jusque par-dessus les oreilles, linge légèrement effrangé, d'ailleurs.

J'envoie le *Bordéen* et l'*Husseinyeh* remonter le Nil Blanc, et des cavaliers en reconnaissance dans la direction d'Halfeyeh et dans celle de Djiraff.

Je n'ai absolument rien à démêler avec les affaires de Slatin, et je ne veux pas qu'il vienne ici, à moins d'une autorisation formelle du Mahdi, qu'il n'obtiendra certainement pas. Ce serait une violation de la parole donnée au Mahdi, laquelle est tout aussi sacrée que donnée à tout autre; de plus, cette défection compromettrait la vie des autres Européens prisonniers.

On me dit que la cataracte de Dar-Djumnah est peu importante, ce qui me fait douter de la perte de notre bateau.

Un esclave venu du camp de Faki-Mustapha prétend que le Mahdi est retenu à Djura-Hadrah par le mauvais état sanitaire de ses troupes; beaucoup d'hommes désertent et retournent au Khordofan, les réguliers sont tous partis, le grain manque et le mécontentement est général.

Voici notre deux cent dix-neuvième jour de blocus.

Quatre de mes principaux prisonniers avaient été autorisés à rester dans leur maison, gardés à vue; l'un d'eux a corrompu le factionnaire, moyennant deux dollars, pour qu'il laissât entrer un homme; celui-ci a été incontinent mis en prison. Le scheikh-el-islam a trouvé moyen de faire pénétrer deux femmes auprès de lui; il a été menacé de mesures rigoureuses, si le fait se renouvelle.

Un homme qui se rendait chez l'ennemi a été pris; il portait une robe de derviche sous son costume ordinaire. Certainement, si Zubehr était à ma place, il ferait tomber des têtes; moi, je me contente de tempêter et de menacer, ce dont personne ne s'émeut.

18 *octobre*. — La reconnaissance de cavalerie qui était allée du côté de Djiraff a tué trois Arabes et fait cinq femmes esclaves prisonnières : magnifique exploit! Les captives n'ont pas grand' chose à nous apprendre, sinon que l'ennemi a deux pièces de canon à Djiraff.

En revenant de leur croisière, le *Bordéen* et l'*Husseinyeh* ont rencontré des Arabes qui ont fait feu sur eux, leur tuant un homme et en blessant un autre; ils ont riposté par dix coups de canon chacun. Les commandants sont responsables de ces pertes, car je leur avais formellement prescrit de se tenir au milieu du fleuve et de ne se laisser attirer vers les berges sous aucun prétexte, fût-ce pour s'emparer de bateaux ou de bétail. Je mets fin à ces croisières sur le Nil Blanc. Je crois les navires absolument impuissants contre des batteries de terre, à moins qu'ils ne débarquent des troupes; si, en effet, un bâtiment ne peut raser d'assez près la côte, il est exposé au feu de la batterie, qui en aura toujours raison.

19 *octobre*. — Ce matin, en dépit de l'ordre que j'ai donné de ne pas s'aventurer en dehors des lignes, la garnison de Bourré a jugé à propos d'envoyer du monde en ravitaillement, et a eu un *bimbachi* (1) et six hommes blessés; il faut absolument renoncer à ces petites sorties. Quant à la cavalerie, elle a poussé jusqu'à Halfeyeh, n'a rencontré personne et est rentrée triomphalement en ramenant une vache.

Je prie l'état-major du corps expéditionnaire de se rappeler que je lui fais cadeau des troupes blanches fellahs embarquées sur les quatre steamers en station à Metemmah, que je ne veux pas les revoir et avoir encore à les nourrir, et que, par conséquent, il faut les mettre à terre avec leurs officiers et se charger de les renvoyer au Caire; ce sera le commencement de l'évacuation. Si on me renvoie les steamers, que ce soit sans les fellahs, mais avec leurs fusils. Vous aurez, d'ailleurs, bientôt sur les bras un fameux contingent de tous ces débris des troupes égyptiennes, bachibouzouks et autres de même farine; car, aussitôt que je vous saurai arrivés à Berber, je vous expédierai tous ces gaillards-là, avec ou sans votre permission. J'en ai assez de les nourrir à ne rien faire, et je serai ravi de m'en

---

(1) Officier turc du grade de chef de bataillon.

débarrasser à votre profit. Il est bien entendu que tous les soldats égyptiens que vous trouverez sont à vous, et non plus à moi ; je vous en fais don généreux, et, aussi bien, vous ne serez pas fâchés d'avoir à les montrer comme la justification vivante de votre expédition de secours. Je pense que ceci est bien compris. Quant à leur solde, je crois être au courant avec eux ; Stewart pourra témoigner que j'y ai tenu la main autant qu'il était en mon pouvoir. Je mets les officiers sur le même pied que les soldats. Je vous adjure de veiller à cela (1).

Le *Talatawéen* apporte de Schendy la nouvelle de l'arrivée à Gross-Radjeb de Seyd-Méhémet-Osman avec des troupes anglaises ; d'autres Anglais, venant de Debbeh par le Nil, ont dépassé Abou-Hamed. Les Arabes se sont servis du steamer le *Faschéer*, qu'ils avaient pris à Berber, pour s'emparer, en aval d'Abou-Hamed, de deux des bateaux de Stewart. Lorsque j'avais appris par le rapport de nos steamers que l'on avait vu les Arabes essayant de chauffer le *Faschéer*, j'avais eu le pressentiment de leur dessein et j'aurais dû tenter de leur reprendre ce bâtiment. L'ennemi a à Schendy une pièce de canon amenée de Berber. Les Anglais ne sont qu'à deux jours de marche de cette ville. Nos bâtiments ont eu un tué et vingt-cinq blessés, ils ont fait onze prisonniers et se sont emparés de quatre bateaux.

Après-demain, j'enverrai le *Bordéen* et le *Talatawéen*

---

(1) Malgré leur forme familière et demi-plaisante, ces instructions devaient être tenues pour des ordres formels, le général Gordon exerçant une autorité pleine, entière et absolue dans le Soudan, comme gouverneur général.

à Schendy avec l'ordre à la flottille de se porter sur Berber, en laissant à Schendy un seul bâtiment, qui sera le *Mansourah*; les quatre autres, le *Talatawéen*, le *Bordéen*, le *Tewfikia* et le *Safia*, stationneront aux environs, et je garderai ici l'*Ismaïlia* et l'*Husseinyeh*.

*État des troupes, armes, munitions, vivres, etc., dans Khartoum, le 19 octobre 1884.*

| | |
|---|---|
| Effectif des troupes régulières nègres | 2.316 hommes. |
| « des troupes blanches, — A. | 1.421 « |
| « des bachi-bouzouks, — B. | 1,906 « |
| « des Schaggyehs (irréguliers) | 2,330 « |
| « des habitants enrégimentés | 692 « |
| Total | 8,665 hommes. |

*Les corps* A *et* B *sont destinés à être renvoyés à Berber le plus tôt possible, dès que le corps expéditionnaire y sera parvenu et que je disposerai de moyens de transport.*

| | |
|---|---|
| Nombre de bouches à feu en batterie | 12 |
| Nombre de bouches à feu à bord des steamers | 11 |
| Nombre de coups de canon à tirer | 21.111 |
| Nombre de cartouches Remington | 2,165,000 |

*L'arsenal fabrique par semaine 40,000 cartouches Remington.*

*Grain et biscuit en magasin.*

| | |
|---|---|
| Grain | 4,018 ardebs. |
| Biscuit | 315,000 okes. |

*La consommation hebdomadaire des troupes est de 500 ardebs.*

*Flotte.*

| | |
|---|---|
| Bateaux appartenant au gouvernement | 53 |
| Bateaux particuliers | 58 |
| Steamers | 7 |

*Argent en caisse.*

| | |
|---|---|
| En numéraire | 2,900 livres st. |
| En papier | 39,193 livres st. |

20 *octobre*. — Résumé des nouvelles apportées par le *Talatawéen*, qui a quitté Schendy il y a quatre jours :

En quittant Hagar-Omar (1), l'*Abbas* a été poursuivi par le *Faschéer*, et deux des bateaux qui l'accompagnaient sont tombés aux mains de l'ennemi avec douze Grecs qu'ils portaient. L'*Abbas* a viré de bord et fait feu sur le *Faschéer*, lequel s'est retiré; notre bâtiment a poursuivi sa route, et a bientôt été hors de vue. Depuis lors, il aurait été attaqué en amont d'Abou-Hamed par les Arabes, qu'il aurait repoussés en leur tuant soixante-douze hommes. Les Arabes n'ont fait aucun mal aux Grecs pris avec les bateaux. Quant au corps expéditionnaire, il marche en trois colonnes : l'une, de Korosko à Berber par le désert de Nubie (les Arabes ont mis à Abou-Hamed 1,500 hommes et une pièce de canon); la seconde, de Mérowé à Berber par le désert compris dans la boucle du Nil, en jalonnant sa route de fortins; enfin, la troisième se porte par la vallée de l'Atbarah sur El-Damer, un peu au-dessus de Berber, au point de jonction de cette rivière avec le Nil. Cette dernière colonne est soutenue par Seyd-Méhémet-Osman et Aoued-Kerim. Quant à nos steamers, ils ont bombardé Schendy et Metemmah, sans grand effet, je suppose.

Deux hommes et trois femmes, venant de chez Oualed-a-Goun, prétendent que le Mahdi est en face de Kalaklah,

(1) Sur le Nil, à une dizaine de milles en amont de Berber.

c'est-à-dire à deux milles de Khartoum, avec fort peu de monde, les gens du Khordofan l'ayant quitté. Oualed-a-Goun a envoyé sa smalah à Gitanah, et les désertions dans ses rangs sont nombreuses. Les Arabes ont eu deux hommes tués dans l'escarmouche d'hier; la veille ils en avaient perdu davantage.

Un officier et un sergent nègres sont arrivés à Omdourman. D'après eux, les Arabes de Berber auraient reçu avis du départ de l'*Abbas* par quelqu'un d'ici. Un matelot d'un des steamers pris par les Arabes à Berber prétend que Ferratch-Pacha et d'autres officiers entretiendraient des intelligences avec l'ennemi, et que le chef de Berber aurait écrit à Kassim-el-Mouss pour l'engager à m'assassiner, ce que celui-ci aurait refusé de faire. Ce Méhémet-el-Kehr est un mauvais chien, car il n'a jamais eu qu'à se louer de moi. Il est bien peu de nos notables, officiers et fonctionnaires, j'en suis persuadé, qui ne soient en communication secrète avec les Arabes.

Hurlements des Schaggyehs de la rive droite réclamant du dhoora; toute vérification faite, ils ont reçu leurs rations pour le mois, et le mois n'est pas fini. Je suis allé moi-même au télégraphe et je leur ai signifié « qu'il ne leur serait pas fait de nouvelle distribution avant l'expiration du mois, mais que, les vivres étant abondants chez le scheikh El-Obeyed, ils n'avaient qu'à aller en chercher à son camp. » Cette dépêche est demeurée sans réponse.

L'officier et le sergent d'Omdourman disent aussi

que le Mahdi est en face de Kalaklah avec tous les Européens, Hassan-Khalifa, Saleh-Pacha, ainsi que ce mystérieux Français dont j'ai parlé, et qu'il se propose de s'établir devant Omdourman, à la médiocre satisfaction des Arabes.

Lorsque les commandants du *Safia* et du *Mansourah* ont vu le *Faschéer* sous vapeur, ils auraient dû s'opposer à son départ; mais ils n'avaient d'autre préoccupation que de revenir à Khartoum. Je suis extrêmement contrarié de la perte de ces deux bateaux pris par les Arabes. Ce qui me manque le plus ici, ce sont des hommes comme Gessi, Massadoglia, Slatin même; je n'ai personne à qui me fier pour ces petites expéditions.

Vingt-deux blessés, dont quatre grièvement atteints, ont été transportés du *Talatawéen* à l'hôpital.

Je répète encore que je ne veux plus revoir les officiers et soldats égyptiens, turcs ou circassiens que je vous envoie sur les steamers; ils doivent tous être débarqués, à l'exception des commandants et des mécaniciens des bâtiments. Prenez le commandement de la flottille et ne le déléguez à aucun fonctionnaire khédival, lequel s'arrangerait infailliblement pour garder les troupes égyptiennes et me les ramener. De tous les soldats dont j'ai l'expérience, il n'en est pas de plus méprisables que ces Égyptiens, et leur contact a rendu les Turcs et les Circassiens à la solde du khédive aussi lâches et efféminés qu'eux-mêmes; n'ayez donc en eux aucune confiance.

Je me dispose à évacuer le palais et à préparer cinq

maisons pour loger les états-majors. Je recommande de fouiller les bagages de Cuzzi, que je tiens pour un traître.

Un esclave arrive à l'instant du camp d'Oualed-a-Goun avec l'éternelle histoire de l'arrivée du Mahdi ; les Arabes manquent de vivres et les réguliers nègres projettent une désertion en masse.

En réitérant ma recommandation relative aux troupes blanches égyptiennes, je mets fin à ce quatrième fascicule de mon journal, dont je vous prie de m'accuser réception.

C.-G. Gordon.

20 décembre 1884.

Le coucher du soleil marque la fin de l'année 1301 de l'hégire.

# CINQUIÈME FASCICULE.

## DU 20 OCTOBRE AU 5 NOVEMBRE.

21 *octobre*. — Les steamers sont partis pour Schendy ce matin, premier jour de l'année arabe 1302. Je crois que le Mahdi comptait sur un soulèvement dans la ville pour aujourd'hui, mais que ses intrigues ont été déjouées par les arrestations de ses affidés. En tous cas, il est arrivé ce matin à Omdourman, en cadeau de jour de l'an; il a été reçu avec peu d'apparat. On dit qu'il se propose d'occuper immédiatement Halfeyeh et Kérowé. Aussi je me félicite d'avoir envoyé les steamers plus bas sur le fleuve, où ils sont hors de portée des batteries ennemies et à même d'être de grande utilité au corps expéditionnaire.

Deux hommes arrivent de Kalabat (1), porteurs de lettres de Saleh-Bey, gouverneur de cette ville, qui m'en transmet une de Mitzakis, le consul de Grèce à Adouah (2). Celle-ci, datée du 17 août, m'en dit autant, sinon plus,

---

(1 Sur la frontière d'Abyssinie, à environ 300 milles au S.-E. de Khartoum.

(2) V. Appendice, lettre N. Adouah est en Abyssinie.

que celle de Kitchener du 31 août. Ces messagers sont restés trente-deux jours en route. Saleh-Bey a eu à soutenir une attaque, mais tout va bien chez lui pour le moment. Le petit steamer le *Méhémet-Ali*, pris par les Arabes, est sur le Nil Bleu, à Abou-Haraz. Tout va bien à Senaar.

Dans une lettre adressée à son collègue, le consul de Grèce à Khartoum, Mitzakis annonce la conclusion d'un traité par lequel le gouvernement de Sa Majesté cède à l'Abyssinie Kassalah, Kalabat, Katariff et Bogos, dont le roi Jean se prépare à prendre possession. Quelle iniquité! Excepté Bogos, tous ces pays sont musulmans, ils ont résisté au Mahdi, ils ne demandent rien à personne, et on va les livrer à ce royaume barbare, soi-disant chrétien, qui n'a rien à voir dans les affaires du Soudan (1).

*22 octobre.* — Je me demande ce que Saleh-Bey doit penser de cette cession de la place qu'il a fidèlement défendue pour moi, sans parler de Seyd-Méhémet-Osman, qui s'est mis en quatre pour la défense de ces régions. Je comprends maintenant pourquoi l'on me laissait tout ignorer; on n'eût jamais osé me parler de négociations pareilles. Saleh-Bey me dit qu'il me transmet un message du roi Jean; je ne l'ai pas reçu.

On m'apporte une nouvelle lettre de Slatin, m'annonçant que l'*Abbas* aurait été pris à Dar-Djumnah, Ste-

---

(1) Il s'agit du traité négocié par l'amiral Hewitt. Voir Appendice, lettre N. Bogos est le nom abyssin de la ville appelée par les Égyptiens Senheit.

wart massacré avec neuf de ses compagnons, et que tous les papiers seraient tombés aux mains de l'ennemi (1).

Trois déserteurs du camp arabe sont arrivés hier, et sept aujourd'hui, sans nouvelles intéressantes; le Mahdi aurait mis aux fers Saleh-Pacha (des Schaggyehs).

Vingt-six chèvres ont eu la bonté de venir se faire prendre dans nos lignes aujourd'hui.

Je suis dans une douloureuse anxiété au sujet de cette nouvelle relative à l'*Abbas*; si elle est vraie, ce serait une affreuse catastrophe.

Les pages coupées dont vous trouverez trace ici (2) renfermaient une diatribe furieuse contre cette cession de Kassalah et autres lieux; mais, puisque aussi bien il n'y a pas à en revenir, j'ai détruit toute cette prose inutile.

Je crois que, par le temps qui court, les gouvernements trouvent sans peine des hommes pour toutes les besognes, moyennant de l'argent et des honneurs, — ne pas confondre avec *l'honneur*, — et je me doute de la façon dont finira cette affaire du Soudan. Mais après tout, que m'importe? cela ne me regarde pas et je sais, quant à moi, ce qu'il me reste à faire.

Kitchener à Chermside (3) : « Il est exaspéré de l'admirable traité conclu par Hewitt. Heureusement que je ne lui en avais pas soufflé mot. Il a maintenant le Mahdi sur le dos, et il peut décharger sa bile sur lui. Nous avons tous

---

(1) V. Appendice, lettre **O**.
(2) Huit pages manquent au manuscrit à cet endroit.
(3) Suite de ses plaisanteries sur un échange de dépêches imaginaires entre les officiers de l'*Intelligence-Department*.

ses steamers, sauf deux; le reste nous est bien égal. »

Admirable traité, en effet : propagation de la foi chrétienne, véritable œuvre d'évangélisation, extension de puissance d'une des plus anciennes races chrétiennes, et patati et patata... Vite, lisons un précis de l'histoire d'Abyssinie, mais en sautant ce que rapporte Bruce (1) des atrocités commises par les armées abyssiniennes en marche. Il paraît que Hewitt, au mieux avec Sa Majesté Très Chrétienne, appelait la reine « ma mère », et autres gentillesses. Allons, si maintenant nous pouvons seulement obtenir du Mahdi un traité, nous sommes assurés de la paix pour au moins six mois. Mais en voilà assez pour aujourd'hui; je deviens aussi ennuyeux qu'un missionnaire avec mes rabâchages.

*22 octobre.* — Il y a lieu de soupçonner les deux messagers de Saleh-Bey de Kalabat d'être des espions du Mahdi, à qui ils auraient remis cette lettre du roi Jean qui ne m'est pas parvenue; ils ont suivi pour venir un chemin bien détourné et qui a dû les conduire à proximité de l'ennemi.

Le roi Jean et le Mahdi se valent; tous deux forcent les gens à renier leur foi, tous deux font couper les lèvres aux fumeurs et le nez aux priseurs, tous deux sont des fana-

---

(1) Voyageur qui a décrit ces régions. — Les Abyssins, qui ne sont autres que les Éthiopiens de l'antiquité, sont chrétiens depuis le IV<sup>e</sup> siècle; mais chez eux le culte est altéré par des pratiques judaïques. Le chef de leur Église, l'*abuna*, relève du patriarche copte du Caire.

tiques et des voleurs de grand chemin (1). Si le Mahdi a intercepté la lettre du roi Jean, il est informé de ce fameux, ou plutôt de cet infâme traité d'Hewitt, ce qui est fâcheux. Quant aux papiers de Stewart qui seraient tombés aux mains du prophète, Slatin, dans sa lettre, fait mention du « rapport militaire »; c'est qu'alors l'*Abbas* aurait vraiment été pris; sans quoi, comment aurait-on eu connaissance de l'existence de ce document? Et cependant deux hommes nous affirment que le steamer est passé sans encombre. Peut-être les Grecs pris avec les deux bateaux avaient-ils entendu parler du journal et en auront-ils révélé l'existence aux Arabes, ou bien peut-être Awâan leur aura-t-il envoyé ce renseignement. Je suis étonné que Slatin ne fasse aucune mention de Power et d'Herbin.

A la chambre des Lords. — En réponse à une interpellation du marquis de ***, X répond « que le noble marquis semble prendre plaisir à poser des questions auxquelles il sait que le ministère ne peut répondre. » L'orateur ajoute « qu'il se pique d'avoir consacré beaucoup de temps

---

(1) Extrait des notes de Gordon sur l'Abyssinie, prises en 1879 :

« Je résume en hâte mes impressions sur ce pays. Le roi tourne à la folie furieuse, et il est plus haï que Théodoros ne l'a jamais été. Il fait couper les lèvres à ceux qui fument et le nez à ceux qui prisent, il fait couper les pieds et les mains à ceux qui l'ont offensé, il fait crever les yeux en y versant du suif bouillant. Aucun étranger ne peut ni voyager, ni trouver un gîte, ni rien acheter sans sa permission. En somme, jamais on n'a vu plus affreux despotisme. . . . . . . . . . . . . . . . . . . . . . . . . . . . . . . . . . . .

« Les cruautés commises par le roi et par son peuple sont atroces. Quarante soldats soudanais ont été mutilés et conduits à Bogos, et le roi a fait dire au Khédive que, puisque Son Altesse avait besoin d'eunuques, il lui en envoyait. »

et d'attention aux affaires du Soudan, mais qu'il avoue franchement n'avoir pu arriver à se débrouiller au milieu de cette confusion de noms d'individus et de noms de lieux, et qu'il n'y entend goutte. ( *On rit*.) Le noble marquis a demandé quelle est la ligne de conduite adoptée par le gouvernement de Sa Majesté. Autant demander quelle est la ligne de conduite adoptée par une bûche flottant sur une rivière ; quiconque a une once de cervelle sait bien que cette bûche s'en va naturellement à la mer. Eh bien ! voilà la politique du gouvernement, politique bien arrêtée d'aller tout droit et sans détour à la dérive, sauf à profiter des hasards favorables. » Puis, Sa Seigneurie déclare « se refuser désormais à toute explication sur un sujet auquel elle ne comprend rien et dont elle n'a cure. »

X à Z : « Que voulez-vous ? j'avais fait mon possible pour lui cacher le traité Hewitt ; il n'y a pas de ma faute. Sachant qu'il ferait un affreux tapage à ce sujet, j'avais recommandé à Kitchener de n'en pas souffler mot. C'est cet imbécile de Mitzakis qui a mis à découvert le pot aux roses. »

Un homme à qui j'avais donné, il y a quinze jours, l'autorisation de passer à l'ennemi vient de rentrer dans Khartoum pour voir sa famille. En voilà un qui ne manque pas d'aplomb. Je l'ai prié de s'en retourner, en lui disant qu'une fois sorti, on ne rentre plus.

Le major blessé à Bourré, l'autre jour, vient de mourir.

Les deux messagers de Saleh-Bey de Kalabat ne veulent point sortir de la place par le nord ; ils demandent à s'en aller par l'ouest, dans la direction du camp du Mahdi.

Je crois que le traité avec l'Abyssinie demeurera à l'état de lettre morte, car, à ce que dit le consul Mitzakis, l'amiral Hewitt, en donnant les provinces au roi Jean, ne lui aurait promis aucun subside pour l'aider à en prendre possession. A quoi bon alors l'avoir conclu? Je suppose que la lettre du roi avait pour objet de me réclamer les taxes perçues dans les territoires cédés. Il est hors de doute qu'il ne songe pas à quitter ses montagnes sur la foi d'un simple traité sur le papier; il ne s'aventurera pas à moins de cent mille livres sterling. Je ne vois guère que Senheït (Bogos) qu'il pourrait occuper, et encore ne serait-ce pas d'une façon permanente. Il commencera par mettre à la porte la mission catholique (premier pas dans l'œuvre d'évangélisation) et coupera les communications entre Kassalah et Massouah, c'est-à-dire entre l'intérieur et la mer Rouge. Les expédients imaginés par le gouvernement de Sa Majesté pour se tirer du pétrin où il s'est fourré sont vraiment admirables.

Un esclave a apporté au commandant d'Omdourman un nouveau message des Arabes; je m'en vais désormais empêcher cette plaisanterie de continuer.

Je gagerais que le roi Jean a fait présent à l'amiral Hewitt, en l'honneur du traité, d'une lance et d'un bouclier, ainsi que de l'ordre royal de Salomon, — vanité des vanités! Je suis non moins certain que nous ne verrons pas au Soudan la moindre armée abyssinienne. Le roi m'a écrit ou m'écrira pour me mander avec hauteur d'avoir à lui faire parvenir incontinent le montant des taxes perçues par mon gouvernement dans les territoires annexés, menaçant, en cas de refus, de faire avancer ses troupes. Pur verbiage. Je n'enverrai rien du tout, et nous n'entendrons plus parler de Sa Majesté, qui se bornera à gémir de ma perfidie ; c'est un fantoche dont il n'y a pas à tenir le moindre compte (1). Le gouvernement britannique dira : « Nous avons fait le traité ; si Sa Majesté abyssinienne ne le met pas à exécution, ce n'est pas notre affaire. Kassalah et les autres places lui appartiennent maintenant, c'est à lui de les garder; nous avons, nous, fait le nécessaire pour assurer leur sécurité. » C'est comme si nous donnions à quelqu'un le Khordofan, sachant bien que personne n'est en état d'en prendre possession. Maintenant nous n'avons plus qu'à traiter avec le Mahdi au sujet des autres places du Soudan ; après quoi, l'Angleterre pourra dormir en paix, sa tâche sera accomplie. Pour moi, ce traité Hewitt n'a aucune valeur, et je prendrai mes mesures en conséquence (2).

Des lettres sont arrivées incluses dans une communication du Mahdi (3). L'une dit que Lupton-Bey a fait sa soumission au Mahdi et a été maintenu comme gouverneur du Bahr-Ghazel pour le compte de celui-ci, de moitié avec un collègue chargé de le surveiller. Une autre m'apprend qu'il a amené au Mahdi des esclaves dans l'espérance

---

(1) L'ex-khédive Ismaïl, qui connaissait bien le roi Jean, disait au général Gordon : « Ne faites jamais rien avec lui, il n'y a rien à en tirer. »
(2) Ici une page du manuscrit avait été coupée par Gordon.
(3) V. Appendice, lettre P.

de les échanger contre des chevaux. Quant à la lettre du prophète lui-même, elle a pour objet de me relater la façon dont il a pris l'*Abbas* et de m'énumérer les dépêches qu'il a interceptées. Je lui ai répondu (1) que je n'avais pas à m'inquiéter de ce qui a ou n'a pas été pris et de qui s'est ou ne s'est pas rendu. Au reste, ces lettres sont pour moi un pur grimoire, et je les abandonne aux études des arabisants de nos universités.

23 *octobre*. — J'ai soigneusement épluché la lettre du Mahdi, et j'ai acquis la conviction que l'histoire de la prise de l'*Abbas* est fausse. Les papiers qu'il me renvoie comme ayant été pris à bord de ce bâtiment n'y ont jamais été; ils ont été saisis sur un de mes espions, le même qui m'avait apporté de Dongolah la première nouvelle de la marche en avant des Anglais. Cet homme, qui était atteint d'ophtalmie, avait été pris et mis à mort à Metemmah après avoir avoué, étant en état d'ivresse, qu'il était porteur de dépêches de Khartoum.

Il paraît que les religieuses prisonnières des Arabes ont dû faire à pied toute la route du Khordofan ici, que le Mahdi a avec lui 15,000 têtes de bétail, et que ses troupes sont décimées par la dysenterie.

Le village d'Hogali, en face du palais, est rasé.

On ignore sans doute que le firman d'investiture de Tewfik contient l'injonction expresse de ne céder aucune parcelle du territoire égyptien sans l'assentiment de la

(1) V. Appendice, lettre **Q**.

Porte. Le traité de Paris et le traité de Berlin garantissent au nom des puissances européennes l'intégrité de l'empire ottoman. Cette cession de Kassalah n'est donc qu'une comédie.

Toute une bande de nègres venant du camp ennemi s'est présentée au palais : neuf soldats, huit femmes et deux esclaves, tous de vieilles connaissances à moi, plus un enfant en bas âge. Ils racontent que le Mahdi, parti du Khordofan avec 40,000 Arabes et 1,500 réguliers nègres, n'a plus avec lui que 5 à 6,000 Arabes et un millier de réguliers, prêts à déserter à la première occasion; qu'il manque de vivres, qu'il n'a pas plus de trente-cinq caissons de cartouches Remington (35,000 coups) et de cinquante obus. La troupe entière a eu les honneurs des glaces du palais, à sa grande joie; toutes les bouches se fendaient jusqu'aux oreilles, l'enfant se tortillait comme un ver, et la mère était transportée.

Des cavaliers arabes ont coupé le télégraphe qui fait communiquer Bourré avec le fort du Nord par l'extérieur des lignes. Je ne le ferai pas réparer; depuis que j'ai perdu dans une sortie un major et six hommes, je deviens très prudent. Au surplus, j'ai un autre fil pour communiquer avec le front Nord.

Cette race à laquelle j'ai affaire ferait damner un saint. Je découvre qu'il n'y a pas un factionnaire au fort du Nord, ni à Bourré, ni au *mudirat* (palais du mudir); heureusement que de la terrasse du palais je puis tout surveiller; cela me permet de parer à l'incurie de ces fainéants que je bouscule tant et plus. Mais c'est vraiment abrutissant de passer sa vie à grogner et à gronder. Lorsqu'ils ne sont pas en train de manger, ils sont en prières; s'ils ne sont pas en prières, ils dorment, et s'ils ne dorment pas, ils sont malades; on les saisit au passage comme l'on peut, dans l'intervalle de ces absorbantes occupations. Quelle situation que d'être enfermé dans une forteresse avec un pareil troupeau! Avez-vous un ordre pressant à transmettre, vous trouvez votre domestique arabe faisant ses génuflexions, et force vous est d'attendre qu'il ait fini ces simagrées. Ah! c'est un bon pays pour exercer la patience humaine. Chose remarquable, si je suis grincheux, ce qui m'arrive souvent, c'est justement le moment que mes gens choisissent pour se mettre en prières; leur piété suit les fluctuations de mon humeur, et lorsque tout va bien, ce sont de vrais païens, plus n'est question de pratiques religieuses.

Mon Dieu, que je déteste nos diplomates! sauf de rares exceptions, ce sont des blagueurs fieffés. Je pense que Colvin et sa séquelle ne me démentiront pas. (Voir le croquis, page suivante.)

Je présume que les Rothschild donnent quelque ennui au gouvernement de Sa Majesté au sujet des finances égyptiennes. Si, à Balaclava, vous aviez demandé à *** le prix d'un fromage, il vous aurait répondu : cinq livres et cinq shillings; aujourd'hui la même question l'offenserait profondément (1).

(1) Allusion au personnage que Gordon ne veut pas nommer et dont il a

24 *octobre*. — Les Arabes ont cantonné les réguliers nègres près du fleuve, afin qu'ils servent de tampon pour soutenir le premier choc, au cas où nous prendrions l'offensive.

Demain expire la période de six mois pour laquelle notre

M. Egerton à Sir Evelyn Baring : « Je ne puis le croire... C'est trop abominable ! » Sir E. Baring à M. Egerton : « Rien n'est plus vrai. Il nous appelle *blagueurs* !... *blagueurs fieffés !* »

papier-monnaie avait cours. Voilà deux cent vingt-six jours, soit sept mois et demi, que nous sommes bloqués; ce sera un nouveau siège de Troie.

Un ancien soldat des bandes de Zubehr, qui a ensuite servi avec Lupton-Bey au Bahr-Ghazel, vient d'arriver

---

déjà parlé (p. 94), comme d'un ancien fournisseur de l'armée de Crimée devenu un des principaux auteurs des embarras financiers de l'Égypte. Ce passage semble indiquer assez clairement qu'il s'agit d'un Rothschild.

dans la place; il a déserté depuis cinq mois. D'après lui, Lupton serait à Schakah et porterait le nom de Scheikh-Abdullah, ce qui prouverait qu'il s'est fait musulman. Je me demande ce qu'est devenue la garnison de l'Équateur. Ainsi, tout ce sang versé pour mettre fin à la traite dans le Bahr-Ghazel l'a été en pure perte (1).

Il y a lieu de révoquer en doute la présence du Mahdi sous les murs de Khartoum, car personne ne l'a encore aperçu. Il paraît que les Arabes ont désarmé les réguliers nègres. Ils ont établi au camp de Faki-Mustapha un bac sur le Nil Blanc, absolument sous notre nez. Je n'ose envoyer les steamers pour le détruire; avec l'incurie des commandants, je crains toujours un malheur.

J'ai calculé que l'avant-garde du corps expéditionnaire a dû arriver le 28 septembre à Ouedy-Halfah, et être rendue le 12 octobre à Debbeh, où elle aura rencontré Stewart qui, avec l'aide de Dieu, a dû y parvenir le 28 septembre; elle ne pourra pas atteindre Metemmah-Schendy avant le 10 novembre, en prenant vingt-neuf jours pour franchir 150 milles; de là, les steamers la transporteront ici en cinq jours. Je dois donc voir l'uniforme de Sa Majesté le 15 novembre (2).

Si les troupes britanniques ne sont pas ici avant le

(1) Allusion à la glorieuse campagne de Gessi contre Suleiman, fils de Zubehr, sous le premier gouvernement général de Gordon au Soudan.
(2) Ces calculs étaient malheureusement erronés. Ce n'est que le 23 septembre que la garde nègre a quitté le Caire, et le 5 octobre seulement lord Wolseley arrivait à Ouedy-Halfah. Le retard apporté à la mise en route des troupes et la lenteur excessive de leur marche ont déjoué toutes les spéculations de Gordon.

30 novembre, la partie est perdue, et nous n'avons plus qu'à entonner le *Rule Britannia* pour notre oraison funèbre.

Dans mon calcul, je fais la part de l'imprévu et je laisse toute la latitude nécessaire pour la construction des fortins, pour les difficultés de transport et pour les éventualités susceptibles d'entraver la marche. Je suppose que vers le 10 novembre, époque de l'arrivée des troupes à Metemmah-Schendy, un détachement dirigé sur Berber aura repris cette place.

Nous avons donc encore à attendre sept jours d'octobre et quinze de novembre, soit vingt-deux à ajouter aux deux cent vingt-six que nous devons à la politique de Baring. Voilà un homme dont je n'oublierai jamais les procédés. Dans les papiers que Slatin m'a envoyés se trouve un mémoire constatant que Graham voulait envoyer du monde à Berber et en avait la possibilité, et que Sir Evelyn a refusé d'en donner l'ordre. Je le transcris ici dans son intégrité.

### LA ROUTE DE SOUAKIM A BERBER
#### (*en français dans l'original*) (1).

« Avant que la bataille de Tomaï eût été livrée et gagnée, le général Herbert Stewart, ainsi que les généraux Graham et Buller, avaient étudié avec soin la question de savoir si les troupes ou une partie des troupes pouvaient marcher jusqu'à Berber *pour aider Gordon à réprimer les partisans du Mahdi dans la région du Nil.* Cette proposition semblait alors si convenable, que l'état des troupes les mieux adaptées à une semblable expédition, les dispositions pour les approvisionne-

(1) Le style de ce document a été scrupuleusement respecté.

ments, l'équipement, les chevaux disponibles, etc., avaient été l'objet de l'étude journalière des officiers. On se souviendra qu'après Tamaï la cavalerie se transporta aux puits d'Handouk, à huit milles de Souakim. On croyait généralement alors que cette marche en avant n'était que la première étape d'un mouvement sur Berber d'une force montée. Pour empêcher toute souffrance provenant d'une disette d'eau, l'effectif ne devait pas être de plus de 500 hommes de cavalerie; aucune infanterie ne devait faire partie de l'expédition. Il était, en outre, entendu qu'en cas de nécessité, un semblable effectif pourrait suivre un jour ou deux après et trouverait également dans les puits de l'eau en abondance. Le fait est que les généraux Graham, Buller, Stewart, les colonels Cléry, Taylor et d'autres, semblaient ne pas mettre en doute, si l'ordre en était donné, qu'une succession de détachements, forts chacun de 500 hommes, pourrait être rapidement poussée sur Berber. Le bruit de ce qui se passait parvint rapidement aux oreilles de nos hommes qui étaient à la *zaribéh* (1) d'Handouk, et la plupart de nos troupiers manifestèrent un désir intense de prendre part à l'expédition. On savait que le général Stewart avait soumis ses plans pour la marche en avant au général Graham, et que ce dernier, ainsi que l'amiral Hewitt, les avait recommandés au gouvernement. *Les jours se succédèrent, mais l'ordre de départ n'arrivait pas; quelqu'empressés de partir que fussent beaucoup d'hommes, si nous avions connu alors la position exacte de Gordon, on eût manifesté beaucoup plus d'anxiété encore pour le départ. Lorsque cette question était discutée, question qui au moment occupait pleinement nos pensées, entre officiers supérieurs, ils exprimaient l'étonnement que l'ordre fût tant retardé et que le gouvernement hésitât davantage. On n'arrivait qu'à une seule conclusion, c'était que la position du général Gordon était telle qu'il n'avait pas besoin d'aide de troupes britanniques venant de Souakim. Quoi qu'ait pu penser, après réflexion, le général Graham de la possibilité d'envoyer une troupe de cavalerie forte de 500 hommes, en mars dernier, de Souakim à Berber, je suis certain que lui et la plupart des officiers sous ses ordres croyaient alors que c'était une chose sage et guerrière à entreprendre. Nous nous apercevons tous trop tard que cette simple expédition eût sauvé Berber, Khartoum et Gordon au vrai cœur (sic).* »

Je ne sais point la date de ce mémoire, mais mes dépê-

(1) Enclos de buissons épineux.

ches à Baring démontrent qu'à partir du 12 mars il était exactement informé de ma situation; si donc on ignore dans le public, comme paraît le prouver ce document, la demande que j'ai faite d'un détachement de 200 hommes seulement pour défendre Berber, c'est que Baring a fait disparaître ces dépêches (1).

Je me réjouis de penser que je ne reverrai plus l'Angleterre avec toutes ses niaiseries et toutes les corvées qu'on y a à subir, dîners en ville et le reste. Je ne comprends pas comment on peut s'astreindre à un semblable esclavage. Dans ces repas de gala, nous portons tous un masque hypocrite, nous disons ce dont nous ne pensons pas le premier mot, nous mangeons et buvons une foule de choses dont nous n'avons pas le moindre besoin, et nous médisons du tiers et du quart. Certes, j'aimerais mieux me faire derviche chez le Mahdi que retourner à Londres pour y dîner en ville tous les soirs. J'espère bien que, si un général anglais arrive à Khartoum, il ne se croira pas obligé de m'inviter à dîner. Je ne puis comprendre que, dans nos relations d'amitié, il faille absolument mettre l'estomac de la partie.

*25 octobre.* — Sur trois hommes arrivés du camp

(1) Voici le texte des dépêches publiées à ce sujet dans le Livre Bleu :
*Sir E. Baring à lord Granville* (reçue le 5 mars). — « Le général Gordon a réclamé à plusieurs reprises l'envoi à Ouady-Halfah de 200 soldats anglais. D'accord avec les autorités militaires, je crois inopportun d'accéder à cette demande. » — *Du même au même* (reçue le 5 mars). — « Le général Gordon et le colonel Stewart insistent sur la nécessité d'une expédition de Souakim à Berber pour assurer le succès de leur entreprise actuelle... Je ne puis accéder à leur désir. »

d'Oualed-a-Goun, il en est un que j'ai renvoyé, le soupçonnant d'être un espion. Un des deux autres dit que le petit steamer le *Méhémet-Ali* sera demain ou après-demain à Djiraff avec une cargaison de grain. Je n'essayerai pas de le reprendre, je n'ose risquer mes bâtiments contre des batteries de terre ; si le corps expéditionnaire arrive, il s'en chargera.

Un grand mouvement d'ennemis se produit sur la rive droite du Nil, se portant vers le scheikh El-Obeyed (l'homme, et non la ville). Battent-ils en retraite devant les troupes, se disposent-ils à prendre l'offensive, ou bien encore est-ce tout simplement le retour d'une razzia ?

Les steamers ont coupé le bac établi par les Arabes près de nos lignes ; en représailles, ceux-ci mettent deux pièces en batterie à côté du vieil arbre d'El-Scheddarah. Ils ont envoyé aux steamers quatre projectiles. Des soldats d'Omdourman se sont emparés de deux vaches ; ceux du front Sud en ont aussi pris quelques-unes hier.

Quel serait le meilleur plan à adopter pour une action offensive ? Notre but serait évidemment d'infliger à l'ennemi une défaite assez sanglante pour mettre fin à la lutte et l'empêcher de se reformer dans le Khordofan. Or, voici ce que nous aurions à faire :

1° Attaquer Oualed-a-Goun en A et lui couper la retraite au moyen d'un steamer envoyé à Duem avec un petit détachement. Le Mahdi et le scheikh El-Obeyed ne pourraient qu'être spectateurs de cette opération.

2° Attaquer Djiraff le même jour, savoir :

*Opérations sur le Nil Blanc.* — Remonter le fleuve avec des bateaux qui transporteraient en X 2,000 hommes d'infanterie anglaise, tandis que la cavalerie dont on

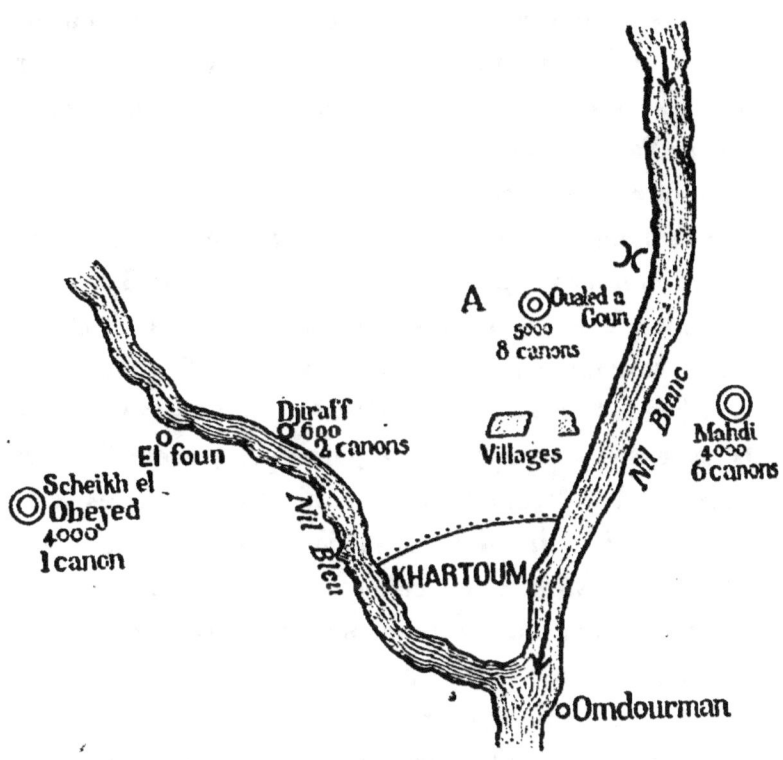

pourrait disposer s'y porterait en longeant la rive droite. Occuper simultanément les deux villages en avant des lignes avec deux pièces de canon et 2,500 hommes de troupes indigènes, qui s'y tiendraient sur la défensive, retranchés dans les maisons percées de meurtrières. Trois steamers soutiendraient la colonne en X.

*Opérations sur le Nil Bleu.* — Remonter le Nil Bleu de la même façon : 1,000 hommes d'infanterie anglaise et 800 à 1,000 Soudanais par eau, soutenus par des steamers, et la cavalerie schaggyeh par terre, pour occuper Djiraff.

Une fois ces opérations menées à bonne fin, envoyer quatre steamers jusqu'à Duem afin de pourchasser les débris de l'armée arabe.

Ensuite on procéderait à l'expédition sur Senaar de la façon suivante (*V. la grande carte à la fin du volume*) :

500 hommes d'infanterie anglaise et 1,000 Soudanais remonteraient le fleuve jusqu'à Oued-el-Medinet et établiraient les communications avec Senaar, tandis qu'un faible détachement se porterait en avant pour assurer le ravitaillement des troupes. Il ne paraît pas y avoir d'Arabes entre Oued-el-Medinet et Senaar, ni au sud de cette place ; quant au Mahdi, il aurait déjà battu en retraite sur Obeyed, *la ville*. Cette colonne recevrait sans doute à Abou-Haraz la soumission du district de Katariff, ce qui ouvrirait la route de Kassalah.

Ces opérations ne demanderaient qu'un faible effectif de combattants et dureraient trois semaines au plus.

Il faut se rappeler que, dans tous les engagements qui ont eu lieu au Soudan, il n'a été, de part et d'autre, fait aucun quartier ; on peut être certain que les troupes indigènes ne changeront rien à leurs habitudes lorsqu'elles combattront sous le drapeau anglais. Quant aux Arabes blessés, on doit s'attendre à ce que, comme les Afghans, ils tuent traîtreusement ceux qui voudront les ramasser. D'abord, ils se figurent que l'on a l'intention de les achever; puis, ils pensent que tuer un infidèle au moment de mourir les fait entrer tout droit dans le paradis de Mahomet. Il n'y a donc pas lieu de se préoccuper des blessés ennemis. Ce que je dis peut paraître cruel, mais ce n'est pas moi qui ai fait le caractère des gens que nous avons pour adversaires. Pour ma part, je souhaite les voir tous se sauver, car quatre-vingt-dix-neuf d'entre eux sur cent ne sont que les instruments de meneurs qui les dupent et les conduisent à leur perte. Quant à ceux-ci, je leur ferais grâce de la vie, s'ils consentent à se soumettre; mais je les expédierais tous à la Mecque afin d'y étudier la religion de l'islam dans les collèges orthodoxes.

Je n'ai encore rien appris de positif sur cette caravane qui a quitté les rives du Nil pour se diriger vers les positions du scheikh El-Obeyed. L'équipage d'un de nos bateaux, qui était allé charger du foin en amont d'Halfeyeh, a cru devoir débarquer pour essayer d'enlever des bestiaux à cette caravane; les Arabes se sont défendus, et le *reïs* (capitaine) a été tué. Naturellement, les Arabes auraient éprouvé de leur côté des pertes considérables. On sait ce que valent ces affirmations orientales. Au surplus, ces gens-là sont vraiment belliqueux lorsqu'ils ont une perspective de pillage.

A en croire le consul de Grèce, le traité Hewitt autoriserait l'importation à Massouah, quoique port neutre, d'armes pour le compte du roi Jean; comment veut-on qu'il en achète, puisqu'il est sans argent?

Si le Mahdi est maître du Bahr-Ghazel et que nous lui abandonnions le Soudan, la Société anti-esclavagiste fera aussi bien de fermer ses bureaux, surtout si nous livrons les steamers avec Khartoum (1).

Chambre des Lords, commission spéciale d'enquête sur les agissements de lord ***. — Question n° 2389 : « Lorsque Votre Seigneurie était au Caire, a-t-elle été instruite de la façon dont a été recrutée l'armée du général Hicks? A-t-elle su que ces fellahs, arrachés de force à leurs cabanes et amenés enchaînés au Caire, ont seuls constitué les troupes envoyées contre le Mahdi? Quelles mesures avez-vous prises pour empêcher ces actes arbitraires, en avez-vous informé le gouvernement de Sa Majesté, et quelle a été sa réponse? »

Je ne crois pas qu'il soit honnête, de la part de fonctionnaires publics, de fermer les yeux sur des faits non seulement odieux, mais encore défavorables aux intérêts nationaux, sous prétexte qu'il serait désagréable à leur gouvernement d'avoir à prendre une décision dans une question difficile. Deux personnages importants d'Égypte, que je ne nommerai pas, n'ont pas ignoré cette conscription tyrannique, et ils ont jugé à propos de la taire au cabinet britannique. N'ont-ils donc pas compris qu'en-

---

(1) On sait que Gordon nourrissait le projet, si Khartoum était livré au Mahdi, de se rendre dans le Bahr-Ghazel avec les steamers, afin d'empêcher la traite des nègres dans cette province, qui en est un des principaux foyers.

voyer au Soudan des soldats recrutés par la violence était une mesure aussi impolitique que cruelle; pouvait-on, en effet, attendre de ces malheureux le moindre zèle pour leur besogne? Si l'armée de Hicks avait été formée d'une autre manière, elle n'aurait pas été obligée de quitter Khartoum et n'aurait pas été taillée en pièces, et le Mahdi n'aurait pas aujourd'hui le prestige qu'il doit à cette victoire. Jusque-là il n'avait battu que de petits détachements, et maintenant il peut se targuer d'avoir détruit une armée entière. Ce désastre est la source de toutes les difficultés actuelles.

Il est des cas où l'on doit obéir, il en est d'autres où l'on doit désobéir ou résigner ses fonctions. Si l'un des deux personnages en question avait seulement parlé de démission, le gouvernement se serait vu contraint de lui donner carte blanche. Je crois, au surplus, que le susdit *** avait le sentiment de son devoir, et que c'est l'autre qui l'a empêché d'agir suivant sa conscience, sous prétexte de ne pas désobliger le cabinet. C'est souvent un mauvais service à rendre aux gens, et surtout aux ministres, que de chercher à leur être agréable, et le cas actuel en est la preuve. L'histoire n'éclaircira sans doute jamais ce point, car les cartes sont bien brouillées; qui pourra dire sous quel gobelet est la muscade? Mais on ne peut nier que *** n'ait tenu dans sa main les destinées de l'Égypte et du Soudan, et qu'il ne les ait à jamais compromises par son excès de condescendance aux vœux du cabinet.

Ce n'est pas faire preuve d'insubordination que se refuser

à prendre des mesures que la conscience réprouve. Sans doute, dans l'armée, l'obéissance aveugle est un devoir absolu; tout ce que peut faire un militaire, s'il voit des inconvénients à exécuter le mouvement ordonné par ses chefs, c'est de les signaler à qui de droit; après quoi, il fait ce qui lui a été prescrit. Mais dans la diplomatie il n'en est pas de même; d'ailleurs, le personnage dont je parle est un volontaire du Foreign-Office, un diplomate amateur, indépendant de toute hiérarchie. Si, dès son arrivée en Égypte, lorsque, sous le couvert du khédive Tewfik, il a supprimé le Contrôle, il avait d'un trait de plume abaissé à 3 1/2 p. 100 le taux de l'intérêt, personne n'y aurait trouvé à redire, sauf les détenteurs d'obligations, qui auraient hurlé, c'est vrai; mais on ne peut contenter tout le monde, et cette mesure aurait épargné au gouvernement les embarras financiers actuels et lui aurait acquis la faveur populaire. Par suite, pas de conscription forcée; Hicks, qui, par parenthèse, ne se souciait nullement de faire campagne dans le Soudan, se serait maintenu à Khartoum, d'où il aurait usé le Mahdi, et aucun des derniers événements ne se serait produit. J'hésite à dire le nombre des vies humaines sacrifiées à cette détestable politique, assurément pas moins de 80,000, et nous ne sommes pas au bout. Tout cela pour rétablir de nos propres mains la traite des nègres au Soudan, car nous ne pourrons garder ce pays, et l'Égypte ne sera jamais en état de le gouverner. J'en reviens toujours à la seule solution possible : le donner au sultan. Quelle chute pour la diplomatie britannique! Et, lorsque j'ai quitté le Soudan en 1880, cette question était si simple à régler honorablement et sans bruit en cédant le Khordofan, le Darfour, le Bahr-Ghazel et l'Équateur.

J'avoue que je ne vois pas comment nous pourrons maintenant nous tirer d'affaire. Je suppose qu'on arrive à Khartoum, qu'on disperse les Arabes et qu'on dégage Senaar. Et après? Rapatrier ceux qui veulent retourner en Égypte? Soit. On commencera par ceux de Senaar; il faudra trois mois pour les ramener, au milieu de combats continuels; et, pendant ce temps-là, comment nourrir Khartoum? car, le jour où l'on évacue Senaar, on perd le grenier d'abondance de la capitale du Soudan. Et, ici même, on se trouvera en présence de 30,000 habitants qui ne voudront pas s'en aller et auront noué des intelligences avec le Mahdi afin de se le concilier, sans parler de 3,000 Schaggyehs armés et prêts à tomber sur nous dès que nous aurons tourné les talons. Encore trois mois de marche, toujours en se battant, pour gagner Berber où l'on ne trouvera pas de quoi se ravitailler; enfin, deux autres mois pour atteindre Dongolah, qui dans l'intervalle sera devenu hostile, par crainte de représailles de la part du Mahdi. Puis, à cette époque, on sera dans la saison des chaleurs et des basses eaux du Nil. Enfin, dans un an à dater d'aujourd'hui, on ne sera pas encore sorti honorablement du Soudan. Terrible problème, en vérité, et dont je voudrais bien trouver la solution.

Sans doute, le corps expéditionnaire peut encore rebrousser chemin; mais alors pourquoi serait-il venu? Pour me délivrer? Je n'y saurais consentir. Pour délivrer les garnisons du Soudan? Peut-il, en ce cas, s'en retourner sans avoir atteint son but? On retombe toujours dans ce dilemme : ou conclure l'arrangement proposé avec la Turquie, et s'en aller tranquillement en janvier 1885; ou demeurer ici une année entière, laps de temps que je crois pouvoir affirmer à peine suffisant pour remplir très incomplètement le but qu'on se propose.

Quant à cette demi-mesure, à laquelle on paraît vouloir s'arrêter : lever le siège de Khartoum et battre aussitôt en retraite sur l'Égypte, en abandonnant Senaar à son sort, je mourrai plutôt que d'y prêter les mains, et je donnerai ma démission de mon grade dans l'armée britannique afin de demeurer maître de mes actions. On peut, il est vrai, me relever de mes fonctions de gouverneur général; en ce cas, je laisse le champ libre à un successeur plus docile, et je ne doute pas qu'Abd-el-Kader-Pacha ne soit plus apte que moi à favoriser une retraite immédiate.

Sans doute, toute cette prose est superflue, car ceux à qui je l'adresse ont formé d'autres plans; mais il ne faut pas que je puisse être accusé d'avoir donné le change sur ma façon de penser. Personnellement, je me considère comme ayant à peu près quitté le service de Sa Majesté et je suis prêt à passer à celui du roi des Belges; je ne demande qu'à être relevé de mes fonctions de gouverneur général et, par suite, de ma responsabilité envers le peuple du Soudan. Je ne crois pas me montrer en cela déraisonnable ni insubordonné. Je consens même, quoi qu'il m'en puisse coûter, à rendre au corps expéditionnaire tous les services en mon pouvoir, mais *en sous-ordre*, sans aucune responsabilité : ceci est une condition *sine qua non*. Ce serait bien à contre-cœur que je prêterais mon concours à une retraite que je désapprouve profondément ; mais je tiens cette opération pour si chanceuse, que mon devoir de citoyen et de soldat anglais m'obligerait à me rallier à mes compatriotes dans le danger.

En résumé, je ne saurais trop insister auprès de lord Wolseley pour qu'il obtienne du gouvernement de Sa Majesté la cession du Soudan aux Turcs.

Je ne discute pas la solution qui consisterait à nous établir dans ce pays ; la possession ne pourrait nous en être d'aucune utilité et nous serions hors d'état de le garder. L'Égypte en serait encore bien plus incapable, dans la position où elle se trouve elle-même actuellement. Abandonner le Soudan après y avoir provoqué les troubles qui le désolent serait déshonorant. Je ne me préoccupe donc que du moyen de nous tirer au meilleur marché possible de cette situation difficile. Une sorte de gouvernement provisoire confié à Zubehr pourrait peut-être encore donner de bons résultats ; il saurait, lui, s'arranger avec les Schaggyehs et se débarrasser du Mahdi, surtout si nous l'aidions en infligeant à celui-ci une bonne défaite. Mais la solution turque est encore meilleure, bien que plus onéreuse. Moyennant deux millions de livres sterling, la Porte se maintiendrait au Soudan ; Zubehr ne coûterait que sept cent mille livres, mais ce serait moins sûr. Dans l'un et l'autre cas, il ne faut pas se dissimuler d'ailleurs que la traite des nègres reprendrait un nouvel essor. Mais, à ce prix seul, l'Angleterre pourrait en janvier 1885 en avoir fini avec le Soudan. Si elle n'y consent point, qu'elle s'attende à des soucis et des périls sans nombre et à une interminable campagne, aussi stérile que peu glorieuse, dont on n'aura pas vu la fin en novembre 1885, et dont le seul résultat sera d'augmenter le prestige du Mahdi et de diminuer le nôtre dans l'Inde et ailleurs (1).

Dans cet examen de la question du Soudan, je fais complètement abstraction de toute considération d'un ordre élevé. Sans doute, livrer à la Turquie ou à un homme comme Zubehr une population relativement civilisée, apte à vivre dans l'ordre et la paix sous un gouvernement convenable, et laisser la chasse à l'homme et le trafic de chair humaine y redevenir plus florissants que jamais, ce n'est pas jouer un rôle bien brillant; mais que faire? Quand j'ai quitté ce pays, il était tranquille et suffisait à ses besoins; aujourd'hui tout y est bouleversé, et nous n'avons ni hommes aptes à le gouverner, ni argent pour subvenir à ses dépenses. Il serait sans contredit plus grand et plus digne de garder le Soudan, mais les contribuables ne l'entendent pas de cette oreille. Nous ne sommes plus aux

(1) Sauf la mort du Mahdi Méhémet-Achmet, que Gordon ne pouvait prévoir, et qui, d'ailleurs, n'a pas modifié la situation, les événements du Soudan ont bien donné raison à ces paroles écrites il y a juste un an. Cette « campagne stérile et peu glorieuse » est loin de tirer à sa fin.

âges héroïques, et l'argent est la raison de tout par le temps qui court. Quant à un homme pour mettre à la tête du gouvernement, il faudrait un dictateur, et, je l'avoue, ce poste me fût-il offert, je le refuserais. Force nous est donc de faire contre fortune bon cœur, et c'est parce que je suis à court de drap que je prône si chaudement cette forme d'habit.

26 *octobre*. — Trois femmes arrivent du camp d'Oualed-a-Goun. Le bruit court de la mort du Mahdi, que l'on tiendrait secrète en faisant jouer son rôle par son vakêel. L'ennemi se dispose à établir un poste à Kérowé. Enhardi par l'absence des steamers, il a installé aujourd'hui une pièce de canon devant Bourré.

Deux lieutenants, un sergent-major, deux sergents, un soldat et un esclave rentrés à Omdourman rapportent que le Mahdi est bien vivant, et qu'il a avec lui Hussein-Pacha-Khalifa, Elyas-Pacha, Saleh-Pacha aux fers, tous les Européens, et 5,000 hommes, dont 1,000 réguliers nègres et 150 soldats égyptiens. Ils ont entendu dire que le corps expéditionnaire serait à deux journées de marche de Berber. Les deux lieutenants avaient fait partie de l'armée de Hicks, dont le désastre remonte à un an juste ; ils disent qu'elle a péri de soif, presque sans combattre.

Les officiers du génie ne tiennent aucun compte de l'existence des habitants dans une place assiégée. C'est un tort, car les meilleures fortifications du monde sont insuffisantes, si l'esprit de la population n'est pas à la hauteur des circonstances. Mais il est malaisé d'en obtenir une abnégation suffisante. Aussi Malte et Gibraltar seront-ils toujours faibles à cause de leur nombreuse population civile.

Les deux lieutenants m'ont dit que le Mahdi se propose d'occuper les positions en avant du front Nord, d'où nous avions délogé l'ennemi au mois d'août, avant notre défaite d'El-Foun. Gobah est entièrement détruit, à l'exception de la mosquée et de la maison de Seyd-Méhémet-Osman.

*Huit heures du soir.* — Deux esclaves arrivés à Omdourman racontent que les réguliers nègres du Mahdi Méhémet-Achmet ont pillé le camp de Faki-Mustapha, après avoir fait le coup de feu avec les hommes qui le défendaient. Je suppose que c'est là une histoire de pure imagination.

27 *octobre.* — Envoi de deux espions du côté de Schendy.

La seule chose qui me consolerait, si le commandant du corps expéditionnaire adopte le parti d'une retraite immédiate, c'est que, dès qu'il aura eu affaire à ces Schaggyehs et à ces bachi-bouzouks de malheur, il s'empressera de s'en débarrasser et me vengera des soucis que ces drôles-là me donnent. Si l'on se décide à appeler les Turcs, on les leur cédera, ainsi que les employés des *divans* (1), et de la

---

(1) Bureaux des administrations turques et égyptiennes.

sorte on n'aura presque personne à ramener en Égypte. Quant au traité avec l'Abyssinie, on laissera la Porte se débrouiller avec le roi Jean. Cette solution a encore l'avantage de ne coûter qu'une somme une fois payée et de sauver à l'Angleterre les réclamations des créanciers du gouvernement soudanais. Baring, on s'en souvient, m'avait ouvert un crédit de cent mille livres sterling et même supérieur, si besoin était; le gouvernement de Sa Majesté serait donc responsable du papier-monnaie que j'ai émis, s'il ne passe cette dette aux Turcs avec le reste. Quant aux ports de Souakim et de Massouah, il n'y a aucun inconvénient à les céder à la Porte; ils ne sont réellement utilisables que pour ceux qui détiennent le Soudan, et, si c'est le Mahdi qui triomphe, ces ports seront absolument coupés de l'intérieur (1). Il n'y a donc pas d'intérêt à les garder. Plus j'y songe, et plus je trouve que nous n'avons pas même l'embarras du choix : la solution turque s'impose comme seule possible.

Maktar, l'ancien domestique de Stewart, juge à propos d'épouser une seconde femme. On se demande dans quel état d'esprit sont des gens qui se marient tranquillement, alors que leur lendemain est aussi incertain que l'est le nôtre. Tondji a déjà pris deux femmes depuis le commencement du blocus. Cette insouciance est prodigieuse.

Le gouvernement ne pourra jamais se laver de l'abandon de Kassalah. Prétendre qu'on s'en est déchargé sur le

---

(1) A l'heure qu'il est, Souakim est complètement bloqué du côté de la terre.

roi d'Abyssinie sera une défaite de mauvaise foi, car quiconque connaît, si peu que ce soit, l'Abyssinie, sait que le roi n'a ni la volonté ni la possibilité de sortir de chez lui.

Le bruit courait que Slatin avait été mis aux fers par le Mahdi, mais un sergent-major, deux esclaves et deux Schaggychs rentrés aujourd'hui le démentent. Ce sergent-major m'a dit qu'un de nos hommes d'Omdourman avait déserté, il y a trois jours, et passé à l'ennemi. Une enquête ouverte immédiatement m'a démontré la vérité du fait, dont le commandant du fort n'avait pas cru devoir m'informer. Il paraît que les renseignements donnés aux Arabes par ce déserteur leur ont inspiré le dessein d'attaquer Omdourman. Voici, depuis le mois de mars, la quatrième désertion qui arrive à ma connaissance, et celle-ci est la première qui se soit produite dans les rangs des troupes régulières.

La batterie ennemie de l'arbre d'El-Scheddarah a tiré quatorze obus Krupp sur nos *santals* (bateaux armés) du Nil Blanc, à l'extrême droite du front Sud; elle a cessé le feu après avoir essuyé deux décharges de notre artillerie.

Il y a quelque temps, j'avais élevé à cent livres sterling par mois les appointements de Ferratch-Pacha, puis je l'avais nommé *ferik* (général de division), cela pour raisons politiques. N'a-t-il pas eu le front de me demander cent cinquante livres par mois, solde que je donnais autrefois au *seraskier* (commandant en chef) du Soudan, mais qui dépasse de cinquante livres le maximum réglementaire? Puis, la semaine dernière, il me réclame encore des rations de fourrage pour huit chevaux et renouvelle aujourd'hui sa requête. J'ai déchiré sa lettre; il passera à l'ennemi, si cela lui fait plaisir. Assurément, ce n'est pas pour la considération et l'intérêt que je leur porte que je souhaite le salut de tous ces gens-là; ce sont de pauvres caractères sans énergie et sans honneur. Mais leurs vices ne diminuent pas l'étendue de nos devoirs envers eux, au contraire, puisqu'ils n'ont pas assez de sens moral pour être rendus responsables de leurs actes; si l'homme n'avait eu que des vertus, la Rédemption n'aurait pas été nécessaire.

J'avoue que je me réjouis à la pensée de la consternation dans laquelle seront plongés les fonctionnaires et officiers de Khartoum lorsque, le siège levé, leurs appointements seront réduits des trois quarts. Assurément, si le Mahdi leur offrait seulement la moitié de ce qu'ils touchent actuellement, ils passeraient tous à son service; mais, le service du Mahdi étant absolument gratuit, cette défection n'est pas à redouter.

Je sors, et je rencontre un bachi-bouzouk qui m'adresse ses plaintes sur l'insuffisance de sa solde et de ses rations; je lui réponds : « Va-t'en trouver le scheikh El-Obeyed. » Il fait la grimace et disparaît. Maintenant, je ne me soucie plus de rien : ou nous serons délivrés d'ici à trois semaines, ou nous serons pris; les choses iront donc comme elles pourront jusque-là. J'ai l'intention d'envoyer ce courrier par l'*Husseinyeh*; il ne me restera plus que l'*Ismaïlia*, ce qui m'enlèvera toute possibilité de sortir d'ici, car ce steamer ne pourrait faire la traversée de Khartoum à Berber.

La question financière du Soudan sera un fameux écheveau à débrouiller. Je ris sous cape en voyant nos fonctionnaires d'ici persuadés qu'une fois la place dégagée, les affaires reprendront tranquillement leur cours et que je resterai gouverneur général comme devant. Quand cela serait, je ne les garderais certainement à aucun prix, après les preuves de cupidité et d'égoïsme qu'ils ont données. Je sais bien ce qu'ils me diront : « Sans doute, on s'est mal conduit avec vous, mais vous resterez avec nous « pour la plus grande gloire de Dieu, » lisez : « pour sauvegarder nos intérêts ». Quels drôles de gens! Toujours le nom d'Allah à la bouche et rien que l'intérêt personnel au cœur, et cela avec tant d'effronterie et de cynisme, qu'ils sont les premiers à en rire quand on les prend sur le fait.

D'après un soldat et un esclave venus de son camp, le Mahdi serait fort indécis sur ce qu'il doit faire. A la suite de scènes de pillage et de rixes entre les Arabes et les réguliers nègres, il a désarmé ceux-ci.

Un espion parti de Senaar, il y a quinze jours, vient d'entrer dans la place, m'apportant la réponse du mudir (1) à la lettre par laquelle je lui mandais la marche en avant d'une expédition de secours, ajoutant qu'il pouvait compter sur moi pour la faire aller jusqu'à Senaar.

28 *Octobre*. — Le messager de Senaar prétend que le

(1) V. Appendice, lettre R.

Mahdi concentre toutes ses forces sous Khartoum. Le scheikh El-Obeyed a établi un poste près de Djiraff, sur la rive droite du Nil Bleu; il a deux bateaux qui font le transit des vivres entre lui et Oualed-a-Goun. Une reconnaissance ennemie a parcouru ce matin les ruines du village d'Omdourman.

Un lieutenant, un sergent-major, quatre soldats et un batelier sont arrivés ce matin du camp du Mahdi. Le bruit court que les équipages de nos steamers auraient mis Schendy à sac. Quand donc serai-je débarrassé de cette engeance de pachas, d'officiers et de soldats égyptiens? Le batelier a quitté Berber il y a six jours. Il raconte que les Arabes ont mis en sûreté l'argent pris dans la ville en l'envoyant dans le désert; que Seyd-Méhémet-Osman est à deux jours de marche d'El-Damer avec une colonne mixte; que les cinq steamers ont soumis Schendy et que la route de cette ville ici est libre; que, dans les environs de Schoboloah seulement, on rencontre quelques maraudeurs arabes; que l'*Abbas* a passé sans encombre, n'ayant perdu que les deux bateaux chargés de bois qui l'accompagnaient et qui ont été abandonnés, une fois vides; qu'à Dar-Djumnah, un scheikh a tenté de s'emparer par traîtrise du steamer, lequel a tiré sur les Arabes et en a tué un grand nombre; que trois émissaires envoyés à Dongolah par Seyd-Méhémet-Osman ont été pris par l'ennemi et mis à mort; qu'un homme a fait à chameau en une journée le trajet de Berber à Dar-Djumnah (environ 150 milles); enfin que le corps expéditionnaire serait parvenu sur ce dernier point. L'officier confirme ce qu'on dit des tergiversations du Mahdi, qui passe son temps à désarmer, armer et redésarmer les réguliers, et voit un jour une quantité de ses Arabes l'abandonner et le lendemain une foule d'autres venir le rejoindre.

Un homme a été grièvement, sinon mortellement blessé par l'explosion d'une mine sur le front Nord.

Interrogé de nouveau, le batelier m'a expliqué que le Dar-Djumnah en question n'est pas la cataracte de ce nom, mais un village situé à une journée et demie de marche de Berber. Le corps expéditionnaire aurait avec lui huit steamers, y compris le vieux bateau à hélice que j'avais fait remorquer d'Ouedy-Halfah à Dongolah en 1878. Cet homme dit aussi que l'*Abbas* aurait été dirigé sur Dongolah. Pourquoi ne pas le faire remonter jusqu'ici avec les autres?

J'ai fait distribuer quinze jours de solde à tous les hommes au-dessous du grade de sergent-major; je ne leur dois plus maintenant qu'une somme égale.

Si le commandant en chef du corps expéditionnaire a dirigé par la voie fluviale une colonne sur Berber pour s'en emparer, et que lui-même marche avec le gros des forces sur cette place par le désert, mon humble avis est qu'il a agi judicieusement. Si l'on n'avait pas laissé Berber tomber aux mains de l'ennemi, cette expédition n'aurait été qu'une promenade d'agrément. Ah! Baring, Baring (1)!

---

(1) *Sir E. Baring à lord Granville.* — « Le Caire, 21 fév. 1884. — J'ai l'honneur d'informer Votre Seigneurie que, bien que je n'aie pas consulté

Le seul passage de la colonne dirigée par eau sur Berber suffira à nettoyer les rives du Nil et le triangle formé par la boucle du fleuve entre Mérowé, Abou-Hamed et Berber; dans sa traversée du désert, le corps d'armée n'aura donc à craindre d'attaque que sur son flanc droit, et de ce côté les Arabes sont peu nombreux. Mon expé-

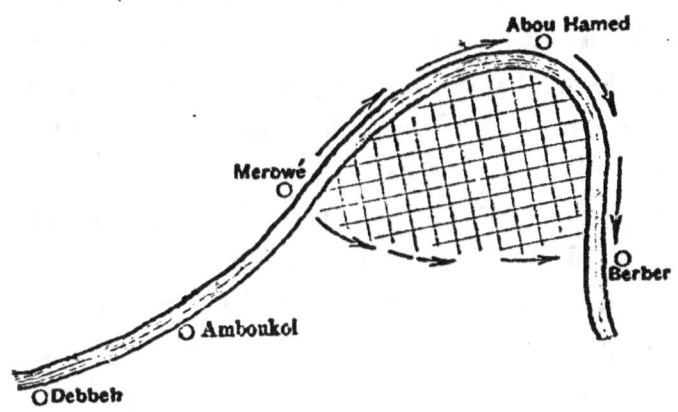

rience de la guerre dans ces régions m'a appris qu'il faut, autant que possible, éviter d'exposer ses deux flancs à l'ennemi; or, dans le cas présent, la colonne qui remontera le Nil sera protégée par le fleuve, et celle qui traversera le désert le sera du côté du nord par ce triangle abandonné des Arabes, lesquels ne s'exposeront pas à être pris entre deux feux.

le général Gordon sur l'opportunité qu'il y aurait à diriger des troupes anglaises sur Assouan, il me télégraphie que l'envoi de cent hommes dans cette place ou à Ouedy-Halfah donnerait d'excellents résultats, sans que nos hommes courent plus de danger que les touristes de la vallée du Nil..... Pour ma part, je ne consentirais pas à risquer un si petit détachement. »

Nouvelle tentative détournée de Ferratch-Pacha pour avoir 150 livres par mois, quatre rations de fourrage et dix rations de vivres; je l'envoie promener, il se contentera de ses 100 livres. Quand serai-je délivré de cette engeance sordide?

Je suis bien heureux de savoir que l'*Abbas* n'a abandonné que les bateaux, et non les Grecs qui les montaient. J'espère avoir, dans quatorze jours, un autre steamer jumeau de l'*Abbas* et l'*Husseinyeh*. J'ai prescrit de ne lui mettre de rivets que jusqu'à une hauteur de six pouces au-dessus de la ligne de flottaison, et de se contenter de crampons pour la partie de la coque qui émerge au-dessus de l'eau et qui n'a pas besoin d'être étanche.

L'ami de Stewart, Awâan, l'ancien secrétaire d'Arabi, se comporte fort mal dans sa prison; on l'a mis aux fers par erreur et délivré aussitôt, mais il est resté furieux du traitement qu'on lui avait fait subir et il insulte les soldats de garde. Je le soupçonne d'avoir secrètement informé le Mahdi du départ de Stewart et de l'existence du journal. Son arrestation a été généralement approuvée dans la ville, où il faisait depuis longtemps de la propagande en faveur du prophète.

29 *octobre*. — On croit que c'est aujourd'hui l'anniversaire du désastre de Hicks, en comptant d'après l'année arabe, le 12, le 13 et le 14 *moharrem*, ce qui correspond à nos 1er, 2 et 3 novembre. La nouvelle en est parvenue au Caire trois semaines plus tard. Depuis cette époque

jusqu'à aujourd'hui, il a été envoyé au Soudan comme renforts, en tout et pour tout, neuf personnes : moi, Stewart, Herbin, Hussein, Tondji, Rukdi et trois domestiques, et il ne nous a pas été donné un centime. Stewart et Herbin sont partis, Hussein est mort, reste à six. De mon côté, au contraire, j'ai renvoyé en Égypte d'abord 1,500 hommes, puis 700, y compris Coëtlogon, les deux pachas Ibrahim-Hardar et Hussein-Chérif et autres. Nous avons perdu deux batailles et subi des pertes considérables en hommes et en matériel, et nous ne pouvons prétendre à aucun avantage sérieux remporté sur l'ennemi ; nous nous débattons comme nous pouvons, sans trop savoir comment marchent les choses, car ce qui semblait devoir nous être favorable a toujours tourné contre nous, et réciproquement.

Eh bien! avec tout cela, je possède, je crois, plus de soldats et plus de munitions que lors de mon arrivée (et nous avons brûlé trois millions de cartouches). A cette époque, la solde des troupes était en retard de trois mois; aujourd'hui il ne leur est plus dû que quinze jours, huit seulement aux bachi-bouzouks, et il reste en caisse 500 livres sterling en espèces et 40,000 en papier-monnaie, tandis que je n'y avais trouvé que 5,000 livres. Nous avons lieu de remercier Dieu de la protection qu'il nous a accordée, car il est inconcevable que notre situation ne soit pas pire, après les graves désastres qui nous ont accablés : la perte irréparable de Berzati-Bey(1), mort à Djitanah; cette

---

(1) Ancien secrétaire particulier du général Gordon, homme honorable et bien né, très estimé de son chef, qui disait de lui : « Avec quelques hommes

première traversée des steamers de Khartoum à Senaar, si difficile et si stérile; notre déroute d'El-Foun, où nous avons perdu la meilleure partie de notre contingent et notre belliqueux pacha Méhémet-Ali; la défection de Saleh-Pacha avec 1,500 hommes, et la prise du steamer le *Méhémet-Ali*; la reddition de Berber et la perte des deux bâtiments qui s'y trouvaient; les blessures de Stewart et de Tondji; que sais-je encore? Tout s'est arrangé tant bien que mal. Nous avons perdu trois steamers, mais nous en avons construit un qui est en service, l'*Husseinyeh*, et nous en lancerons un autre dans quinze jours, ce qui réduit notre perte à un seul. La défaite d'El-Foun nous a valu l'arrivée du Mahdi, qui paraissait devoir nous être fatale, et il est tout à fait inoffensif. Pour deux pachas perdus, nous en avons retrouvé deux, Ferratch et Nutzer. A en croire les gens qui entrent dans la place (encore tout à l'heure deux femmes avec un bébé chocolat et un jeune garçon), les rangs de l'ennemi sont tous les jours éclaircis par les désertions. Bref, les événements pris en détail nous sont contraires, et leur marche générale nous est plutôt favorable. En voici un exemple frappant.

La défaite de Méhémet-Ali-Pacha à El-Foun a eu pour cause sa cupidité et celle de ses hommes et des gens de Khartoum, qui voulaient piller le scheikh El-Obeyed (l'homme, et non la ville). Cette expédition a été entreprise contre mon gré; je voulais, moi, reprendre Berber, ce

comme Berzati-Bey, on pourrait régénérer l'Égypte; mais ces hommes-là sont rares. »

qui, au point de vue militaire, était une opération absolument indiquée, et, si j'ai cédé aux instances de Méhémet-Ali, c'est qu'il m'avait représenté la chose comme n'offrant ni difficulté ni danger. Or, si j'avais obéi à mon inspiration, le gouvernement de Sa Majesté aurait prétendu qu'il n'y avait pas nécessité à organiser une expédition en vue de dégager les garnisons ; raisonnement faux, car nous aurions pris Berber, mais nous n'aurions pas été en mesure d'y laisser des troupes, et c'eût été une victoire absolument stérile, mais enfin le gouvernement se fût emparé avec empressement de ce prétexte pour rester tranquille. Cette défaite d'El-Foun a donc tourné à notre avantage, puisqu'elle a provoqué l'envoi d'une expédition de secours.

Les gens du Mahdi ont établi un poste à Kokoo, sur la rive droite du Nil Bleu, vis-à-vis Djiraff; je pense que c'est pour intimider le scheikh El-Obeyed.

Un esclave arrivé à Omdourman dit que le Mahdi ne compte pas prendre les armes pendant le mois de *moharrem*, qui est un mois sacré. Il n'a pas agi de même l'année dernière avec Hicks ; il est vrai que c'est sans doute celui-ci qui avait pris l'offensive.

Je conçois des doutes sur la véracité du batelier que j'ai interrogé hier, car il a menti en disant qu'il était allé à Berber sur un bateau du gouvernement. Quoi qu'il en soit, ses racontars nous auront du moins mis du baume au cœur pour une journée. N'est-ce point Talleyrand qui a dit : « Si un mensonge trouve créance pendant vingt-quatre heures, il a rempli son but. » Voilà les opérations du corps expéditionnaire redevenues pour nous lettres closes. Cependant je persiste à penser que, si la saison n'était pas si avancée et si les eaux ne commençaient à baisser, cette manœuvre consistant à flanquer la marche à travers le désert au moyen d'une colonne remontant le Nil était exactement la chose à faire. Mais il eût été préférable d'exécuter cette opération en juillet, alors que le fleuve est en crue.

Trois Arabes pris ce matin du côté du nord, où ils étaient en train de voler des chevaux appartenant à Saleh-Pacha, prétendent que les troupes anglaises sont encore à Debbeh, et je serais assez tenté de le croire, car cette histoire de huit steamers remontant le fleuve me paraît invraisemblable avec la baisse des eaux qui commence à s'accentuer. La distance de Debbeh à Khartoum par terre est d'environ 250 milles et la route ne présente guère de danger, si on s'assure la neutralité de la tribu des Kababischs.

Cependant je crois préférable de partir d'Amboukol pour marcher sur Metemmah, où sont les cinq steamers (j'espère que l'état-major en est informé), ce qui ne fait que 150 milles d'une route s'enfonçant moins profondément dans le désert. Il serait encore mieux de se transporter par eau de Debbeh à Mérowé et de se diriger de là sur Berber, 150 milles également. Par l'une ou l'autre de ces trois routes, la colonne ne rencontrera d'autres ennemis que quelques cavaliers, jusqu'à son arrivée sur la rive du Nil.

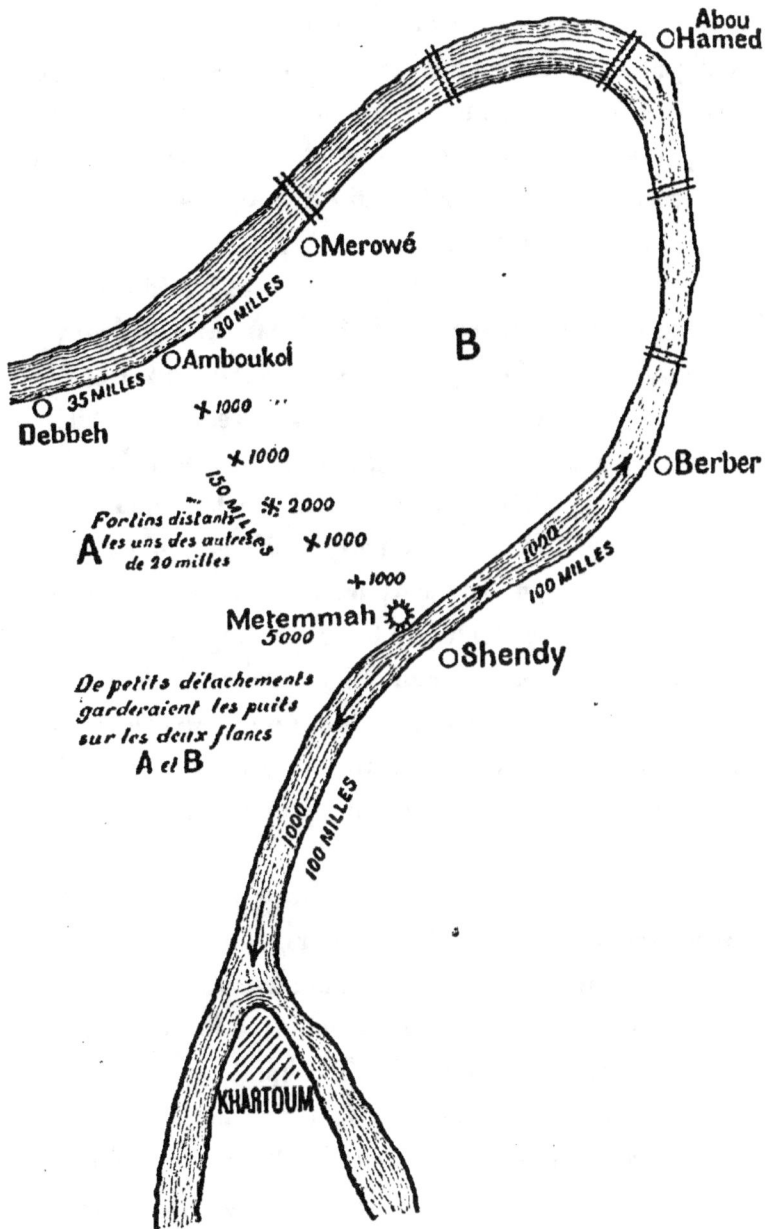

30 *octobre*. — Ce matin, un parti arabe est venu à Halfeyeh et y a enlevé quelques imprudents qui ne se gardaient point : je ne sais si c'est le commencement d'une occupation. Le bruit court que ce détachement se rendrait à Schoboloah et à Schendy, afin d'y réparer les ravages exercés par les steamers.

Je présume que l'état-major du corps expéditionnaire possède la carte dressée en 1874-75 par les ingénieurs du chemin de fer de la région située entre Amboukol et Metemmah, avec toutes les indications nécessaires relativement aux puits. (*V. le croquis ci-dessus et celui de la p.* 230). Moi, j'élèverais cinq fortins sur la ligne de marche et, en arrivant à Metemmah, je dirigerais une colonne sur Berber et une autre sur Khartoum, en faisant traverser le défilé de Schoboloah par terre, le long de la rive, à cause de la batterie ennemie qui s'y trouve et dont le feu serait dangereux pour les bateaux. Je prendrais Metemmah pour base de toutes les opérations dans la vallée du Nil. Le nombre de fortins que j'ai indiqué serait peut-être exagéré.

Ce détachement ennemi qui se dirige vers le nord comprend 200 fantassins et 50 cavaliers. Nous avons au fort du Nord 1,300 hommes, et ils en ont laissé passer 250 sous leurs murs sans oser seulement montrer le bout de leur nez. Voilà un bel exemple de l'intrépidité de nos troupes.

Deux hommes entrés dans la place par le front Sud disent que le scheikh El-Obeyed est avec le Mahdi, et qu'Abou-Gugliz et Oualed-a-Goun sont à Djiraff. Un esclave venant du camp du Mahdi confirme le bruit que celui-ci ne veut pas se battre en *moharrem* ; c'est aujourd'hui le 12 de ce mois.

La batterie ennemie du Nil Blanc a tiré sur nos retranchements, mais sans faire de mal. Ayant passé une mauvaise nuit, je me suis levé ce matin plus tard que d'habitude, ce dont, naturellement, tout le monde a profité pour dormir ; aussi la surveillance a-t-elle fait défaut. Si je n'ai pas écrit vingt ordres pour recommander la vigilance, je n'en ai pas écrit un ; mais cela ne sert à rien.

Le parti arabe qui a *razzié* Halfeyeh est retourné à Djiraff. Je rends le commandant du fort du Nord pécuniairement responsable des ravages commis par l'ennemi ; il payera des indemnités aux blessés et aux familles des morts. Informations prises, les Schaggyehs ont eu vingt-trois hommes faits prisonniers, un tué, un blessé, et ont perdu dix-sept vaches et cinq femmes, huit esclaves et trois ânes, sept chevaux et vingt-quatre fusils Remington. Je les avais prémunis vingt fois contre la possibilité d'une surprise, et hier soir, après la capture des trois espions voleurs de chevaux, je leur avais fait de nouvelles recommandations. Ils étaient au moins 1,200, les ennemis ne comptaient pas 200 hommes, et ils n'ont pas seulement essayé de se défendre. Quelle race, mon Dieu ! et que je serais heureux de pouvoir licencier ces prétendus auxiliaires ! Combien je me félicite d'avoir retiré d'Halfeyeh le reste de la tribu ! j'aurais eu encore plus de soucis. Dès que les troupes anglaises seront arrivées et que les environs de Khartoum seront nettoyés, je conseillerai au commandant en chef de se débarrasser de ces gens-là. Au surplus, je leur ferai payer les fusils perdus, car je doute fort que les Arabes les leur aient pris; je soupçonne que mes gaillards auront tout simplement jeté leurs armes par terre en se sauvant à toutes jambes, dès qu'ils auront aperçu l'ennemi. Ce qui me le fait croire, c'est qu'ils ont eu la naïveté de me prier d'envoyer à Halfeyeh un steamer pour chercher les fusils. De même pour les chevaux, dont deux sont revenus tout seuls; il est probable que les cavaliers avaient mis pied à terre afin de se mieux cacher, et avaient lâché leurs montures assez loin des Arabes pour que ceux-ci ne les aient pas vues, sans quoi ils s'en seraient emparés. Quoi qu'il en soit, l'ennemi nous a rendu la monnaie de notre sortie de cavalerie d'il y a quelques jours.

Je ne vois aucun obstacle à ce que le corps expéditionnaire arrive à Khartoum le 10 novembre (jour de la procession du lord-maire à Londres), et cela en prenant largement son temps. D'après la très laconique dépêche de Kitchener du 31 août, je suppose que les troupes avaient quitté le Caire le 15 de ce mois. Quand bien même aucun de mes messagers ne serait parvenu à Debbeh, et ce n'est guère probable, il me semble impossible que, depuis plus de vingt jours que les steamers de Khartoum sont en station à Metemmah, pillant tant qu'ils peuvent de tous les côtés, le bruit de leur présence en ce lieu ne soit pas parvenu aux oreilles de l'état-major du corps expéditionnaire. En admettant que rien n'eût encore été décidé quant à la route à suivre, cette nouvelle a dû faire adopter celle d'Amboukol à Metemmah.

*Itinéraire suivi par les caravanes d'Amboukol à Metemmah.*

| | |
|---|---|
| Amboukol à Nesdjée............ | 24 heures de marche. |
| Nesdjée à Om-Halfah............ | 12 » |
| Om-Halfah à Djakdal............ | 12 » |
| Djakdal à Abou-Klelah........... | 10 » |
| Abou-Klelah à Metemmah........ | 12 » |
| Total...... | 70 heures de marche. |

Les puits sont abondamment pourvus d'eau. Il ne s'en trouve point d'importants sur les flancs, ce qui diminue les risques d'attaque, l'ennemi ne pouvant se concentrer dans des pays dépourvus d'eau ou à peu près.

Le long de la rivière Ouedy-Abou-Djir, on trouvera, je suppose, de l'eau en quantité suffisante, ainsi qu'à Kambok, situé sur une hauteur. Je ne crois pas qu'on ait rien à craindre jusqu'au puits de Djebel-Djeliff, ce qui représente une distance de 60 milles sur 150.

*31 octobre.* — Il y a deux cent trente-trois jours, près de huit mois, que l'ennemi a fait son apparition dans notre voisinage immédiat, et depuis lors nous n'avons pas eu une minute de paix.

Je pense que les troupes souffriront beaucoup du froid nocturne dans le désert; c'est aux environs de Dongolah qu'il est le plus vif.

Il sera sage de ne pas renvoyer pour le moment au delà de Dongolah Nutzi-Pacha et les troupes égyptiennes qui sont à Metemmah avec les steamers, sans quoi l'on mettrait la puce à l'oreille aux habitants de cette ville, qui soupçonneraient aussitôt le projet d'évacuation immédiate. Schendy-Metemmah est naturellement indiqué comme base d'opérations, quel que soit le plan que l'on adopte. C'est le principal point stratégique du Soudan; de là on peut se rendre à Khartoum, Senaar et Berber par eau, à Kassalah par la vallée de l'Atbarah, et, au cas où l'on se déciderait pour une retraite immédiate, cette position jouerait le rôle d'une tête de pont. En temps de paix, le Nil est la route la plus sûre et la moins chère pour les transports et pour les communications entre l'Égypte et le

Soudan, et je la préfère de beaucoup à un chemin de fer ruineux, ainsi qu'aux caravanes de chameaux, exposées aux exigences et aux caprices des tribus arabes.

Un sergent-major, rentré cette nuit avec deux soldats, dit que Mahmoud-Khalifa est à Dongolah ou à Debbeh. Il aurait fait savoir à son père, Hussein-Pacha-Khalifa, qui est avec le Mahdi, que le général anglais lui demande en grande hâte des chameaux pour marcher sur Khartoum en une seule colonne, mais qu'il fait son possible pour le retarder et pour l'engager à fractionner ses troupes en quatre corps séparés. Ce Mahmoud-Khalifa est un traître, comme tous les siens, et j'ai grand'peur que ce renseignement ne soit exact. Il paraît que le Mahdi est en retraite dans une caverne où il doit demeurer durant tout le mois prochain ; tous les Européens sont avec lui (à son camp, mais pas dans la caverne), et il est au mieux avec Slatin, avec qui il a des entretiens quotidiens. Ceci est quelque peu en contradiction avec l'histoire de la retraite dans une caverne. Quant au mystérieux Français, il serait maintenant au Khordofan.

Cette lettre de Mahmoud-Khalifa est parvenue au camp du Mahdi il y a quinze jours ; c'est donc vers le 9 octobre qu'elle a dû partir de Dongolah. S'est-il produit à cette époque quelque divergence d'idées au sujet de la marche des troupes entre le général en chef et le gouvernement (1) ?

(1) C'est aux environs de cette date que le bruit s'est répandu du rappel de lord Wolseley. Cette nouvelle ne tarda pas à être officiellement démentie, mais le *Times* n'en persista pas moins dans son affirmation que cette mesure extraordinaire avait été sur le point d'être prise.

## SIÈGE DE KHARTOUM.

La lettre de Mahmoud semble l'indiquer. Depuis, il a écrit de nouveau à son père pour l'aviser de la mise en marche de la colonne sur Berber. Je ne puis comprendre que le commandant en chef emploie le fils d'Hussein-Pacha-Khalifa, soi-disant prisonnier du Mahdi, mais qui, en réalité, lui a traîtreusement livré Berber, Stewart le sait bien. J'espère que le mudir de Dongolah le surveillera.

Mon sergent-major dit aussi que le Mahdi parle de mettre à mort le scheikh-el-islam (celui que j'ai fait emprisonner) pour avoir travaillé à empêcher notre reddition. Je conclus de ce propos que mon homme aura été, avant son entrée au palais, suborné par quelque ami du scheikh pour répandre ce bruit de nature à valoir au prisonnier sa mise en liberté, si j'y ajoutais foi.

Un sergent, un caporal et un esclave arrivent du camp ennemi d'Omdourman. D'après eux, les désertions se multiplieraient dans les troupes du Mahdi, qui aurait envoyé au Khordofan trois compagnies de réguliers pour en ramener les fugitifs; le prophète aurait pris leurs femmes à quelques-uns des siens, ce qui compromettrait singulièrement sa réputation de sainteté. L'esclave est un grand et gros gaillard à tête de taureau. Je le crois sincère; car, lorsque je lui ai demandé pourquoi il avait quitté les Arabes, il m'a répondu sans fard : « Parce qu'ils ne me donnaient rien à manger. » Cependant sa mine démentait ses paroles. Ces hommes n'ont pas parlé de l'histoire de la caverne.

Le squelette vivant de l'hôpital, bien connu de Stewart,

a rendu l'âme hier ; je ne puis dire qu'il soit profondément regretté, sinon par moi, qui m'étais attaché à lui pour le voir depuis si longtemps.

Toute enquête faite, il paraît que le chef schaggyeh qui commande le fort du Nord avait couché en ville avant-hier, et qu'il n'était pas encore rentré à son poste au moment du passage du parti arabe hier matin ; quant à l'officier Osman-Bey (le même qui, chargé d'escorter avec des steamers l'*Abbas* jusqu'à Berber, avait laissé l'ennemi poursuivre le bâtiment de Stewart avec le *Faschéer*), il n'avait pas jugé à propos de porter à ma connaissance l'absence irrégulière de ce chef. Je les ai tous les deux mis à la porte du fort, en leur retenant un mois de solde.

*Deux heures de l'après-midi.* — Pas de factionnaires au fort du Nord ; ces gens-là sont incorrigibles. Je fais donner aux factionnaires en faute trente coups de courbache. Quant aux hommes d'Halfeyeh, ils sont partis à la recherche de leurs fusils égarés.

Deux vaches ont bien voulu se présenter aux portes du fort d'Omdourman. L'ennemi a tiré sur nos lignes, aux abords du Nil Blanc, quelques coups de canon sans résultat ; je pense que ce sont les réguliers nègres qui servent les pièces des Arabes et qu'ils exécutent les ordres des chefs arabes à peu près avec autant de zèle que ceux d'ici exécutent les miens.

Le fort du Nord vit dans la terreur de ma lunette d'approche, au moyen de laquelle je ne le perds de vue ni jour ni nuit. Cette lunette vient de chez Chevallier, de Paris, et c'est la meilleure que j'aie jamais eue; je l'ai trouvée ici, et je l'ai payée cinq livres sterling.

C'est le père d'Hussein-Pacha-Khalifa qui, en 1823, a guidé les Égyptiens au Soudan; il était établi à Assouan, et, en récompense de ce service, il a reçu pour sa famille le monopole du commerce dans le désert de Korosko. Cette concession avait été retirée à Hussein en 1872, sous le gouvernement d'Ismaïl-Yacoub, et je la lui avais rendue quelques années plus tard; le Mahdi la lui a confirmée après la reddition de Berber. Le seul membre de cette famille qui valût quelque chose était le scheikh Hamid, mort cette année.

Les cavaliers schaggyehs sont revenus de leur expédition sur le théâtre de leur désastre d'hier, ramenant un cheval, deux ânes et trois fusils, et ayant retrouvé le cadavre d'un de leurs esclaves. Je leur ferai payer les fusils perdus, car je n'ai pas les moyens de gaspiller de la sorte mes remingtons. Ceci me remet en mémoire le beau trait du grand Melon au fort du Nord. 700 hommes en formaient alors la garnison, casernés dans deux bâtiments situés à une distance de soixante mètres l'un de l'autre. Mon homme, qui logeait dans celui du télégraphe, refusa un soir d'ouvrir la porte et communiqua télégraphiquement avec l'autre bâtiment, par crainte des Arabes campés alors à trois milles de là. Aussi suis-je dans des transes continuelles, car une centaine d'hommes résolus qui attaqueraient nos retranchements aux points gardés par des Shaggyehs ou des bachi-bouzouks turcs s'en empareraient sans peine. A partir de sept heures du soir, ces misérables poltrons s'enferment dans les maisons et n'en sortent plus. Je les tiens avec les fellahs pour les soldats les plus lâches du monde entier. Cela paraît, d'ailleurs, tout naturel dans la garnison de Khartoum, même chez les officiers ; personne ne manifeste ni honte ni confusion de sa couardise et rien ne peut corriger ces drôles. Exemple, les factionnaires du fort du Nord. Après avoir reçu leurs trente coups de courbache, je crains qu'ils n'éprouvent aujourd'hui quelque difficulté à s'asseoir ; eh bien ! demain ils recommenceront de plus belle.

Avec cela, on ne peut s'empêcher de rire de leurs airs bravaches et de leur arrogance de matamores ; les Schaggyehs ont de petites timbales d'environ dix pouces de diamètre et ils en font un tapage continuel qui m'agace tout particulièrement les nerfs. Cependant on ne les entend pas ce soir, et on ne les voit pas davantage ; il paraît qu'ils sont honteux de leur conduite d'hier et qu'ils se tiennent enfermés. Après les injures que je leur ai adressées, il y aurait de quoi, et cependant cela me paraît invraisemblable. Quand je le disais... voilà les timbales qui recommencent leur vacarme avec une nouvelle ardeur. A un moment où j'avais deux pièces de canon dans leur fort, je me rappelle avoir passé une nuit bien agitée ; ils étaient 1,200 hommes de garnison, et un enfant aurait suffi pour prendre possession du fort. Ce n'était pas d'eux que j'avais souci, mais des canons. Le cheval qu'ils ont ramené aujourd'hui était sellé et bridé ; mais, en animal plein de sagesse, il avait cassé la bride avec son pied et avait brisé son mors qui l'empêchait de manger. J'ai dit à son cavalier : « Comment oseras-tu désormais le regarder en face, après lui avoir laissé toute une nuit la selle sur le dos pour rien? »

1*er* *novembre*. — L'ennemi a occupé ce matin, un instant, son ancien ouvrage en avant de Bourré, puis s'est replié après avoir tiré quelques coups de canon.

Un certain Boulak-Bacha, arrivé à Omdourman avec son fils et deux esclaves, confirme l'histoire de la retraite dans la caverne. Il prétend que les désertions continuent dans le camp du Mahdi, que les soldats nègres et les Arabes sont continuellement à se battre, et que ceux-ci commencent à douter de la mission du prophète et à pencher vers le parti du gouvernement. Méhémet-Achmet manifesterait l'intention de ne pas porter les armes, non seulement pendant le mois de *moharrem*, mais pendant le mois de *safia*.

Les marchands du bazar ayant refusé de donner plus de trois réaux turcs et demi pour un souverain d'or, alors que le taux moyen de change est de cinq à six réaux, j'ai fait arrêter les neuf principaux d'entre eux et les ai fait conduire aux avant-postes avec un prétendu ordre de les envoyer au camp d'Oualed-a-Goun; mais, en vertu d'un ordre secret, on doit retarder leur renvoi, de façon à leur laisser le temps de signer un papier dans lequel ils reconnaîtront leur tort et s'engageront à se soumettre à mon taux de change. Sans doute, j'agis d'une façon tyrannique, mais il n'y a pas moyen de faire autrement. En ce moment, les neuf coupables traversent le bazar sous l'escorte de trois soldats par devant, baïonnette au canon, trois autres par derrière, et un cavas à cheval sur chaque flanc. C'est par mes domestiques que je suis tenu au courant de ce qui se passe; ils font office d'aides de camp. Quant aux fonctionnaires, tous subornés, je suppose, par leurs administrés, ils se garderaient bien de m'informer de quoi que ce soit.

*Sept heures du soir.* — Un petit feu très brillant a été visible pendant à peine une minute dans la direction d'Halfeyeh, en amont de cette ville. Je crois que je puis me flatter d'être un parfait guetteur.

Deux soldats échappés du camp ennemi sont entrés à Omdourman; rien de nouveau.

Une des choses les plus énervantes de mon existence est la façon dont je suis persécuté, chaque fois que je sors, par des gens qui hurlent pour obtenir un supplément de ration. C'est dans ces moments-là qu'on éprouve des sentiments particulièrement bienveillants à l'égard de ces messieurs qui depuis sept ans sont à la tête des affaires d'Égypte.

2 *novembre.* — Les marchands que j'envoyais aux Arabes ont mis les pouces, et je les ai laissés rentrer. J'ai horreur de ces procédés coercitifs, mais que faire? Il vaut encore mieux leur faire peur que les mettre en prison, et l'on ne peut rien obtenir ni par des ordres, ni par de bonnes paroles.

Deux derviches avec leurs armes se sont présentés ce matin à la porte Mesalamieh, porteurs d'une lettre du Mahdi pour moi. Je leur ai fait dire : « Laissez la lettre et allez-vous en, je ne vous permettrai pas d'entrer. Il est inutile d'écrire davantage. »

La batterie ennemie du Nil Blanc a tiré sur nous, et nous avons répondu en lui faisant quelque mal, à ce que je suppose, car elle s'est tue. J'ai prescrit de ne riposter au feu de l'ennemi que lorsqu'il est vraiment dangereux pour nous. Cette canonnade désordonnée est l'œuvre des réguliers prisonniers qui servent les pièces pour obéir aux chefs arabes, mais se soucient fort peu du résultat; il est donc inutile de se défendre contre eux.

Le message du Mahdi est arrivé. C'est une adresse aux habitants de Khartoum, ne portant pas de sceau (1) et racontant toujours la même histoire : le Mahdi est le Mahdi, le seul et vrai Mahdi, etc. Un soldat rentré à Omdourman dit que Méhémet-Achmet n'est pas retiré dans une caverne, mais tout simplement sous une tente.

On vient de découvrir 93,000 okes de biscuit qui avaient été volés l'année dernière; cela porte notre provision à 266,430 okes.

Les gens de la ville s'étonnent de ne pas avoir de nouvelles. Où veulent-ils que j'en prenne? Les dernières que j'ai reçues étaient de Kitchener, datées du 31 août et reçues le 17 septembre, il y a quarante-six jours. Assuré-

---

(1) Chez les Arabes, c'est le sceau qui fait office de signature et rend une pièce authentique.

ment, si l'on avait pris la peine de nous envoyer par Kassalah des messagers partis de Massouah, nous serions passablement renseignés ; mais que sert de reparler encore de cela? Il est à supposer que les officiers de l'*Intelligence-Department* font de leur mieux dans la mesure de leur conscience, de leur intelligence et de leur expérience de la guerre.

*Trois heures et demie.* — Nouvelle éclipse des factionnaires du fort du Nord; j'envoie un ordre pour les faire bâtonner.

Aujourd'hui il nous reste en magasin 2,110 ardebs de dhoora, ce qui représente une consommation de six semaines, après quoi il faudra tirer l'échelle. Des volumes ne suffiraient pas pour épancher ma colère rentrée à ce sujet; cependant je me contiens, dans la pensée que les choses sont ordonnées pour le mieux. Je n'ai pas l'intention de recourir aux demi-rations pour prolonger le blocus; cette mesure exciterait un mécontentement général qui provoquerait une mutinerie ou une trahison, en sorte que la catastrophe se produirait bien avant le temps où elle résultera forcément du manque de vivres. Il faudrait être un ange (ce que je ne suis pas, point n'est besoin de le dire) pour n'être pas enragé contre le gouvernement de Sa Majesté. Je prendrais encore mon parti des indécisions quant aux affaires du Soudan; mais la pensée de perdre tous mes beaux soldats noirs suffit à m'exaspérer contre ceux qui tiennent nos destinées dans leurs mains.

Les Arabes ont de nouveau tiré ce soir avec leur canon

Krupp du Nil Blanc; un obus est tombé dans la ville sans faire de mal.

*3 novembre*. — Deux femmes, un enfant et sept vaches sont entrés à Omdourman.

*Quatre heures*. — Le *Bordéen* est signalé.

Je fais mettre en liberté le scheikh-el-islam, le cadi, le mudir et autres personnages arrêtés comme adhérents du Mahdi ; je pense que la leçon leur servira.

Deux hommes sont arrivés à Omdourman : un espion arabe, que j'ai mis en prison, et un de mes soldats. Celui-ci raconte que le Mahdi est brouillé avec Slatin et l'a fait arrêter, il y a trois jours, et que les réguliers ont été renvoyés sur les derrières de l'armée assiégeante.

Le *Bordéen* est arrivé, apportant le courrier; je le renverrai après-demain à Metemmah avec les débris des troupes du Caire, Tondji et C$^{ie}$, pour qu'on les expédie en Égypte; l'état-major pourra leur donner les chameaux qui auront amené les troupes anglaises, celles-ci ayant les steamers pour les transporter.

Je reçois une lettre de Kitchener (1), qui me donne un coup terrible. L'*Abbas* a été pris. Il me demande qui était à bord : c'étaient Stewart, Power, le consul de France Herbin, et les Grecs dont les noms sont écrits en marge (2). Je ne puis m'expliquer comment cette catastrophe est ar-

---

(1) V. Appendice, lettre S.
(2) Le traducteur a cru devoir supprimer cette liste de dix-neuf noms inconnus.

rivée, car, de l'aveu général, la traversée ne présentait aucun danger pour un bâtiment armé d'une pièce de montagne et portant une cinquantaine de soldats. Je ne puis l'attribuer qu'à quelque perfidie des Arabes.

Je ne puis déchiffrer la dépêche de lord Wolseley, datée du 10 septembre, que me transmet Kitchener; on sait que Stewart avait emporté les chiffres. Je prie qu'on informe le Foreign-Office de ce fait, car, si Stewart est mort, ces chiffres sont entre les mains du Mahdi. Je suis d'avis que, dans un pays comme celui-ci, le système des dépêches chiffrées ne vaut rien.

La flottille de Metemmah-Schendy a renvoyé ici par le *Bordéen* dix soldats blessés, dont un grièvement; elle a eu cinq hommes tués. Je le répète encore, pour l'amour de Dieu, que l'on ne renvoie pas à Khartoum un seul des Égyptiens qui sont à bord des steamers, j'entends les pachas, officiers et soldats, et non les équipages.

Si l'*Abbas* est vraiment perdu, j'espère que l'on fera une enquête sur ce départ du colonel Stewart et de MM. Power et Herbin. Lorsqu'ils ont quitté Khartoum, il n'était pas question d'une expédition de secours, et, de plus, la traversée de l'*Abbas* était unanimement considérée comme ne présentant aucun danger. J'ajoute que ces messieurs m'ont quitté de leur plein gré, sans aucun ordre de ma part, comme le démontreraient les papiers qu'ils avaient avec eux. J'avais décliné toute responsabilité à l'égard de ce départ, et j'avais simplement dit : « S'il vous convient de vous en aller, je vous en fournirai les moyens, mais c'est à vos risques et périls. En partant vous me rendrez service, et en restant vous ne me serez d'aucune utilité. » Ce sont les propres termes d'une lettre officielle que j'avais écrite au colonel Stewart.

*4 novembre.* — J'ai reçu hier des lettres particulières : une de Stanley, datée du Congo, 5 mai, et une de sir Samuel Baker, du 1er juin. J'aime la note de service écrite en français sur l'enveloppe de celle-ci : « Communications avec le Soudan *interrompues.* » Je le crois, que les communications sont *interrompues!*

J'étais dans une sécurité absolue quant au passage de l'*Abbas,* tandis que j'étais fort incertain quant au dégagement de Khartoum ; c'est à cause de cela que j'avais renvoyé les chiffres du Foreign-Office. Peut-être le steamer a-t-il fait naufrage à l'une des cataractes. C'est un bien grand malheur.

L'ennemi a une pièce de canon à Schendy et une à Metemmah ; quatre de ses projectiles ont atteint le *Mansourah.*

Le bruit court de la mort du scheikh El-Obeyed ; voilà qui simplifierait la besogne du Foreign-Office, en supprimant cette fâcheuse confusion entre l'homme et la ville.

Si le steamer a été pris, il faut prévenir le consul général de France au Caire que son chiffre est entre les mains du Mahdi ; Herbin l'avait emporté.

Si c'est une trahison qui a livré l'*Abbas* à l'ennemi, je n'en suis pas responsable, pas plus que si le bâtiment a touché quelque rocher, ce qui est peu probable, car il ne calait pas deux pieds d'eau, et cinquante bateaux à voile font tous les ans cette traversée de Khartoum au Caire dans la saison des hautes eaux. Mais, si l'*Abbas* a été attaqué et pris les armes à la main, je suis coupable, car j'aurais dû prévoir cette éventualité et ne pas autoriser ce départ. Il faut dire qu'à cette époque nous ne savions rien de l'expédition et que j'avais fait escorter le steamer jusqu'à Berber, ne pouvant croire à la possibilité d'un danger quelconque au delà de ce point. Le Mahdi a dû trouver à bord deux de ses sceaux que nous avions fait imiter, mais dont nous n'avons jamais fait usage, toutes les lettres que j'ai reçues de lui jusqu'au 10 septembre, et le journal de siège rédigé heure par heure, de la façon la plus minutieuse.

Demain, 5 novembre 1884, au point du jour, le steamer fait route pour Metemmah.

C.-G. Gordon.

# SIXIÈME FASCICULE (1).

## DU 5 NOVEMBRE AU 14 DÉCEMBRE.

*5 novembre.* — Le *Bordéen* est parti ce soir pour Metemmah. D'après tous les rapports, la présence des steamers à Schendy et à Metemmah contrarie fort l'ennemi. Le caïd de Berber appelle les Arabes de ces villes pour lui prêter main-forte, et ceux-ci n'osent abandonner leurs demeures, de peur qu'elles ne soient pillées par la flottille.

Je ne puis bannir de mon esprit la pensée de cette catastrophe de l'*Abbas*. Que ce bâtiment, dont la cuirasse porte 970 marques de projectiles et dont le canon était protégé par des traverses à l'épreuve de la bombe, ait été pris par la force, cela me semble une chose inadmissible. Je

---

(1) A ce fascicule était jointe la lettre suivante, adressée au chef d'état-major du corps expéditionnaire :

« *Kharloum*, 10 *novembre* 1884. — Monsieur, depuis le 10 septembre, jour du départ du lieutenant-colonel Stewart, j'ai tenu un journal des événements de Kharloum, qui renferme aussi l'expression de mon opinion sur certains faits; je pense que vous devez en prendre connaissance à titre confidentiel. Vous pouvez en extraire ce que vous jugerez être d'un intérêt public, en passant naturellement sous silence mes appréciations personnelles. J'ai déjà envoyé cinq cahiers de ce journal, et je vous adresse aujourd'hui le sixième.

« J'ai l'honneur d'être, Monsieur, votre obéissant serviteur,

« C.-G. GORDON. »

ne crois pas non plus qu'il ait pu toucher et couler, car ses bordages étaient garnis de tampons noyés à un pied de profondeur. J'avais recommandé de ne jamais mouiller près de la rive et de ne pas se risquer à ramasser du bois dans les lieux isolés; enfin, j'avais fait tout ce qui était humainement possible pour assurer sa sécurité. Pourquoi l'avoir laissé partir? me dira-t-on. Voici comment les choses se sont passées.

J'avais décidé de faire partir l'*Abbas* avec un capitaine arabe, et Herbin me demande de monter à bord, proposition que j'accepte avec enthousiasme. Là-dessus, Stewart me dit qu'il s'en ira aussi, si je veux bien ne pas considérer son départ comme une désertion. Je lui réponds qu'en partant il me rend un grand service, et je lui écris une lettre officielle dans ce sens. Il voulait un ordre; je lui ai répondu : « Je ne puis vous le donner; non pas que je recule devant une responsabilité, mais parce que je ne veux pas vous exposer à un danger que je ne puis partager. » Puis je lui ai écrit à peu près dans ces termes : « L'*Abbas* part. Vous paraissez désirer partir avec lui, si je juge qu'en nous quittant vous n'agissez pas contrairement à l'honneur. Partez en toute sécurité de conscience, car ici vous ne pouvez me rendre aucun service, et là-bas vous me serez d'un grand secours en exposant ma situation et mes projets. » Quant aux Grecs, c'étaient des sortes de gardes du corps que j'avais enrôlés à très haut prix pour prévenir toute trahison de la part de l'équipage. J'avais donc prévu cette éventualité et pris mes mesures en conséquence, en y ajoutant toutes les recommandations relatives aux précautions à prendre pour les mouillages et pour les ravitaillements. Enfin, j'avais fait escorter l'*Abbas* par deux steamers jusqu'à Berber, le seul point avec Schendy où quelque danger pouvait être à redouter.

Il paraît que le steamer aurait été pris en un lieu relativement peuplé, en amont d'Abou-Hamed. Je suis intimement persuadé qu'il y aura eu une perfidie des Arabes, se présentant comme amis, et surprenant le bâtiment de nuit. Je dois dire que, depuis le jour du départ de l'*Abbas*, je n'ai jamais été rassuré sur son sort, et rien ne motivait cette inquiétude vague, car tout le monde ici déclarait en chœur que le passage était parfaitement sûr. Stewart était un homme à ne pas voir l'avenir en noir et à ne jamais prendre souci d'un danger imminent; il n'était pas le moins du monde soupçonneux, ce que je suis de la tête aux pieds. Je vois en imagination ce qui se sera passé. Un scheikh vient le trouver, l'invite à descendre à terre, traite le Mahdi d'imposteur, les hommes débarquent et se dispersent pour ramasser du bois; aussitôt les Arabes se ruent sur le steamer, dont les feux sont éteints, et tout est fini. Un espion m'a bien parlé d'une attaque dont l'*Abbas* avait été l'objet de la part d'un chef qui avait fait des protestations d'amitié, mais il ajoutait que nos gens avaient eu le dessus et avaient tué soixante-douze des assaillants (1). C'est un bien

(1) Ce récit imaginaire est à comparer avec le compte rendu de cette catastrophe fait par le mudir de Dongolah :

« Un nommé Faki-Oualed-Ahmet, qui paraît digne de foi, vient d'arriver

triste événement ; mais il était écrit, il n'y a donc pas à murmurer. Je le considère comme une punition du ciel pour la mise à mort des deux pachas nègres.

J'ai le plus vif désir qu'il soit fait sur cette affaire une enquête sévère. Un autre motif me porte à attribuer cette catastrophe à la trahison : les deux bateaux qui accompagnaient l'*Abbas* ne sont pas arrivés non plus à Debbeh. Or, en admettant que le steamer se fût échoué, qu'est-ce qui aurait pu empêcher ces bateaux de poursuivre leur route ? Ils auront tous été pris par un coup de main.

Hier soir à onze heures, douze obus sont tombés dans la ville sans faire de mal ni causer grande frayeur. A minuit, l'ennemi a ouvert un feu de mousqueterie sans plus de résultat. Quatre soldats entrés à Omdourman racontent qu'un détachement envoyé par le Mahdi devant Senaar a été

et de faire la déclaration suivante. Depuis le retour du général Gordon à Khartoum, un steamer ayant à bord quarante hommes, en partie Européens, en partie Égyptiens, plus cinq nègres et trois domestiques, est arrivé à Salamat, où il s'est échoué, mais sans sombrer. La population ayant manifesté de vives alarmes, plusieurs des passagers ont pris terre, afin de rassurer les indigènes, leur disant qu'ils ne venaient point pour faire la guerre, mais pour acheter des chameaux dans le but de se transporter à Mérowé par le désert. Les scheikhs Soliman et Abou-Noman, ainsi que l'oncle de Faki-Osman, s'engagèrent à leur procurer des bêtes et un guide. Les étrangers, enchantés de ce bon accueil, les menèrent à leur bord et firent présent aux scheikhs d'un sabre d'or et d'un sabre d'argent, et au guide d'un riche habillement. Alors les scheikhs offrirent l'hospitalité aux principaux des étrangers, en attendant que la caravane fût organisée. Ceux-ci acceptèrent et, à peine entrés dans la maison, furent tous massacrés ; après quoi les scheikhs retournèrent à bord, où ils tuèrent tous les autres, à l'exception de quatorze qu'ils ont faits prisonniers. »

Le mudir ajoutait qu'après avoir entendu ce récit, il avait fait prendre des informations pour savoir s'il se trouvait des Européens parmi les survivants.

## SIÈGE DE KHARTOUM.

taillé en pièces par la garnison de cette place. Ils disent aussi que, sous prétexte de chercher de meilleurs pâturages pour leurs troupeaux, les Arabes Baggaras ont demandé au Mahdi l'autorisation de s'éloigner de son camp et qu'ils l'ont abandonné; c'étaient ses meilleurs cavaliers. La population se détacherait peu à peu du prophète. Un de ces hommes était avec Slatin lorsque celui-ci s'est rendu, et il dit qu'à ce moment le gouverneur du Darfour avait encore en abondance des vivres et des munitions. Il paraît qu'il est toujours au mieux avec le Mahdi. Nous ne saurons la vérité là-dessus que lorsque les autres Européens seront hors des griffes des Arabes.

Stewart avait avec lui une soixantaine de livres sterling en or et tous les papiers relatifs à notre mission; je n'en avais gardé aucun ici à dessein, ne sachant pas ce que l'avenir nous réserve. Le jour de son départ, 10 septembre, nous avions perdu plus de 806 hommes et 978 fusils, ainsi qu'une quantité considérable de munitions tombées aux mains de l'ennemi le 4. Stewart avait été blessé au bras le dimanche 25 mai, à six heures du matin, à côté du palais. Notre situation était déjà bien compromise; les Arabes venaient d'arriver du Khordofan avec de l'artillerie, et trois steamers rentraient de Senaar avec sept obus dans leur coque. Le journal de Stewart, ainsi que je l'ai déjà dit, renfermait le détail des événements du 1$^{er}$ mars au 1$^{er}$ septembre; Power et Herbin en avaient chacun tenu un également. Il ne reste plus maintenant que celui du docteur, à partir du 7 mars, et je tiens à faire savoir au correspondant du *Times* que cette feuille en aura la primeur, d'après la promesse formelle du docteur. Le consul d'Autriche, Hansall, avait aussi le sien.

Dans sa lettre, Baker me donne quelques nouvelles : Clifford Lloyd est parti, à la suite d'une discussion avec Nubar-Pacha, et la France a signé un traité avec la Chine.

Un projectile arabe a passé au-dessus de la ville et est allé tomber dans le fleuve.

Si la garnison de Senaar a vraiment repoussé l'ennemi une seconde fois, il est impossible en conscience qu'on l'abandonne, et, pour la délivrer, il faudra au moins quatre mois. Le seul moyen de s'épargner cette campagne est de céder immédiatement le Soudan au sultan.

J'ai rassemblé toutes les dépêches reçues d'Europe et les copies de celles que nous avons expédiées, et je les renvoie avec ceci (1), afin qu'on en puisse prendre connaissance au moyen des chiffres du Foreign-Office. J'y joins le firman de Tewfik m'investissant de mes fonctions, ainsi que les instructions du khédive concernant l'évacuation, datées du 23 janvier 1884, et qui étaient demeurées secrètes (2).

Un négrillon d'une dizaine d'années, qui avait été pris ce matin par l'ennemi comme il ramassait de l'herbe en dehors des lignes, a trouvé moyen de rentrer en ville ce soir; c'est un gamin fort dégourdi.

Si l'*Abbas* est pris, le Mahdi a en sa possession le petit

---

(1) Ces dépêches n'ont pas été communiquées à la famille de Gordon avec son journal.
(2) V. Appendice, lettre T.

sceau dont je faisais usage autrefois, et mon grand sceau étant resté à Berber, tous deux sont entre les mains de l'ennemi.

La catastrophe a probablement eu lieu entre Abou-Hamed et Mérowé, vers le 18 septembre, époque à laquelle les Arabes devaient connaître la présence à Debbeh de Kitchener, puisque celui-ci m'a écrit de cette ville le 31 août. Il est probable que la proximité de Mérowé et la nouvelle que les scheikhs lui auront donnée de l'arrivée d'une colonne anglaise auront bercé Stewart d'une sécurité trompeuse. Abou-Hamed n'est qu'à cent milles de Mérowé, distance que le steamer, avec le courant, pouvait franchir en douze heures, et qui ne comporte qu'une petite cataracte très facile à passer, de l'aveu général. Stewart professait, bien à tort, un mépris suprême pour le courage de ses adversaires. Sans doute, les gens de ce pays ne sont pas héroïques, mais la perspective d'une chance de succès les enhardit. Ainsi, pour ce qui concerne nos troupes, elles ne font pas preuve d'un brillant courage, mais il est juste de reconnaître que le sentiment de la supériorité numérique de l'ennemi et de l'abandon où l'on nous laisse n'est pas pour leur relever le moral. Si Stewart a péri, c'est pour avoir agi dans l'idée erronée qu'on n'oserait pas l'attaquer. Power péchait comme lui par témérité et manque de prévoyance. A quoi sert la valeur personnelle, si l'on s'appuie sur de trop faibles soutiens? De même que la marche d'une flotte se règle sur la vitesse du plus lent de ses bâtiments, de même le chef d'une troupe médiocrement intrépide doit opérer en tablant sur le maximum de lâcheté qui peut exister parmi les hommes.

Si l'*Abbas* s'est échoué, restaient les deux bateaux que j'avais précisément donnés à Stewart en prévision d'un accident, et avec lesquels, en suivant le courant, il pouvait sans peine descendre le fleuve. En 1878, j'avais envoyé jusqu'au Caire un bateau de ce genre, portant quatre petits hippopotames dans un réservoir, et il a accompli la traversée en cinquante jours. Pour le piloter, Stewart avait un reïs à bord de l'*Abbas*.

Lors du départ de Stewart, la position de Khartoum devait être considérée comme désespérée. Au contraire, nous avions tous la certitude que, passé Berber, jusqu'où j'avais fait escorter l'*Abbas*, le passage ne présentait pas le moindre danger. Nous avions même prévu le cas où Dongolah serait tombé au pouvoir de l'ennemi, et nous avions décidé qu'alors le steamer pouvait sans difficulté parvenir à Ouedy-Halfah et de là gagner le Caire. On n'a peut-être pas oublié cet épisode de la guerre des Taï-Pings : le capitaine \*\*\* avait pris un jeune *midship* pour faire campagne avec lui, lequel *midship* est tué; là-dessus grand tapage, plaintes de la famille, pourquoi avoir emmené cet enfant? etc. La même chose va se reproduire à propos de cette affaire de Stewart. Pourquoi l'ai-je laissé partir? Voici ce que j'ai à dire pour ma défense. Il sentait fort bien, ainsi que Power et Herbin, à quel point la déroute d'El-Foun avait aggravé la situation de Khartoum; tous trois savaient que j'étais dans l'impossibilité matérielle de m'en aller, car mes propres domestiques m'eussent trahi, si j'eusse manifesté des intentions de départ, ce dont, au reste, je n'avais pas la moindre velléité. J'étais si bien résolu à mourir ici, que j'avais fait disposer deux mines dans le palais afin de le faire sauter, et moi avec, à la dernière extrémité, et ils le savaient. Tous trois avaient scrupule à m'abandonner, et il m'a fallu leur faire comprendre que leur présence ne m'était d'aucun secours, pour que Herbin d'abord, Stewart ensuite, et Power, après se décidassent à partir avec l'*Abbas*, que je chargeais d'emporter le journal de siège et tous les papiers. A la suite d'un long entretien entre Stewart, voulant un ordre écrit pour n'être pas accusé d'avoir déserté, et moi, refusant de le lui donner pour ne pas l'exposer volontairement à des risques que je ne pouvais courir avec lui, je lui ai écrit dans le sens indiqué plus haut. Au fond, j'étais bien aise de les voir partir; d'abord, de cette manière, je croyais leur salut assuré, ensuite je pensais que, notre situation une fois portée à la connaissance de l'Europe, le gouvernement se verrait moralement obligé d'intervenir.

On se souvient de la dernière dépêche d'Egerton, parvenue à cette époque, et déclarant que le gouvernement de Sa Majesté achèterait à n'importe quel prix le concours des tribus pour la délivrance de tous ceux qui étaient bloqués ici. Dans les idées de Stewart, tout ordre ou désir émanant du gouvernement était indiscutable. Nous avions souvent déploré ensemble le souci causé au cabinet par notre présence ici, et je crois qu'en quittant Khartoum il était, dans une certaine mesure, entraîné par le sentiment que son départ allégerait nos ministres de la moitié du poids qui chargeait leur conscience. Je restais seul, et j'avais si souvent, tant dans mes dépêches que dans les notes de notre journal, dégagé le gouvernement de toute responsabilité vis-à-vis de ma personne, que, Stewart sauvé, on aurait pu se croire quitte de tout devoir envers Khartoum.

Pour ma part, en renvoyant Stewart, Power et Herbin, je croyais fermement rendre au gouvernement de Sa Majesté un très grand service, car ce départ ne laissait ici que quelques rares Européens, dont un fou de ma connaissance, et la France n'avait plus rien à dire, une fois le salut de son consul assuré. De plus, Stewart était au courant de tout, pouvait exposer avec la plus parfaite exactitude la situation de Khartoum, et cela sans éveiller la défiance comme le faisaient mes rapports, car il voyait les choses au même point de vue que le gouvernement, ce qui n'est mon cas. Je lui avais tenu ce langage : « J'ai pleine confiance en votre honneur et votre conscience, mais je sais que nous sommes d'avis différent sur la question du Soudan. Je vous prie donc, lorsque vous rendrez compte de la situation, d'exposer mes vues personnelles telles qu'elles sont indiquées dans le journal de siège, tout en restant libre de donner votre propre sentiment, mais en ayant toujours soin de distinguer vos appréciations des miennes, ce qui vous est facile puisque vous n'avez qu'à vous reporter au journal quand vous voudrez me faire parler. » La veille de son départ, il avait écrit sous ma dictée une sorte de questionnaire dans lequel je prévoyais les principales interrogations qui lui seraient posées, et j'avais mis les réponses en marge. Je lui avais dit aussi : « Si, quand vous serez en communications avec les représentants du gouvernement de Sa Majesté, il n'a encore été fait aucun préparatif en vue d'une expédition, dites-leur qu'il est trop tard pour intervenir. »

Il s'est produit un fait assez singulier. Mon ami Kitchener avait enveloppé le courrier qu'il me transmettait, et qui est arrivé hier, dans de vieux journaux qu'on a jetés dans le jardin. Là, un employé de mes bureaux, qui sait quelque peu d'anglais, les ayant vus rouler au vent, les a ramassés et remis au pharmacien de l'hôpital, lequel, connaissant bien la langue, s'est mis à les lire. Le docteur l'a surpris dans cette occupation, et, ayant vu que ces journaux portaient la date du 15 septembre, il me les a apportés. C'est un trésor sans prix pour moi qui suis sans nouvelles depuis le 24 février. Et Kitchener ne m'en a pas donné dans sa lettre. Peut-être est-ce à dessein qu'il m'a envoyé ces journaux. J'y trouve plus de nouvelles que je n'en ai jamais reçu de l'*Intelligence-Department* : l'arrivée à Londres d'ambassadeurs abyssins, le refus des troupes nègres de reconnaître le traité Hewitt et la défaite de Ras-Aloula (1) à Keren (*Standard* des 1er et 15 septembre); le passage à la station de Victoria de lord Wolseley, partant pour prendre le commandement d'une expédition destinée

(1) Chef abyssin.

à délivrer Gordon (pardon, à délivrer les garnisons du Soudan); la grande cordialité témoignée par le khédive à lord Northbrook, dans l'audience que celui-ci a eue de Son Altesse; l'opinion d'Abd-el-Kader-Pacha sur l'expédition projetée : il croit que les troupes auront quatre grands combats à soutenir, etc. (1).

Voici la vraie histoire de ces journaux : on les avait jetés hors du palais, et un homme qui passait avait demandé au cavas de planton de les lui donner pour envelopper du tabac. C'est en allant en acheter à cet homme que le pharmacien a aperçu les journaux dans la boutique, et il les a emportés pour les lire, après en avoir vu la date.

Si Ras-Aloula a bien vraiment été battu à Keren (autrement dit Bogos, *alias* Senheit), et cela pendant qu'on recevait les ambassadeurs abyssins à Londres, c'est un beau résultat du traité Hewitt : sous prétexte de nous venir en aide, il nous aura jeté dans les jambes de nouveaux ennemis. Il est inconcevable que le gouvernement de Sa Majesté, ayant cédé au roi Jean Bogos et autres places, n'ait pas pris immédiatement des mesures pour les faire évacuer, et cependant, si la garnison de Bogos a combattu Ras-Aloula, c'est qu'évidemment elle n'avait pas reçu d'ordres. Quel

---

(1) Sur le verso de cette page de son manuscrit, Gordon avait collé des fragments des journaux dont il parle. Une de ces coupures dit : « Une dépêche officielle reçue de Ouedy-Halfah déclare que l'abaissement sans précédent du niveau du Nil rend impossible de haler des bateaux aux cataractes avant la fin de septembre. » Gordon avait écrit au-dessous de ces lignes le commentaire suivant : « Le Nil n'était pas bas, c'était un Nil moyen, mais c'est vous qui vous êtes mis en retard. »

SIÉGE DE KHARTOUM.

gâchis extraordinaire! Dans sa lettre du 25 août au consul grec de Khartoum, Mitzakis dit que « l'Abyssinie doit prendre immédiatement possession de Keren, » et le *Standard* du 1ᵉʳ septembre donne une dépêche de Massouah annonçant « une attaque sur Keren par Ras-Aloula, qui a été repoussé avec des pertes considérables. » J'apprends aussi, par ces journaux miraculeusement parvenus jusqu'à nous, qu'Abd-el-Kader-Pacha est devenu ministre de l'intérieur. A en juger par la réputation qu'il a laissée ici, c'est *Abd-el-Kader et les quarante voleurs* en une seule personne.

6 *novembre.* — Quelques coups de canon ont été tirés ce matin sur Bourré, à l'extrême gauche des lignes, et sur les chaloupes blindées de l'extrême droite.

Un de nos hommes, venant du camp du scheikh El-Obeyed avec sa femme et son enfant, confirme la nouvelle de la mort de ce chef, survenue il y a quatre jours. Ce sera un grand soulagement pour Sanderson; plus de confusion à craindre, il ne reste plus que la ville de ce nom. Peu de temps avant sa mort, le scheikh avait intercepté un courrier venant de Kassalah et avait fait périr le porteur.

Je pense que le gouvernement de Sa Majesté présente son expédition comme entreprise dans le but d'assurer mon salut personnel, afin de se dégager d'ores et déjà de toute responsabilité vis-à-vis du Soudan et de pouvoir considérer sa tâche comme remplie, une fois le siège de Khartoum levé. Mais alors comment expliquer la mission de Stewart et la mienne? Si l'Angleterre ne se croyait pas responsable de ce qui s'est passé ici, pourquoi nous y avoir envoyés et pourquoi avoir attaqué Osman-Digmah et secouru Tokhar?

La mort du scheikh El-Obeyed porte un coup fatal à l'ennemi, car la désunion va certainement se mettre parmi les siens. Son fils Achmet lui succède, et il n'aurait déjà plus avec lui que 1,000 à 1,500 hommes. Un soldat arrivé à Omdourman avec sa femme prétend que le Mahdi perd tous les jours des partisans et qu'il n'est pas d'avis de prendre l'offensive. On dit que ses démêlés avec le scheikh El-Obeyed ont hâté la fin de celui-ci, mort après avoir langui quelque temps dans un état comateux. D'après un autre soldat, rentré avec sa mère, le Mahdi aurait transporté son camp à quatre heures de marche de l'ancien emplacement.

Nouvelle canonnade ce soir du côté du Nil Blanc. Ce matin, à Bourré, un soldat a été grièvement blessé.

Dans quelle colère doit être le roi Jean, s'il est vrai que la garnison de Keren ait repoussé ses troupes avec pertes! il ne doit avoir à la bouche que la perfidie de Tewfik. J'y pense, est-ce au nom du gouvernement khédival ou du nôtre que le traité a été conclu? Keren n'étant qu'à trois journées de Massouah, il est probable que cette dépêche dit la vérité. On ne peut s'empêcher de rire en songeant à ce surcroît d'ennemis que le traité Hewitt nous met sur le dos.

Les lignes suivantes, extraites d'un des journaux qui me

sont parvenus, montrent que tous les pays musulmans sont en fermentation et que le terrain est bien préparé pour l'extension de l'influence du Mahdi, si on lui permet de s'établir à Khartoum. « *Insurrection en Arabie. Constantinople, dimanche soir.* — La lutte continue dans le Hedjaz entre les troupes ottomanes et les tribus arabes révoltées contre l'autorité du sultan. Il est à supposer que la Porte attache quelque importance à cette affaire, car elle vient de diriger sur le théâtre des troubles environ 2,000 hommes de troupes impériales, etc. (1) ».

Un autre soldat prétend que, loin de s'être éloigné d'Omdourman, le Mahdi s'est, au contraire, rapproché de nos murs. J'ai idée qu'il médite une tentative d'assaut. Un soldat qui pêchait dans le Nil Blanc, ce soir, a été atteint par un projectile.

*7 novembre.* — Les tentes du Mahdi se trouvent à côté de celles de Faki-Mustapha, à une heure et demie d'Omdourman. Deux vaches sont venues se faire prendre à Bourré.

Un gros détachement arabe est parti du camp de Faki-Mustapha, se dirigeant vers le nord-ouest, du côté des puits de Gabrah, quartier général de la tribu des Kaba-

(1) A la suite de ces lignes, coupées dans un journal et collées au verso de la page du manuscrit, Gordon avait également collé plusieurs autres extraits des journaux, notamment un compte rendu du départ des lords Northbrook et Wolseley, dans lequel il avait barré d'un trait de plume le terme plusieurs fois répété d'*expédition pour la délivrance de Gordon*, et tous les mots par lesquels il était fait allusion à ce but donné à l'expédition.

bischs. Les avant-postes du Mahdi ne sont pas loin du fleuve, car je vois ses canons Krupp en position près de la rive. Je suis inquiet du flanquement des retranchements à l'extrême droite sur le Nil Blanc et j'envoie un steamer sur ce point.

Quatre soldats, accompagnés d'un esclave et de deux femmes, sont entrés à Omdourman. D'après eux, le Mahdi se proposerait de prendre l'offensive de ce côté; il aurait reçu cent vingt chameaux chargés de munitions; Slatin serait aux fers. Ils prétendent que les Arabes n'ont nullement l'intention de risquer leur peau dans une attaque du fort et qu'ils mettent en avant nos réguliers nègres prisonniers. Il va falloir nous battre contre notre chair et notre sang; ce procédé n'est pas de bonne guerre.

Si je deviens grincheux, je ne suis pas sans excuse, car ces femmes glapissant sous les fenêtres du palais pour demander du dhoora sont parfaitement exaspérantes.

Il faut que le Mahdi ait confiance dans le succès pour se rapprocher ainsi de nous et pour faire venir une si grande quantité de munitions; car, s'il craignait l'arrivée du corps expéditionnaire, il n'exposerait pas ainsi les 500,000 cartouches que représentent ces cent vingt charges de chameaux à tomber entre nos mains. Il est certain qu'il a lieu d'être fortement encouragé par l'affaire de Tokhar, dans laquelle le général Graham n'a pas été autorisé à poursuivre ses avantages en marchant sur Berber, et par les succès des Arabes à Souakim, tenant la ville assiégée sans qu'aucune tentative soit faite pour la délivrer.

## SIÈGE DE KHARTOUM.

A ce propos, je ne sais si l'on a réfléchi que, lorsque le Mahdi sera maître du Soudan, la possession de Souakim ne sera d'aucune utilité. Au train dont vont les choses, le prophète a de grandes chances d'aller jusqu'à la Mecque, s'il s'empare de Khartoum et que l'insurrection du Hedjaz gagne du terrain.

Je suis certain que Méhémet-Achmet reçoit du Caire des informations très précises sur le but de l'expédition et sur son plan de campagne, et qu'il se dit : « On lèvera le siège de Khartoum, on me laissera tranquille et on s'en retournera. » Si telles sont en effet les intentions du gouvernement et si le commandant en chef a reçu des instructions précises concernant une retraite immédiate, c'est bien ; je sais ce qu'il me reste à faire. Tout ce que je demande en ce cas, c'est qu'on me relève de mes fonctions et qu'on me rende ma liberté d'action. J'ai été investi d'une mission spéciale, qui n'a rien à voir avec le devoir militaire, et j'ai reçu de Tewfik personnellement (tout en n'ignorant pas que son indépendance est une pure fiction) de pleins pouvoirs justifiant toutes les mesures que j'ai cru devoir prendre jusqu'à présent dans l'intérêt des populations confiées à mon gouvernement. Si l'on est décidé à abandonner Senaar et Kassalah, en vertu de cette autre fiction que le roi d'Abyssinie en a pris la charge, ainsi que les garnisons de l'Équateur, en dépit de leur belle défense, si cette politique inique est adoptée, on n'a plus besoin de moi, et je ne me soucie pas de voir, aussitôt que le corps expéditionnaire aura tourné les talons, le Mahdi s'installer dans cette ville de Khartoum que nous aurons défendue avec tant d'acharnement pendant des mois. Je n'ai pas non plus envie de rester pour voir les Arabes harceler les troupes de Sa Majesté pendant leur longue retraite sur Ouedy-Halfah, et encore bien moins de m'exposer aux reproches de ceux qui se verront abandonnés, après s'être attachés à moi et m'être demeurés fidèles. J'ai bien assez écrit sur ce sujet pour n'avoir pas à y revenir. Le gouvernement n'ignore point mes sentiments sur cette affaire et il prendra en parfaite connaissance de cause une détermination que je m'efforcerai d'accueillir avec philosophie. Mais, jusque-là et tant que rien n'est fait, je déclare une fois de plus protester avec la plus grande énergie contre une retraite qui exposerait aux plus grands désastres et serait une source de honte pour mon pays.

En cas de retraite immédiate, voici les questions qui se posent :

1° Les approvisionnements devront-ils être détruits ?

2° Des moyens de transport sont-ils assurés à tous ceux qui voudront quitter le pays ?

3° Que fera-t-on des steamers ?

4° Désarmera-t-on les Schaggyehs avant d'évacuer le pays ?

5° Informera-t-on les garnisons de Kassalah et de Senaar de l'abandon où l'on compte les laisser, en dégageant ma responsabilité vis-à-vis d'elles ?

(Je déclare que moi, gouverneur général du Soudan, je ne consentirais jamais à donner un pareil ordre.)

6° Négociera-t-on avec le Mahdi (ce qui, à mon avis, serait sans résultat), en vue de délivrer les Européens qu'il retient en captivité ?

7° S'opposerait-on à ce que les troupes nègres se dirigeassent vers Senaar pour s'efforcer, à leurs risques et périls, de délivrer les garnisons de cette place et de Kassalah ?

Si l'on abandonne Khartoum, Senaar et Kassalah sont perdus; les Arabes assiègent déjà Souakim et sont maîtres de la mer Rouge, le Hedjaz est en insurrection ; je ne vois pas ce qui pourrait empêcher le Mahdi de gagner la Mecque, et, une fois qu'il y sera, nous ferons bien de veiller au grain en Turquie. Tout cela aurait été évité, si au mois de mars l'on avait envoyé Zubehr-Pacha au Soudan, alors que je le réclamais à cor et à cri; nous aurions conservé Berber, nous aurions battu le Mahdi, sans recourir à aucune assistance venue de l'extérieur, et le gouvernement anglais n'aurait pas eu à faire les frais d'une expédition. Ma grande faiblesse ici est d'être étranger et chrétien ; la présence de Zubehr arrangeait tout et désarmait le préjugé de ces populations arabes et musulmanes contre moi. Il est pourtant triste, alors que le Mahdi agonise, de le rendre à la vie en lui livrant Khartoum.

Le bruit court d'un mouvement offensif de l'ennemi sur Omdourman pour demain. Cependant deux soldats et un esclave qui arrivent du camp arabe le démentent; ils disent que Slatin et Saleh-Pacha ont été mis aux fers pour avoir entretenu avec le Khordofan des intelligences secrètes.

Le bombardement a repris sur notre droite, et un feu

nourri de mousqueterie a été dirigé sur Bourré ce matin. Voilà la vie de ces derniers mois qui va recommencer, car avec des troupes comme celles-ci on ne peut avoir un moment de tranquillité.

*8 novembre*. — Il est certain que, si Zubehr arrivait avec le corps expéditionnaire et s'il était installé comme gouverneur général avec un subside annuel et dans une position à demi indépendante, soutenu par une occupation temporaire, il rallierait une grande partie de la population, excédée du Mahdi et de ses derviches, mais que l'abandon du pays rattacherait, bon gré mal gré, au prophète. On serait délivré du souci de Senaar et on pourrait se borner à demeurer ici deux mois, en laissant ensuite au besoin un détachement à Berber et un autre à Dongolah pour donner à Zubehr le temps de s'organiser. Il trouverait ici des bateaux propres à la navigation du Nil et pourrait établir des communications fluviales par une série de stations se reliant les unes aux autres. Quant à la traite des nègres, on pourrait imposer comme condition à Zubehr de ne pas la laisser pratiquer ostensiblement et sur une trop vaste échelle, tandis que le Mahdi s'y livre effrontément. Cet arrangement avec Zubehr serait un moyen terme entre une évacuation immédiate et complète et une occupation permanente, soit par les troupes britanniques, soit par celles du sultan. Jamais le Mahdi ne pourrait soulever la population contre Zubehr, et ses partisans mêmes l'abandonneraient rapidement pour se rallier au gouverneur général.

*Six heures et demie du matin.* — Les Arabes du Nil Blanc se dirigent en masse vers Bourré, et ceux de la rive droite du Nil Bleu paraissent vouloir se concentrer devant le fort du Nord; ils ont découvert notre point faible, le trop grand prolongement de notre front sur la gauche.

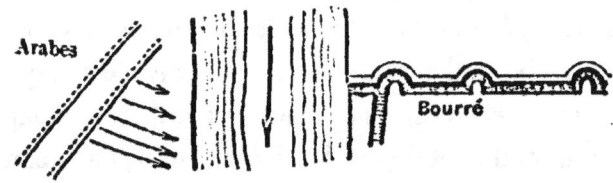

J'envoie l'*Ismaïlia* et l'*Husseinyeh* sur les lieux.

*Sept heures et demie.* — La canonnade est engagée entre l'ennemi et les steamers qui remontent le fleuve.

*Huit heures et demie.* — Les steamers ont délogé l'ennemi de sa position sur la rive droite du Nil Bleu, d'où il nous prenait en écharpe; le feu a à peu près cessé, et je suis heureux d'apprendre que nous n'avons ni morts ni blessés jusqu'à présent. Cette nuit, les Arabes de la rive gauche du Nil Blanc, au camp du Mahdi, avaient envoyé quelques projectiles sur le point de jonction de nos lignes avec le fleuve. Le bruit court qu'un soldat fellah aurait déserté cette nuit et serait passé à l'ennemi.

*Neuf heures.* — Les Arabes ont rassemblé à proximité d'Omdourman un troupeau de vaches et les chassent vers le fort, dans l'intention, je pense, de les pousser sur les mines pour les faire sauter, ce qui rendrait le chemin libre.

J'envoie l'*Ismaïlia* dans cette direction. L'ennemi a recommencé le feu du côté du Nil Blanc.

*Dix heures.* — Les Arabes se retirent des abords de Bourré et battent en retraite vers le Nil Blanc; ceux d'Omdourman tirent par-dessus le fleuve sur le fort Mogrim. Le consul d'Autriche, qui faisait de ce côté sa promenade à cheval du matin, a été désagréablement surpris en voyant deux balles frapper l'eau tout près de lui, et il est sagement rentré en ville.

*Dix heures trois quarts.* — Le combat est fini et tout est rentré dans le calme. Des fusées tirées du fort d'Omdourman ont éloigné les vaches; si je ne me trompe pas dans l'intention que je leur prête, les Arabes avaient eu une idée ingénieuse en envoyant ces pauvres bêtes en enfants perdus. Nos gens en ont pris seize et ont tué un Arabe. Quel supplice que ces alertes continuelles!

J'évalue à trente mille le nombre des cartouches brûlées aujourd'hui par les Arabes : il en est résulté un tué et un blessé à bord du petit steamer et deux blessés dans le fort, sans compter un homme blessé à Omdourman par l'explosion d'un tube de fusée. Je déteste ces fusées à baguettes; celles de Hale sont les seules pratiques. Dans ces climats chauds, la substance explosive se répand au dehors du tube, en sorte que le feu prend à la fois à l'intérieur et à l'extérieur; de là des accidents. Je pense que ces petites fêtes vont maintenant recommencer tous les jours; je m'en passerais bien, car le métier qu'elles m'obligent à faire est vraiment abrutissant.

Six soldats arrivés du camp ennemi avec quatre esclaves prétendent que les Arabes se disposent à occuper Halfeyeh; j'espère bien qu'ils n'en feront rien. Le Mahdi aurait avec lui environ 8,000 combattants de toute sorte; Slatin et Saleh-Pacha seraient toujours aux fers, tandis qu'Hussein-Pacha-Khalifa serait au mieux avec le maître. Les Arabes auraient l'intention de renouveler tous les jours l'escarmouche de ce matin. Ils semblent s'inquiéter fort peu de l'arrivée prochaine de troupes anglaises; est-ce de leur part ignorance ou insouciance? C'est étonnant à quel point les immenses préparatifs de Dongolah en vue de la grande expédition de secours ont encore peu influé sur les événements; tout ce qui en est résulté jusqu'à présent, c'est que j'ai affaibli ma défense en me privant de cinq steamers et de quatre cents hommes; ceux-ci, à vrai dire, ne sont pas de première qualité.

Je m'attends à une seconde édition pour demain du divertissement d'aujourd'hui. On ne saurait me blâmer d'éprouver quelque ennui en voyant revenir nos misères passées, et j'ai bien le droit de me sentir lassé après deux cent quarante et un jours de cette existence énervante. Si lord Wolseley a dit, comme on le raconte, qu'il n'espérait pas avoir levé le siège de Khartoum avant « plusieurs mois », il faut vraiment qu'il ait une confiance extraordinaire dans notre force de résistance morale; car, lorsqu'il a prononcé ces paroles, nous étions dans notre septième mois de blocus et nous sommes actuellement entrés dans le neuvième. Le gouvernement de Sa Majesté m'a prescrit, par l'intermédiaire de mon ami Baring, de ne pas quitter Khartoum pour me retirer dans les provinces de l'Équateur sans y être autorisé (1); j'ai sa dépêche entre les mains. Si donc je m'en allais (en admettant que la population me laissât partir), je ferais acte d'insubordination.

Cette affaire du Soudan me coûtera personnellement au moins trois mille livres sterling au delà de ma solde, somme que je n'entends pas laisser payer pour moi (2); je l'emprunterai, ainsi que mille autres livres pour racheter le journal de Stewart, s'il est entre les mains des Arabes.

Un soldat arrivé de chez l'ennemi raconte que le Mahdi s'est aperçu de l'impossibilité où il se trouvait de bombarder la ville en restant dans ses positions actuelles. La garnison du fort d'Omdourman s'est encore emparée de quatre vaches, ce qui fait vingt aujourd'hui; à raison de vingt livres sterling pièce, prix moyen en ville, ce butin représente la somme de quatre cents livres.

Je ne puis arriver à comprendre ceci : puisqu'on juge aujourd'hui devoir envoyer une expédition au Soudan, pourquoi n'a-t-on pas pris ce parti plus tôt? Sans doute,

---

(1) *Sir E. Baring à lord Granville :* « *Le Caire*, 13 mars 1884. — J'ai prescrit au général Gordon de se maintenir à Khartoum jusqu'à ce que j'aie reçu de nouvelles communications du gouvernement de S. M. et de ne se rendre sous aucun prétexte dans les provinces du Bahr-Ghazel et de l'Équateur. »

(2) Les gouvernements anglais et égyptien ont acquitté, de la façon la plus large, les engagements pécuniaires pris par le général Gordon en son nom personnel, pour des dépenses relatives à son gouvernement de Khartoum.

on s'en tirera en parlant des difficultés de gouvernement, mais il sera malaisé d'échapper au soupçon d'avoir attendu au dernier moment dans l'espoir que la chute de Khartoum rendrait une intervention inutile. Je ne ressens pas de rancune personnelle contre ceux qui ont fait ce calcul, mais il y aurait hypocrisie de ma part à dissimuler mon mépris pour eux, quels qu'ils soient. Si un garçon des collèges d'Eton ou d'Harrow agissait de la sorte à l'égard d'un camarade, je crois qu'il serait rossé par les autres, et il ne l'aurait pas volé. Je ne connais dans l'histoire qu'un fait analogue, c'est la conduite de David envers Uri, et encore y avait-il une femme dans l'affaire, ce qui n'est point mon cas, que je sache. Je fais remarquer que je ne juge pas le fond de la question ; je me borne à blâmer l'indécision du gouvernement. Il n'a pas osé dire : « Abandonnons les garnisons, » et m'a empêché de me rendre dans les provinces de l'Équateur, tout en étant fermement résolu à ne pas me venir en aide, et dans l'espérance que... non, je ne veux pas dire ce qu'il espérait ; mais enfin il est positif que, puisque j'avais déclaré en mars ne pas pouvoir tenir plus de six mois, il me trouvait dans mon tort de ne pas avoir capitulé en août. Voilà ce dont je me plains.

Un autre reproche que je fais au gouvernement, c'est de s'obstiner à prétendre que le khédive gouverne l'Égypte ; cette fiction est percée à jour depuis longtemps. Peut-on imaginer plus plaisante comédie que celle-ci : lord Northbrok demandant au gouvernement égyptien son concours pour mener à bonne fin l'exécution de telle ou telle mesure? Je pense qu'en ce cas les deux augures doivent pouffer de rire au nez l'un de l'autre, et je regrette de n'être pas capable de faire un croquis de cette scène. Cependant Baring, lui, ne doit jamais rire ; il est toujours solennel et grave, et aussi incapable de commettre une semblable inconvenance que de faire du scandale dans une église.

Enfin, mon troisième grief, c'est le traité avec l'Abyssinie, autre comédie, dont on peut dire que le meilleur côté est de n'être pas prise au sérieux ; ce traité demeurera à l'état de lettre morte, et c'est sa seule excuse.

9 *novembre*. — Canonnade décousue entre l'ennemi et nous à Omdourman et sur le Nil Blanc. Quatre soldats sont arrivés de chez les Arabes avec cinq esclaves, dont l'un appartient à Slatin. Le Mahdi, paraît-il, est en désaccord avec ses *khalifas* (vizirs, autrement dit ministres) au sujet des opérations ; ceux-ci voudraient en venir aux mains avec nous, et lui ne s'en soucie pas. L'ennemi a beaucoup de munitions, mais il a perdu du monde hier, surtout devant Bourré ; on voit plusieurs cadavres flotter au courant du fleuve. Un esclave a été tué dans le fort d'Omdourman.

Au cas où j'essayerais de quitter Khartoum, la population me tiendrait ce langage : « Si nous avions été livrés à nous-mêmes, il est un certain nombre d'entre nous qui auraient trouvé moyen de regagner le Caire ; mais vous êtes venu parmi nous, et nous nous sommes confiés à vous pour nous sauver ; nous avons souffert et nous souffrons encore de grandes privations pour ne pas nous rendre. Si vous n'étiez pas venu, nous aurions fait notre soumission, sans tentative de résistance, tandis qu'après notre défense acharnée, nous ne pouvons attendre aucune clémence de la part du Mahdi, qui vengera sur nous tout le sang répandu autour de Khartoum. Vous nous avez pris notre argent en nous promettant de nous le rendre, engagement qui devient sans valeur, si vous nous quittez. Vous êtes tenu de demeurer avec nous et de partager notre sort, et, si le gouvernement anglais nous abandonne, ce n'est pas une raison pour que vous en fassiez autant, alors que nous vous sommes restés fidèles. »

Positivement et une fois pour toutes, je déclare me refuser à quitter le Soudan jusqu'à ce qu'il ait été fourni à quiconque en manifestera le désir le moyen de gagner l'Égypte, à moins que je ne puisse me décharger de ma responsabilité sur un gouvernement quelconque. En conséquence, je suis résolu à n'obéir à aucun ordre me prescrivant de quitter Khartoum sans me donner un successeur, et je resterai ici, quoi qu'il arrive, pour partager les périls de la garnison et des habitants et mourir, s'il le faut, le jour où la place tombera au pouvoir de l'ennemi.

Si, comme me le font supposer la confiance extraordinaire des Arabes, le traité avec l'Abyssinie et le langage des journaux que m'a envoyés Kitchener, l'expédition en marche n'a d'autre but que ma délivrance personnelle, elle peut s'en retourner, je ne veux pas de son secours. J'espère qu'en ce cas on voudra bien me renvoyer mes steamers (sans les troupes fellahs) avec les 150,000 livres sterling que Baring m'avait promises (il m'avait même ouvert un crédit illimité), ainsi que tous les approvisionnements dont on pourra disposer, et une pièce de canon pour remplacer celle que j'ai perdue avec l'*Abbas*, dans la tentative faite par ce bâtiment pour me mettre en communication avec le Caire et l'Europe. A moins que Zubehr ne soit indispensable au Caire, je demanderai aussi qu'on me l'expédie, ou, si l'on veut sauver les apparences, qu'on le laisse s'échapper, puisqu'il est censé être prisonnier. Avec ces forces dans ma main, je resterai ici, et, soit comme gouverneur, si le khédive me maintient dans mes fonctions, soit à titre privé, s'il m'en relève, je consacrerai ma vie à ce peuple qui m'est dévoué et s'est remis avec confiance entre mes mains. J'espère aussi qu'en revenant sur ses pas, le corps expéditionnaire s'arrêtera sur le théâtre du désastre de l'*Abbas*, afin de tirer une vengeance éclatante de la trahison qui a perdu Stewart.

J'ai pu rassembler toutes les dépêches échangées pendant les années 1883 et 1884 entre le gouvernement du Soudan et celui du Caire ; cela constitue une collection remarquable et pleine d'intérêt, dont je crois que le *Standard* donnerait un bon prix. Mais je suis grand et généreux, et je l'envoie au gouvernement avec ce sixième cahier de mon journal (1).

La garnison du fort d'Omdourman a encore fait main

(1) Comme on l'a dit plus haut, ces dépêches ont été gardées par le gouvernement de S. M.

basse sur vingt et une vaches ce soir, soit, au total, quarante et une dans la journée : voilà un bel exploit.

Je joins à toutes les dépêches un document que j'avais été sur le point de confier à Stewart avec les autres, mais qu'au dernier moment je m'étais décidé à garder : c'est le firman de Tewfik me prescrivant l'abandon du Soudan (1), que j'ai reçu le 24 janvier 1884 et tenu secret pour raisons politiques. Si le Mahdi en avait eu connaissance, cela lui aurait donné des armes contre moi ; il est vrai qu'il n'en ignore peut-être pas l'existence, car j'avais eu le tort d'en donner communication à Hussein-Pacha-Khalifa. Convaincu que Stewart ne courait aucun danger, j'avais voulu d'abord le lui remettre avec les autres papiers, afin d'éviter que, si le Mahdi s'en emparait ici, il puisse me dire : « Comment ! Tewfik vous avait prescrit d'abandonner le pays, et vous ne l'avez pas fait. » Mais j'avais ensuite réfléchi que, comme le firman ne tomberait jamais au pouvoir du Mahdi qu'avec la ville, c'est-à-dire après ma mort, il était indifférent qu'il fût entre les mains de Stewart ou entre les miennes.

J'appelle l'attention sur ce fait que, sauf ce firman et les dépêches ci-annexées, dont Stewart avait emporté les copies, je lui avais confié tous les autres documents relatifs à ma mission, preuve de la sécurité où j'étais à son endroit, car, sans cela, je ne me serais pas ainsi dessaisi des originaux de mes instructions. Ce cahier du journal

(1) V. Appendice, lettre T.

parti, il ne me restera pas un seul papier; je ne serai donc plus en état de citer textuellement, mais j'ai bonne mémoire.

Je n'écris pas de dépêche relativement à la mort de Stewart et de ses compagnons; que pourrais-je dire? Avec ma manière d'envisager les choses de la terre, je ne puis penser que leur mort soit un mal (1), mais je la déplore profondément pour leurs familles et leurs amis. Stewart était un cœur vaillant, juste et élevé; Power était un homme brave, honnête et généreux. J'aimais beaucoup Herbin; c'était un Français aimable, bien élevé et très fin. Le diplomate *** en a fort médit dans une dépêche, bien à tort, à mon sens, car je l'ai toujours trouvé très judicieux et équitable dans ses appréciations, avec une certaine partialité pour les intérêts de son pays, naturellement (2). Pour ma part, au surplus, je ne vois pas quel inconvénient il y aurait pour nous à laisser la France se mêler des affaires d'Égypte, je crois même qu'il en résulterait beaucoup d'avantages; bien des maux auraient été évités, si cette puissance avait eu voix au chapitre. Quand on n'a pas de chevalerie chez soi, il faut en aller chercher chez le voisin.

Hier nous avons brûlé 41,000 cartouches, et l'ennemi a tiré encore bien davantage.

---

(1) Gordon veut dire qu'il ne considère jamais comme un mal la mort d'hommes justes et généreux, qui échangent une existence de misère contre l'initiation à la vie éternelle.

(2) Herbin était le directeur du *Bosphore égyptien*.

10 *novembre*. — Ce matin, quarante Arabes se sont approchés du fort d'Omdourman, avec lequel ils ont engagé une fusillade nourrie, en représailles, sans doute, de la capture de leurs vaches. Sept autres, montés sur des chameaux, se sont dirigés du Nil Bleu sur Halfeyeh ; je crains que ce ne soient des éclaireurs chargés de reconnaître ce lieu en vue d'une occupation.

C'est aujourd'hui que, d'après mes calculs, j'aurais dû apercevoir l'avant-garde de la colonne. Depuis le 21 ou le 22 novembre de l'année dernière, jour où est parvenue au Caire la nouvelle du désastre de Hicks, les renforts envoyés au Soudan se sont élevés au chiffre considérable de neuf personnes. Conformément à la fiction convenue, le *gouvernement égyptien* est seul responsable de cet état de choses ! Si l'homme pouvait prévoir l'avenir, il serait le plus misérable des êtres. Lisez cette dépêche adressée, il y a près d'un an, en décembre 1883, de Khartoum, par le colonel Coëtlogon au colonel Fraser Floyer à Ouedy-Halfah : « Pas de nouvelles. Attendons des renforts avec impatience. » Qu'aurait dit Coëtlogon, s'il avait su que, dans l'espace d'une année, il arriverait neuf hommes à Khartoum pour tous renforts? C'est une amère dérision que la lecture de toutes ces dépêches, après les déceptions dont nous vivons depuis des mois.

Six soldats et quatre esclaves, rentrés dans la place par Omdourman, rapportent que Slatin a été remis en liberté, que les prêtres catholiques Luigi et Youssef refusent toujours d'abjurer et qu'ils sont prisonniers à Obeyed, que le bruit continue à courir de l'arrivée de troupes venant de Debbeh, enfin que les Arabes ont perdu beaucoup de monde hier dans l'affaire de Bourré.

Je ne puis comprendre pourquoi Kitchener ne me fait pas connaître la route suivie par le corps expéditionnaire (1). Il n'a pas à craindre de voir ce renseignement tomber entre les mains du Mahdi; celui-ci le saura de reste, ayant de toutes parts des espions qui l'informent exactement de ce qui se passe; d'ailleurs, il lui serait facile de rédiger sa dépêche dans des termes intelligibles pour moi seul.

11 *novembre*. — Ce matin, à six heures et demie, 200 Arabes se sont portés au nord du fort d'Omdourman, d'où ils ont ouvert le feu sur le fort et sur l'île Tuti. Le fort ayant riposté vigoureusement, les fantassins ennemis ont battu en retraite et ont été ramenés à la charge par la cavalerie du détachement, à cinq ou six reprises consécutives; il est évident qu'ils n'étaient pas dévorés du désir de se battre. Nous avons eu quatre blessés, dont une femme, un seul grièvement atteint; l'ennemi a tiré quatre à cinq mille coups.

Dix-neuf Arabes, venus d'Halfeyèh en descendant le Nil Blanc, sont venus devant Gobah et se sont emparés d'un âne à la barbe des Schaggyèhs; mais c'était trop d'insolence pour que ceux-ci mêmes pussent le supporter. Ils sont sortis du fort du Nord au nombre d'une centaine, plus une

---

(1) Il est juste de dire qu'il n'en était pas informé lui-même.

quinzaine de cavaliers, et se sont mis à la poursuite des ennemis à travers la plaine, mais sans grand enthousiasme; cependant, de la terrasse du palais d'où j'assiste à cette course au clocher, il me semble que quatre ou cinq Arabes ont été tués. Ce fait peut donner une idée de l'insouciance de l'ennemi ou de son mépris pour nos troupes.

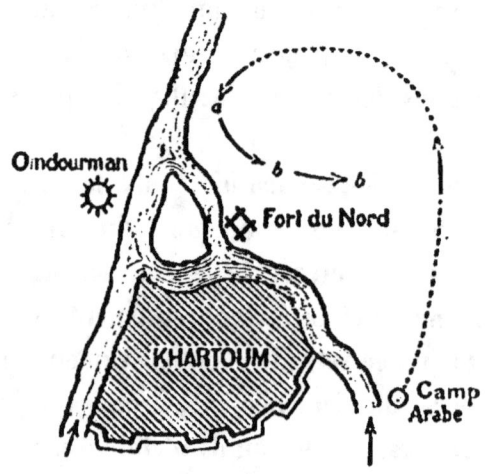

Ces dix-neuf hommes venaient du point *a*, à une distance d'au moins dix milles de leur camp à travers le désert et c'est en passant en *bb* qu'ils se sont emparés de l'âne sous les murs du fort.

*Midi.* — Le fort du Nord envoie son rapport sur le beau fait d'armes de ce matin : trois fusils Remington pris, ainsi que trois sabres et trois lances ! Vingt hommes tués ! Or, ils étaient en tout dix-neuf, et d'ailleurs, puisque les Schaggychs n'ont rapporté que neuf armes, il faudrait croire que les autres Arabes n'étaient pas armés.

Cinq soldats et une femme entrés au fort d'Omdourman racontent que le nombre des partisans du Mahdi diminue de jour en jour, que les affûts de ses canons sont brisés, que la discorde règne dans son camp, que Slatin est de nouveau aux fers et qu'on parle toujours de la marche en avant du corps expéditionnaire.

Outre les 93,000 okes de biscuit volés et retrouvés dont j'ai déjà parlé, on vient d'en découvrir 166,000 autres qui avaient été dérobés dans le courant de l'année ; trente des principaux marchands de la ville sont impliqués dans cette affaire, et leur procès s'instruit en ce moment. Il ne nous restait qu'un quart de million d'okes de biscuit, c'est-à-dire le nécessaire pour un mois environ. Ce vol de 259,000 okes (en tout) était une fameuse affaire pour ceux qui l'ont commis ; cela représentait une valeur de 9,000 livres sterling en temps normal, et 26,000 en ce moment (1).

On ne sait vraiment trop à qui, des bachi-bouzouks, des fellahs ou des Schaggyehs, donner la palme du courage ; cependant, en bonne justice, je crois qu'elle revient à ces derniers. On se rappelle les quarante-deux vaches dont j'ai parlé comme ayant été enlevées à l'ennemi par la garnison d'Omdourman ; toute vérification faite, ce sont des soldats évadés de chez les Arabes qui les ont chassées devant eux en entrant au fort. Au moins, ces gens-là ont

(1) C'est cette rentrée imprévue de vivres qui a permis à Gordon de tenir un mois de plus qu'il ne l'avait cru possible auparavant.

cela de bon qu'ils ne s'obstinent pas dans leurs mensonges, semblables, sur ce point, à certains personnages haut placés de ma connaissance.

12 *novembre.* — Hier soir, à onze heures, trois esclaves arrivés à Omdourman avaient déclaré que l'ennemi se proposait d'attaquer le fort au point du jour; on m'avait transmis télégraphiquement ce renseignement, mais l'employé du télégraphe a jugé à propos de ne me l'apporter que ce matin à sept heures. Or, à cinq heures et demie, nous avions été réveillés par une violente fusillade du côté d'Omdourman et nous avions vu aussitôt un corps considérable d'ennemis massé sur ce point. N'ayant pas été prévenus à temps, nous n'avions pris aucune précaution et les steamers n'avaient pas leurs feux allumés. Depuis cinq heures et demie du matin jusqu'à maintenant, huit heures et demie, les allées et venues des Arabes n'ont pas discontinué; toute leur cavalerie est sur pied, ils ont amené des canons sur la rive du fleuve. La fusillade et la canonnade continuent, avec une dépense effrénée de munitions.

*Dix heures vingt.* — Le feu a cessé pendant une demi-heure, pour reprendre avec une nouvelle ardeur. L'*Ismaïlia* a été atteint par un obus, mais sans qu'il en soit résulté d'avarie sérieuse, à ce qu'on me mande; l'*Husseinyeh* s'est échoué. C'est maintenant que le besoin se fait sentir des steamers que j'ai envoyés à Metemmah.

*Onze heures quinze.* — Le feu, très violent depuis trois quarts d'heure entre l'*Ismaïlia* et l'ennemi, s'est ralenti; il est devenu irrégulier et tend à cesser; l'*Husseinyeh* est toujours sur le flanc et l'*Ismaïlia* est à l'ancre. Quelles angoisses je viens d'éprouver pendant six heures, en voyant les boulets pleuvoir dans l'eau autour de mes steamers!

*Midi.* — Le feu a complètement cessé, à mon grand soulagement, car j'ai vécu des années pendant ces quelques heures. Si j'avais perdu l'*Ismaïlia*, l'*Husseinyeh*, échoué, serait tombé aux mains des Arabes, puis le fort d'Omdourman, puis le fort du Nord, puis la ville.

*Une heure.* — L'ennemi a recommencé à tirer sur les steamers, dans l'espérance, sans doute, de couler l'*Husseinyeh*, toujours sur le flanc.

*Une heure et demie.* — Fin de la canonnade. L'*Ismaïlia* s'est très bien comporté; il a reçu trois obus et a eu un tué et quinze blessés.

J'ai administré une paire de soufflets à l'employé du télégraphe qui ne m'a pas apporté le télégramme cette nuit, après mes ordres formels et réitérés de ne jamais, sous aucun prétexte, mettre le moindre retard dans la transmission; puis j'ai eu un remords de conscience, et je lui ai donné cinq dollars. Il s'est jeté à mes pieds, me disant que j'étais son père et que je pouvais le tuer, si je voulais; c'est un grand garçon de vingt ans, couleur chocolat. Je me repens toujours de ces actes de violence, mais aussi la vie qu'on mène ici est vraiment abrutissante. Et puis, que faire avec ces gens-là? Si on leur retient leurs appointements, c'est à leur famille que l'on fait du tort; je suis partisan des châtiments sommaires qui n'atteignent que le coupable. Si cet employé avait fait son devoir, les steamers auraient été sous vapeur au point du jour, prêts à entrer en ligne.

Ferratch-Pacha me rapporte que notre canon Krupp du fort Mogrim a démonté une des pièces ennemies. Le télégraphe a été coupé entre ce fort et celui d'Omdourman, sans doute par un boulet de canon. Quand on songe que les pièces de montagne des Arabes font des trous de deux pieds carrés dans la coque de mes steamers, on se rend compte des angoisses par lesquelles j'ai passé; je suis moulu comme si j'avais fait trente milles à pied. L'ennemi a tiré environ 370 coups de canon sur les steamers; nous avons brûlé 50,000 gargousses et cartouches, et les Arabes au moins autant. Le fort d'Omdourman a été immodéré dans son feu et a gaspillé une quantité de munitions à l'aube, alors qu'on ne voyait pas où l'on tirait. Voilà la plus grande bataille que nous ayons eu à soutenir depuis notre second blocus; les espions d'hier soir disent que c'est contre le gré du Mahdi et sur les instances de ses khalifas qu'elle a été livrée. Pendant tout le temps qu'elle a duré, les Arabes du sud et de l'est n'ont bougé plus que des souches; je retrouve là les habitudes d'assistance mutuelle des Chinois. C'est notre premier engagement avec le Mahdi en personne.

Voici un échantillon de la vie que l'on mène ici. Vers trois heures du matin, on parvient à s'endormir d'un sommeil agité : *ran plan plan*, un tambour bat. On l'entend comme dans un rêve, puis; peu à peu, l'on reprend ses sens, et l'on se rappelle que l'on est dans Khartoum. On se demande un instant si ce n'est pas une fausse alerte et si le *ran plan plan* ne va pas s'évanouir; pas du tout, il augmente d'intensité. La première pensée qui vient alors est celle-ci : ont-ils assez de munitions? car la pénurie de munitions est l'excuse des mauvais soldats. Enfin, il n'y a pas à dire, il faut se lever et monter sur la terrasse du palais; ordres, télégrammes, jurons et malédictions jusqu'à neuf heures du matin.

On dira ce qu'on voudra de la gloire militaire; à mon avis, la guerre est un abominable fléau (si toutefois nous avons le droit de qualifier ainsi ce que le ciel nous envoie). Quelles angoisses n'ai-je pas ressenties tantôt, en voyant ce pauvre petit *Husseinyeh,* un vrai yacht de la Tamise, reculer, poupe en avant, sous un feu épouvantable ! J'ai vu un obus frapper l'eau tout près de lui à éclabousser son avant, je l'ai vu stopper et éteindre ses feux; la mort dans l'âme, j'ai donné ma lunette à mon petit domestique, ne pouvant plus supporter ce spectacle, et animé, je l'avoue, en ce moment critique, des sentiments les moins bienveillants pour quelqu'un que je sais, principal auteur de nos maux. Mon petit domestique, un enfant de treize ans, me dit : « L'*Husseinyeh* est sur le flanc. » Je m'en doutais, mais je lui réponds tranquillement : « Descends et va télégraphier à Mogrim pour savoir si l'*Husseinyeh* s'est échoué. » Réponse : « Non. » J'insiste; encore une fois : « Non. » Puis un télégramme arrive, disant : « L'*Husseinyeh* s'est échoué. »

*Deux heures trois quarts.* — L'*Ismaïlia* a essayé de relever l'*Husseinyeh* et a reçu deux obus, ce qui fait cinq pour la journée, en sorte qu'il a renoncé à sa tentative. Les Arabes tirent sur le steamer échoué; j'ordonne au canon Krupp du fort Mogrim de combattre leur feu, et j'attends la nuit pour renflouer l'*Husseinyeh*. Il se trouve plus près de la rive gauche que de la droite, et on ne sait trop s'il est échoué ou à demi coulé.

*Trois heures et demie.* — L'ennemi a rapproché ses batteries du steamer échoué; l'*Ismaïlia* me mande n'avoir fait aucune avarie sérieuse.

*Quatre heures et demie.* — Trois pièces ennemies tirent sur l'*Husseinyeh*.

*Six heures du soir.* — Le feu a cessé.

*Sept heures du soir.* — L'*Husseinyeh* a six hommes blessés, dont son commandant, et a deux trous dans sa coque. Je dois reconnaître que les Arabes ont fait preuve aujourd'hui d'une grande intrépidité, renouvelant sans cesse leurs attaques, sans se laisser intimider par le feu écrasant de l'*Ismaïlia*; ils ont dû éprouver des pertes considérables, car ils étaient à certains moments groupés en masses compactes. Je pense, d'ailleurs, que, par le mot Arabes, il faut entendre nos réguliers nègres pris dans le Darfour et le Khordofan, qu'ils auront mis en avant. Quant à l'*Ismaïlia*, il n'est pas de bâtiment de notre marine royale qui eût pu se mieux comporter; il a passé plus de vingt fois sous le feu des batteries ennemies, souvent à moins de 1,200 mètres, alors qu'un obus frappant au bon endroit l'aurait coulé immédiatement. Je ne sais si l'équipage se rendait compte du danger, mais moi je ne l'ignorais point, et l'on pense si j'étais rassuré. Il a été atteint cinq fois. Que l'on songe à ce qu'est ce steamer : quelque chose comme un bateau de rivière à deux sous; et ces pièces de montagne égyptiennes dont les Arabes font usage contre nous sont aussi supérieures, comme portée et comme effet, à nos méchantes pièces de sept qu'une pièce de trois l'est à un mortier de douze; ils ne font pas des trous de vrille comme nos pièces de sept et sont, par parenthèse, d'un transport bien plus facile. En tant que les événements de ce monde dépendent des hommes, c'est à ce télégraphiste chocolat que remonte la responsabilité de tout cet émoi.

*Huit heures du soir.* — Les Arabes du Nil Bleu connaissent notre situation et savent que notre *Husseinyeh* est immobilisé, car ils ont fait une démonstration devant Bourré; mais quelques coups de canon les ont forcés à se replier. A quatre heures, ceux du Nil Blanc ont tiré douze obus et ouvert un feu de mousqueterie assez vif sur nos lignes, mais sans faire de mal. En ce moment, je vois un feu sur la rive gauche du Nil Blanc, en face d'Halfeyeh. On est en train de relever l'*Husseinyeh*, qui, décidément, n'est qu'échoué et non à demi coulé; j'ai fait distribuer deux dollars par tête aux hommes occupés à ce travail et payer quinze jours de solde aux équipages des deux steamers.

*Huit heures et quart.* — Les Arabes ont toujours des batteries sur la rive du fleuve et tirent sur l'*Husseinyeh*, qu'on travaille à relever ; c'est la première fois qu'ils ne ramènent pas leurs pièces dans leur camp à la nuit.

*Dix heures vingt.* — Rapport sur l'*Husseinyeh* : trois tués et six blessés; jusqu'à présent les tentatives pour le relever sont vaines.

13 *novembre.* — L'*Ismaïlia*, se rendant à deux heures du matin sur le lieu d'échouage de l'autre steamer, a été atteint par deux obus; je renonce à renflouer l'*Husseinyeh* pour le moment, et je fais mettre à terre le canon et l'équipage de l'*Ismaïlia* pour faire réparer ses avaries.

A cinq heures et demie du matin, la canonnade et la fusillade ont recommencé du côté de Bourré, et à sept heures je vois des Arabes se diriger vers Gobah avec une pièce de canon. L'ennemi a établi une batterie à Scheikh-Ali et a tiré quelques obus sur le point de jonction de nos lignes avec le Nil Blanc. Il est impossible de réparer la ligne télégraphique coupée du côté du fort d'Omdourman, les Arabes continuant à bombarder ce fort, sans grande vigueur, il est vrai. Du côté du nord, ils ont installé un canon sur les dunes de sable, à environ 4,000 mètres des lignes, et les bombardent de cette distance. Nous sommes en train de réparer les avaries de l'*Ismaïlia,* et nous avons élevé un parapet de terre sur la rive du fleuve pour couvrir les approches du steamer échoué.

Le fort d'Omdourman avait hier 250,000 cartouches Remington, et il est approvisionné d'eau et de vivres pour six semaines; il a hissé son drapeau, qu'il n'avait pas hier.

On a commis une grande faute en élevant ce fort si loin du fleuve (1,200 mètres).

Les Arabes sont à Gobah au nombre de 250, mais ils usent des munitions en pure perte; leurs boulets ne nous atteignent pas, et ils ne peuvent rapprocher leur batterie, le village d'Hogali, qui touche au palais, ayant été rasé et ne leur offrant pas d'abri. Ils ne trouveront pas d'eau à Gobah, dont tous les puits ont été comblés avant l'évacuation de cette position. Le bruit court en ville que les Arabes se vantent de dire leurs prières demain vendredi dans la mosquée de Khartoum.

*Neuf heures et quart du matin.* — L'ennemi a évacué Gobah et, faisant un grand détour pour ne pas passer à portée des canons du fort du Nord, s'est rendu à notre extrême gauche devant Bourré, sur la rive droite du Nil Bleu, où il a ouvert un feu nourri. Nous avons dû tirer hier 50,000 coups de canon et de fusil, les Arabes davantage, et aujourd'hui ils en ont déjà tiré bien plus. Dans la déroute de Hicks, ils se sont emparés d'environ un million de cartouches et gargousses Remington, il y a de cela un an; depuis lors ils en ont certainement dépensé les deux tiers, et il ne doit plus leur en rester que 300,000 à peu près, car ils n'ont pas de moyen de s'en procurer d'autres ni d'en fabriquer.

*Onze heures du matin.* — Grand gaspillage de poudre devant Bourré, sans que personne ait encore été atteint dans le fort. Nous sommes toujours coupés d'Omdourman; les Arabes sont en A, B et C.

Il ne faut pas se dissimuler que la journée d'hier est à leur avantage, bien qu'ils aient dû la payer assez cher. Heureusement que j'avais approvisionné le fort en prévision d'un événement de ce genre. Nous avons eu hier sept hommes tués et quinze blessés, dont trois le sont assez

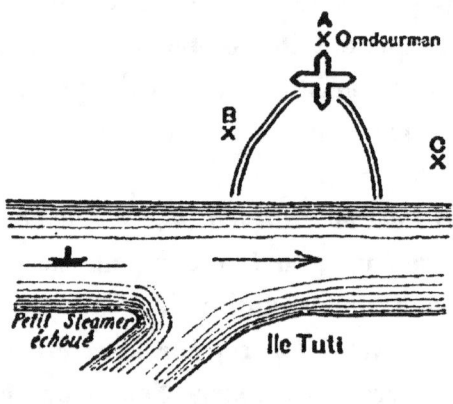

grièvement. Quant à l'*Husseinyeh*, sa mésaventure doit être imputée à l'incurie du commandant, qui n'a pas écouté les conseils du *reïs* (pilote). Je n'éprouve d'inquiétudes sérieuses que lorsque les steamers sont engagés; en ce cas, je suis sur des charbons ardents jusqu'à ce qu'ils soient revenus à leur mouillage. Je n'ai pas de chance avec ces petits bâtiments que j'avais apportés d'Angleterre démontés : Dieu sait ce qu'est devenu l'*Abbas*; le *Méhémet-Ali* est sur le Nil Bleu, aux mains de l'ennemi, et voilà le troisième, l'*Husseinyeh*, hors de service, au moins temporairement. Si le corps expéditionnaire doit arriver, il commence à être temps. Nous pouvons dire que nous avons été livrés à nos propres forces jusqu'aux dernières extrémités, car l'année sera révolue depuis le désastre de Hicks, avant que nous voyions poindre à l'horizon l'ombre de troupes anglaises ou autres. D'ailleurs, si jamais une enquête était faite à ce sujet, on trouverait, j'en réponds, que ce n'est la faute de personne.

*Une heure de l'après-midi.* — L'ennemi a mis quatre pièces en batterie au bord du fleuve et bombarde le fort Mogrim, qui riposte avec des obus Krupp et des fusées.

*Trois heures.* — Feu de mousqueterie à travers le fleuve entre nos hommes et les Arabes. Ceux-ci ont installé sur le Nil Blanc une sorte de bac avec dix-huit bateaux, au moyen desquels ils vont, je présume, tenter de s'emparer du steamer échoué ou, tout au moins, de s'installer à bord. Ils n'y trouveront rien que quelques sacs de biscuit; mais, le bâtiment étant cuirassé, une fois qu'ils y seront, nous ne pourrons plus les déloger qu'en le coulant.

Les troupes qui ont attaqué notre front nord, hier, étaient composées presque en totalité d'esclaves, conduits au feu par une quarantaine de *mamelucks* (cavaliers arabes).

Quinze obus sont tombés dans la ville ce matin, sans faire de mal, et quatre sont arrivés jusqu'au palais, éloigné de 2,800 mètres de la batterie qui les lançait.

Un habitant de Khartoum étant venu se plaindre de ce qu'il n'avait plus rien à manger depuis quatre jours, on a fait une perquisition chez lui et on y a trouvé huit ardebs de dhoora ; dans une autre maison, on en a découvert quarante.

14 *novembre.* — *Huit heures du matin.* — Depuis cinq heures et demie du matin, l'ennemi a commencé à bombarder Bourré des deux rives du Nil Bleu; pendant plus d'un quart d'heure, le feu n'a pas eu une minute d'interruption, et il continue encore, avec plus de calme. Toujours le même gaspillage de munitions. Personne n'est encore atteint chez nous.

Deux hommes ont réussi à venir du fort d'Omdourman, envoyés par Ferratch-Ullah, lequel nous mande que tout va bien et qu'il n'a pas de blessés; il a encore été bombardé ce matin. Deux Arabes qui avaient essayé de gagner à la nage le steamer échoué ont été tués, à ce que prétendent nos hommes; il faut toujours se méfier de leurs prétendus exploits.

Je me demande où est le roi Jean avec ses deux cent mille soldats.

Voici ce que je pense au sujet du corps expéditionnaire. Une fois parvenu à Dongolah, il ne peut faire autrement que de se porter sur Metemmah ou dans le voisinage de Berber; là il trouvera les steamers, et pourra entrer en communication avec Khartoum. Une fois cette communication établie, le commandant en chef assumera la responsabilité des mesures à prendre concernant la place et le gouvernement du pays. Il est impossible que la colonne reste longtemps en route entre Dongolah et Metemmah. Il est évident qu'elle ne pourra maintenant éviter le contact avec les Arabes, qui nous serrent de près; car je ne crois pas qu'ils battent en retraite, étant donné la vigueur qu'ils ont déployée en ces derniers temps.

Nouveau mensonge de ces drôles : sur la foi de l'équipage de l'*Husseinyeh*, je croyais qu'il ne restait que du biscuit à bord, mais on vient de découvrir que les munitions n'ont pas été débarquées.

La nuit dernière, une de nos barques ayant passé à côté de l'*Husseinyeh*, les hommes qui la montaient ont été tellement effrayés par le qui-vive de nos factionnaires, qu'ils se sont sauvés à la nage en abandonnant leur barque.

Je suis allé jusqu'à Mogrim, et j'ai constaté moi-même l'état de l'*Ismaïlia*; il a reçu sept obus et est criblé de traces de balles.

Environ 400 Arabes établissent une longue tranchée vis-à-vis le steamer échoué, qui est protégé sur notre rive par un parapet. Voyez le croquis ci-après : l'*Husseinyeh* se trouve échoué à l'extrémité du camp retranché arabe d'Omdourman, à environ 1,200 mètres de ce nouvel ouvrage de l'ennemi et à 800 mètres du nôtre; son arrière fait face à l'ennemi.

Les Arabes continuent avec quatre pièces une canonnade mal dirigée et sans effet; leur fusillade est nourrie et tout aussi inefficace; sans doute que ce tapage les amuse. Nous leur répondons avec plus de modération, mais c'est encore brûler sa poudre aux moineaux, car ils sont à couvert et nous ne leur faisons aucun mal.

Un déserteur du camp arabe, arrivé au fort du Nord,

prétend qu'avant-hier soir un homme, porteur de lettres pour Khartoum, s'est présenté aux portes du fort d'Omdourman, mais qu'il a été pris par une patrouille ennemie avant d'avoir pu se faire reconnaître par les factionnaires du fort. J'espère être en mesure de communiquer ce soir

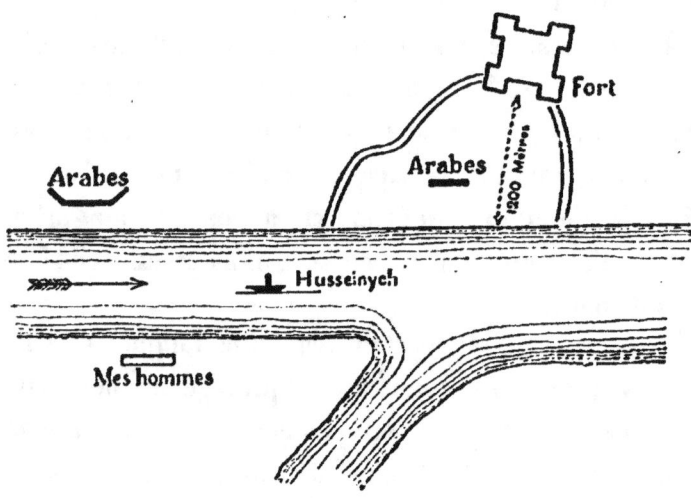

avec Omdourman au moyen de porte-voix. Ce fort est décidément bien mal placé, il ne commande même pas les 1,200 mètres de terrain qui le séparent du fleuve.

État de nos vivres aujourd'hui : 240,000 okes de biscuit et 1,326 ardebs de dhoora; je fais mettre en vente 4,000 okes de biscuit. Il paraît maintenant que c'est seulement 172,000 okes qui avaient été dérobés; le chiffre en varie tous les jours.

Le détachement ennemi qui a pris position sur la rive

droite, en face du steamer échoué, n'est que de 500 hommes, tous d'anciens soldats à moi, à ce que je crois, et il est si éloigné de tout soutien, qu'il nous serait facile de l'enlever; mais nous n'osons pas tenter l'aventure, faute de quelques hommes résolus.

Pendant la demi-heure que j'ai passée au fort Mogrim, les Arabes y ont bien envoyé quinze obus et 8,000 balles, sans que personne ait été touché; je ne me rends même pas compte de ce que sont devenus leurs projectiles. Et, du lever au coucher du soleil, c'est à peine s'ils suspendent leur feu. Il n'y a pas d'arsenal au monde qui puisse fournir à une pareille consommation; certainement, entre eux et nous, 80,000 cartouches ont été brûlées aujourd'hui. Il m'est revenu de différentes sources que le Mahdi avait amené d'Obeyed cent vingt chameaux, disent les uns, deux cents, disent les autres, chargés de cartouches Remington; mettons deux cents. A deux caissons par chameau et deux mille cartouches par caisson, cela lui en faisait 800,000 à son arrivée; il en a bien brûlé la semaine dernière 250 à 300,000, restait à 500 ou 550,000. Certainement, au train dont il va, il n'en a pas plus de 200,000 aujourd'hui, c'est-à-dire ce qu'il lui faut pour une semaine, s'il continue ce feu extravagant. Nous autres, nous en fabriquons en moyenne 40,000 par semaine, ce qui suffit à notre consommation.

D'ailleurs, les Arabes paraissent se soucier fort peu de l'effet de leur feu; je vois avec mon télescope leurs canonniers charger et tirer sans se donner la peine de pointer.

## SIÈGE DE KHARTOUM. 293

Ce n'est que lorsque leur tir est dirigé sur les steamers qu'ils y apportent quelque attention. Il résulte de cette insouciance les effets les plus singuliers. Ainsi, le bombardement de Bourré est très dangereux pour des points fort éloignés de ce fort, où personne n'est touché; les abords du palais et de la maison du mudir, qui en est voisine, situés à près de 3,000 mètres du lieu d'où tire l'ennemi, sont particulièrement exposés. A 2,300 mètres de Bourré, un ouvrier de l'arsenal a été blessé par un des projectiles tirés sur ce fort.

Le commandant de l'*Husseinyeh* est mort aujourd'hui. Au coucher du soleil, l'officier qui commande le fort Mogrim a été blessé au bras.

On croit que les hommes dont j'ai parlé, qui se sont jetés à l'eau au qui-vive de nos propres factionnaires, se sont réfugiés à bord de l'*Husseinyeh*, ainsi qu'un soldat du fort d'Omdourman, dépêché par Ferratch-Ullah, et qui avait tenté de traverser le fleuve à la nage; nous envoyons une barque pour les recueillir. Le canon de l'*Ismaïlia* a été mis en batterie sur la rive du fleuve pour couvrir les approches du steamer échoué.

Le consul grec prétend que les projectiles pleuvent comme grêle sur le chemin qui mène au palais; ceux qui arrivent sur ma terrasse s'y aplatissent considérablement, preuve que leur force n'est pas amortie, malgré la distance qu'ils ont parcourue. Hier ils ont plu sur l'hôpital, mais sans faire de mal.

Nous avons communiqué au moyen de porte-voix avec

fort d'Omdourman, et nous sommes convenus pour demain matin à huit heures de signaux avec des pavillons. Les hommes qui parlaient dans les porte-voix se sont ensuite adressés à l'ennemi, qui n'a pas répondu. Le bien sort quelquefois du mal : si l'*Husseinyeh* ne s'était pas échoué, les Arabes, au lieu de concentrer sur lui leur tir, l'auraient dirigé sur le fort, qui aurait pu être en danger, au lieu que tout y va bien pour le moment. Au surplus, le steamer ne nous rendrait pas de grands services, et nous en aurons un pareil terminé dans douze jours.

15 *novembre*. — Hier soir, des barques ont ramené les dix hommes réfugiés depuis la veille à bord du steamer échoué, ainsi que le messager de Ferratch-Ullah. Le bey me fait savoir que tout va bien au fort, mais me demande des munitions. Il a en magasin 150,000 cartouches ; chacun de ses 470 soldats réguliers en a cent et chacun de ses 170 irréguliers deux cents, ce qui en fait en tout dans le fort 231,000, presque le quart de ce que Hicks avait emporté pour son expédition; et il se plaint d'en manquer !

Les cinq felouques qui sont allées chercher nos hommes à bord de l'*Husseinyeh* n'ont pas été aperçues par l'ennemi. Elles ont, cette fois, rapporté tout ce qui se trouvait à bord, munitions, biscuit, etc., ainsi que les soupapes de la machine; j'avais envoyé un mécanicien pour les démonter. On prétend que les Arabes qui surveillaient le steamer échoué sont partis pour Kérowé, vis-à-vis Hal-

## SIÉGE DE KHARTOUM.

feyeh, mais je n'y crois guère. Un obus a atteint l'*Hus-seinyeh* hier, mais sans lui faire de mal.

Ce matin, l'ennemi a ouvert sur les forts de Bourré et d'Omdourman un feu très vif d'artillerie et de mousqueterie, qui s'est ralenti pendant la journée et a redoublé d'intensité au coucher du soleil ; de ce train-là, les Arabes seront bientôt dépourvus de munitions, tant pour leurs fusils que pour leurs canons. D'ailleurs, les effets de leur bombardement sont toujours à peu près nuls ; Omdourman a perdu en tout, ces jours-ci, quatre tués et seize blessés. Le *bimbachi* (1) du fort Mogrim, qui a été blessé hier, est mort aujourd'hui. Lorsqu'il a été atteint, il était tranquillement couché sur son lit, à 3,000 mètres des Arabes, se croyant bien en sûreté ; et il est certain qu'à voir les lieux, on l'y aurait cru aussi éloigné de tout danger qu'au cœur de Londres. Cet homme était fort pusillanime et évitait soigneusement tout service périlleux. Mais on ne peut rien contre sa destinée.

Je reconnais que j'ai été injuste dans mes appréciations sur les soldats fellahs ; ils ne sont pas braves sur un champ de bataille, en rase campagne, mais je dois dire qu'ils se sont bien comportés à bord des steamers. Après tout, bon nombre d'entre eux auront été tués ou blessés pour une cause qui ne les touche nullement. Ces réflexions m'ont été inspirées par une visite que j'ai faite à l'hôpital aujourd'hui. J'y ai vu une quantité de ces pauvres diables, blessés sur les steamers où je les avais mis (sachant bien que,

(1) Commandant turc ou égyptien.

là du moins, ils ne pouvaient se sauver, une fois au feu), tandis que les nègres que j'avais gardés pour la défense des retranchements n'ont que fort peu de blessés. Comme je sortais de l'hôpital, le convoi d'un mort en sortait : le cadavre était porté sur un brancard par quatre forçats, les fers aux pieds, sous l'escorte de deux soldats, baïonnette au canon, qui s'en allaient l'enterrer comme un chien. Voilà un des aspects de la gloire militaire.

Pour répondre aux demandes de cartouches, nous nous mettons à en fabriquer 40,000 par jour. Les officiers réclament de nouveaux fusils pour leurs hommes, qui ont mis les leurs hors de service par un tir continuel. Ce gaspillage de munitions ne m'inquiète pas, car nous serions en état de fournir à une consommation de cinquante jours, et, si nous ne sommes pas délivrés dans un mois, ce sont les vivres qui nous feront défaut. Du moins ne serons-nous pas en reste avec les Arabes, qui en dépensent au moins autant que nous et n'en ont pas en réserve, pas plus qu'ils n'ont le moyen de réparer leurs armes.

Je vais baptiser le nouveau steamer le *Zubehr*, non à cause de l'estime dans laquelle je tiens ce pacha, mais en souvenir de l'insistance avec laquelle je l'ai demandé au Soudan. La population avait manifesté le désir que ce bâtiment portât mon nom; mais j'ai répondu : « J'aurai bousculé et emprisonné assez de monde ici pour être assuré que vous ne m'oublierez jamais; je n'ai donc pas besoin de ce moyen pour perpétuer mon souvenir à Khartoum. »

16 *novembre*. — L'ennemi est tranquille, tirant quelque peu sur Mogrim : seize obus en deux heures. Je pense que le Mahdi a réfléchi aux inconvénients du gaspillage de munitions de ces quatre derniers jours. Une petite fantasia a lieu en ce moment dans son camp, qui a été hier soir transporté plus loin du fleuve. Quant au camp du front sud, il ne se compose plus que de cinq ou six tentes ; les Arabes qui l'occupaient se sont portés sur le Nil Bleu, du côté de Djiraff et d'El-Foun. Une femme a été légèrement blessée ce matin du côté de Bourré.

Les Arabes ont adopté un système très ingénieux avec les soldats réguliers nègres qu'ils emploient. Sachant que ceux-ci n'attendent que des occasions favorables pour venir nous retrouver, les chefs ne leur donnent presque rien à manger et leur promettent des rations entières chaque fois qu'ils se seront battus contre nous, ce qui les fait marcher. Ils ont l'intention de ne se battre que pour la forme, le plus mollement possible, simplement pour gagner leur nourriture ; mais, comme ils sont en première ligne, nous en tuons quelques-uns. Leur brave sang de nègre s'échauffe, et ils se mettent à tirer pour tout de bon, afin de venger leurs camarades ; les Arabes les encouragent en leur disant : « Maintenant que vous avez fait feu sur les troupes du gouvernement, vous êtes compromis, jamais on ne vous pardonnera ; » et voilà comment il ne nous rentre plus de déserteurs. Nos vrais ennemis sont fort rarement en première ligne, et les nègres finissent par marcher contre nous de bonne volonté. Faut-il s'en étonner? Les janissaires étaient des chrétiens enlevés à leurs parents dans leur enfance, et c'étaient les pires ennemis de leur race.

Nous avons à l'hôpital cinquante-quatre blessés et trente-six malades; hier un homme a été tué à Mogrim, et un autre blessé; une femme a été blessée en ville.

Mes officiers m'avaient assuré qu'on courait de terribles risques à raser la rive voisine du steamer échoué, toujours battue par le feu de mousqueterie de l'ennemi, même de nuit. Mais je suis extrêmement sceptique à l'endroit de ces sortes d'histoires, prétextes commodes pour se dispenser d'exécuter les ordres donnés, ou pour se faire valoir, si l'on y a obéi; aussi ai-je voulu voir par moi-même ce qui en était. Ce soir, à onze heures et demie, j'ai affronté ce grand danger et, comme je m'y attendais, je l'ai trouvé absolument chimérique; j'ai vu que je pourrais, s'il me plaisait, renflouer sans difficulté l'*Husseinyeh*. Mais, comme il sert en quelque sorte de cible aux Arabes et détourne leur attention du fort d'Omdourman, je ne vois pas d'inconvénients à le laisser où il est. Inutile de dire que j'ai trouvé tous les officiers de service absents; ils étaient allés se coucher chez eux. Mais que sert de s'en faire du mauvais sang? ce sont les derniers des drôles, et rien ne les changera. Certes, si jamais nous nous tirons de ce pétrin, ce sera bien par miracle, car il est impossible d'imaginer un plus lâche troupeau que ce corps d'officiers. Mais je l'ai déjà assez rabâché, et, au surplus, c'est le mauvais ouvrier qui se plaint de ses outils; le bon vient à bout de son ouvrage même avec des instruments pourris.

17 *novembre*. — L'ennemi nous bombarde ce matin de Bourré, du Nil Blanc et d'Omdourman, et entretient aussi une fusillade assez nourrie. Il a un canon Nordenfeldt (1) en batterie vis-à-vis du steamer échoué. Parade religieuse au camp du Mahdi, qui fait évidemment son possible pour exalter le fanatisme de son monde.

La population est enchantée du nom de *Zubehr*, que je donne au nouveau steamer; par contre, je pense que la Société anti-esclavagiste sera indignée (2). Si Zubehr était ici, notre situation serait tout autre. Il est vraiment trop ridicule, alors que notre politique consiste à abandonner le Soudan au Mahdi et à sa bande de chasseurs d'esclaves, dix fois plus enragés que Zubehr, de n'avoir pas voulu tirer parti des capacités, du prestige et de l'influence de cet homme, sous prétexte de ses antécédents esclavagistes. Lui, du moins, saurait faire marcher son monde. Ainsi, la nuit dernière, un seul Arabe a abordé dans l'île Tuti, occupée par deux cents hommes, en a tué un et enlevé trois

---

(1) Canon-mitrailleuse à tir rapide, en usage dans l'armée anglaise avant l'adoption du canon-revolver Hotchkiss, qu'emploie également aujourd'hui la marine française. Une batterie de ces bouches à feu était tombée aux mains du Mahdi lors du désastre du général Hicks.

(2) *Lettre de M. Sturge, au nom de la Société britannique et étrangère anti-esclavagiste, à lord Granville, du 10 mars1884* : « Le comité est unanime à déclarer que recourir, en quelque capacité que ce soit, à un pareil homme (Zubehr) serait un acte dégradant pour l'Angleterre et une cause de scandale pour l'Europe entière. »

ânes, sans avoir seulement été inquiété. Zubehr serait incontinent parti pour Tuti et aurait fait administrer à tous les hommes entre dix-huit et cinquante ans trente coups de courbache; moi, je me borne à me lamenter.

Lorsque je compte le temps écoulé depuis qu'on me laisse bloqué ici, du 1ᵉʳ mars à la mi-novembre, je ne puis m'empêcher de songer à certaine dépêche, dont on semble au Caire avoir oublié les termes et la portée, et de trouver qu'il y a là un manquement à des engagements pris (1).

S'il est exact que les troupes abyssiniennes aient été repoussées lorsqu'elles sont venues pour prendre Keren, je pense qu'on a dû rire de bon cœur dans *Downing-Street* (2) de la candeur du roi Jean, ou de l'empereur Jean, comme l'appelle Mitzakis. Chose singulière, nous sommes sans nouvelles de Kassalah depuis le mois de septembre.

Baring à Egerton : « Vous disiez : « C'est trop fort! » en parlant de la façon dont il nous traitait. Que direz-vous en apprenant qu'il a osé faire de vous et de moi des caricatures et qu'il a eu l'impudence de les insérer dans son journal semi-officiel (3)? Et nous ne pouvons rien contre lui, car, si nous le poursuivons comme officier anglais, il prétendra qu'il a fait les caricatures en qualité de gouverneur général, et *vice versa.* »

Indépendamment des regrets personnels que j'éprouve

---

(1) « Soyez assuré que, dans la tâche difficile que vous avez assumée, la coopération et l'assistance des autorités égyptiennes et anglaises ne vous feront jamais défaut. » (*Sir E. Baring au major général Gordon.*)
(2) Résidence officielle du premier ministre à Londres.
(3) V. page 195.

de la mort de Stewart, la perte de son journal m'affecte vivement, car il contenait une foule de choses intéressantes, notamment un mémoire dans lequel il était fait à toutes les puissances, la papauté comprise, et la France et l'Angleterre exceptées, l'appel le plus pathétique ; nous les conjurions de s'unir pour lever une armée auxiliaire, placée sous les ordres de Baker et autres officiers anglais au service de l'Égypte, et chargée de mettre un frein à l'extension du fanatisme des derviches. J'avais aussi écrit au sultan, et Stewart, que mes jérémiades et les événements avaient rendu presque aussi venimeux que moi à la fin, avait copié tout ce fatras dans son journal. Les oreilles de Baring ont dû lui tinter fortement pendant ces huit derniers mois, car il a été fort joliment disséqué par nous tous, Power compris. Si Herbin était parvenu au Caire, Baring aurait été assez penaud ; car, au moment du départ d'Herbin pour Khartoum, l'agent diplomatique et consul général français Barrère avait été causer du Soudan avec son collègue anglais, qui ne lui avait soufflé mot de l'évacuation de ce pays ; or, Herbin en aurait eu long à dire à son chef là-dessus. Il est vrai que Baring peut s'abriter derrière cette fiction qu'en qualité d'agent diplomatique anglais, il n'a rien à voir avec les décisions prises par le gouvernement égyptien. Quelle comédie ce serait, s'il n'y avait en jeu des vies humaines ! Quand on songe que c'est pour arriver à de si misérables résultats que Baring travaille comme un galérien, il y a de quoi le prendre en pitié.

A la suite de l'incident de la nuit dernière, j'envoie 150

de mes vaillants Schaggyehs dans l'île Tuti. D'ailleurs, je ne crois pas un mot de cette histoire, car il est absurde de supposer qu'un Arabe a pu venir seul, tuer un homme, et emmener trois ânes dans une petite barque. Mais, en tous cas, ces Schaggyehs seront mieux là qu'au fort du Nord.

*Sept heures du soir.* — L'ennemi bombarde Bourré de la rive gauche du Nil Bleu.

Certainement, je puis me vanter d'avoir eu plus que quiconque à commander des troupes remarquables par leur lâcheté (1), mais je n'en avais jamais eu de pareilles à celles-ci; cela passe l'imagination. Ce qu'il y a de pis, c'est que les officiers ne disent jamais un mot de vérité. Hier soir, lorsque j'ai fait ma reconnaissance du côté de l'*Husseinyeh*, le bimbachi du fort Mogrim était absent de son poste; il soutient qu'il se trouvait au bureau du télégraphe : pur mensonge. Je ne lui ai rien fait, à quoi bon ? et je me suis borné à le traiter d'effronté menteur, ce qu'il considère sans doute comme un compliment. J'avais une espèce d'adjudant-major que je supportais depuis assez longtemps; je viens de le prendre en flagrant délit de mensonge manifeste deux fois de suite en deux jours, et je l'ai jeté à la porte. Faut-il s'étonner si, après neuf mois d'une vie pareille à la tête d'un semblable personnel, tant civil que militaire, je suis profondément écœuré du Soudan, et si je souhaite de m'en voir dehors, à condition, toutefois, de ne pas servir d'instrument à une plate et honteuse retraite.

(1) En Chine, dans ses campagnes à la tête des troupes impériales contre l'insurrection des Taï-Pings.

## SIÉGE DE KHARTOUM.

De quinze obus tirés aujourd'hui sur le fort d'Omdourman, un seul a atteint le but. A Mogrim, un homme a été blessé d'un éclat d'obus. Les affûts des pièces ennemies doivent être dans un triste état, car chez les Arabes personne n'est en état de les réparer; chez nous, les charpentiers ne cessent d'en fabriquer de nouveaux pour remplacer ceux que nous mettons journellement hors de service.

Les dix à douze lignes que je viens de raturer étaient un éreintement de Baring. Je ne sais qui a dit : « Quand vous êtes en colère, écrivez une lettre furieuse, puis déchirez-la. » Il est certain que cela soulage d'écrire ce qu'on a sur le cœur, et que c'est une très bonne chose de l'effacer après l'avoir écrit. Après tout, j'ai tort; car, si le patriotisme consiste à obéir aveuglément au gouvernement établi de son pays, Baring est plus patriote que moi.

18 *novembre*. — Calme plat autour de nous, sauf quelques coups de canon du côté du Nil Blanc.

*Onze heures et demie du matin*. — Les Arabes campés sur la rive droite du Nil Bleu se portent vers le nord et paraissent vouloir prendre position de ce côté.

Tous les raisonnements du monde ne détruiront pas ces trois faits capitaux absolument incontestables : le gouvernement de Sa Majesté a refusé de prêter assistance à l'Égypte pour défendre le Soudan, il a empêché l'Égypte de le défendre elle-même et il l'a empêchée de demander main-forte à une autre puissance. La dépêche de lord Dufferin disait en substance : « Nous nous en lavons les mains; » le sens de la démission de Chérif-Pacha était : « Nous ne voulons pas que vous vous occupiez de cette affaire; » enfin la dépêche de Baring signifiait : » Nous ne voulons pas que personne s'en mêle. »

L'ennemi a réinstallé un campement vis-à-vis le palais, au point même où il se trouvait en mars dernier et d'où nous l'avions délogé en août. Pour s'approcher ainsi, il faut que les Arabes ne s'inquiètent guère de la marche en avant du corps expéditionnaire. Ainsi, voilà deux cent cinquante et un jours qu'ils avaient planté leurs tentes à l'endroit même où ils les replantent aujourd'hui, et pendant ce temps-là nous avons été continuellement sur le qui-vive, harcelés sans cesse, attaqués de toutes parts; tout cela pourquoi?... je ne le dis pas, l'ayant répété à satiété.

*Une heure et demie.* — Le camp retranché d'Omdourman tire sur le fort Mogrim.

*Trois heures et demie.* — Le bombardement continue; on distingue le bruit particulier des nordenfeldts. Je me rappelle, au moment du départ de Hicks, tout le tapage qu'on a fait dans les journaux des effets extraordinaires que ces canons produiraient chez les Arabes; de même, lors de la guerre franco-prussienne, on disait monts et merveilles en France de la mitrailleuse.

*Quatre heures.* — Cinq vaches qui s'étaient approchées du fort Mogrim ayant été prises par nos hommes, désireux de manger de la viande ce soir, les Arabes ont, en manière de représailles, tiré quinze obus dans cette direction.

Je vais être obligé de transporter ailleurs mes braves

## SIÈGE DE KHARTOUM.

Schaggyehs du fort du Nord, car la proximité de l'ennemi les a jetés dans la consternation; à mesure que les Arabes s'avancent, il faut que je les fasse rétrograder. C'est vraiment absurde d'avoir à payer une solde à de pareilles troupes.

Je dois rendre à Ferratch-Pacha cette justice que, s'il est souvent bien irritant à sa manière, du moins il reste toujours un parfait *gentleman*; je regrette de n'en pouvoir dire autant de moi-même, qui, dans mes fureurs des grandes occasions, oublie souvent les belles manières.

Une femme entrée par le front sud dit que ce sont bien à mes anciens soldats que j'ai affaire du côté du Nil Blanc et que, le jour où l'*Husseinyeh* s'est échoué, ils ont éprouvé des pertes considérables. Les Arabes qui ont pris position vis-à-vis le palais sont ceux du Mahdi; les hommes du feu scheikh El-Obeyed ne semblent pas prendre une part bien active aux opérations. Khartoum est maintenant très étroitement bloqué.

La garnison ne prend pas grand souci de la situation et s'occupe à discuter avec moi des questions d'argent. J'avais promis aux troupes un *bakschich* (gratification) de trois mois de solde, et je voulais leur donner des bons pour des sommes rondes de 120 ou 130 livres sterling, mais elles ont voulu être payées avec mon papier-monnaie; il m'a donc fallu émettre pour 10,000 livres sterling de billets de cinquante livres. Je suis personnellement responsable de la liquidation de mon papier, et n'importe qui peut me poursuivre pour le remboursement en numéraire des billets, tandis que les gens à qui j'aurais donné des bons sur le Trésor ne se sentaient pas rassurés quant à leur payement par les autorités du Caire. On a tant de confiance dans mon papier, que le cours n'en a subi aucune dépréciation, malgré les efforts de certains agioteurs. Voilà, je pense, qui est flatteur pour mon crédit. Si le gouvernement de Sa Majesté éprouvait le besoin de perpétuer mon souvenir au Soudan, ce qui est douteux, il serait inutile qu'il donnât mon nom à un bateau dans ce but; j'y suis, ce me semble, assez honorablement connu.

Maintenant que nous voici entourés de toutes parts, nous allons recevoir des espions; ils entreront bien plus facilement. Dans ces déserts, quand on laisse découvert un espace de terrain, personne ne peut le traverser sans être vu; mais, dès qu'on est massé, les espions se glissent facilement à travers les postes, à la faveur du mouvement continuel qui règne dans une agglomération.

Je ne crois pas que l'on soit encore bien édifié sur les causes du désastre de Hicks. Tout ce que l'on sait, c'est que 10,000 hommes, 4,000 chameliers, 7,000 chameaux et 2,000 chevaux ont péri en deux jours; un million de cartouches, vingt-neuf pièces de montagne approvisionnées de 500 coups chacune, sept canons Krupp, six canons Nordenfeldt, 1,700 fusils, sont tombés aux mains de l'ennemi; huit officiers anglais et huit officiers allemands étaient au nombre des victimes, et 300 hommes peut-être en tout ont échappé au massacre. D'après tous les renseignements qu'on a pu recueillir, et que Stewart a soigneusement consignés dans son journal, les troupes étaient épuisées de soif et de fatigue, au point de ne pouvoir seulement se mouvoir. Les Arabes ont élevé une pyramide de crânes sur le théâtre du désastre (1). Le docteur me dépeignait tout à l'heure l'alarme jetée dans Khartoum par la nouvelle de cette catastrophe. Aujourd'hui que la situation est cent fois plus critique, la confiance règne dans la ville, et chacun vient d'aller se coucher tranquillement, d'où cette moralité que les choses sont rarement aussi désespérées qu'on se le figure.

19 *novembre*. — A sept heures du matin, les Arabes installés à Gobah ont ouvert le feu, sans nous faire de mal jusqu'à présent, puis ils se sont mis à démolir la maison de Seyd-Méhémet-Osman. Ils ont avec eux un ancien joueur de trompe de nos troupes qui a appelé dans son instrument : « Premier régiment! » puis a été arrêté et a continué au bout de quelques instants en criant : « Nous sommes forts! Nous sommes forts! »

Nouvel exemple de courage : hier soir, pendant l'expédition entreprise par ses hommes contre cinq vaches, Ferratch-Ullah n'a pas osé sortir de chez lui. Tout va bien dans son fort, d'après les signaux. Le bombardement a été suspendu à huit heures et demie. L'ennemi a placé une pièce de canon dans la redoute située sur la rive gauche du Nil Blanc, au-dessous du fort d'Omdourman, de façon

---

(1) V. Appendice, lettre **M**. *Notice sur l'insurrection du faux prophète.*

à commander les approches de Khartoum de ce côté.

Les rations ont été distribuées le 1ᵉʳ pour le mois entier, lequel a encore douze jours à courir, et voilà qu'une cinquantaine de bachi-bouzouks se sont mis à se plaindre de n'avoir rien à manger; ils ont fait un affreux tapage et sont allés jusqu'à jeter leurs armes. Ceci est un peu trop fort, car ces drôles sont payés sur le pied des auxiliaires, qui doivent pourvoir eux-mêmes à leur nourriture, et ils n'ont aucun droit aux rations entières des troupes régulières, que nous leur octroyons bénévolement; en bonne justice, j'aurais dû opérer une retenue sur leur solde en leur faisant la distribution de vivres. Je ne sais si le corps expéditionnaire arrivera jamais, et quelle ligne de conduite le commandant en chef croira devoir suivre; quoi qu'il fasse, je n'aurai rien à dire; mais il est une chose à laquelle je tiens absolument, c'est à voir licencier ces brutes. Quand je songe que j'avais encore eu la bonté de leur faire donner hier une gratification de cinquante dollars pour avoir élevé une redoute, je me repens de ma générosité intempestive. Et ce qui augmente ma colère, c'est que, lorsqu'il se produit de semblables incidents, les officiers, ne se souciant pas de sévir, remettent l'affaire entre mes mains; leur mollesse et leur platitude encouragent la paresse et l'indiscipline de leurs hommes. Si je cédais à ces réclamations, et que, les vivres d'un mois étant mangés en quinze jours, j'en fisse distribuer d'autres, cela reviendrait à donner double ration à la garnison entière; car ce que j'aurais fait pour un corps, il me faudrait le faire pour tous les autres. On pense si c'est possible dans notre situation.

20 *novembre*. — Une caravane de trois cents hommes et vingt chameaux a été aperçue sur la rive gauche du Nil Blanc, venant de la direction de Metemmah. Peut-être est-ce le fameux trésor de Berber que l'on apporte au Mahdi.

*Sept heures du matin.* — Nouvelles apportées par un soldat évadé de chez l'ennemi : le Mahdi aurait dirigé 2,000 hommes sur Metemmah, pour faire échec aux troupes anglaises qui seraient aux environs de Berber; le roi Jean marcherait sur Khartoum (de quoi je doute fort). Le bruit court en ville de trois défaites déjà infligées aux Arabes par le corps expéditionnaire. L'ennemi est très tranquille aujourd'hui, son canon Nordenfeldt gronde de temps à autre; le fort d'Omdourman nous mande par signaux que tout va bien. Je viens d'apprendre la désertion déjà ancienne de quatre de mes foudres de guerre, trois Schaggyehs et un bachi-bouzouk, dont on n'avait pas pris la peine de m'informer plus tôt; je présume qu'il y en a eu bien d'autres.

Une foule de mensonges me sont débités au sujet de cette affaire des bachi-bouzouks d'hier, dans le but de me dérouter et de m'empêcher d'en savoir le fin mot; mais j'ai démêlé la vérité au milieu de tous les rapports contradictoires. Je ne m'explique pas le but de ces drôles; ils ne peuvent songer à passer à l'ennemi, les Arabes les tiennent en trop grand mépris pour leur faire accueil.

L'associé d'un marchand de Khartoum est parti, il y a huit mois, pour se joindre à l'ennemi, en emportant trois mille livres sterling prises sur le fonds social ; mon homme vient me demander, comme la chose la plus naturelle du monde, de lui rembourser cette somme !

21 *novembre.* — Ferratch-Ullah-Bey me mande par signaux du fort d'Omdourman qu'il manque de munitions. Sur mon observation qu'il a 230,000 cartouches, il me répond qu'il en consomme chaque jour une grande quantité. Encore un mensonge, car il ne peut tirer dix coups de fusil sans que je le sache, et j'estime sa consommation journalière à moins de 2,000 cartouches. Ce qu'il veut, c'est m'engager dans une tentative pour rétablir les communications, mais je m'en garderais bien ; je ne puis courir le risque d'un revers, ni même d'un avantage qui me coûterait beaucoup de monde. Nous avons déjà soixante blessés à l'hôpital.

C'est aujourd'hui l'anniversaire du jour où l'on a appris à Khartoum le désastre de Hicks, qui avait quitté la place le 3 septembre. Voici comment le docteur et le consul grec racontent la façon dont on a reçu cette nouvelle. Le soir, le colonel de Coëtlogon arrive du Nil Blanc à bord du *Bordéen*. Le consul grec était chez lui et voit venir le consul français, Marquet, qui lui dit : « Venez chez moi par le jardin. » Il y va et y trouve réunis Hussein-Pacha-Chérif, Ibrahim-Pacha-Haïdar, Coëtlogon, Power et Hansall, qui lui disent : « L'armée de Hicks est détruite. »

Aussitôt on télégraphie la nouvelle au khédive, qui la reçoit au palais d'Abdin où il y avait une grande fête ; des bruits sinistres y couraient, mais on ne savait rien de positif. Tewfik répond par télégramme qu'il expédie des renforts le soir même. Voilà un an de cela, et il n'est arrivé au Soudan aucun secours.

On m'apprend aujourd'hui seulement qu'avant-hier deux caporaux (dont l'un nous était revenu de chez les Arabes), cinq soldats et un employé civil, tous Soudanais, ont passé à l'ennemi. Je suppose qu'ils auront eu à se plaindre de vols et de mauvais traitements de la part de leurs chefs.

Ferratch-Ullah-Bey me signale qu'il lui reste seulement 43,000 cartouches ; je ne crois pas un mot de cette bourde. Il dit avoir onze morts et vingt-cinq blessés.

Parades religieuses tout autour de nous dans les campements ennemis. Feu dirigé sur Bourré et sur Tuti.

Je viens de découvrir un vol de Rukdi, mon ancien commis, et je le révoque en lui enlevant son grade de bey.

Une femme arrive de chez l'ennemi et raconte que les Anglais sont entre Mérowé et Berber, et que Méhémet-Achmet se propose de donner l'assaut au fort d'Omdourman lundi prochain, 24 novembre. Voilà d'agréables nouvelles. Après tout, j'ai fait ce que j'ai pu, maintenant à la grâce de Dieu ! Ce qui m'est le plus pénible, c'est de n'avoir personne sur qui je puisse compter et à qui je puisse demander quelque chose de plus que la routine journalière du service.

Nous sommes dans une situation bien critique; eh bien! excepté mon commis principal et son adjoint, je n'ai vu aucun de mes subordonnés aujourd'hui. Les ayant fait demander, j'ai dû les attendre plus d'une heure, et ils ont prétendu qu'il était déraisonnable d'exiger du service un vendredi (1). Je commence à me sentir à bout de patience. Je suis obligé de surveiller par moi-même le détail de chaque service. L'officier qui commande le poste d'où ont déserté les hommes dont je parlais tout à l'heure prétend avoir adressé un rapport à Ferratch-Pacha; celui-ci nie l'avoir reçu, et je suis là à me débattre dans un tissu de mensonges que leurs auteurs ne se soucient nullement de voir dévoilés. Il faut renoncer à rien tirer de ces gens-là, et pourtant j'ai tout fait pour les traiter généreusement. Il n'est pas d'ordre, excepté ceux qui concernent leurs intérêts, qu'il ne faille répéter deux ou trois fois, et encore n'est-il souvent pas exécuté. Harcelé du matin au soir et du soir au matin, sans une minute de repos ni de jour ni de nuit, je puis vraiment me dire las de la vie (2).

Nos redoutes de Tuti ennuient les Arabes d'Omdourman.

Je fais distribuer à mes troupes 15,000 okes de biscuit; il n'y en aura pas pour longtemps, avec leur imprévoyance. Je fais les vœux les plus vifs pour n'avoir plus jamais à soutenir un siège avec une garnison pareille.

(1) Jour du sabbat musulman.
(2) A cet endroit du manuscrit original, se trouvaient une douzaine de lignes raturées, au-dessous desquelles étaient écrits ces mots : « Choses désagréables sur Baring et C$^{ie}$. »

Un esclave apporte les nouvelles suivantes. Des troupes venues de Kassalah auraient pris Berber, dont le gouverneur arabe serait arrivé avant-hier au camp du Mahdi (peut-être était-ce la caravane que nous avons aperçue); d'autre part, quatre de nos steamers seraient partis pour cette ville, le cinquième étant hors de service, soit désemparé, soit échoué, soit coulé. Si cela est vrai, c'est que cette brute de Nutzer-Bey ou Pacha aura enfreint mes ordres répétés d'attendre tranquillement à Schendy le corps expéditionnaire, sans exposer les bâtiments au feu de l'ennemi; il sera parti en guerre, tout en ayant bien soin de se tenir à l'abri, naturellement. Je l'avais même menacé de rapporter sa nomination à la dignité de pacha en cas de désobéissance; mais que sert tout cela?

22 *novembre*. — Faible canonnade à Bourré et à Gobah. Un soldat a déserté cette nuit avec ses armes. Comme je le pensais, bien plus de quatre Schaggyehs ont passé à l'ennemi; mais on ne peut pas arriver à savoir la vérité, ni même à connaître l'effectif exact des Schaggyehs.

J'éprouve de grandes inquiétudes au sujet du fort d'Omdourman, et je me creuse la tête à chercher une diversion pour en détourner l'attention de l'ennemi. Cependant il me signale que tout va bien. Nous avons eu, du 17 mars à aujourd'hui, 22 novembre, 1,800 à 1,900 tués, et l'hôpital a reçu 242 blessés.

Voici le plan de notre situation actuelle.

Les campements de l'ennemi sont à une distance moyenne de la place de cinq milles; A est à un mille du fleuve, D et E sont à trois à quatre milles, et C est sur

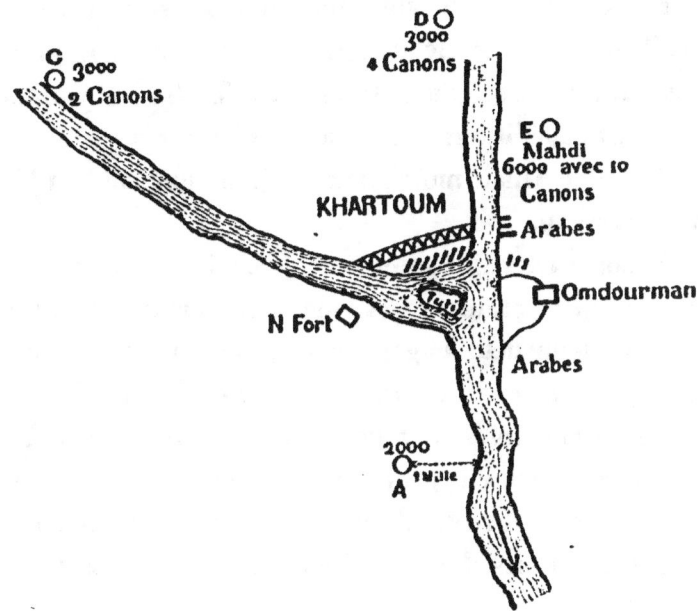

le fleuve même. Sur le nombre d'hommes indiqué, il y a peut-être 3 à 4,000 combattants, plus 6 à 800 cavaliers.

Je fais distribuer aux indigents 6,000 livres de biscuit, dont la moitié, je pense, sera volée avant de leur arriver, et j'en fais mettre en vente 90,000 livres pour les gens de la ville. Si le Mahdi doit s'emparer de Khartoum, je veux qu'il n'y trouve pas grand'chose à manger.

N'ayant rien de mieux à faire, deux soldats se sont mis à dévisser un obus ennemi qui a éclaté, tuant l'un et blessant l'autre : résultat de l'oisiveté et de la curiosité.

23 *novembre*. — Un soldat venant de chez l'ennemi est arrivé au fort du Nord avec deux fusils et deux cartouchières pleines. Il prétend que les Anglais ont pris Berber, et que mon noble ami Nutzer-Pacha est demeuré tranquillement à Schendy avec tous ses steamers. Il dit aussi que les Arabes se concentrent à Halfeyeh pour y attendre le corps expéditionnaire; mais je n'en crois rien.

Ferratch-Ullah me signale toujours que tout va bien à Omdourman.

Il court en ville toute sorte de bruits sur l'expédition. Les troupes seraient parvenues à Metemmah et auraient eu à soutenir deux engagements ; un steamer envoyé pour m'en informer aurait dû rebrousser chemin devant les batteries ennemies. Ces nouvelles, qui remontent à cinq jours, auraient été propagées par des habitants qui ont dans le camp du Mahdi des amis, lesquels les tiendraient d'Arabes blessés dans ces engagements et revenus devant Khartoum.

Le camp arabe situé au nord de la place paraissant presque désert, les Schaggyehs sont venus me demander l'autorisation d'aller le piller. Ils pouvaient en toute sécurité faire montre de leur zèle, sachant bien que je ne leur donnerais pas la permission sollicitée, et cela parce que, si je la leur avais donnée, ils se seraient bien gardés d'en user. L'ennemi n'a plus qu'un canon à Omdourman; je pense que les autres ont été emmenés à la rencontre des troupes anglaises. Je suis toujours très inquiet pour le fort et je tiens l'*Ismaïlia* sous vapeur, prêt à lui porter secours.

Il ne nous reste plus, pour nos deux canons Krupp, que 541 coups à tirer.

Je suis allé tantôt au fort Mogrim, et je me suis exercé au tir du canon, en prenant pour cible la batterie arabe, à 1,600 mètres ; j'y ai envoyé trois obus, ce qui a fait quitter la place aux canonniers ennemis. J'ai fait porter dans ce fort trente fusées volantes pour les tirer ce soir. Cela ennuiera les Arabes ; ils penseront que nous les tirons en signe de réjouissance pour quelque nouvelle importante, et il me semble qu'à leur place j'hésiterais à donner l'assaut après un pareil feu d'artifice.

*24 novembre.* — *Six heures du matin.* — Toujours rien de nouveau à Omdourman qu'un mort et un blessé de plus. L'ennemi bombarde l'île Tuti de ses positions de Gobah. Un esclave venu du camp d'Oualed-a-Goun dit qu'il n'y est pas question de l'expédition.

*Midi un quart.* — Les Arabes abandonnent leurs positions en face du steamer échoué et brûlent les huttes de paille qu'ils y avaient élevées, sans répondre à nos hommes qui tirent sur eux. L'*Husseinyeh* s'est incliné davantage sur le flanc ; j'envoie l'*Ismaïlia* en reconnaissance de ce côté.

Il paraît que l'*Husseinyeh* a sombré, ce qui explique la retraite des Arabes. Je présume que le Mahdi, ayant besoin des troupes qui gardaient le steamer, aura envoyé de nuit du monde pour le couler, afin de s'en débarrasser. Je n'en suis pas fâché, car cela indique qu'il n'a pas l'intention pour le moment de donner l'assaut au fort d'Omdourman. Peut-être notre feu d'artifice d'hier soir l'a-t-il intimidé; j'avais fait tirer simultanément de cinq points différents quinze fusées volantes.

On me fait savoir de Mogrim que l'*Husseinyeh* a coulé après la retraite du détachement arabe, mais je n'en crois rien; ce serait contraire au bon sens de vouloir qu'un bâtiment qui a touché le fond sombre de lui-même, dans des eaux qui baissent chaque jour. Le plus probable, c'est que, l'homme chargé de veiller à bord s'étant endormi, les Arabes auront voulu s'emparer du steamer et, pour le remettre à flot, l'auront entraîné à un endroit plus profond, où l'eau aura atteint le niveau du trou d'obus.

*Une heure et demie.* — L'*Ismaïlia* est descendu jusqu'au confluent des deux Nils, où il s'est trouvé sous le feu de l'ennemi, et il a rebroussé chemin. Je fais une enquête discrète sur l'accident de l'*Husseinyeh,* et je persiste dans mon opinion. S'il n'avait pas eu une voie d'eau, l'ennemi s'en serait emparé, mais n'aurait pu s'en servir, puisque j'avais fait démonter les pistons de la machine. Il a coulé sans se renverser, car sa cheminée émerge; nous pourrons donc le renflouer quand nous voudrons.

Je pense que les Arabes font tourner par un esclave la manivelle de leur nordenfeldt; on l'a entendu gronder tout le jour, sans qu'il ait, d'ailleurs, fait aucun mal.

25 *novembre.* — Toute vérification faite, c'est bien, comme je le pensais, l'ennemi qui a coulé l'*Husseinyeh*

en voulant le remettre à flot, tous nos factionnaires étant endormis.

Ferratch-Ullah-Bey me mande toujours d'Omdourman que tout va bien; mais il a un blessé de plus. Je lui ai promis, pour lui et ses hommes, trois journées de solde par jour de blocus du fort.

*Une heure un quart.* — Steamers en vue, découverts par le docteur. Ils tirent des coups de canon. On n'en voit plus qu'un.

*Deux heures et demie.* — J'ai envoyé l'*Ismaïlia* au-devant du steamer en vue pour le soutenir. Le nordenfeldt des Arabes continue à gronder; Mogrim riposte avec son Krupp, et Tuti avec sa pièce de montagne.

*Deux heures trois quarts.* — Depuis une demi-heure, le feu d'artillerie et de mousqueterie dirigé sur le steamer est des plus violents; nous répondons de notre mieux. Je suis heureux de le savoir enfin mouillé à l'abri des batteries du fort Mogrim, après cette chaude réception. S'il se trouve à bord un officier de l'expédition, il saura ce que c'est que d'être exposé à un feu pareil sur un méchant bateau de rivière.

C'est le *Bordéen* qui est arrivé; il a sept hommes blessés d'éclats d'obus reçus en passant devant Halfeyeh, où les Arabes ont quatre pièces de canon; il n'y a point d'ennemis à Schoboloah. Le corps expéditionnaire est à Amboukol; voilà une agréable nouvelle, en vérité (1)! Le cour-

(1) Gordon le croyait alors parvenu à Melemmah, à 185 milles plus près de Khartoum qu'Amboukol.

rier qu'apporte le steamer n'est pas fort intéressant, car j'en ai reçu un postérieur, daté du 14 octobre, et celui-ci ne me renseigne pas davantage sur l'itinéraire adopté par l'état-major. Il y a trois longues dépêches que je ne puis déchiffrer; la clef nécessaire est sans doute celle du Foreign-Office qu'avait emportée Stewart. J'ai aussi une dépêche de Tewfik, rapportant le firman qui prescrivait l'abandon du Soudan, et une autre du même aux ulémas (1), dans laquelle il annonce que Baring accompagne lord Wolseley.

26 *novembre*. — Nutzer-Pacha nous renvoie quatre blessés et nous fait savoir que le trésor de Berber a été porté au Mahdi. Il dit que le corps expéditionnaire marche en trois colonnes partant d'Amboukol : une sur Berber, une autre sur Metemmah, la troisième sur Schoboloah. Les Arabes de Metemmah se sont retirés à Schendy et de là dans l'intérieur. Quatre soldats fellahs ont passé à l'ennemi, à la suite, je pense, de mauvais traitements dont ils auront été l'objet. Ces nouvelles ont six jours de date.

Une lettre me dit que le gouvernement a autorisé Kitchener à donner au Mahdi jusqu'à 20,000 livres sterling pour ma rançon, mais mon correspondant ajoute « qu'il ne me croit pas disposé à me prêter à une semblable transaction. » Il a raison, et le Mahdi n'en a pas plus envie que moi.

(1) V. à l'Appendice, lettre U, cette dépêche et celle des ulémas, à laquelle elle répondait.

J'aime assez ce portrait de Kitchener dans une lettre du général Baker : « Un homme en qui j'ai toujours mis ma confiance, le major Kitchener, du génie, un des rares officiers anglais qui unisse à une indomptable énergie et à une intelligence et un sang-froid remarquables une constitution de fer, est à Dongolah, où il s'est assuré que l'on peut avoir confiance dans le mudir. Celui-ci lui a remis une lettre dans laquelle vous demandez des renforts, disant que vous avez 8,000 hommes dans Khartoum et que Senaar tient toujours pour le gouvernement. »

On a quelque peu ri à Khartoum en se représentant Baring ballotté sur un chameau à la suite de l'armée... du moins, c'est ainsi que nous interprétons la dépêche du khédive, vengeance innocente.

Je gagerais que l'impossibilité où nous sommes de déchiffrer ces trois longues dépêches de lord Wolseley, Baring et Nubar-Pacha (1) nous prive de bien vives jouissances; c'est un plaisir que je ne retrouverai jamais, car il n'est pas probable qu'on ait la bonté de me prêter les chiffres du Foreign-Office pour que j'en puisse prendre connaissance. Je suis charmé de ne pas trouver dans mon courrier un seul mot de politesse d'aucun personnage officiel, sauf de Kitchener; il me faut aussi faire exception pour Tewfik, dont la dépêche est pleine de courtoisie. Allons, je suis évidemment en disgrâce auprès de nos gouvernants; c'est bien triste !

(1) Président du conseil des ministres en Égypte.

Deux hommes arrivés de Dongolah me donnent à entendre que l'*Abbas* n'aurait peut-être pas été pris ; il aurait touché un rocher, et les deux bateaux qui l'accompagnaient se seraient rendus aux Arabes. Mais cette version me paraît douteuse. Comment ne pas croire que l'*Abbas* est tombé au pouvoir de l'ennemi avec tout ce qu'il portait, alors que le caïd de Berber a envoyé à Kassim-el-Mouss une empreinte du cachet dont je me servais autrefois et que j'avais renvoyé avec les papiers? Comment se serait-il procuré ce cachet?

L'ennemi moud toujours avec son nordenfeldt ; je fais installer une de nos mitrailleuses françaises pour moudre aussi de notre côté.

Si Baring a le courage de se faire vanner par un chameau pour venir ici en qualité de commissaire du gouvernement britannique, il a expié ses fautes et je lui donne l'absolution. Au surplus, que sert de s'agiter ainsi? Dans dix ou douze ans, Baring, lord Wolseley, Evelyn Wood, moi et bien d'autres, serons sourds et édentés, quelques-uns même d'entre nous seront complètement ramollis. Personne ne s'occupera de nous, et de nouveaux Baring et Wolseley se seront levés sur l'horizon, qui nous traiteront de radoteurs et de vieilles ganaches. En entrant au club, nous entendrons les jeunes capitaines du temps faire des remarques obligeantes de ce genre : « Oh! venez, pour l'amour de Dieu, voilà ce vieux crampon qui arrive ; une fois qu'il vous a harponné, on en a pour une heure. » C'est humiliant sans doute, car on se croit immortel ; mais c'est comme cela. Ce pauvre général\*\*\*, qui pendant des années a végété chez lui, à la porte des clubs, quelqu'un prenait-il la peine de l'aller jamais voir? Mieux vaut cent fois recevoir une balle dans la tête que de vivre misérablement ainsi, oublié et solitaire.

*26 novembre.* — Je pense que l'ex-khédive Ismaïl doit rire dans sa barbe de l'expédition de Baring; je le vois d'ici, clignant ses petits yeux. Lorsque Saïd-Pacha était vice-roi et qu'il était lui-même un adolescent fluet, il est venu à Dongolah avec son oncle; Halim, qui, dans l'ordre de la succession musulmane, eût dû plus tard succéder à Ismaïl au lieu de Tewfik, se trouvait alors à Khartoum comme gouverneur général; mais, au bout de trois semaines, il en avait assez et décampait sans congé. Si l'ex-khédive pouvait seulement expédier Malet, Colvin et Vivian au Soudan avec Baring, il leur pardonnerait, je crois, de l'avoir déposé.

J'ai rendu publiques les dépêches de Tewfik adressées à moi et aux ulémas et notables, dans lesquelles il se déclare résolu à garder le Soudan sous son autorité. Je constate avec plaisir que, dans le second de ces documents, il manifeste ses regrets du désastre de Hicks; il est en retard d'une année, mais mieux vaut tard que jamais. Décidément, ce que celui qui viendra à Khartoum peut faire de mieux, c'est de nommer Kitchener gouverneur général, car je deviens impossible. Quel soulagement ce serait pour moi!

27 *novembre*. — Feu d'artillerie et de mousqueterie sur Bourré pendant une heure, ce matin. Rien de nouveau à Omdourman, qui a reçu trois obus. Deux esclaves entrés dans la place disent que les Arabes sont à court de munitions; cela ne m'étonne pas. Le Mahdi, à ce qu'il paraît, déclare avoir eu une révélation d'en haut, lui annonçant que les Turcs régneront sur le pays pendant huit années, à l'expiration desquelles il en sera le maître.

La dépêche que m'a adressée Tewfik semble indiquer que le traité avec l'Abyssinie ne sera pas observé, puisqu'il parle de conserver Kassalah.

Si Kitchener y consent, il faut le nommer gouverneur général; ce sera un excellent choix. A lui ou à tout autre, il faudra donner un subside annuel de 50,000 livres sterling, car, de deux ans, le pays ne sera pas en état de payer la moindre taxe; il faudra aussi renouveler les approvisionnements, le matériel de guerre et renforcer de 6,000 hommes l'armée du Soudan. Une condition *sine qua non* du succès de cette combinaison, c'est l'entente avec la France dans les affaires d'Égypte. Si le gouvernement de Sa Majesté ne veut pas de cette solution, il reste toujours le recours au sultan, ce qui est à mon sens le parti le plus sage, enfin, comme moyen terme, Zubehr avec 100,000 livres sterling par an.

Une quarantaine de femmes sont rassemblées sous mes fenêtres, vociférant et demandant à manger.

Je ne crois pas qu'il y ait plus de 500 hommes au camp arabe du nord et pas de cavaliers, bien que les huttes de paille soient plus nombreuses que lors du premier blocus. On s'étonnera peut-être que je ne fasse pas une sortie de ce côté. C'est que je puis me tromper, et qu'une défaite entraînerait la perte de la ville; aussi je ne veux pas la risquer.

Les ulémas et les notables sont venus me demander l'autorisation, que je leur ai accordée, de répondre à la dépêche du khédive, dans laquelle celui-ci s'excuse de l'indifférence dont il a fait preuve jusqu'à présent à l'égard de Khartoum. Cette démarche a été faite spontanément et *à peine suggérée par moi*; elle comblera Tewfik de joie. Deux des notables que j'avais fait mettre en prison dernièrement, le cadi et le scheikh-el-islam, faisaient partie de la députation.

28 *novembre*. — Tout va bien au fort d'Omdourman; mais un des blessés y est mort.

Il nous reste aujourd'hui en magasin 174,000 okes de biscuit et 1,165 ardebs de dhoora; après deux cent soixante et un jours de blocus, ce n'est pas trop mal.

Un esclave entré au fort du Nord dit que les Arabes s'attendent à voir arriver quatre steamers qui remontent le Nil en ce moment. J'espère que l'officier qui les commande s'arrêtera à Halfeyeh pour en chasser l'ennemi avant de poursuivre jusqu'ici. Je n'ose envoyer le *Bordéen* à sa rencontre pour lui donner cet avis; mais, s'il n'a pas le bon sens d'agir de la sorte, je tâcherai de lui faire suspendre sa marche, en ouvrant sur les positions ennemies d'Omdourman une violente canonnade qu'il entendra et qui le fera réfléchir. Le point dangereux pour les bâtiments qui veulent entrer à Khartoum est en X, à la jonction des deux Nils. Le meilleur parti à prendre pour ces steamers serait de mouiller à Halfeyeh, d'en chasser les Arabes, et de

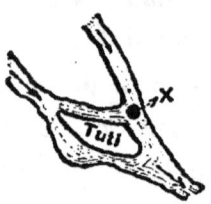

communiquer par terre avec la place, afin d'éviter à ces petits bâtiments fragiles le danger auquel les exposent les batteries ennemies à cet endroit du fleuve. Je fais protéger la chaudière du *Bordéen* par une carapace en bois.

Une femme venue de chez l'ennemi confirme la nouvelle relative aux quatre steamers, et dit que le corps expéditionnaire aurait repris Berber; les Arabes ont envoyé des reconnaissances pour s'en assurer. Il est probable, si ces nouvelles sont vraies, que les steamers remorquent des bateaux pris à Berber, où ils en auront trouvé une cinquantaine, et cela retardera leur arrivée de quelques jours.

*Deux heures de l'après-midi.* — Il me semble voir les Arabes établir à Gobah une embrasure dans le but de bombarder le palais. Je le voudrais, car cela ne nous ferait pas grand mal, et cela éloignerait du fleuve leur artillerie, dont le feu seul est dangereux pour les steamers. L'installation de cette batterie dirigée contre ma personne m'amuse. Elle est à 2,000 mètres, et, comme à cette distance nous n'atteignons jamais le but, je pense que les Arabes ne seront pas plus adroits et que je serai en toute sécurité au palais. Au reste, à 2,000 mètres, les obus des pièces de montagne ne pénètrent pas les murs; nous en avons fait l'expérience au fort du Nord. Je présume qu'ils commenceront demain matin à me prendre pour cible; il fut un temps où j'aurais pu m'en inquiéter, mais je n'en suis plus là. Ce seront mes propres soldats, des réguliers nègres, qui tireront sur moi; cela m'est déjà arrivé en Chine. Deux anciens soldats du 31ᵉ régiment servaient dans les rangs des Taï-Pings, et, au siège de Taï-Tsan, l'un d'eux a été tué, l'autre blessé d'un éclat d'obus et fait prisonnier. Il me criait : « M. Gordon, M. Gordon, ne me faites pas mourir! » à quoi j'ai répondu : « Emmenez-moi cet homme et fusillez-le, » ajoutant tout bas et à part : « Qu'on le panse, qu'on le mette dans une barque et qu'on l'envoie à Shang-Haï. » Il a passé en conseil de guerre pour désertion et a fait quelques mois de prison. Il s'appelait Hargreaves, et je gagerais qu'il est encore de ce monde.

Baring à Egerton. — « Metemmah! enfin, me voici rendu, après les plus terribles souffrances; j'ai les os rompus et mon pauvre corps tout disloqué par le roulis de ces horribles chameaux. J'ai trouvé ici le journal de Gordon; il paraît que le Mahdi s'est décidé à agir, mais il aurait bien dû s'y prendre plus tôt. Le ton de ce journal est tout simplement déplorable ; préparez-vous à supporter ce coup : il a osé faire une charge de notre grand prêtre (1). De grâce, n'en parlez pas. Excusez-moi, si je ne vous en écris pas plus long ; mais, grâce à la fatigue de mon voyage à dos de chameau et à l'indignation que me fait éprouver la dépravation de ce blagueur, je suis plus mort que vif. »

Deux musiciens, un joueur de trompe et un bachi-bouzouk (bon débarras!) ont passé à l'ennemi, toujours pour la même raison : leurs officiers leur ont volé leurs rations.

*29 novembre.* — Trois nouvelles désertions. Cette vie est vraiment insoutenable. Que faire avec des commissaires aux vivres qui donnent des rations à faux poids et des officiers qui les volent ensuite à leurs propres hommes ? On est absolument impuissant contre ces abus ; les gens le savent et se moquent de vous. Aussi, à moins de la prochaine arrivée de l'expédition, cette place tombera-t-elle, perdue par la vénalité générale. Je dois dire que ces vols ne se produisent que dans les troupes nègres, et non dans les corps égyptiens.

*Une heure de l'après-midi.* — Nouvelles histoires : on me rapporte que les soldats maltraitent des femmes pour leur dérober du biscuit que je leur avais fait distribuer.

Je parierais que ni Baring ni lord Wolseley n'ont songé à se munir d'un firman de Tewfik-Pacha, les investissant d'une autorité supérieure à la mienne au Soudan. S'il en est ainsi, ce sera à moi qu'il appartiendra de nommer un

---

(1) V.. page 176, la plaisanterie sur les faux cols de M. Gladstone.

nouveau gouverneur général, et j'ai grande envie de faire d'ores et déjà imprimer des proclamations qui seront affichées le jour de l'arrivée des troupes, si elles arrivent jamais, et dans lesquelles je déclarerai abdiquer mes pouvoirs entre les mains de l'officier général commandant en chef le corps expéditionnaire. Je serai dans mon droit strict, cette nomination restant soumise à la ratification du khédive (on voit que je reste dans la fiction admise du pouvoir suprême de Tewfik). Il se peut que cet officier général veuille décliner les fonctions de gouverneur, mais il n'en sera pas moins responsable de tout ce qui se passera après que j'aurai remis mes pouvoirs. Et qu'on ne me parle pas de discipline et de hiérarchie militaires; je suis fonctionnaire civil au service du gouvernement khédival, et c'est en cette qualité que j'agis, non en celle de major général dans l'armée britannique. La seule chose qui puisse me déposséder de mon droit, c'est un firman de Tewfik-Pacha, ou bien un document officiel constatant que l'Égypte a été annexée à la Grande-Bretagne.

*Huit heures du soir.* — L'ennemi a commencé à tirer sur le palais, de la batterie installée dans les ruines du village de Gobah. J'ai acquis une telle habitude du bombardement, que je puis, rien qu'au son, dire si le feu vient des Arabes ou de nous, d'où il part, et sur quel point il est dirigé. Je serais bien aise d'avoir à soutenir un siège régulier, sans population civile et sans officiers pillards. Si j'avais cinquante hommes sur qui compter pour faire une sortie ce soir, je pourrais infliger aux Arabes une correction dont ils se souviendraient ; mais il est inutile d'essayer, nous ne sommes pas de force.

3o *novembre.* — Rien de nouveau à Omdourman. La batterie de Gobah a tiré ce matin sur le palais (lisez sur moi), mais les projectiles ne l'ont pas atteint. Il paraît qu'un obus est allé tomber dans la ville, au delà du palais. La maison en ruine dans laquelle était installée leur pièce de canon s'est écroulée, et les Arabes sont maintenant occupés à déblayer les décombres ; l'affût doit être passablement détérioré, car la maison était d'une belle hauteur.

*Onze heures un quart.* — Les Arabes avaient sans doute une autre pièce de canon à Gobah, car ils ont recommencé le feu, cette fois sur le fort du Nord ; leurs obus éclatent en l'air, sans faire de mal à personne. En ce moment ils prennent leur repas.

Deux nouvelles désertions, dont celle d'un régulier nègre qui nous était revenu de chez les Arabes. En revanche, on a retrouvé en ville les deux musiciens que l'on croyait être passés à l'ennemi.

Les Arabes de Gobah ont repris le bombardement. Je ne crois pas qu'ils soient plus de quarante, sur un terrain nu et découvert, à quatre milles au moins de tout soutien ; aussi suis-je fortement tenté d'aller de ma personne, à la tête de cent hommes, les déloger de leur position, pour secouer l'apathie vraiment ridicule dans laquelle nous vivons. Avec cent hommes contre quarante, je pense que nous serions sûrs de notre affaire !

1er *décembre*. — La canonnade de l'ennemi n'a pas cessé cette nuit, et ce matin elle continue sur le palais, les forts du Nord, de Mogrim et de Bourré; le nordenfeldt se tait depuis trois jours. Tout va bien au fort d'Omdourman.

*Onze heures du matin*. — J'envoie le *Bordéen* croiser un peu sur le fleuve pour engager les Arabes à gaspiller leurs munitions, ce à quoi ils ne manquent pas.

J'ai pénétré le sens de la dépêche de Tewfik, que je n'avais pas parfaitement traduite d'abord, et il en ressort que lord Wolseley et Sir Evelyn Baring viennent pour régler la question du Soudan, de concert avec moi. Je réponds que cet arrangement peut lui paraître commode, mais qu'il n'est pas praticable sans un firman de lui, donnant pleins pouvoirs à ces deux personnages. Je sais bien qu'ils ne peuvent se subordonner au khédive, étant les représentants d'une puissance étrangère, mais cela ne me regarde pas. Il est positif qu'il ne saurait y avoir au Soudan d'autre autorité légale que celle qui émane de Tewfik, et, si ces messieurs ne sont pas munis d'un firman khédival, ils ne peuvent rien faire ici; s'ils en ont accepté un, ils se sont mis sous les ordres de Tewfik. Je défie qu'on sorte de ce dilemme. La fameuse fiction ne produira rien de bon au Soudan.

Bien qu'un peu démoralisé par les événements de ces derniers jours, je ne puis m'empêcher de rire en songeant à l'affreux gâchis dans lequel nous pataugeons. Tewfik est un malin, comme son père, et il trouve bon de m'embâter de toutes les difficultés, en se réservant le privilège de la critique; mais je n'entends pas me laisser faire, et je suis fortement tenté de nommer Baring gouverneur général, sauf ratification du khédive, et de déguerpir. Baring pourra s'en défendre; mais, bon gré mal gré, il lui faudra bien en passer par là, s'il veut exercer une autorité quelconque au Soudan. A son tour, il pourra repasser le gouvernement à quelqu'un d'autre; c'est son affaire. J'avoue sans fard que mon désir est de faire une niche au cabinet britannique et à Baring, en mettant sur le dos de celui-ci tout le fardeau de la situation, moyennant, bien entendu, que de ce méchant tour il ne résultera rien de défavorable à mon pays, ni le plus léger risque pour nos troupes. Ce que je ne veux pas, c'est me fourrer dans les tripotages politiques de Tewfik, à qui je ne porte pas de sentiments bien tendres, et me compromettre en prêtant mon concours à Baring.

Puisque les troupes anglaises viennent au Soudan comme auxiliaires du khédive et pour lui prêter assistance, il est bien clair qu'au point de vue civil, toutes les affaires dépendent de Tewfik, et qu'aucune mesure ne peut être prise autrement qu'en son nom, sauf en ce qui concerne les opérations militaires, dont il a délégué la direction à l'Angleterre. Moi, je suis trop engagé vis-à-vis des populations de ce pays pour rester en fonctions, et, d'ailleurs, je ne suis pas fâché, comme les rats, de quitter la maison avant qu'elle s'écroule. Après moi le déluge. Qu'on trouve donc un gouverneur général docile, accommodant, et plein de bonne volonté, comme Kitchener, par exemple, et la légalité sera sauvée. Mais Wolseley et Baring eussent-ils dix millions d'hommes derrière eux, ils seront sans pouvoirs civils au Soudan, s'ils ne sont munis d'un firman du khédive, — chose improbable, — à moins que l'Angleterre ne se soit annexé l'Égypte, ce dont elle n'aurait garde, à cause des 90 millions de livres sterling de dettes dont cet État est obéré.

*2 décembre.* — Dès le point du jour, l'ennemi a tiré quatre obus sur le palais et à neuf heures du matin, quatre autres, dont l'un a éclaté à côté de ma chambre; je fais amener deux canons pour répondre aux Arabes.

Le bruit court en ville que les gens d'Oualed-a-Goun traversent le Nil, pour opérer leur jonction avec ceux du Mahdi sur la rive gauche, et qu'ils vont tous se porter au nord de la place.

*Onze heures du matin.* — Le bombardement du palais recommence avec deux pièces; nous ripostons.

*Midi.* — Une canonnade très vive de notre côté a réduit au silence nos bons amis d'en face. J'ai failli m'aveugler en tirant sur eux; la base de la cartouche de cuivre a sauté et m'a envoyé le feu à la figure, accident fréquent avec les cartouches Remington.

Pour rétablir l'ordre au Soudan, il sera nécessaire de couper quelques têtes, et je me demande si notre gouvernement supportera que ces mesures de rigueur soient prises à sa barbe. C'est qu'en effet, ce procédé sommaire sera fort discutable, car on ne sait trop s'il est permis de qualifier de rebelles des gens jetés dans les bras de l'insurrection par l'incapacité avouée du gouvernement à les protéger.

De trois heures à trois heures trente-cinq, feu enragé des Arabes de Gobah, à qui nous avons répondu vigoureusement. Je me demande où sont passés leurs projectiles, dont ils ont fait une bonne consommation; les nôtres, tirés du palais et du fort du Nord, situés sur des points élevés, les atteignent, mais les leurs ne paraissent même pas arriver jusqu'au fleuve. Ils ont établi pour leurs deux canons une double embrasure, très convenablement disposée, et couverte par un parapet.

En Crimée, on s'accordait à considérer comme honteux ce mouvement instinctif qui consiste à baisser vivement la tête quand on entend siffler un obus, et qu'on appelle *saluer un projectile;* aussi chacun s'observait-il pour ne pas donner prise à la raillerie des camarades. Quelqu'un, qui ne manquait jamais de saluer régulièrement, s'excusait à chaque fois en disant : « C'est bien pour vous; mais moi, je suis un père de famille. » Pour ma part, je suis d'avis que saluer les projectiles avec discernement n'a rien de blâmable, car je me rappelle deux circonstances dans lesquelles, si je n'avais pas salué, ma tête aurait bel et bien été enlevée de mes épaules. (Et ç'aurait été un fameux débarras, dira le Foreign-Office.) Ce souvenir me revient à propos du bombardement du palais. Avec mon télescope, je vois les canonniers ennemis pointer leurs pièces sur l'aile dans laquelle je me trouve, j'entends le coup, puis un clapotis dans l'eau où est tombé le projectile; j'y suis tout à fait habitué. Étant donné que le toit du palais est

bâti comme le montre ce croquis, et qu'il suffirait d'un obus frappant en *x* pour le faire tomber sur nos têtes, on a le droit, cependant, de ne pas se sentir très à son aise, tant qu'on entend l'obus siffler dans l'air et qu'on ne l'a pas vu tomber. La mitrailleuse Gatling placée sur la terrasse de la maison du mudir a fait taire la batterie ennemie ce soir.

Le palais est haut de quarante pieds, bien qu'il n'ait que deux étages. Momtoz-Pacha l'ayant construit sans l'autorisation du khédive Ismaïl, au moyen de virements de fonds, Ismaïl-Pacha-Yacoub, qui était exilé à Khartoum, dénonça Momtoz, qui fut jugé ici, mourut empoisonné, dit-on, et Yacoub hérita de sa place. Lui-même avait été envoyé ici par suite d'une intrigue de harem, pour n'avoir pas traité avec le respect convenable une des femmes répudiées du khédive, que celui-ci l'avait forcé d'épouser. Cet Ismaïl-Yacoub était un grand chenapan. Originaire du Kurdistan, il avait été joueur de trompe dans la musique de Saïd-Pacha; il était bon musicien et savait le français et l'allemand. Il était aussi étranger à ce pays-ci que je le suis moi-même, et je le lui ai souvent dit quand il était gouverneur général. Je crois, au surplus, qu'il a été le meilleur des administrateurs du Soudan. Du temps de lord Dufferin, il est devenu ministre de l'intérieur, et il est l'auteur de la fameuse circulaire interdisant l'emploi de la courbache, bonne comédie de la part d'un homme qui s'était rendu illustre par la façon dont il s'en servait ici. Il pouffait de rire avec Tewfik et Chérif-Pacha de cette circulaire, gravement transmise par lord Dufferin à lord Granville, qui a dû s'en gaudir passablement aussi avec M. Sanderson. Pauvre Yacoub! c'était un très aimable coquin. Il s'est laissé mourir au Caire en 1883, comme ministre des finances.

3 *décembre*. — Pendant la nuit, les Arabes ont tiré sur le front sud. Ce matin, un de leurs obus est venu tomber dans le jardin du palais, et un des nôtres a atteint l'embrasure de la batterie ennemie de Gobah. Vingt projectiles sont tombés en ville sans faire de mal.

Voici une combinaison d'une moralité douteuse, mais qui serait, je crois, le moyen le plus expéditif de se tirer du pétrin. Une expédition anglaise est venue au secours de compatriotes en péril et *dans ce seul but*. Un de ces sujets anglais étant détenteur de l'autorité suprême s'en dessaisit, sauf ratification du khédive, en faveur de Zubehr-Pacha, qui avait été autorisé à venir à Khartoum sans caractère public, uniquement pour affaires de famille.

Quelle objection le gouvernement britannique peut-il élever contre ce programme? Il n'a rien à voir avec les affaires intérieures de l'Égypte, et c'est à Gordon que remonte la responsabilité de la nomination de Zubehr ; Tewfik lui-même n'en est pas responsable, jusqu'à ce qu'il l'ait sanctionnée. Ce serait un bon tour de passe-passe, qui mettrait le gouvernement de Sa Majesté à l'abri de tout blâme et me ferait le bouc émissaire de la chose. Je suis si bien noirci à tout jamais dans l'opinion publique, qu'on oubliera le... disons le retard apporté à l'expédition ; peut-être même blâmera-t-on le gouvernement de s'être mis en campagne dans l'intérêt personnel d'un sujet britannique de ma sorte. L'opposition sera furieuse de voir le ministère se tirer d'affaire avec quelque honneur, la société anti-esclavagiste et l'Europe entière déverseront sur moi des flots d'indignation, Tewfik et ses pachas feindront le plus grand désespoir, bref les apparences seront sauvegardées, et la fiction qui veut que l'Angleterre ne s'ingère pas dans les affaires d'Égypte et du Soudan restera entière.

Pour ma part, je serai débarrassé de grades et dignités ; car, après une conduite aussi scandaleuse, je ne pourrai plus prétendre à briguer des emplois dont je ne me soucie guère, et, étant résolu à ne jamais revoir l'Angleterre et à ne pas lire les journaux, je n'aurai cure de tout le mal qu'on pourra dire de moi. D'ailleurs, il faut que je quitte le pays avec l'apparence d'une disgrâce, pour ne pas exposer le gouvernement à paraître être de connivence avec moi dans des mesures qu'il doit désapprouver officiellement.

Quel bruit on mènera autour de moi ! Je sais quelqu'un qui m'écrira : « Mon cher Gordon, il eût mieux valu, cent fois mieux valu mourir, que de perdre ainsi le sentier de l'honneur; rien ne pourra jamais vous laver de cette tache. Adieu, je vous souhaite un heureux Noël. »

Quant à Zubehr, voici ce qu'il fera. Je ne pense pas qu'il se soucie de la province de l'Équateur; il l'abandonnera, ainsi que le Bahr-Ghazel, déjà au pouvoir du Mahdi, qui s'y retirera avec son monde. Il ramènera Obeyed dans le devoir, rétablira l'ordre par les voies pacifiques et, en riant sous cape, s'engagera officiellement à mettre en vigueur la convention esclavagiste de 1877. On lui donnera deux à trois cent mille livres sterling par an pendant deux ans, avec des approvisionnements et les steamers, et, s'il est besoin de lui prêter pendant deux mois un concours armé, cela sera mis au compte des nécessités de la retraite.

*Cinq heures du soir.* — Duel d'artillerie entre nos deux canons du palais et celui des Arabes de Gobah; leurs projectiles viennent tomber dans le jardin, à 200 mètres du palais. Le bruit des détonations ne parvient pas jusqu'à nous; on voit la lumière et, une seconde après, on perçoit cette espèce de doux sifflement de l'obus dans l'air, qui va augmentant d'intensité jusqu'au moment où l'explosion se produit. Notre tir à nous est très mauvais.

*Sept heures du soir.* — Reprise de la canonnade; les Arabes ont mis leur pièce en batterie sur le bord même du fleuve; nous les en délogeons. Au bout de dix minutes, le feu est suspendu et rien n'est changé dans nos situations respectives, sauf quelque peu de munitions de moins de chaque côté.

*Sept heures vingt.* — Nos joueurs de trompe s'étant mis à sonner le *Salaam effendina*, l'ennemi, à qui, sans doute, cette musique a déplu, a recommencé à jeter sa poudre aux moineaux.

*Huit heures du soir.* — Les Arabes bombardent le palais, de leur batterie de canons Krupp du front sud, distante de 4,000 mètres; leurs projectiles tombent dans le fleuve.

*4 décembre.* — Un nouveau blessé au fort d'Omdourman. Faible canonnade à Bourré ce matin. La batterie de Gobah se repose de ses fatigues d'hier. Hier soir, on a entendu le canon du côté de Schoboloah, et le bruit se répand que les steamers approchent.

Si la combinaison Zubehr était adoptée, voici quel serait le plan d'opérations à suivre, pendant les deux mois que le corps expéditionnaire passerait ici. Dès leur arrivée, les troupes délogeraient les Arabes de leurs positions au nord du palais et dégageraient Omdourman; l'ennemi se concentrerait sur Djiraff et El-Foun, où 1,000 hommes iraient le chercher, soutenus par notre canaille d'ici. Il faudrait en même temps le couper du Khordofan, au moyen des steamers et d'une autre colonne de 1,000 hommes. Le Mahdi battrait en retraite sur Schatt, la ville serait dégagée, et toutes les troupes deviendraient disponibles. On verrait alors s'il y aurait lieu d'aller attaquer les positions du fils du scheikh El-Obeyed, à deux heures et demie de marche dans le désert, ou bien de se porter sur Mesalamich (1). Je crois qu'après l'engagement d'El-Foun, qui, avec l'aide de Dieu, serait l'affaire d'une heure, les gens du scheikh El-Obeyed feraient leur soumission.

J'ai essayé ce soir d'engager un nouveau duel d'artillerie avec les Arabes de Gobah, mais ils n'ont pas voulu mordre, et se sont bornés à envoyer deux obus dans le fleuve. Nous avons tiré sur eux avec la mitrailleuse, et nous les avons forcés à changer leur batterie de place. Avec une bonne mitrailleuse bien servie et une bonne lunette, on peut éteindre le feu de toute batterie, à une portée de 2,000 mètres; il n'en est pas de même avec des canons ordinaires, dont la lumière avertit les canonniers ennemis bien à temps pour leur permettre de se mettre à couvert avant l'arrivée du projectile.

La musique, presque entièrement composée d'enfants, les hommes servant sur les retranchements, est venue jouer sur la terrasse du palais, comme toujours la veille du sabbat. Ils se sont attirés une salve de coups de canon de l'ennemi, et, furieux, ils ont jeté leurs instruments, pris leurs fusils, et tiré pendant un bon moment comme des enragés, sans s'inquiéter de savoir où allaient leurs balles. En ce moment, les joueurs de trompe crient aux Arabes : « Venez avec nous, venez avec nous! » Hier soir, un de leurs camarades passé à l'ennemi leur avait crié la même chose. Ces appels au moyen de porte-voix, qui existent dans l'armée égyptienne, sont empruntés à l'ar-

---

(1) Sur le Nil Bleu, au S. de Djiraff.

mée française; nous n'en faisons pas usage dans la nôtre, que je sache.

*5 décembre.* — Trois caravanes assez considérables sont arrivées ce matin au camp du Mahdi, venant du nord. Deux déserteurs nous sont venus de chez l'ennemi. Rien de nouveau au fort d'Omdourman. En magasin : 737 ardebs de dhoora, 121,300 okes de biscuit.

Nous allons faire une tentative pour rétablir nos communications avec le fort d'Omdourman, car vraiment l'horizon devient bien noir. Une désertion dans nos rangs. Trois obus venus de Gobah sont tombés dans le fleuve; il faudrait une bien légère rectification de la hausse pour atteindre le palais, la direction du tir est très bonne.

*Six heures et demie du soir.* — Depuis trois heures de l'après-midi, la canonnade a été très nourrie; nos projectiles atteignent l'ennemi, mais fort peu des siens nous arrivent. Les hommes venus ce matin de chez les Arabes disent que ceux-ci sont à court de munitions. Le détachement qui occupe Gobah est d'une centaine d'hommes, presque tous soldats soudanais.

Cette tentative pour dégager Omdourman sera notre dernière ressource; si elle échoue, j'abandonne tout espoir de sauver Khartoum.

*6 décembre.* — Les steamers ont pris position devant Omdourman et ont bombardé le camp retranché des Arabes, soutenus par le feu du fort. J'ai tout suivi avec ma lunette; le matériel de toute place de guerre devrait comprendre cent bons télescopes. Nous avons eu trois tués et trente-six blessés à bord des bâtiments, cinq blessés au fort; l'ennemi, qui nous a opposé des forces assez considérables, doit avoir éprouvé des pertes sérieuses. L'*Ismaïlia* a reçu quatre obus, le *Bordéen* deux, mais pas dans les œuvres vives. Le fort Mogrim a eu deux hommes blessés, et un tué. Cela me désole de voir massacrer ainsi ces pauvres diables. Au dire des Grecs qui sont à Mogrim, l'ennemi aurait eu trois à quatre cents hommes mis hors de combat. J'ai visité les steamers, et j'ai eu le chagrin d'entendre les hommes se plaindre du vol de leurs rations par leurs officiers.

Je renonce à tenter un débarquement à Omdourman; nous ne sommes pas en force. Il y aura demain neuf mois que nous endurons des maux et des angoisses sans trêve.

*7 décembre*. — Deux cent soixante et dixième jour de blocus. La batterie de Gobah a tiré sur le palais huit obus, dont l'un est tombé en ville sans faire de mal. Tout va bien à Omdourman, sauf un blessé de plus. Un corps considérable d'Arabes, qui s'était massé hier soir aux abords du fort, a disparu ce matin.

Le dindon du palais a tué une de ses compagnes. Le motif de cet acte rigoureux est demeuré inconnu : sans doute quelque infidélité de harem ou des intelligences avec le Mahdi.

On dit en ville que Berber se serait rendu sans coup

férir; je souhaite qu'il en ait été ainsi. Un soldat arrivé de chez l'ennemi confirme cette nouvelle.

Demain à midi, j'envoie les steamers attaquer de nouveau le camp retranché d'Omdourman. Le bombardement a repris sur Bourré et sur le palais, dont le toit a été effleuré par un projectile; un autre a frappé le mur d'un bâtiment voisin, à environ neuf pieds au-dessus du sol. Un des obus de Bourré est tombé dans l'hôpital. Deux nouvelles désertions aujourd'hui dans nos troupes.

Un parti de cavaliers venant d'El-Foun se dirige vers le nord à toute bride. Un déserteur du camp ennemi dit qu'il est toujours question de l'arrivée du corps expéditionnaire.

Je viens de visiter les steamers. Dans l'engagement d'hier, la coque du *Bordéen* a été percée de soixante-quinze trous de balles, et celle de l'*Ismaïlia* de quatre-vingts; ils étaient bouchés au fur et à mesure avec des chevilles préparées à cet effet.

Je me figure que cette insurrection du Mahdi mettra fin à l'esclavage au Soudan. Les Arabes ont armé leurs esclaves et les ont fait combattre toujours au premier rang; ceux-ci ont pu constater qu'ils avaient beaucoup plus de courage que leurs maîtres; est-il vraisemblable que, désormais, ils leur restent soumis comme auparavant?

*8 décembre.* — Le bombardement a repris sur Bourré, le palais et le fort du Nord. Deux déserteurs du camp ennemi démentent le bruit d'un mouvement sur Berber des troupes du Mahdi, et confirment la nouvelle, qui remonte à quatre jours, de la prise de cette place par les Anglais.

*Dix heures du matin.* — Les steamers appareillent pour l'attaque.

*Dix heures et demie.* — Ils sont engagés. Les Arabes ont deux batteries fort gênantes, avec des embrasures à l'européenne tout à fait régulières; serait-ce Slatin-Bey qui en aurait dirigé la construction? Bien que les machines des steamers soient protégées par des blindages, je ne laisse pas que d'éprouver de sérieuses inquiétudes; chaque coup de canon me déchire le cœur. La batterie de Gobah se tait.

*Onze heures et demie.* — Le combat est terminé, et, grâces en soient rendues à Dieu de tout mon cœur, mes pauvres bateaux sont sains et saufs, avec deux blessés seulement à bord de l'*Ismaïlia*, qui a été touché par deux obus, dont l'un a démoli une cabine; le *Bordéen* en a reçu quatre. Six bouches à feu tiraient sur eux, mais le feu de mousqueterie n'était pas bien nourri. Si la chaudière de l'*Ismaïlia* n'avait pas été protégée par une carapace de bois, elle aurait fait explosion.

A midi, l'ennemi a tiré cinq obus sur Bourré. Nous méditons une sortie sur Gobah avec 500 hommes contre les 50 qui s'y trouvent pour servir et garder la batterie. La fusillade des Arabes de ce côté est absolument inoffensive pour nous, et cependant nos balles doivent les atteindre, car nous voyons le nuage de poussière qu'elles soulèvent en tombant, et, d'ailleurs, les ennemis restent à couvert, n'osant affronter notre feu.

Ouedji-Barra, l'émir du Mahdi qui commande du côté du nord, m'écrit pour m'engager à me rendre, en me disant que l'expédition de secours n'existe que dans mon imagination. Je pense que le Mahdi a pris ombrage de ma réponse laconique à son dernier message, et que Sa Sainteté ne daigne plus communiquer directement avec moi. C'est une femme qui a apporté cette lettre au fort du Nord, dont le commandant m'a prévenu; je lui ai aussitôt télégraphié de l'ouvrir et de me donner connaissance du contenu, et, sur sa réponse, j'ai télégraphié de nouveau : « Renvoyez la femme à l'émir et faites-lui dire qu'il aille... se promener. » Je pense que ce message aura déplu à Ouedji-Barra, car cela a été le signal d'une folle dépense de munitions de la part de ses hommes.

Aussitôt que nous avons l'apparence de quelque petit succès, nous tirons des fusées, ce qui exaspère les Arabes et les met en souci quant au motif de notre triomphe. Ce soir, ce procédé nous a attiré sur le palais plusieurs décharges d'artillerie.

9 *décembre*. — Un détachement de soixante hommes, avec des chameaux et quelques cavaliers, a quitté ce matin le camp du Mahdi, se dirigeant vers le nord. Les Arabes de la rive droite du Nil Blanc se sont livrés à toute sorte de singeries, ce qui me fait supposer qu'il y a quelque chose de nouveau. Hier ils ont tiré, non pas des obus coniques, mais des bombes rondes, rapportées sans doute d'O-beyed; il paraît qu'ils ont épuisé leur provision de projecti-

les réglementaires. Un blessé de plus au fort d'Omdourman.

La lettre d'Ouedji-Barra a été inspirée par la réponse des ulémas et notables à la dépêche de Tewfik, que j'ai fait répandre dans la ville et que j'avais envoyée à l'ennemi par un espion. Ouedji-Barra m'appelle le pacha de Khartoum, et me reproche d'être demeuré sourd à toutes les représentations qui m'ont été faites.

Si lord Palmerston était de ce monde ou Forster premier ministre, l'Angleterre n'évacuerait certainement pas le Soudan sans y avoir proclamé l'émancipation des esclaves. C'est le 18 décembre 1862 que Lincoln a aboli l'esclavage aux États-Unis; ce serait un bel anniversaire à fêter au Soudan par un acte semblable.

Il y a aujourd'hui trois mois que Stewart est parti.

Je parierais que l'arrivée du Mahdi sous Khartoum est due au journal du consul français Herbin, écrit dans un esprit hostile et critique, qui a dû tomber entre ses mains avec l'*Abbas*. Il aura pris les choses au pied de la lettre, et aura été encouragé à quitter Schatt pour venir s'emparer de la place. Je présume que le journal du consul autrichien Hansall, confié également à Stewart, était aussi une nouvelle édition des lamentations de Jérémie. C'est une chose vraiment curieuse, que cette tentative suprême faite pour obtenir l'oreille de l'Europe ait ainsi tourné contre nous.

J'abandonne mon projet d'expédition sur Gobah, car je crois que les Arabes ont transporté leurs canons ailleurs, ne les ayant pas encore entendu tirer aujourd'hui (il est deux heures); au surplus, la question du fort d'Omdourman est infiniment plus importante.

Je voudrais pouvoir demander au Mahdi, — je lui accorde pour la forme la qualité de Mahdi, — quel est son but suprême. Pour l'instant, sa vie, qui consiste à tirer jour et nuit sur ses semblables, n'a rien de bien divertissant.

Le siège de Sébastopol a duré trois cent vingt-six jours, celui de Khartoum en est à son deux cent soixante et onzième. Mais les Russes ont toujours pu communiquer librement avec l'extérieur, et ils avaient affaire à des adversaires reconnaissant les lois de la guerre, ce qui n'est pas notre cas; puis, un seul esprit d'union et de patriotisme régnait dans la place, où il ne se trouvait pas de population civile. Il ne manque que cinquante-sept jours pour que les deux blocus aient la même durée, et nous n'avons pas eu, nous, une minute de répit, tandis que les Russes ont été absolument tranquilles pendant l'hiver de 1854-55. Enfin, les empereurs Nicolas et Alexandre n'ont jamais spéculé sur... disons sur une prolongation de siège aussi longue que possible. Sans doute, on trouvera absurde une comparaison entre le siège de Sébastopol et le blocus de Khartoum, et pourtant, à bien peser les choses, les deux se valent, avec cette différence que les Russes avaient de l'argent, dont nous sommes dépourvus; qu'ils avaient des officiers experts, qui nous font totalement défaut; qu'ils recevaient des nouvelles et des ravitaillements, dont nous sommes privés; enfin, qu'ils n'avaient pas affaire à une population civile, tandis que nous sommes empêtrés de quarante mille bouches inutiles. Ce que j'en dis n'est pas pour nous poser en héros extraordinaires; en réalité, si l'on analyse la gloire humaine, on la trouve composée de *blague* pour les neuf dixièmes, sinon pour les quatre-vingt-dix-neuf centièmes.

10 *décembre*. — Un esclave de Slatin est entré dans la place aujourd'hui. Il dit que son maître est toujours prisonnier, que le bruit de l'arrivée imminente du corps expéditionnaire prend de la consistance, que les Arabes ont à peu près épuisé leurs munitions, et que le Mahdi se trouve coupé du Khordofan par les insurrections contre lui auxquelles cette province est en proie. Nous voici donc, lui et moi, enfermés ici comme deux rats dans une souricière; plût à Dieu que j'en fusse hors !

Tout va bien à Omdourman. Trente et un coups de canon ont été tirés sur Bourré, où ont été blessés quatre hommes et un officier, le major Suleiman-Effi. Rien à Gobah depuis hier; je suppose que les pièces ont été transportées sur la rive du fleuve. J'envoie les steamers du côté de Bourré, sur lequel l'ennemi paraît vouloir concentrer ses efforts d'une façon qui ne me plaît pas. Aujourd'hui les Arabes nous ont envoyé des pierres taillées en forme d'obus; voilà des projectiles qui détérioreront quelque peu l'âme rayée de leurs bouches à feu.

Je suis vraiment harassé par les perpétuelles réclamations que je reçois au sujet des vivres; cette malheureuse question de nourriture fait ma mort. Cinq désertions aujourd'hui.

*11 décembre.* — Trois obus ont été tirés de Gobah sur le palais ce matin : deux sont passés au-dessus, l'autre est tombé dans le fleuve. J'ai fait disposer de nouvelles mines à Bourré.

J'alloue aux troupes une gratification d'un mois de solde, en outre du supplément de trois mois que je leur ai payé il y a quelque temps. Je n'hésiterais pas à leur distribuer cent mille livres sterling, si je pensais que cela pût sauver la ville.

Le bombardement de Bourré a repris. Les officiers prétendent que les Arabes ont avec eux un Français qui dirige leur artillerie (1). C'est sans doute ce mystérieux personnage venu de Dongolah et que je m'étais figuré être Renan.

Trois soldats venus de chez l'ennemi parlent encore de la marche de l'expédition sur Berber ; ils disent que Senaar et Kassalah tiennent toujours et sont en bon point. Il paraît que le Mahdi aurait renvoyé dans l'intérieur les familles de ses adhérents.

*Trois heures et demie.* — La batterie de Gobah a tiré sur le palais trois obus, dont deux sont tombés dans l'eau ;

---

(1) Le *Temps* du 23 novembre 1885 dit que l'armée du Mahdi est organisée et commandée par un ancien militaire français nommé Soulié, établi en Égypte depuis de longues années, parti pour Khartoum à la suite du bombardement d'Alexandrie. De là, il s'était rendu auprès du Mahdi, s'était insinué dans ses bonnes grâces, et avait gagné son entière confiance.

cette canonnade dirigée exclusivement sur ma personne, et par mes propres soldats, encore m'irrite profondément. C'est vraiment récréatif de s'attendre à chaque instant à voir un obus entrer dans sa chambre; ces animaux-là font feu à toutes les heures.

Les steamers ont tiré sur l'ennemi à Bourré ce matin, et l'un d'eux a été frappé d'un obus, ainsi qu'une des chaloupes blindées (*santals*) qui couvrent notre flanc; mais il n'y a pas d'avaries. Deux désertions aujourd'hui : encore des hommes qui nous étaient revenus de chez l'ennemi.

12 *décembre*. — Petite parade religieuse; je souhaite ardemment que ce soit la dernière que nous ayons à voir.

Etat des munitions : 1,796,000 cartouches Remington, 540 coups de canon Krupp, 6,000 coups de pièces de montagne. En caisse : 140 livres sterling en espèces, 18,000 en papier; en circulation dans la ville : 60,000 livres en papier. Vivres : 110,000 okes de biscuit, 700 ardebs de dhoora.

Ce matin, on me raconte une grande histoire de la prise de Berber, de la présence d'une colonne à El-Damer, à l'embouchure de l'Atbarah, etc. Je remonte à la source, et je trouve qu'elle est éclose dans la tête du chef des ulémas, qui l'a mise en circulation pour donner du courage aux habitants.

*Trois heures quarante*. — Le palais continue à servir

de cible aux Arabes; les projectiles sont tous tirés dans la direction de l'aile gauche, où ils savent que je me tiens. Un d'eux vient de tomber dans l'eau à une centaine de mètres en ligne droite de la fenêtre à laquelle je me trouvais. Bien que les Arabes aient tiré sur nous plus de deux mille obus, je ne crois pas que leur feu d'artillerie nous ait coûté plus de trois hommes.

13 *décembre*. — Deux cent soixante et dixième jour d'attente. Certainement, rien ne peut être plus énervant que cette déception quotidienne renouvelée depuis si longtemps.

Les steamers ont pris l'offensive à Bourré, et il paraît certain que les Arabes ont éprouvé des pertes sensibles. Nous n'avons eu personne de blessé du fait de l'ennemi, mais un homme l'a été au cou par suite de l'explosion d'une cartouche; c'est un accident de ce genre qui a failli me coûter la vue l'autre jour.

Après-demain, le *Bordéen* part en emportant ce cahier de mon journal; j'y joins un projet d'arrangement avec Zubehr-Pacha pour le gouvernement du Soudan (1).

Si avant dix jours il ne se produit rien de nouveau, la ville sera perdue et pourra tomber au pouvoir de l'ennemi d'un moment à l'autre. Ce retard du corps expéditionnaire est inexplicable; si une avant-garde avait seulement trouvé les steamers, elle pourrait détacher cent hommes, rien

(1) V. Appendice, lettre V.

que pour se montrer; c'est tout ce qu'il faudrait. Cinquante hommes seulement, qui arriveraient à Halfeyeh à bord d'un steamer, suffiraient à jeter l'alarme chez l'ennemi et à rendre du courage dans la place; mais il faudrait qu'ils arrivassent immédiatement, sinon il sera trop tard, comme toujours. En tous cas, quand bien même Khartoum serait pris par les Arabes au nez et à la barbe du corps expéditionnaire, le gouvernement de Sa Majesté ne devra pas se croire autorisé à abandonner Senaar, Kassalah et la province de l'Équateur.

Un homme du fort du Nord a passé à l'ennemi. Les Arabes font feu de leur batterie Krupp sur le front sud, mais personne n'y prend seulement garde. Un seul obus, qui a éclaté en l'air, a été tiré sur le palais aujourd'hui.

Ferratch-Pacha déploie une énergie dont je ne l'aurais pas cru capable.

*14 décembre.* — En magasin : 546 ardebs de dhoora, 83,525 okes de biscuit!

*Dix heures et demie du matin.* — Les steamers sont engagés avec les Arabes à Omdourman, et je suis sur des charbons ardents.

*Onze heures et demie.* — Les steamers sont de retour. Le *Bordéen* a reçu un obus dans sa batterie et a un blessé. Demain il part en emportant mon journal.

Si j'avais à commander les 200 hommes qui suffiraient à nous dégager, je chasserais les Arabes d'Halfeyeh et j'y prendrais position; j'entrerais en communication avec le fort du Nord, et j'agirais selon ce que commanderaient les circonstances. Et maintenant, qu'on se rappelle mes paroles : si dans dix jours une colonne n'est pas arrivée (et je ne demande pas plus de deux cents hommes), la ville sera exposée à être prise d'un moment à l'autre. J'aurai fait de mon mieux pour l'honneur de mon pays. Adieu.

C.-G. GORDON.

FIN DU JOURNAL.

# APPENDICE.

### A. — *Lettre d'Abd-el-Kader au général Gordon.*

Au nom de Dieu, le Miséricordieux et le Compatissant, bénédiction sur notre seigneur Mahomet, que la paix accompagne.

Du serviteur de son Seigneur, le *fakéer* (humble) Abd-el-Kader-Ibrahim, cadi de Kalaklah, à Son Excellence Gordon-Pacha, gouverneur général du Soudan.

Voici ce que nous avons à faire connaître à Votre Excellence.

Votre bienveillance à l'égard de tous, et particulièrement au nôtre, nous est bien connue et nous a été prouvée par vos actes, tant à l'époque de votre premier gouvernement qu'aujourd'hui.

Nous connaissons aussi la proclamation émanant de vous, et rendue publique aussitôt votre arrivée au Soudan ces temps derniers.

Mais la foi que nous avons dans la mission de notre iman, le Mahdi (le Messie, que la paix accompagne), nous interdit de recevoir vos lettres et d'y faire réponse. Car nous savons de lui ce que ne savent point les ulémas, qui sont égarés hors du droit chemin. Et la mission de cet iman, le Mahdi (le Messie, que la paix accompagne), nous ayant été annoncée par les anciens livres, nous ne pouvons méconnaître le commandement du Dieu très glorieux et tout-puissant et de son prophète Mahomet, que la paix accompagne, ce qui nous empêche d'avoir égard à la bonté et à la faveur dont vous nous avez donné bien des marques. Nous avons déjà eu de fréquentes communications avec Votre Hautesse, et nous avons eu maintes occasions de lui expliquer les choses assez clairement pour lui ouvrir la voie du salut et de la paix. Mais vous n'avez pas voulu nous comprendre, et vous n'avez pas voulu appliquer votre esprit à l'important objet que nous lui proposions, c'est-à-dire aux moyens d'assurer votre salut matériel et moral, tant dans ce monde que dans l'autre, ainsi que celui des habitants de la ville, parmi lesquels nous comptons beaucoup de parents et d'amis. Vous avez rejeté nos avis et vous avez écouté la voix perfide des ulémas, aveuglés par le mirage trompeur du monde et oublieux de leurs âmes et de celles de tous les musulmans, au profit du vain souci des biens méprisables d'ici-bas.

Et d'ailleurs, leur inimitié pour le Mahdi (que la paix accompagne), et leur endurcissement dans l'erreur, sont prédits dans les livres anciens. Ils le savent, et, s'ils l'ignoraient, ils l'apprendraient dans la préface du livre du Schaârani, *l'Erreur dissipée chez tous les peuples musulmans.* Mais il vous a plu de vous confier à eux, malgré tout ce qui vous a été prédit et prouvé, à vous et à tous les gens intelligents, des calamités qui désolent ce pays. Voilà ce qui cause votre erreur et votre aveuglement.

Mais, comme nous n'avons cessé d'avoir compassion de vous et des habitants de la ville; comme le suprême émir Abderrahman-en-Nahoômi et l'émir Abdallah-en-Noôr, et d'autres émirs, sont venus avec une grande quantité de combattants de toutes les tribus, qui se sont soumises à l'iman (que la paix accompagne); et comme vous ne songez pas à votre sûreté et à celle des habitants de cette ville, pour ces raisons et dans notre compassion, nous vous écrivons ceci, en reconnaissance de vos bontés et de vos faveurs passées, en priant Dieu qu'il vous le fasse comprendre.

De plus, le noble iman lui-même est arrivé à Schatt, avec une armée innombrable qu'il amènera bientôt sous les mur de la ville.

Il est donc de notre devoir de vous informer de cela, afin que vous nous écoutiez, que vous fermiez l'oreille à un langage séditieux, et que vous vous soumettiez à celui qui est sans aucun doute l'iman, le Mahdi (que la paix accompagne). Et tous les gouvernements et tous les pouvoirs seront détruits de sa main, car il est soutenu par Dieu, qui donne la victoire.

Et ne vous laissez pas égarer par ce qui est advenu dans le désert de Jareéf; car, depuis sa défaite bien connue dans les razzias de Badr et Ohod, Dieu a rendu victorieuses les armées du prophète Méhemet-Achmet et n'a cessé d'humilier ses ennemis. Ce qu'il a pu perdre dans cette défaite n'égale pas le dixième du dixième de ce qu'il a massacré le jour de la bataille gagnée par le scheikh El-Abeêd, dont vous avez entendu parler (1).

Voilà notre conseil, et plaise à Dieu qu'il soit suivi de vous et des habitants de la ville.

Et sachez, ô Excellence, que nous avons parlé en votre faveur à Sa Hautesse le Mahdi, et que sa réponse est de na-

(1) Allusion au désastre de Hicks.

ture à vous plaire et à vous inspirer confiance, si vous consentez seulement à la soumission et à l'obéissance. Nous vous l'envoyons avec ceci.

*Signé :* Ibrahim-Abd-el-Kader.

Daté du 18 zu'l Kadi 1301 (9 septembre 1884).

*Post-scriptum.* — Nous avions envoyé cette lettre à Votre Excellence par des derviches, nos amis, venus du camp du seigneur de tous, le Mahdi (que la paix accompagne), accompagnés des deux musulmans Méhémet-Yousouf (1) et Georges Calamatino. Comme on leur a refusé la porte de la ville, nous renvoyons ce message par notre fils Suleiman, porteur également d'une lettre de l'iman, demandant une prompte réponse.

Tous les émirs présents dans ce camp assurent, au nom de Dieu et de son prophète, un sauf-conduit à quiconque il vous plaira d'envoyer pour négocier sérieusement, et, si cela est agréable à Votre Excellence, elle peut faire venir en sa présence notre fils et Georges Calamatino, avec qui elle pourra s'entendre, car ils sont remplis d'intelligence et de bon vouloir.

Il semble, d'après votre lettre, que vous nous tenez pour des hommes de sens et de jugement; vous devriez donc avoir foi dans ce que nous vous disons de l'iman et du fruit que vous retireriez d'une soumission à son autorité. Mais vous avez sans doute changé d'avis quant à notre bon sens. Dieu est le vrai guide dans le sentier de la vérité.

*Signé :* Ibrahim-Abd-el-Kader.

(1) Nom musulman de Cuzzi.

# APPENDICE.

## *Réponse du général Gordon à Abd-el-Kader.*

Nous avons reçu votre lettre et pris note de ce que vous nous avez dit.

A l'égard des espions que vous nous avez envoyés, porteurs de votre message, nous les avons reçus au pied de nos remparts et ne leur avons fait aucun mal.

Au contraire, lorsque nous vous avons envoyé un esclave avec notre réponse, vous avez tiré sur lui, au moment où il plantait en terre son bâton.

Il serait à désirer que vos messagers fussent des gens de sens et sachant se conduire. Quant à ce Grec qui a abjuré notre religion, nous ne voulons pas le recevoir, pas plus que vous ne voudriez recevoir un musulman qui se serait fait chrétien. Cet homme nous a écrit pour nous dire qu'il aurait à nous faire d'importantes communications au sujet des Européens. Mais nous nous méfions de ce qui vient de lui et de ceux de son espèce. Peut-être veut-il nous apprendre qu'il arrive une armée européenne pour combattre le fils de Nahoòmi (1).

Comme je ne saurais supporter la vue de ce traître renégat, votre messager, je vous prie de m'envoyer quelque homme pieux et respectable, dont on soit sûr, à qui l'on puisse confier dix mille guinées pour la rançon des Européens prisonniers.

Je sais que vous avez reçu de Méhémet-Achmet une robe et un voile d'honneur et que vous le proclamez Mahdi. S'il

(1) Abderrahman-en-Nahoòmi, que dans son journal Gordon désigne sous le nom d'Oualed-a-Goun.

est Mahdi, pourquoi reste-t-il sur le Nil Blanc? Il devrait conquérir tout le pays (1).

B. — *Lettre du Grec Georges Calamatino à deux de ses compatriotes.*

Devant Khartoum, 10 septembre 1884.

N. Leontides et B. Georgeopoulo, recevez nos salutations. Je vous prie, dans mon intérêt et dans celui de nos compatriotes du Khordofan et du Darfour, de faire votre possible pour obtenir de M. Gordon qu'il me permette de lui parler. C'est dans votre intérêt et celui du gouvernement que je désire entrer dans Khartoum; et, si M. Gordon n'est pas satisfait des communications que j'ai à lui faire, il peut me mettre en prison et m'empêcher de sortir de la ville. S'il me permet d'entrer, envoyez-moi, je vous prie, un costume européen. Sinon, qu'un Grec vienne me parler près des retranchements, où j'attends une réponse; il n'aura rien à craindre et pourra rentrer en ville immédiatement.

Votre ami,

Georges Calamatino.

*Lettre du même au général Gordon.*

Son Excellence Gordon-Pacha,

Je vous prie de me donner la permission d'entrer dans Khartoum, pour vous entretenir d'affaires importantes con-

(1) L'original de ce document est écrit fort illisiblement, en caractères turcs, de la main sans doute d'un scribe plus sûr que ceux employés habituellement dans les bureaux du gouverneur général.

cernant tous les Européens captifs du prophète. S'il ne vous convient pas de me laisser retourner chez les Arabes, je serai heureux de demeurer avec Votre Excellence.

Georges Calamatino.

*Lettre de Cuzzi au général Gordon.*

Camp arabe devant Khartoum, 10 septembre 1884.

Son Excellence Gordon,

Je vous prie d'agréer l'hommage de mes respects sincères. Je suis fâché de vous savoir irrité contre moi. J'espère vous revoir dans des circonstances plus favorables et je désire une heureuse issue à vos difficultés actuelles. Je souhaite bonne santé à tous et je vous présente mes respects.

G. Cuzzi.

*Réponse du général Gordon à Georges Calamatino.*

Reçu votre lettre me demandant d'être admis dans Khartoum, pour me faire des communications concernant l'Europe. Je n'ai pas besoin de vous voir.

C.-G. G.

C. — *Lettre d'Abderrahman-en-Nahoômi et d'Abdallah-en-Nôor au général Gordon.*

Au nom de Dieu, le Miséricordieux et le Compatissant, bénédiction sur notre seigneur Mahomet, que la paix accompagne.

Des esclaves de leur seigneur, Abderrahman-en-Nahoômi

et Abdallah-en-Nòor, lieutenants du Mahdi (que la paix accompagne), à Gordon-Pacha. Puisse Dieu le guider vers la vérité.

Voici ce que nous avons à te dire :

Premièrement, tu es étranger à ce pays et à ce gouvernement, et tu es intelligent et éclairé.

Ce que Dieu veut révéler, ni les hommes, ni les démons ne peuvent le tenir secret, et Dieu accomplit son dessein en dépit des infidèles. Dès ton arrivée à Khartoum, l'iman (*suit la formule habituelle de respect, qui sera désormais omise pour abréger*) t'a écrit pour t'engager à te soumettre à Dieu et à son prophète et pour t'apprendre la vérité, pure de tout mensonge, te disant que, si tu es rebelle au commandement de Dieu et de son prophète, l'armée de Dieu te détruira, parce que tu auras prétendu partager avec lui, ton Créateur, l'autorité sur ses fidèles serviteurs qui lui appartiennent comme lui appartient toute la terre.

Néanmoins, tu as envoyé à Sa Hautesse une réponse différente de celle qu'elle souhaitait, dont la substance est un refus d'obéissance à ce qu'elle te commande. Tel est son désir pour ton bien, qu'elle a attendu un certain temps, dans l'espérance que la raison te reviendrait et que tu marcherais dans ses voies, renonçant aux illusions du monde et à ses biens passagers.

Le temps a passé, et il ne peut douter de ta ferme résolution de ne pas te soumettre. Il nous a donc désignés pour te combattre, nous, ses lieutenants susnommés, accompagnés d'hommes fidèles choisis parmi ses compagnons, et qui comptent gagner de grandes récompenses dans cette entreprise. La mort leur est plus chère que leurs femmes et que le meilleur de leurs biens, et, dans la bataille, un seul d'entre eux est plus fort que mille d'entre vous. Il nous a donné de ces armes de guerre dont vous croyez que dépend la victoire, des canons Krupp et autres dont vous ressentirez les effets, si vous persistez à vous tenir éloignés de Dieu.

Le Mahdi désire ton bien. Il t'a envoyé sa lettre par ses messagers, et particulièrement par deux Européens, chargés de te conseiller et d'ouvrir tes yeux à la vérité, afin de te sauver, ainsi que les tiens, de la destruction en ce monde et des tourments dans l'autre. Tu es demeuré sourd à ces avis, tu as tourné le dos à la lumière, et cela par amour pour une puissance passagère dont tu seras bientôt privé par la mort. Et dans ta réponse à notre seigneur, que la paix accompagne, tu as fait usage d'arguments tirés du Coran, dictés par tes scribes et tes ulémas, et que tu ne peux comprendre.

Sache, ô honorable pacha, que tous les ulémas qui sont avec toi connaissent la vérité et que, s'ils ne te conseillent pas bien, c'est par amour pour la grandeur et la richesse qu'ils ont obtenues de toi par tromperie et rébellion.

Si ton esprit est éclairé par nos paroles, écoute ce que te conseillera notre frère El-Jaber, autrefois appelé Georges Calamatino, afin de te sauver par la soumission au commandement de Dieu et de son prophète, et sauver en même temps ceux qui sont avec toi.

Sinon, ne doute pas que toi et les tiens ne soyez détruits d'ici à deux jours, parce que le seigneur de tous sera arrivé et que, s'il vous trouve encore en rébellion, il vous anéantira tous.

*Signé* : ABDERRAHMAN-EN-NAHOOMI.
ABDALLAH-EN-NOOR.

Daté du 21 zu'l Kadi 1301 (12 septembre 1884).

*Post-scriptum.* — Nous te faisons aussi savoir, ô honorable pacha, que les ulémas qui sont avec toi, et auxquels tu te confies, ont leurs enfants et leurs parents avec le Mahdi et qu'ils t'abandonneront aussitôt que tu seras dans la détresse. Extérieurement et corporellement ils sont avec toi, mais leurs cœurs sont pour nous. C'est par les habitants de la ville que nous sommes renseignés sur ce qui s'y passe. Ne te laisse donc pas tromper par les ulémas, les marchands et leurs serviteurs, car ils seront impuissants à te protéger le jour où tu seras tombé au pouvoir du Mahdi. Écoute notre conseil d'une oreille attentive.

*Réponse du général Gordon.*

A Son Honneur le scheikh Abderrahman-en-Nahòomi.

La lettre que vous nous avez envoyée par M. Georges Calamatino, dit El-Jaber, nous est parvenue et son contenu a été compris par nous.

Il est vrai que je suis étranger à ce pays, mais j'y suis député comme gouverneur général par deux grandes puissances, et j'ai, par conséquent, le droit et le devoir d'en conduire les affaires dans le sens que me dicte mon amitié pour les musulmans.

S'il est des gens qui aient envie de se faire derviches, je ne les en empêche pas. Quant aux ulémas, vous les traitez de menteurs et vous dites que leurs paroles sont sans valeur. Mais ils ne disent rien qui ne soit écrit dans les livres et sur quoi tous les ulémas de l'Islam ne soient d'accord.

Ils ne se soucient point de coucher sur la terre nue et d'échanger contre une robe de derviche le costume qui est celui des musulmans depuis l'établissement de leur religion.

Ce n'est pas sous la dictée d'aucun scribe ni uléma que nous avons répondu aux messages de Son Honneur Méhémet-Achmet ou autres; c'est, au contraire, nous-même qui avons dicté nos lettres, mot par mot, avec l'aide de notre dictionnaire anglo-arabe. Et, si vous ne me croyez pas, envoyez-moi un homme éminent et doué de jugement, avec qui je puisse m'entretenir; il verra si mes paroles sont à moi ou à d'autres.

Et voici une preuve de ce que je dis : j'ai reçu trois derviches qui m'apportaient une robe de la part de Méhémet-Achmet; j'ai refusé ce vêtement, et j'ai échangé avec eux beaucoup de paroles en langue arabe. Est-ce moi qui ai fait cela, ou un autre?

Quant aux canons avec lesquels vous voulez nous combattre, nous en avons beaucoup de pareils. Et d'ailleurs, le Mahdi a-t-il besoin de canons pour détruire ses ennemis?

Quant au Grec Georges, nous ne voyons aucun avantage à retirer d'une entrevue avec lui.

Quant aux ulémas et aux gens de Khartoum que vous prétendez être de cœur avec vous et devoir nous abandonner au jour de la bataille, sachez que nous ne les forçons pas à demeurer avec nous. Qu'ils aillent vous retrouver ou non, cela nous est égal. Pourquoi ne s'en vont-ils pas?

*Signé :* Gordon-Pacha.

Daté du 23 zu'l Kadi (15 septembre 1884).

D. — *Lettre des ulémas au scheikh Abd-el-Kader-Ibrahim et au fils de Nahóomi.*

Datée du 23 zu'l Kadi 1301.

Au nom de Dieu, le Miséricordieux et le Compatissant, Destructeur de ceux qui sont obstinés contre sa religion, bénédiction sur notre seigneur Mahomet (que la paix accompagne), et sur ses successeurs qui ont établi les fondements et les piliers de la foi.

Dieu nous a envoyé son glorieux Livre (1), d'où rien de faux ne peut sortir. Il a dit : « Aujourd'hui j'ai complété votre foi, je vous ai perfectionnés par ma grâce, et je vous ai donné la religion de l'Islam par l'entremise de l'élu Mahomet, le très sage et digne de toutes louanges. » Après ceci, on ne saurait accepter autre chose que ce qui est écrit dans le Livre. Et quiconque prétend s'autoriser d'une nouvelle révélation pour modifier la loi de l'Islam, accuse le Livre de mensonge, puisque le Livre dit que la foi est complète et définitive. De plus, il a été unanimement convenu que toute prétendue révélation du Prophète (que la paix accompagne) ne serait pas admise, si elle était contraire à la loi de l'Islam, telle qu'elle est établie par les *hadiths* (2) authentiques.

La loi de l'Islam déclare apostat celui qui se rend coupable de manquement à la chasteté et de meurtre, celui qui

(1) Les musulmans considèrent le Coran comme dicté mot par mot à Mahomet par l'ange Gabriel, envoyé de Dieu.
(2) *Hadiths*, paroles et préceptes de Mahomet confirmés par la tradition.

abandonne sa religion, et celui qui provoque un schisme dans la congrégation.

Or, celui qui se dit le Mahdi a provoqué un schisme dans la congrégation et a rompu l'unité de l'Islam; il a ruiné les demeures des musulmans, dérobé leurs biens, déshonoré leurs femmes; il a tyrannisé les croyants, et, pour légitimer ces actes de violence, il les a qualifiés de *kafirs* (infidèles), bien qu'ils observent la loi et marchent dans le sentier de la foi. La plupart de ses compagnons ont l'âme troublée par ces scènes de massacre, d'infamie, de rapt et de pillage, et ne sont plus de cœur avec lui; la preuve en est qu'il y a quelques jours, plusieurs d'entre eux sont venus demander au gouvernement protection contre l'oppression, la famine et la nudité.

Dans différentes lettres de vous ou d'autres, les ulémas sont accusés d'erreur et d'aveuglement, ainsi que d'ignorance de choses qui vous sont connues; et cependant vous savez bien qu'entre vous et celui de nous qui possède le moins de savoir, il y a un abîme.

Ces lettres que vous envoyez à Son Excellence le gouverneur général du Soudan lui sont adressées sous le titre de *Sáadat* (Sa Félicité), qui ne peut s'appliquer à un homme sous le poids de la colère divine, et cependant vous l'accusez d'être un infidèle. N'y a-t-il pas là contradiction?

Vous dites dans ces lettres que, depuis trente ans, vous avez reconnu Méhémet-Achmet pour le vrai Mahdi (le Messie, que la paix accompagne), et que vous êtes au nombre de ses vizirs depuis cette époque. Comment se fait-il alors que vous ayez dernièrement écrit sous votre sceau, au scheikh El-Abêed, que quiconque croit Méhémet-Achmet le Mahdi est un infidèle, parce que cet homme ne peut pas fournir de *hadith* à l'appui de sa mission. Est-ce là de la contradiction? Et aujourd'hui, vous êtes pervertis au point de le saluer du *Alaihy es salaam* (que la paix l'accompagne). Or, le prince de la foi Abd-el-Ghâni, dans son livre le *Hadik-en-Nadih* (Commentaire de la religion musulmane), dit expressément que ce salut, en usage dans la vie journalière en abordant une personne, doit, lorsqu'il accompagne le nom de celui dont on parle, être réservé aux seuls prophètes. On dit : « Salut, Ali, que la paix t'accompagne, » mais on ne peut dire en parlant de lui : « Ali (que la paix accompagne). »

Vous prétendez que la venue de l'iman le Mahdi, ou le Messie, et l'hostilité des ulémas sont annoncées dans les anciens livres. Si vous dites cela pour les ignorants qui ne connaissent point les livres, c'est bien; mais nous, ulémas, nous savons qu'il n'en est rien et que cette prophétie n'est fondée sur aucun des *hadiths* authentiques. Et quand nous admettrions ceux qui, sans aucune garantie de véracité, paraissent prédire la venue d'un Mahdi, où sont les marques qu'ils indiquent pour faire reconnaître ce prophète? Où est son frère, qui doit lui ouvrir les voies avant son apparition? Où est le bras qui doit se montrer avec une main indicatrice signifiant : « Voilà le Mahdi, suivez-le? » Où est la montagne d'or surgissant des eaux de l'Euphrate? Et n'est-il pas dit que le Mahdi ne versera pas le sang et ne troublera pas le sommeil de ceux qui dorment? Or le vôtre verse le sang, et non seulement il trouble le sommeil de ceux qui dorment, mais encore il se vante de vouloir détruire les gouvernements.

Les livres sont là; montrez-nous des preuves évidentes

de ce que vous avancez, s'il en existe, car nous ne les avons point trouvées.

Tout le monde sait que celui que vous prétendez être le Mahdi n'est pas d'origine illustre, qu'il sort d'une très petite tribu, qu'il est sans parents ni alliés. N'arguez point de ce fait qu'il donne de la valeur à sa prétention d'avoir reçu une mission divine; c'est tout le contraire, car le savant iman Ibn-Kaldôon dit dans sa préface que l'on n'est fondé à entreprendre une affaire d'intérêt public, religieux ou autre, qu'avec l'appui moral et matériel d'une suite d'aïeux et d'un entourage de parents, alliés et amis, ce qui est autre chose que la foule obscure et ignorante des compagnons de votre Mahdi. Et qu'il ne prétende point descendre du Prophète (que la paix accompagne), s'il ne peut en donner des preuves sérieuses. Si vous aviez regardé avec l'œil de la justice, vous n'auriez pas admis cette prétention et ne l'auriez pas imposée au peuple par la violence. Ne savez-vous point que la colère et la malédiction de Dieu sont sur celui qui tue intentionnellement un croyant et que des tourments éternels l'attendent? que le croyant est le frère du croyant et ne doit l'opprimer ni le trahir? que les croyants sont entre eux comme les pierres d'un édifice qui se soutiennent les unes les autres? que celui qui jette un regard sur un croyant, son frère, pour le terrifier injustement, sera terrifié par Dieu au jour de la résurrection? et autres *hadiths* qu'on pourrait citer?

Dans son livre *El-Yawakêet-W'el-Gawahir* (*Rubis et Joyaux*), le Schaârani lui-même, qui est votre autorité au sujet du Mahdi, annonce que celui-ci naîtra dans la nuit du milieu du mois *shâaban* de l'année 255, et qu'il vivra jusqu'au jour où il rencontrera Jésus, fils de Marie. Mille quarante-six années se sont écoulées depuis cette date, et l'âge de votre iman n'égale pas seulement la dixième partie de ce chiffre. Comment pouvez-vous donc invoquer ce témoignage qui porte en soi la contradiction de vos paroles?

Et le Schâarani dit encore : « Il se prévaudra de ses droits parce que le peuple le suivra. » Or, bien que le gouverneur général n'empêche personne de le quitter et que les routes soient ouvertes à tous, il ne cesse d'arriver ici des foules innombrables qui invoquent la protection du gouvernement. Et il les protège, s'occupe de leur subsistance et les traite avec bienveillance, tout au contraire de ce que vous faites pour ceux qui vont à vous ou qui vous sont envoyés. Mettez fin au pillage après le combat et à l'exécution des déserteurs, et vous verrez qui restera avec vous. Parmi les vôtres, il en est beaucoup qui vous servent par force, ou qui s'imaginent à tort que tout ceci vient du gouvernement turc. Mais nous sommes au Soudan et nous n'avons rien à voir avec le gouvernement turc ; venez à Khartoum, vous n'y trouverez pas un Turc. Alors pourquoi cette guerre? Pour la ruine de la religion, le massacre des musulmans, le renversement des mosquées, la mort des ulémas, la destruction des livres saints, et pour empêcher les *hadjis* d'aller en pèlerinage à la Mecque. Voilà l'ouvrage de votre Mahdi!

Puisqu'il est écrit que la religion est la sincérité envers Dieu et son prophète, ses imans et son peuple musulman, nous vous écrivons ceci dans l'espoir de vous convaincre et de vous empêcher d'aller plus avant dans la voie du mal. Et si nos arguments ne vous semblent pas suffisants, que vos ulémas et vos notables viennent conférer avec nous de ces

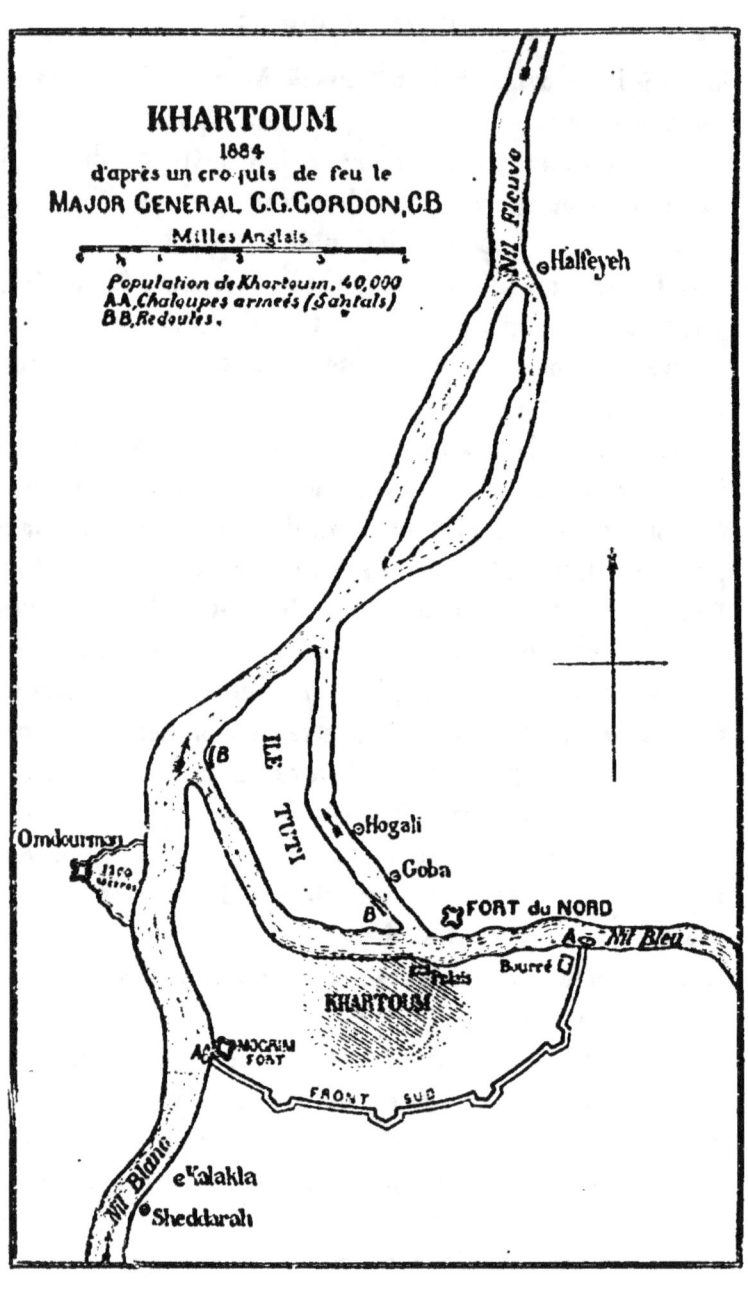

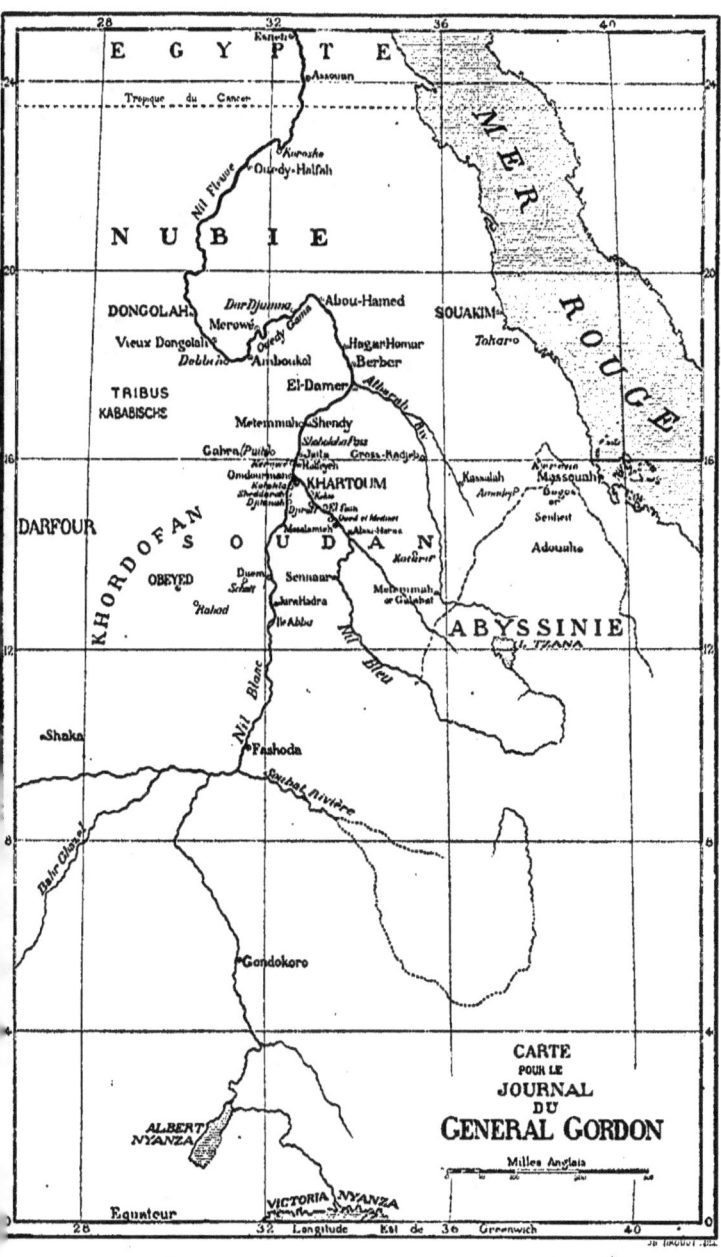

matières en un lieu sûr pour les deux partis. Au moyen des livres l'union s'établira entre nous, Dieu guidera qui il voudra vers la vérité ou l'erreur. Si vous êtes des croyants en Dieu et en la résurrection, acceptez notre proposition ; appelons en conseil vos fils et nos fils, vos femmes et nos femmes, consultons-nous, et que la malédiction divine soit sur celui qui mentira.

Et ne vous enorgueillissez pas du massacre de musulmans que vous avez fait au Khordofan, et le jour de la bataille gagnée par votre scheikh El-Abéed, pour prétendre que Dieu bénit vos armes. Cela n'est rien en comparaison du carnage fait par Nabuchodonosor lors de la destruction du saint temple (1), et dans la guerre de Tamerlan et autres racontées dans les livres, et dernièrement encore dans la guerre avec les *Beni-el-Asfar* (2), où tant de musulmans ont souffert pour la foi. Si le droit était toujours du côté du vainqueur, pourquoi n'avez-vous pas fait votre soumission à ce gouvernement qui a subjugué des contrées musulmanes?

Et d'ailleurs, dans ces deux batailles que vous avez mentionnées, beaucoup de ceux qui sont morts ont péri par la soif ou par trahison. Et la guerre n'est-elle pas comme une bascule où chacun est en haut et en bas à son tour?

Nous aurions honte de répondre à votre iman, qui place au même niveau que les califes légitimes des misérables plus ignorants que les bêtes brutes elles-mêmes. Il serait trop

(1) Allusion à la destruction du temple de Jérusalem.
(2) Littéralement : « les enfants de la race à cheveux jaunes », désignation orientale des Russes.

long de le réfuter sur ce point, aussi serrons-nous la bride à notre plume pour l'empêcher de prendre le galop.

Que Dieu vous conduise dans le droit chemin.

23 Zu'l Kadi 1301 (14 septembre 1884).

*Signé et scellé :* Moussa-Méhémet,
Mufti de Khartoum.

Scheikh El-Emin-Méhémet,
Président et primat des ulémas du Soudan.

Schâakir-Effendi,
Mufti de la cour d'appel du Soudan.

Scheikh Hussein-el-Mahdi,
Professeur de science à la mosquée.

Méhémet-Khowlaji,
Cadi suprême du Soudan.

E. — *Eclaircissement sur la circulaire de Gordon relative à l'esclavage.*

Gordon s'était fait précéder à Khartoum par une proclamation dans laquelle il disait qu'en présence du regret général provoqué par les mesures sévères du gouvernement relatives à l'interdiction du trafic des esclaves, à la confiscation des biens de ceux qui s'y livraient et à leur emprisonnement, il avait résolu de laisser aux propriétaires d'esclaves la jouissance de leurs droits.

La publication de ce document en Europe fut accueillie par une tempête d'indignation; il fut considéré comme une tache à l'honneur britannique et une violation des lois de la philanthropie. Peu de gens eurent la sagesse de s'arrêter à rechercher le motif de cette concession, et la plupart furent aussi prompts à en blâmer l'auteur qu'ils avaient auparavant été prodigues de louanges à son égard. L'implacable ennemi de l'esclavage en était devenu partisan et il avait osé, au nom de l'Angleterre, proclamer son apostasie; comment excuser une pareille faute, couronnant une carrière si exceptionnelle?

Cette proclamation, l'objet en Europe de tant de malveillance irréfléchie, fit plus que tout autre acte de Gordon pour lui gagner Khartoum. L'attitude des habitants changea du jour au lendemain; leur sombre apathie fit place à un joyeux enthousiasme et des milliers de gens, qui étaient prêts à suivre le Mahdi, accueillirent Gordon avec respect et sympathie. Cette proclamation était une mesure de haute politique, telle que pouvait seul la concevoir un homme connaissant à fond l'esprit du peuple auquel elle s'adressait. Rendre bénévolement aux gens un privilège qu'ils étaient alors en mesure de reconquérir, était un moyen sûr d'éviter beaucoup de difficultés et d'effusion de sang. La convention de 1877 prescrivait l'abolition de l'esclavage en 1889; elle avait été conclue à une époque où l'Égypte ne prévoyait pas devoir abandonner un jour le Soudan, et cependant elle était, à ce moment même, considérée comme inexécutable. Il était évident que la mission donnée à Gordon de faire évacuer le pays par les Égyptiens, et de le restituer aux indigènes, impliquait le rétablissement de l'esclavage. Le Soudan et l'Europe eussent traité Gordon de fou, s'il eût dit aux Soudanais : « Je viens pour remettre entre vos mains le gouvernement du pays, mais je vous préviens que, dans cinq ans, vous ne devrez plus avoir d'esclaves. » Mais il leur a dit : « Puisque vous gouvernerez désormais le pays à votre guise, il vous sera

loisible d'y maintenir l'esclavage, si cela vous fait plaisir; »
c'était une affaire entre les Soudanais et lui, et il était absurde, de la part des philanthropes européens, d'incriminer
des paroles aussi raisonnables que politiques, et d'ailleurs
sans effet quant à la réalité pratique des choses. (*Histoire de
Gordon le Chinois*, par M. Egmont Hake. — Vol. II,
p. 7073.)

F. — *Rapport d'un mudir sur le désastre de Hicks, transmis
au gouverneur général du Soudan par le mudir de Dongolah.*

Ce rapport, fait par Son Excellence Hussein-Pacha, mudir d'Alôob
en Khordofan, avant la destruction de l'armée du général Hicks, était
tombé aux mains des rebelles. Nous, mudir de Dongolah, avons pu
nous en procurer une copie, que nous transmettons dans son intégrité
au gouverneur général du Soudan.

Le samedi 2 *moharrem* 1300, les troupes ont terminé leur
concentration dans le voisinage d'Alôob, situé près du siège
du gouvernement du Khordofan, par la volonté du Créateur.

L'inspection des troupes a révélé qu'elles souffraient d'une
soif intense, ayant perdu leur guide depuis six jours, et ignorant l'emplacement des puits où elles auraient pu trouver en
quantité suffisante de l'eau potable. Cette situation avait eu
pour conséquence de jeter dans la colonne un tel désordre,
que les soldats avaient perdu leurs compagnies et que les officiers ne retrouvaient plus leurs hommes; les bêtes de somme
étaient dispersées à l'aventure. M. le général Hicks a donné
l'ordre aux officiers de reformer les rangs; mais, l'un d'eux
lui ayant désobéi, il en a référé à Al-ed-Dèen-Pacha; Son

Excellence lui a répondu qu'étant commandant en chef des troupes, il acceptait toute la responsabilité. Cette division du commandement l'a affaibli et paralysé. Un corps de troupes nous a cernés, et, nous trouvant sans eau et sans moyen de nous en procurer, nous sommes voués à une destruction certaine.

Trois fois hélas! pour les autorités du gouvernement qui se trouvent, elles, à l'abri de tout danger. Quant à nous, si notre mort est ordonnée par la volonté du Tout-Puissant, elle aura la soif pour unique cause.

Moi qui écris ces lignes, je suis Hussein-Pacha, mudir, officier dans l'armée du gouvernement, natif d'Égypte et sorti des rangs. Je vous adjure au nom de Dieu et du Prophète, si vous êtes des croyants, vous qui lirez ceci, faites-le parvenir aux autorités.

Que la volonté de Dieu soit faite, car il n'est pas de recours contre les décrets de celui qui sait toutes choses. Que Dieu prolonge votre vie.

G. — *Lettre du général Gordon à Ibrahim-Abd-el-Kader, cadi de Kalaklah.*

Nous recevons une lettre du général de l'armée anglaise, nous mandant que le *fakih* (théologien) El-Huda et le schérif Mahmoud, envoyés par Méhémet-Achmet pour bloquer Dongolah, ont été tués par les Anglais, ainsi que tous les derviches qui se trouvaient avec eux. L'armée est en marche sur Berber, que les steamers détachés par nous dans cette ville la semaine dernière ont trouvée déserte et désolée. Le général me dit que Méhémet-el-Kehr s'est enfui à son approche, après avoir trompé les gens qu'il avait appelés pour défendre la ville. Il les a envoyés chercher de l'argent dans une chambre vide, d'où le trésor avait été emporté. Il a d'abord prétendu qu'un *Djinn* (démon) avait pris l'argent; mais, devant l'étonnement de ceux qu'il trompait ainsi, il est parti. Les gens ont compris que c'était une fourberie et sont retournés chez eux. Te tenant pour un de nos vieux amis, nous te transmettons ces nouvelles, reçues par nous il y a sept jours.

Nous te mandons aussi que nous avons considérablement fortifié les défenses de Khartoum et augmenté le nombre des mines qui protègent ses approches. En ce moment, nous préparons un tremblement de terre par le moyen de l'électricité; nous craignons que l'effet ne s'en fasse sentir jusque chez toi, et, en considération de la fraternité qui nous unit à toi, nous souhaitons que tu ne te trouves pas avec les autres à ce moment-là.

Dis au fils de Nahòomi et à Abou-Kerjah que ce qu'ils ont de mieux à faire, c'est d'aller rejoindre les Anglais à Dongolah; quand l'ordre sera rétabli, nous les ferons sultans (1).

Ne crois pas que Khartoum soit affamé et se nourrisse de chiens et d'ânes. Je jurerais que vous n'êtes pas si bien pourvus que nous en vivres et en boissons.

Nous ne te demandons pas une soumission immédiate au gouvernement, de peur d'attirer sur toi la colère de Méhémet-Achmet, nous désirons seulement te voir rester neutre jusqu'à nouvel ordre.

Sachant que tu manques de savon pour te laver le visage, je

---

(1) Les grands chefs arabes portent ce titre.

t'envoie une petite boîte de celui qui nous sert pour cet usage.

Salue le fils de Nahoômi de ma part, et dis-lui qu'il nous est arrivé aujourd'hui de chez lui un homme semblable à un paon, à cause de son manteau multicolore qui a surpris tous les habitants.

Je joins à ceci une lettre des ulémas à Méhémet-Achmet et je te prie de la lui faire parvenir.

30 *Zu'l Kadi* (21 septembre).

## H. — *Réponse d'Ibrahim-Abd-el-Kader.*

Au nom de Dieu, le Miséricordieux et le Compatissant.

Loué soit Dieu, le Maître généreux, et béni notre seigneur Mahomet, que la paix accompagne.

Du serviteur de son seigneur, Abd-el-Kader-Ibrahim, cadi de Kalaklah, à Gordon-Pacha.

Trois fois nous vous avons averti de ce qui adviendrait, avec des preuves suffisantes pour quiconque est doué de sens, et cela à cause de l'amitié que vous nous portez et dont vous parlez dans votre lettre.

Nous avons agi pour votre bien et pour celui des musulmans qui sont avec vous dans la ville. Mais rien n'y a fait, et vous avez chaque fois répondu en vous obstinant à nier la mission de cet iman le Mahdi.

Et vous avez été entretenu dans cette erreur par l'inimitié qui règne entre les musulmans et les infidèles, par les discours des ulémas pervers qui sont avec vous dans Khartoum, et par votre amour de la toute-puissance. O illusion, illusion!

Mais sache (1) que les nouvelles dont tu me parles sont fausses; si elles étaient vraies, nous en aurions connaissance, étant mieux placés que toi pour être exactement renseignés, car la poste fonctionne dans les régions soumises au Mahdi. Et les choses que tu dis fussent-elles vraiment arrivées, elles n'affaibliraient en rien l'autorité spirituelle du Mahdi. Mais non, notre iman est victorieux, et il anéantira tous les rebelles et les hypocrites, dût-il rester seul au monde sans un autre homme avec lui.

Les communications que vous adressez aux émirs du Mahdi ne réjouissent pas leur cœur, car ils sont fermement résolus à soutenir leur iman jusqu'à la mort et à ne se laisser effrayer par aucune menace; en toutes circonstances ils se confient à Dieu. Le Mahdi a le droit pour lui, et ni les soldats anglais, ni les engins chimiques, ni les munitions et provisions de toute sorte ne prévaudront contre lui. Ce que vous avez de mieux à faire, c'est de rejeter l'erreur, de revenir à la vérité, et de vous soumettre à cet iman, qui seul peut vous sauver, vous et ceux qui sont avec vous; sinon, le jour viendra où vous verrez quel est celui qui en a menti.

Quant à la boîte de savon que nous a apportée votre messager, nous vous la renvoyons, car votre refus d'accepter le présent de l'iman le Mahdi, vice-régent de Dieu sur la terre, nous oblige à refuser aussi le vôtre. Et d'ailleurs, accepter un présent est une marque de bon vouloir.

Rendez-vous, voilà le conseil que je vous donne.

---

(1) Dans cette lettre, comme dans plusieurs autres, le *vous* européen et le *tu* oriental sont employés indifféremment.

Dieu est le guide suprême vers la vérité universelle, et tout se soumet à lui.

Signé : Abd-el-Kader-Ibrahim.

Écrit le dernier jour du mois de *Zu'l Kadi* 1301 (21 septembre 1884).

## I. — *Lettre du lieutenant-colonel Stewart au général Gordon.*

Ile d'El-Hassa-Heya, à quatre milles au S. de Berber.<br>14 septembre 1884.

Mon cher général,

Vous serez sans doute surpris d'apprendre que nous n'avons pas encore dépassé Berber ; c'est que, pendant les deux premiers jours de notre voyage, nous avons passé par une série de vicissitudes. Vous savez déjà que, le premier jour, grâce à l'ignorance du commandant et du pilote, nous avons fait côte et nous avons eu notre roue endommagée. Le second jour, le commandant nous a échoués sur un banc de vase d'où nous avons mis quatre heures à nous tirer, non sans peine, avec le concours de l'équipage du *Safia*. C'en était trop pour ma patience. J'ai le regret de dire que je me suis mis en colère, que j'ai rudement malmené cet homme, et que je l'ai relevé de son commandement en le remplaçant par son second.

Ce même jour, le 11, nous avons franchi la passe de Schoboloah ; nous avons aperçu au sud du défilé l'extrémité du fil télégraphique brisé. Nous avons mouillé pour la nuit en face du village d'Om-Ghirka, à côté d'une petite île cultivée, habitée par des Schaggychs, dont le chef, Bab-Bekr-el-

Mek, est le frère de Kassim-el-Mouss; ils nous ont fait bon accueil et nous ont fourni tout le bois dont ils disposaient. Le chef est monté à bord; il s'est plaint amèrement des derviches, mais nous a dit qu'à l'exception des Schaggyehs, toutes les tribus avaient embrassé la cause du Mahdi. Je vous envoie inclus une lettre qu'il vous a écrite, et dans laquelle il vous demande des armes et des soldats, afin de pouvoir se déclarer ouvertement pour le gouvernement. Autant que j'en puis juger, les Schaggyehs nous sont très attachés; dans tous les villages de cette tribu devant lesquels nous passions, les habitants exprimaient par des danses et des cris la joie qu'ils éprouvaient à nous voir. Tous ces villages sont sur la rive droite; la rive gauche est malveillante, sinon franchement hostile. Bab-Bekr dit que dernièrement des derviches ont remonté le fleuve en bateau pour recueillir des dîmes; le *Faschéer* de Berber se montre aussi de temps en temps.

Je crois que l'ennemi est instruit de notre expédition, car pendant cette nuit-là des tambours de guerre se sont fait entendre sur la rive gauche, d'où, le lendemain 12, nous avons reçu quelques coups de fusil. Dans le milieu de la journée, nous avons fait une halte d'environ une heure à une île schaggyeh pour y prendre du bois. A partir de ce point, nous nous sommes trouvés dans le pays des Djalêens. En passant devant Metemmah, où nous avons aperçu une grande foule et de nombreux étendards, nous avons essuyé quelques coups de feu, mais hors de portée; de même à Schendy. Dans cette ville, le bâtiment du gouvernement a été percé de meurtrières et couvert par un petit parapet. Le *Safia* y a envoyé deux obus. Ayant aperçu un homme, porteur d'une lettre, qui nous faisait des signes, nous avons stoppé un peu en amont de la ville, mais nous ne l'avons pas revu. Nous avons fait une nouvelle halte à une île dont nous avons pillé le village; nous avons détruit les maisons et tué une grande quantité de têtes de bétail.

Le 13, nous avons trouvé les deux rives hostiles. En passant devant les collines basses d'Om-Ali, nous avons tiré sur une agglomération d'hommes qui se tenaient près du fleuve, et nous avons démonté un cavalier. A partir de ce point, nous avons dû raser la rive droite de très près, et nous avons été suivis par des Arabes qui couraient le long de la berge, en brandissant leurs sabres et leurs lances; il nous eût été facile de tirer sur eux, mais nous nous sommes abstenus, en considération de leur audace. Dans l'après-midi, nous avons pris un bateau chargé de sucre.

Aujourd'hui, nous avons employé notre temps à détruire méthodiquement des maisons, pour nous procurer la provision de bois sans laquelle il serait imprudent de nous mettre en route pour Berber. Ce soir, comme nous stoppions, nous avons aperçu sur la rive droite un détachement venant du nord, qui s'est arrêté un moment et s'est replié dans la direction de Damr : sans doute une reconnaissance, ou un parti attendant un moment opportun pour nous attaquer. Demain au point du jour, nous nous remettons en route et vos steamers nous escorteront jusqu'au delà de Berber. Je crois que nous sommes en bonne voie de succès, et je me sens plein de confiance.

J'ai recueilli à bord un soldat égyptien qui avait fait partie de la garnison de Berber; il avait été vendu quatorze dollars à un scheikh du pays, ainsi que beaucoup de ses camarades.

Je suis sans nouvelles certaines de Dongolah : les uns disent que cette ville a une forte garnison égyptienne, les autres qu'ils n'en savent rien.

Je regrette de n'avoir pas grand bien à dire des hommes du *Safia* et du *Mansourah*; ils ne sont guère bons à autre chose qu'à se disperser de la façon la plus imprudente pour piller à droite et à gauche. Omar-Bey ne paraît pas avoir grande autorité sur eux. Je dois cependant lui rendre cette justice qu'il fait tout son possible pour m'être utile, ainsi que le commandant du *Mansourah*.

Herbin et Power se rappellent à votre souvenir, ainsi que moi-même. Soyez assuré que je ferai pour vous venir en aide tout ce qui sera en mon pouvoir. En vous remerciant de la bonté que vous m'avez toujours témoignée, et en priant que la bénédiction du Tout-Puissant vous visite, je demeure, mon cher général,

Très sincèrement à vous,

O.-H. STEWART.

P. S. — Combien je souhaiterais vous avoir avec nous!

J'ai conseillé à Omar-Bey, eu égard à la médiocre qualité de ses hommes, qui ne sont guère qu'un troupeau armé, de ne les laisser aller à terre qu'avec de grandes précautions. Il m'a répondu qu'ayant assez de combustible pour remonter le fleuve jusqu'à Khartoum, il ne les laisserait pas débarquer du tout, ce qui prouve en faveur de sa sagesse. D'après ce que j'ai pu constater de l'intrépidité et de l'audace des Arabes, j'ai lieu de craindre que nos misérables troupes ne soient devant eux comme de la paille au vent.

Jusqu'à Schendy, vous pouvez considérer la rive droite sinon comme absolument amie, du moins comme n'étant pas ouvertement hostile. Le reste du pays me semble appartenir corps et âme au Mahdi. Nos échecs comme nos succès sont connus partout, et la défaite de Méhémet-Ali-Pacha est fort exagérée.

J'ai oublié de vous dire que le pays est en bon état de culture, et que les gens s'occupent de leurs irrigations comme si de rien n'était.

*Lettre de M. Herbin au général Gordon
(écrite en français).*

15 septembre 1883.

Mon général,

Avant de passer Berber, permettez-moi de vous remercier encore mille fois de toutes les bontés que vous avez eues pour moi, et de vous affirmer que je n'oublierai jamais le charmant accueil que le consul de France a trouvé auprès du *O-Quomudar* (1), M. Herbin auprès du général Gordon.

Malgré les ennuis que nous a causés Méhémet-Achmet, je ne regretterai pas, je vous assure, mon voyage à Khartoum, car j'espère que vous me permettrez, plus tard, de vous rappeler que je m'y trouvais en même temps que vous.

Avec les vœux que je fais pour que les événements soient dirigés par Dieu dans un sens qui vous soit favorable, rece-

(1) Ou *homkomdar* (gouverneur général).

vez, mon général, l'assurance de mes sentiments de profond respect et d'absolu dévouement.

HERBIN.

*P. S.* — Vous me pardonnerez, n'est-ce pas, de vous écrire au crayon.

### J. — *Lettre d'Abou-Gugliz au général Gordon.*

Au nom de Dieu, le Tout-Puissant et le Miséricordieux, loués soient notre prophète Mahomet et les siens.

Du serviteur de Dieu, Méhémet-Osman-Abou-Gugliz, à Gordon-Pacha, le bien-aimé de l'Angleterre et du Khédive; plaise à Dieu de le guider dans le sentier de la vraie foi.

Sache que celle qui te porte ce message, Fatmah, a été prise et emprisonnée comme espionne de Khartoum. Quand je l'ai vue, je lui ai pardonné et l'ai fait mettre en liberté; je lui ai donné à choisir de demeurer avec nous ou de retourner auprès de toi, et, comme elle a préféré retourner, je la renvoie à Khartoum. Si c'est une espionne, tu le sauras et tu la traiteras comme tu le trouveras bon.

*Scellé.*

23 *el-hejah* 1301 (13 octobre 1884).

### K. — *Lettre des fakihs* (théologiens) *El-Sayet-Eltahen et Hamed-Idréer, au commandant du fort d'Omdourman.*

Au nom de Dieu, le Miséricordieux et le Tout-Puissant; loué soit-il ainsi que notre Prophète.

D'El-Sayet-Eltahen et Hamed-Idréer à Issat-Osman-Bey,

*Kaïmakan* (lieutenant-colonel) et commandant du poste d'Omdourman, et à tous ses officiers, nos frères en Dieu.

Après vous avoir adressé nos salutations et l'assurance de notre désir de vous voir, comme amis et frères en religion contre qui nous n'avons aucune haine ni animosité, nous vous informons de ceci : le gouvernement de l'Égypte n'est plus soumis à l'empire turc, mais les Anglais en ont pris possession. Pouvez-vous donc, vous, Arabes et musulmans, demeurer avec les infidèles, avec Gordon, qui n'a pour lui que des gens du bas peuple? Et alors que Khartoum est cerné de toutes parts et que le descendant du Prophète, notre iman et l'iman de tous les musulmans, Méhémet-Achmet le Mahdi, fils d'Abdullah, approche d'Omdourman avec un nombre illimité de combattants, auxquels Khartoum ne pourra résister.

Aussi nous hâtons-nous de vous adresser ces lignes pour vous engager à venir avec les vôtres trouver notre émir, qui vous recevra en toute amitié et assurera votre sécurité. Vous ferez bien de ne pas attendre un seul jour, car l'iman est attendu demain ou après-demain. Venez à lui et vous en serez bien reçus, comme tous ceux qui sont venus avant vous. Vous connaissez, certainement, la générosité de notre émir Ahmad-el-Mustapha (Faki-Mustapha), et le Mahdi lui a prescrit de ne faire aucun mal à ceux qui viendraient de Khartoum. Donc, envoyez-nous deux messagers pour nous instruire de votre dessein. Sachez que notre émir est comme l'arche de Noé : celui qui y entre sera sauvé, et celui qui s'en éloigne périra dans le déluge. Nous vous adressons cet avis en signe d'amitié, et Dieu est témoin de la vérité de notre dire.

Vous êtes étrangers à notre pays, mais non à notre religion, et Gordon-Pacha l'est aux deux; pourquoi donc vous attacher à lui? Il prétend que les Anglais viennent. Et quand ils viendraient, que pourraient-ils faire? Nous sommes certains que ceux de Souakim ont été détruits par Osman-Digmah, que ceux d'Assouan sont assiégés dans cette ville et abandonnent le Soudan, que le bateau de Stewart-Pacha et du consul a été pris à la cataracte, et que tous ceux qui le montaient ont été mis à mort. Ainsi tous les desseins des infidèles sont déjoués.

Nous vous envoyons une lettre pour Ferratch-Pacha-el-Zèeb; si vous pensez pouvoir la lui transmettre sans danger, faites-le; sinon, détruisez-la, laissez les autres et ne songez qu'à votre salut, abandonnant les infidèles à leur sort. Nous vous attendons pour aller avec l'émir Mustapha trouver le Mahdi demain, 23 *el-hejad*.

*Signé* : Hamed-Idrèer.

El-Sayet-Eltahen.

La seconde lettre, signée de Faki-Mustapha lui-même, n'est qu'une répétition de celle-ci, avec quelques variantes.

L. — *Lettre de Slatin-Bey au général Gordon (écrite en français). (L'orthographe en a été respectée.)*

A son Excellence Gordon-Pacha, gouverneur général du Soudan.

Excellence,

J'ai me permi d'écrire à Votre Excellence une lettre en allemande dans laquelle je vous offre mes services. J'ai été obligé d'écrire à Votre Excellence en allemande, parce que on a brûlé mon dictionnaire françaisc croyant que c'est un livre de prière crétienne. J'espère de trouver l'occasion de m'unir avec Votre Excellence et l'acceptation de mes services. J'espère que vous vous portez bien et prie Dieu qui vous donne la siège.

Votre dévoué et obéissant serviteur,
SLATIN.

Une de vos sandechaque (sandjak), Abd-el-Habin, a écri une lettre ici demandant le pardon, comme j'entende veulent les Scheigines (Schaggyehs) quitter le Halfai (Halfeyeh) et se uni avec les partisans du Mahdi pas par l'enémitié contre Votre Excellence, non seulement par peure pour leurs femmes et enfants.

J'entendis que Votre Excellence m'ont écri une lettre, me je ne l'ai pas reçu; on dit que le Chalifa Abdallah l'a brûlée.

*Lettre du même au même (traduite de l'allemand).*

Votre Excellence,

J'ai appris par Georges Calamatino, porteur du message de Méhémet-Achmet, que Votre Excellence, sans doute mal informée des circonstances, juge défavorablement ma conduite et ma capitulation. Aussi je prends la liberté de vous renseigner sur la situation dans laquelle je me suis trouvée, en vous priant de vous former une opinion en conséquence.

Depuis ma nomination au poste de gouverneur du Darfour, j'ai été sans cesse en guerre avec les sultans Haroun et Doud-

Benga, et, lorsque a éclaté l'insurrection fomentée par Méhémet-Achmet, je me suis trouvé seul, sans officiers; les uns avaient été tués, d'autres révoqués par le gouvernement, et les quelques-uns qui me restaient étaient incapables. Dès le début des hostilités, qui se sont produites simultanément avec la révolution d'Égypte provoquée par Achmet-el-Arabi, j'ai dû prendre en personne le commandement des troupes; après plusieurs engagements plus ou moins malheureux, les officiers arabes, qui me portaient de l'animosité, ont persuadé aux soldats qu'ils étaient battus parce qu'ils étaient commandés par un chrétien. Afin de combattre l'effet de ces propos, j'ai prétendu que je pratiquais secrètement la religion musulmane, et j'ai fini par proclamer publiquement ma conversion à l'islamisme. J'ai pu ainsi regagner la confiance de mes troupes, leur rendre l'espoir, déjouer des intrigues, et remporter plusieurs avantages sérieux, jusqu'au jour où l'armée du général Hicks a été anéantie au Khordofan.

Que ma conversion soit ou non un acte déshonorant, ceci est une chose discutable. Je dirai seulement qu'elle m'a été rendue plus facile par le peu de soin apporté dans mon enfance, malheureusement peut-être, à mon éducation religieuse.

Après le désastre de l'armée de Hicks, mes troupes, déjà très démoralisées, refusèrent le service. Il ne me resta qu'environ 700 hommes, malades et blessés compris, avec dix à douze cartouches par fusil. Officiers et soldats demandaient à capituler, et, seul Européen parmi eux, je me vis forcé d'obtempérer à leur désir. Votre Excellence pense-t-elle que la soumission m'a été facile, à moi, officier autrichien? Ce jour-là a été le plus cruel de ma vie.

Mon apparente docilité m'a valu la confiance des potentats locaux, et c'est ce qui me permet de vous écrire ; je leur ai persuadé que cette lettre avait pour objet de vous engager à vous rendre.

Si Votre Excellence ne dédaigne pas mes faibles services et mes modestes connaissances en tactique, je serai heureux de lui prêter mon concours, par pur dévouement à la bonne cause, et sans lui demander d'autre faveur que sa confiance. Je suis prêt à vaincre ou à mourir avec vous, et j'abandonnerai volontiers mes biens et mes quelques fidèles pour périr avec honneur, si telle est la volonté de Dieu.

Au cas où vous accepteriez mes services, je prie Votre Excellence de me le faire savoir par un mot en français, et en même temps de m'écrire en arabe ces quelques lignes : «Obtenez l'autorisation de venir à Omdourman pour traiter des conditions de la capitulation de la place. » J'espère pouvoir ainsi trouver moyen de me rendre auprès de vous. Il dépend uniquement de Votre Excellence d'accepter ou de refuser mes services.

Puisse Dieu vous donner la victoire.

De Votre Excellence le très dévoué,

SLATIN.

Le sandjak Saleh-Bey, Atah-Agha, et autres chefs qui sont ici, assurent Votre Excellence de leur fidélité et de leur dévouement, et regrettent que les circonstances fâcheuses les obligent, pour assurer le salut de leurs femmes et de leurs enfants, à demeurer parmi les partisans du Mahdi jusqu'à ce qu'il arrive du secours.

*Lettre du même à M. Hansall (écrite en allemand) (traduction française faite par celui-ci)* (1).

Le Maigdi vient, mais il n'y a pas beaucoup de monde avec lui et, si les soldats et les habitants de Khartoum sont suffisants et ne partagent pas les avis des rebelles, vous n'avez rien à craindre.

Faites tout ce que vous pouvez que je remontre personnellement Son Excellence Gordon-Pasha, parce que je puis lui donner des nouvelles plus sincères et plus exaits que ses spiones. Avisez S. E. que, s'il accepte mes services à Khartoum, je puis lui annoncer toujours ce qu'il arriverai chez les rebelles. Mais je désire lui parler d'avance de vive voix.

Faites mes compléments à tous les Européens et à tous les indigènes.

Si les hommes de Khartoum sont bien énergiques et bien forts, ils doivent être bien sûrs qu'ils gagnent tout ce qu'ils veulent. Plût à Dieu que je vous revoir à Omdourman ou à Khartoum. Je désire beaucoup que S. E. me donne la promesse qu'il ne rendra pas jamais le Khartoum aux rebelles, parce que en ce cas je souffrirai beaucoup des Arabes qui vont me tyranniser et me tuer après.

Aussi vos soldats et les habitants de Khartoum doivent prendre patience et attendre un et demi, deux mois jusqu'ils arrivent les secours.

Il y a ici la nouvelle que le petit bateau que vous avez envoyé à Dongolah est pris des rebelles à Ouedy-Gama, mais ce nouvelle n'est pas bien sûr, parce que quelques autres disent le contraire.

(1) L'orthographe du consul d'Autriche a été scrupuleusement respectée.

M. — *Notice sur l'insurrection du faux prophète (1881-83), jusqu'à la défaite de l'armée de Hicks.*

Ce document, renvoyé par Gordon avec le quatrième fascicule du journal, avait été rédigé dans les bureaux de la guerre, *Intelligence-Department*, à l'effet de l'instruire des événements du Soudan antérieurs à son arrivée.

Depuis de longues années, la doctrine de Mahomet s'est répandue dans l'Afrique centrale, où elle exerce une véritable fascination sur les races indigènes. On peut estimer à huit à dix millions le nombre de convertis musulmans dans ces régions, où l'idée d'une régénération de l'islam par les armes n'a pas tardé à éclore et à faire son chemin. Aussi, dès l'apparition du faux prophète, en 1881, des milliers d'indigènes vinrent-ils se ranger sous son étendard.

### Biographie du Mahdi.

Ce personnage est un scheikh nommé Méhémet-Achmet, fils d'un charpentier; né à Dongolah en 1848, il fut élevé et instruit dans la religion dans un village voisin de Khartoum. En 1870, il devint scheikh et se fixa dans l'île d'Abbah, sur le Nil Blanc. Il ne tarda pas à acquérir une grande réputation de sainteté et à rassembler autour de lui un nombre considérable de derviches. Il étendit son influence en prenant pour femmes les filles des principaux chefs des Arabes Baggaras (1), et il réussit, à force de finesse et de ruse, à réconcilier les tribus ennemies.

---

(1) Puissante tribu nomade, habitant la région à l'O. du Nil Blanc et au S.-E. du Khordofan et du Darfour.

En mai 1881, il commença à élever ses prétentions au titre de Messie annoncé par Mahomet. Ses partisans lui donnèrent le nom d'*El-Mahdi*, qui signifie en arabe *le Guide*, et qui ne se trouve pas dans le Coran, mais qui était en usage pour certains personnages aux premiers jours de l'islam. Les idées répandues parmi les musulmans sur ce Messie sont qu'à la fin des temps, un descendant du Prophète se révélera pour châtier la malignité des hommes, venger les imans injustement mis à mort, et établir sur la terre le règne des justes.

Les ulémas de Khartoum n'hésitèrent pas à se prononcer contre Méhémet-Achmet, dont les prétentions ne furent pas admises au Caire, ni à Constantinople, où il fut désigné sous la qualification de faux prophète. Un des arguments employés contre lui était que le rédempteur du monde promis par le Coran devait venir de l'orient et non de l'occident.

Méhémet-Achmet déclara ses intentions dans différentes proclamations, dont voici les points principaux : gagner le Soudan à sa cause, puis marcher sur l'Égypte et la soustraire à la domination des Turcs, faux croyants, enfin établir à la Mecque le règne millénaire des saints et convertir le monde entier. Ses principes de doctrine étaient l'égalité, la communauté des biens, la religion et la loi universelles. Tous ceux qui nieraient sa mission seraient détruits, qu'ils fussent mahométans, chrétiens ou païens.

### Causes de l'insurrection.

Cependant le fanatisme religieux des tribus du Soudan n'a été qu'une des causes multiples qui ont provoqué l'insurrection.

Une d'entre elles était la haine pour le gouvernement, justifiée par la vénalité des fonctionnaires égyptiens et leurs procédés tyranniques pour recueillir les taxes; une autre, plus puissante encore, était l'abolition de la traite des nègres. C'est ce trafic, en effet, qui était la source de la richesse pour la plupart des partisans du Mahdi, particulièrement pour les tribus Baggaras, chez lesquelles les mesures prises par le gouvernement égyptien pour en amener la suppression avaient soulevé un profond mécontentement.

L'insurrection se déclara aussitôt que, par mesure d'économie, on eut diminué l'effectif des garnisons du Soudan. Cependant le lieutenant-colonel Stewart est d'avis que, sous une direction intelligente, les troupes restées dans le pays auraient suffi à réprimer la rébellion.

En juillet 1881, Reouf-Pacha, gouverneur général du Soudan, commença à se préoccuper des prétentions du Mahdi, et il envoya de Khartoum à Maharabieh, résidence du prophète près de l'île d'Abbah, une commission chargée de faire une enquête sur la situation, sous prétexte d'avoir une entrevue avec Méhémet-Achmet.

11 août. — Envoi d'une expédition pour s'emparer du Mahdi.

Le résultat de cette démarche fut l'envoi d'une expédition chargée de s'emparer du Mahdi et de l'amener à Khartoum. Le 11 août, 200 hommes s'embarquèrent sur un steamer, pour remonter le Nil jusqu'à Djéziret-Abbah, où ils parvinrent en quinze heures. Là, ils prirent terre et marchèrent sur la résidence du Mahdi, qu'ils trouvèrent défendue par 4 à 5,000 hommes armés de sabres et de lances. Ils ouvrirent un feu de salve; mais, écrasés par le nombre, ils durent se replier, en laissant sur le champ de bataille 120 des leurs, dont deux officiers.

### Concentration de troupes à Kawah.

A la nouvelle de cet échec, le gouverneur général ordonna la concentration à Kawah, sur le Nil Blanc, de toutes les troupes disponibles de Khartoum, Senaar, Faschoda, Berber et du Khordofan, dont les garnisons se trouvèrent affaiblies au point de ne pouvoir plus suffire au service journalier. Khartoum se trouvait alors sans défenses d'aucune sorte, en proie à de vives inquiétudes pour le cas où l'insurrection gagnerait du terrain et où les esclaves, qui constituaient la moitié de la population, se soulèveraient (1); les habitants réclamèrent la construction d'ouvrages fortifiés et une garnison égyptienne considérable.

### Août, septembre. — Inaction des troupes.

A la fin d'août, 1,400 hommes étaient réunis à Kawah, où ils demeurèrent dans l'inaction pendant plus d'un mois, après quoi ils furent rappelés dans leurs cantonnements, sans avoir fait la moindre tentative contre le Mahdi, qui s'était retiré dans le district montagneux de Takalieh (2). Il est probable que, si l'on avait résolument pris l'offensive, il aurait été battu, ses partisans se seraient dispersés, et l'insurrection aurait été étouffée dans son germe.

(1) Le meilleur argument contre l'opportunité de l'abolition de l'esclavage au Soudan est dans ce fait que presque toute la population esclave a pris fait et cause pour le Mahdi, ouvertement partisan de la traite.
(2) Au S. du Khordofan, district peuplé de tribus nègres, soumises à un roi nominalement vassal du Khordofan.

Reschid-Bey, mudir de Faschoda, avait à plusieurs reprises sollicité l'autorisation de marcher contre le Mahdi. En présence d'un refus persistant, il prit la responsabilité sur lui, et partit avec 400 soldats réguliers et 100 nègres schilluks (1).

### 8 décembre. — Défaite de Reschid-Bey à Djebel-Gadir.

Au bout de quatre jours, il parvint, le 8 décembre, au camp du Mahdi sur la montagne de Gadir, et engagea le combat. Sa défaite fut complète ; enveloppés par les cavaliers baggaras, ses hommes furent taillés en pièces, lui-même fut tué, ainsi que le chef des Schilluks, et une grande quantité de fusils, de munitions et d'approvisionnements tombèrent aux mains de l'ennemi. La nouvelle de ce revers inspira à Khartoum de grandes craintes pour la sécurité de Faschoda, où 200 hommes furent aussitôt envoyés par la voie fluviale.

Il était maintenant évident qu'une campagne sérieuse pourrait seule avoir raison des insurgés, et il devenait nécessaire de recevoir des renforts en hommes et en matériel. Un grand nombre d'irréguliers schaggychs furent enrôlés et armés, et mis sous les ordres de Nubir-Youssouf-Pacha, qui avait servi au Bahr-Ghazel avec Gessi-Pacha.

### 15 mars 1882.

Le 15 mars, ces troupes quittèrent Khartoum pour Kawah, au nombre de 4,000 hommes, afin d'opérer dans le

(1) Tribu nègre comptant près d'un million d'âmes et habitant les rives du Nil Blanc, sur une longueur de 200 milles, au N. de l'embouchure du Bahr-Ghazel.

district des Schilluks ; mais avant qu'elles eussent atteint leur but, plusieurs centaines d'irréguliers avaient passé à l'ennemi, et Youssouf se vit obligé de demeurer dans l'inaction à Kawah pendant quelques semaines.

### Abd-el-Kader-Pacha nommé gouverneur général.

Le 4 mars, Reouf-Pacha avait été rappelé en Égypte et remplacé comme gouverneur général par Abd-el-Kader-Pacha, en attendant l'arrivée duquel Djiegler-Pacha devait exercer le gouvernement intérimaire.

### 6 avril. — Défaite de la garnison de Senaar.

Le 6 avril, Senaar fut attaqué par un corps considérable d'insurgés commandés par un neveu du Mahdi ; ceux-ci furent repoussés, mais les troupes égyptiennes, ayant subi des pertes sensibles, durent se replier sur la place et s'enfermer dans les bâtiments du gouvernement, qu'elles réussirent à défendre. Les insurgés entrèrent dans la ville, qui fut pendant trois jours livrée au pillage, au meurtre et à l'incendie ; un grand nombre d'habitants périrent, ainsi que quatorze marchands étrangers, neuf officiers et plus de cent soldats. Les pertes des insurgés furent aussi, assez considérables. Aussitôt que l'on fut informé de ces événements à Khartoum, on dirigea sur Senaar des renforts venus de Kalabat, de Katariff et de Kawah ; à leur approche, les insurgés battirent en retraite sur Kharkoj (1).

En même temps, l'on apprenait la révolte des Schilluks, et l'on recevait du Darfour des nouvelles inquiétantes. L'in-

---

(1) Au-dessus de Senaar, sur le Nil Bleu.

surrection gagnait du terrain dans tous les sens et la situation devenait critique.

### 15 avril. — Opérations sur le Nil Bleu.

Le 15 avril, un détachement de 200 hommes quitta Khartoum pour se porter sur la rive gauche du Nil Bleu, tandis qu'un corps de bachi-bouzouks sous les ordres d'Ali-Kaschef, venant de Katariff, arrivait à Abou-Haraz, à la jonction du Nil Bleu et du Rahad, pour opérer sur la rive droite, concurremment avec plusieurs milliers de Schukuryehs (1), commandés par le scheikh Aoud-el-Kerim-Bey. On espérait par cette opération rétablir la tranquillité dans la province de Senaar. Aucun engagement important n'eut lieu avant la fin du mois, époque à laquelle 150 soldats égyptiens furent taillés en pièces près de Mesalamieh. Pendant ce temps-là, le Mahdi demeurait dans le Djebel-Gadir avec le gros de ses forces.

### La situation au Khordofan.

A ce moment, on apprit que les soldats du poste-frontière situé à l'ouest d'El-Obeyed, capitale du Khordofan, avaient été massacrés, et que 150 hommes cantonnés dans le district de Nubah, pour y empêcher la traite, avaient été rappelés à El-Obeyed, dont la population s'armait et élevait des retranchements, afin de se défendre contre 6,000 rebelles campés dans le voisinage et dont on redoutait une attaque imminente.

(1) Puissante tribu arabe habitant la vallée de l'Atbarah, entre cette rivière et Khartoum.

### 3 mai. — Défaite des insurgés à Abou-Haraz.

A la fin d'avril, un effectif considérable ayant été rassemblé sur le Nil Bleu, Djiegler-Pacha en prit le commandement en personne, et, le 3 mai, il attaqua à Abou-Haraz le schérif Ahmed-Taha, neveu du Mahdi. Après un combat acharné, la victoire restait indécise, lorsque l'arrivée sur le champ de bataille du scheikh Aoud-el-Kerim-Bey avec un nombreux contingent de Schukuryehs, dont 2,000 cavaliers revêtus d'armures, décida de la défaite des insurgés. Le schérif fut au nombre des morts, et sa tête fut envoyée à Khartoum pour y être exposée. Dans la dépêche par laquelle il annonçait sa victoire au Caire, Djiegler-Pacha ne parla que de l'intrépidité des troupes khédivales, sans faire aucune mention du concours apporté par les Schukuryehs.

### 25 mai. — Autre succès de Djiegler-Pacha.

Le 25 mai, il remportait un autre succès aux environs de Senaar; 800 insurgés restèrent sur le champ de bataille avec leur chef.

### Arrivée d'Abd-el-Kader.

Le 11 mai, Abd-el-Kader-Pacha était arrivé à Khartoum, et avait pris possession du gouvernement général du Soudan.

### Extension de la révolte.

Le 16 mai, on apprit la révolte des Arabes Hassanyehs, tribu vivant entre le district de Khartoum et le Khordofan; 800 hommes furent envoyés sur le Nil Blanc pour les contenir. Les communications avec le Darfour et Senaar étaient alors complètement interrompues. A Khartoum, on poursuivait avec activité la formation de régiments irréguliers de Schaggyehs, et de Berber on dirigeait des renforts sur le Khordofan, où la situation devenait chaque jour plus inquiétante. Des approvisionnements et du matériel de guerre étaient envoyés du Caire à Berber.

27 mai. — Reschid-Pacha nommé gouverneur du Khordofan.

Le 27 mai, Reschid-Pacha, commandant militaire de la frontière d'Abyssinie, arriva à Khartoum, d'où il partit, le 3 juin, pour le Khordofan, où 1,000 hommes de troupes l'avaient précédé ; il était nommé *homkumdar* (gouverneur général) du Darfour, du Khordofan et du pays de Dongolah.

7 juin. — Défaite de Youssouf-Pacha à Djebel-Gadir.

On était sans nouvelles du Mahdi, que l'on supposait être toujours dans le Djebel-Gadir. A la fin de mai, Youssouf-Pacha, depuis longtemps inactif à Kawah, reçut l'ordre de se porter dans ces parages. Il se mit en marche après de longs délais, avec une colonne mal organisée de quelques milliers d'hommes suivis d'un troupeau de porteurs, de marchands et autres non-valeurs. La saison des pluies commençait, et la marche était très lente. Le 7 juin, il entrait en contact avec l'ennemi dans une région très boisée. Il forma ses troupes en carré dans une *zéribah*, enclos de buissons épineux ; mais le carré fut enfoncé, et la colonne essuya une défaite écrasante, qui donna une nouvelle force à l'insurrection.

Le 13 juin, 400 hommes furent envoyés par steamer à Faschoda pour en renforcer la garnison, et, le 29, un bataillon venu de Senheït prit la même direction. Ces troupes furent placées sous le commandement de Reschid-Pacha, rappelé du Khordofan.

### Événements du Darfour.

Les nouvelles du Darfour étaient rares et incertaines. Une vague rumeur s'était répandue d'une attaque sur Omohangah repoussée le 7 juin, et, par contre, de l'anéantissement aux environs de Schakah d'un corps de troupes égyptiennes se montant à un millier d'hommes.

### Événements du Khordofan.

Au Khordofan, les insurgés attaquèrent Barah le 28 juin, et furent repoussés avec des pertes sensibles, évaluées, avec une exagération manifeste, à 32,000 hommes. A ce moment, les alentours d'Obeyed commençaient à être infestés de bandes pillardes, et l'eau, le grain et le combustible se faisaient rares dans la ville.

### Juillet.

Au début du mois de juillet, le bruit se répandit que l'insurrection avait gagné les provinces du Bahr-Ghazel et de l'Équateur; mais cette nouvelle était inexacte, le Mahdi n'ayant jamais eu d'influence dans ces régions.

### Situation de Khartoum.

A Khartoum, on avait commencé à la fin de juin des travaux de défense au sud de la ville. On avait acquis la conviction que les troupes irrégulières seraient insuffisantes pour tenir tête à l'insurrection, et les renforts demandés au Caire n'arrivaient pas.

### Enrôlement des esclaves.

On résolut de former des bataillons nègres, et, à cet effet, chaque propriétaire d'esclaves fut requis de fournir un certain contingent; on espérait par ce moyen se procurer 2,000 soldats. Pareille mesure avait été prise deux ans auparavant, lors de la mobilisation de l'armée pour la guerre d'Abyssinie. Elle avait le double avantage d'augmenter l'effectif de la garnison et d'affaiblir le foyer permanent de révolte constitué par la population nègre. Les habitants étrangers qui ne possédaient pas d'esclaves durent fournir des contributions en nature pour la subsistance de ces bataillons; on rassembla ainsi 525 ardebs de dhoora.

### Août. — Proclamation de l'état de siège.

Au mois d'août, l'état de siège fut proclamé dans la place. Cinq forts, armés chacun d'une pièce de canon, avaient été construits, et la ville était divisée en quatre sections militaires, parcourues de jour et de nuit par des patrouilles. On avait décidé de couvrir le front sud de la ville par un canal réunissant les deux bras du Nil, mais les travaux ne furent entrepris qu'au mois de novembre.

### Révolte des Kababischs.

Les Arabes Kababischs, importante tribu habitant un vaste

territoire situé entre le Khordofan et Dongolah, prirent parti pour l'insurrection à cette époque, et bientôt un corps assez considérable de leurs combattants se trouva campé à une journée de marche de Khartoum.

### Sac de Schatt.

Pendant les mois de juillet et d'août, divers engagements de peu d'importance, généralement à l'avantage des insurgés, eurent lieu entre le Nil Blanc et le Khordofan. La ville commerçante de Schatt fut mise à sac par ceux-ci, la partie mâle de la population passée au fil de l'épée, les femmes et les enfants emmenés en esclavage.

Au début d'août, les forces du Mahdi se trouvaient divisées en trois corps principaux : le gros avec le prophète en personne, dans le Djebel-Gadir, une seconde armée qui ravageait le Khordofan, et la troisième déployée sur les deux rives du Nil Blanc.

### Défaite des insurgés le 19 et le 28 août.

Le 19 août, les insurgés furent battus près de Barah, ce qui permit de ravitailler la place. Le 28, ceux qui opéraient sur la rive droite du Nil Blanc, sous les ordres d'Ahmed-Oued-el-Makaschêef, furent mis en déroute près de Duem, laissant 3,500 des leurs sur le champ de bataille. Cette victoire sauva Khartoum d'un danger imminent.

### 8, 11 et 14 septembre. — Assauts d'Obeyed repoussés par la garnison.

Le Mahdi entra alors en campagne de sa personne, et arriva bientôt devant la ville d'Obeyed, protégée par un parapet de terre armé de quelques bouches à feu, et défendue par 6,000 hommes munis de fusils Remington. Les insurgés étaient armés de lances et de fusils à mèche. Le 8 septembre, ils donnèrent l'assaut avec beaucoup d'élan, mais furent repoussés en éprouvant des pertes considérables, évaluées à environ 12,000 hommes, tandis que les défenseurs de la ville n'avaient que 228 tués. Deux frères du Mahdi et plusieurs autres chefs étaient au nombre des morts. L'attaque fut renouvelée les 11 et 14, sans plus de succès. Les insurgés déployèrent la plus bouillante valeur dans ces engagements sanglants, dont on prétend qu'ils ont coûté la vie à une quarantaine de mille hommes (1).

### Appel à la fidélité des tribus.

En présence de la désaffection qui commençait à se faire jour dans les rangs des troupes régulières, le gouverneur général fit appel à la fidélité de celles des tribus arabes qui étaient demeurées jusque-là pour le gouvernement, et les pressa de prendre les armes contre le Mahdi, leur promettant en récompense la remise d'une année d'impôts. Il offrit aussi une prime de deux livres sterling par tête de derviche, mort ou vif, et de dix-huit livres par tête de chef insurgé ; tout le butin appartiendrait à celui qui l'aurait pris. Ces promesses amenèrent à Kawah plusieurs milliers de volontaires.

Le 3 septembre, 300 conscrits nègres arrivaient à Khar-

---

(1) Tous les renseignements antérieurs à l'arrivée à Khartoum du colonel Stewart ne doivent être acceptés que sous toutes réserves, les récits des indigènes étant toujours entachés d'exagération, et l'insouciance orientale rendant même les dates très incertaines.

toum, venant des provinces de l'Equateur ; ils furent bientôt suivis par 1,100 Bazindjers (irréguliers) envoyés par le mudir du Bahr-Ghazel.

Octobre. — Défaite d'une colonne égyptienne.

Une colonne composée de deux bataillons de troupes régulières et de 850 bachi-bouzouks, en tout 3,000 hommes, se mit en marche à la fin de septembre, sous le commandement d'Ali-Bey-Satfi, pour aller tenter de lever le siège de Barah au Khordofan. Elle éprouva de cruelles souffrances pendant sept jours, les insurgés ayant comblé tous les puits sur une grande partie du parcours ; les hommes n'avaient que du jus de melons sauvages et du suc de tiges de dhoora pour étancher leur soif, et ils étaient continuellement harcelés par des partis ennemis. Aux abords d'El-Konah, ils furent attaqués en force, et laissèrent sur le terrain 1,100 hommes, dont Ali-Bey-Satfi et tous les officiers supérieurs, 1,150 fusils et une grande quantité de cartouches et de vivres. Un capitaine rallia les survivants et réussit à repousser l'ennemi ; il continua la marche sur Barah, et, à quelque distance de cette ville, il rencontra la garnison qui venait au secours de la colonne.

25 octobre. — Défaite du Mahdi près de Barah.

Ils opérèrent leur jonction et, le 25 octobre, attaquèrent le Mahdi, campé alors dans le voisinage de Barah; celui-ci fut battu ; mais, n'osant poursuivre leurs avantages, les troupes égyptiennes se replièrent derrière leurs retranchements.

Découragés par ces échecs successifs d'Obeyed et de Barah, beaucoup de partisans du Mahdi l'abandonnèrent, et l'on crut le Khordofan pacifié.

### Abd-el-Kader demande des renforts.

Cependant, Abd-el-Kader-Pacha demanda au Caire dix mille hommes de renfort, en déclarant que, pour arriver à rétablir l'ordre dans tout le Soudan, il lui faudrait un contingent quatre fois plus considérable. En effet, pendant qu'Arabi était au pouvoir, il avait retiré du Soudan une grande quantité de troupes pour les employer contre les Anglais, et on avait depuis lors laissé les garnisons de ce pays réduites à des effectifs dérisoires. Au reçu de la dépêche d'Abd-el-Kader, le gouvernement khédival décida d'enrôler dans l'armée du Soudan les officiers et soldats, au nombre d'une dizaine de mille, qui avaient combattu sous Arabi; à la requête personnelle du khédive, des officiers anglais furent désignés pour constituer l'état-major de cette armée.

### Novembre. — Envoi de renforts au Soudan.

Au commencement de novembre, on établit au lieu dit le Barrage du Nil, près du Caire, un dépôt pour équiper et organiser les troupes à destination du Soudan. Le premier détachement, fort de 1,000 hommes, s'embarqua à Suez pour Souakim, d'où il devait marcher sur Berber; les armes et les munitions prirent la même voie. Des envois successifs de troupes portèrent à 5,000 hommes le contingent expédié jusqu'au 12 décembre. Le bruit s'étant répandu parmi les soldats qu'ils étaient transportés au Soudan comme prisonniers et non comme combattants, il se produisait de fréquentes désertions au dépôt du Barrage.

Grâce à l'énergique activité déployée par Al-ed-Dêen-Pacha, gouverneur des provinces de la mer Rouge, les hommes et le matériel débarqués à Souakim furent transportés sans délai à destination, au moyen de chameaux rassemblés d'avance à cet effet. Ce pacha, demeuré fidèle au khédive pendant la révolte d'Arabi, avait su prendre une telle autorité dans son gouvernement, que, lui présent, l'ordre n'y a jamais été troublé, alors que le reste du Soudan était en feu.

A la mi-février, toutes les troupes destinées au Soudan y étaient rendues avec armes et bagages.

12 novembre. — Défaite et exécution d'un scheikh.

Aux environs du 12 novembre, un scheikh insurgé, qui avait tenté de s'emparer de Duem, fut battu, pris et pendu à Khartoum.

15 novembre. — Établissement d'un canal à Khartoum.

Le 15 de ce mois, on commença le canal projeté au sud de Khartoum : il devait avoir 5,900 mètres de long à l'époque des hautes eaux et 6,700 aux basses eaux, 8 pieds de profondeur, 17 pieds de large entre les berges à pic et 10 au fond, et être protégé par un parapet de 20 mètres de large au pied, 14 au sommet et 7 pieds de haut. On négligea de couvrir ce parapet par des flanquements, ce qui, vu son excessive longueur, était une faute sérieuse. L'idée première de ce canal, qui fait de Khartoum une île, est due à Moussa-Pacha en 1864.

### Situation générale à la fin de 1882.

Les villes d'Obeyed et de Barah étaient toujours bloquées, celle-ci par le Mahdi en personne, qui avait recruté de nouveaux adhérents; la garnison en était mal pourvue en fait de vivres et passablement démoralisée. L'esprit de celle d'Obeyed était meilleur. Le Makaschèef opérait sur le Nil. Le Darfour était tranquille, bien que le Mahdi fît son possible pour en soulever les tribus.

### 16 décembre. — Arrivée à Khartoum du colonel Stewart.

Le 16 décembre, le lieutenant-colonel Stewart, du 11e hussards, arrivait à Khartoum, envoyé par le gouvernement britannique pour examiner la situation du Soudan, sur laquelle on était insuffisamment renseigné. En même temps que lui arrivaient deux bataillons de renfort, qui établissaient un camp retranché à Omdourman.

### Opérations contre le Makaschèef.

A ce moment, la nouvelle de soulèvements aux environs de Kawah, de Senaar et de Mesalamieh, détermina le gouverneur général à diriger sur ces points les troupes qu'il destinait à une expédition au Khordofan. Deux bataillons furent envoyés sur le Nil Blanc et à Mesalamieh, tandis que quatre compagnies de la garnison de Senaar et les irréguliers cantonnés à About préparaient une attaque combinée sur Sibel, quartier général du Makaschèef. Celui-ci les prévint et prit l'offensive; le 31 décembre, il fut repoussé par la garnison d'About, mais il réussit à intercepter les communications entre Senaar et Mesalamieh. Le 1ᵉʳ janvier, les quatre compagnies de Senaar échouèrent dans leur attaque, et tous les hommes, sauf quatre-vingts, furent faits prisonniers, après une résistance faible, sinon nulle.

### Janvier 1883. — Arrivée de nouveaux renforts.

Le 1ᵉʳ et le 2 janvier arrivèrent à Khartoum les renforts suivants : cinq bataillons d'infanterie (4,170 hommes); 180 artilleurs avec 10 pièces de montagne et des fusées; 97 cavaliers circassiens en cotte de mailles, sans leurs chevaux; les canons étaient traînés par des mules. Ces troupes campèrent à Omdourman, où on continua leur instruction militaire, qui eût fait d'assez rapides progrès sans l'ignorance et la mollesse de leurs officiers, incapables de faire exécuter la manœuvre la plus élémentaire et entièrement dépourvus d'initiative. Les hommes étaient vêtus du costume national : longue chemise de coton et caleçon de même étoffe avec une capote grise à capuchon; la plupart avaient des sandales de cuir. L'infanterie était bien armée de fusils Remington.

La tactique égyptienne consistait à se former en carré par bataillon ou demi-bataillon sur deux ou trois rangs; les hommes du premier rang étaient munis de sortes de gaffes à quatre pointes, dont ils hérissaient le front du carré à l'approche de l'ennemi.

### Janvier.

Dans les premiers jours de janvier, 190 hommes envoyés du fort de Djura-Hadrah dans la direction du nord, pour réparer la ligne télégraphique, furent enveloppés par un parti ennemi, et la moitié environ du détachement resta sur le champ de bataille ; l'autre put se maintenir jusqu'à l'arrivée de secours venus du fort.

### Abd-el-Kader prend la direction des opérations.

Le 2 janvier, Abd-el-Kader-Pacha s'embarquait à Khartoum sur un steamer, pour aller prendre en personne la direction des opérations entre le Nil Blanc et le Nil Bleu. Il n'arriva que le 7 à Mesalamieh, s'étant arrêté à tous les villages riverains pour avoir des entrevues avec les chefs.

### Marche sur About.

Aussitôt rendu, il procéda à l'inspection du 2ᵉ bataillon du 1ᵉʳ régiment, campé autour de cette ville, et prescrivit aux officiers de ne se mettre en marche qu'avec un train de bagages extrêmement réduit. Cet ordre souleva beaucoup de protestations et de difficultés; enfin on fixa à quatre par compagnie le nombre des chameaux de bât qui suivraient la colonne, et, le lendemain 8, le bataillon partait pour About, accompagné de quelques irréguliers, sous les ordres de Saliha-Bey et de quelques cavaliers schukuryehs. La colonne marchait par compagnie, avec des éclaireurs sur les flancs et un détachement en avant et en arrière-garde. Le pays qu'elle traversait était plat et découvert, bien cultivé, largement pourvu d'eau, planté de coton et de dhoora, avec de grands troupeaux de moutons et de bêtes à cornes. Les habitants des nombreux villages que les troupes traversaient leur témoignaient de la bienveillance et leur fournissaient des vivres et de l'eau.

Le 9, à une heure et demie de l'après-midi, la colonne parvenait à About, petit poste militaire, dont la garnison de

350 hommes, sous les ordres d'Osman-Agha, campait dans des *zeribahs* établies autour des puits et couvertes par une tranchée. Les troupes d'Abd-el-Kader s'y installèrent dans les mêmes conditions, et le pacha, mieux renseigné sur l'état du pays et craignant de n'avoir pas assez de monde pour tenter éfficacement une opération sur Senaar, demanda à Khartoum le 3e bataillon du 1er régiment, qui s'embarqua le 10 janvier, pour remonter le Nil Bleu, sur deux bateaux à voiles. Mais, tandis qu'il attendait l'arrivée de ce renfort, il fut informé de l'intention du scheikh Oued-el-Kerif de venir l'attaquer à About avec des forces considérables, nouvelle qui le décida à rester sur la défensive.

### Expédition contre les Hassanyehs.

Pendant ce temps-là, la tribu nomade des Hassanyehs s'agitait sur les rives du Nil Blanc.

Le 16 janvier, le 1er bataillon du 2e régiment s'embarquait à Khartoum sur deux steamers, pour remonter le fleuve jusqu'à Karasah, principal village des Hassanyehs. Le vakéel de Khartoum et plusieurs ulémas accompagnaient l'expédition; ils étaient chargés d'agir par persuasion auprès des chefs pour obtenir leur soumission, tandis que se poursuivraient les opérations militaires.

### 18 janvier. — Défaite des Égyptiens à Karasah.

Le 18, l'expédition parvenait à destination. Un des steamers s'échoua au milieu du fleuve. Tandis qu'on travaillait à le relever, le *bimbachi* (chef de bataillon), qui se trouvait à bord de l'autre avec cinq compagnies, débarqua son monde sur un banc de sable parallèle au rivage, à environ 500 mètres du village, et ouvrit le feu sur les insurgés, qui durent se replier en présence de la violence de la fusillade. Mais quelques cavaliers, ayant réussi à arriver sur le banc de sable sans être vus, tombèrent à l'improviste sur les deux compagnies débarquées en dernier et qui n'avaient pas encore eu le temps de se déployer. Cette surprise causa dans les rangs des Égyptiens une panique complète; ils regagnèrent le steamer à la nage, et, dans le désordre de la fuite, le bimbachi fut tué par ses propres hommes, à ce qu'on a prétendu.

Cependant les insurgés ne poursuivirent pas leurs avantages, et l'autre steamer, à bord duquel se trouvaient les trois autres compagnies du bataillon, se trouvant renfloué à ce moment, un conseil de guerre fut tenu, et il fut décidé qu'on enverrait demander à Khartoum des renforts et du canon, n'étant pas en force pour renouveler l'attaque. Il est à constater que le nombre des ennemis n'excédait pas 400 hommes.

### Suite des opérations sur Karasah.

Les troupes restèrent donc tranquillement à bord des steamers jusqu'au 26 janvier, jour où le bimbachi du 2ᵉ bataillon du même régiment arriva de Khartoum pour remplacer celui qui avait été tué. Il prescrivit aussitôt de prendre l'offensive le lendemain à trois heures du matin; mais, en présence des représentations des officiers prétendant que s'aventurer ainsi à la nuit noire était marcher à une mort certaine, il renonça à tenter cette surprise. Cependant il se ravisa et fixa l'attaque au 28 à la même heure. Aussitôt qu'il eut donné ses ordres, cinq officiers se firent porter malades.

Le 28 à trois heures du matin, le bataillon débarqua, se

mit en marche, et, au point du jour, il se trouva à 800 mètres du village, dont il était séparé par une longue et étroite bande de terrain boisé. L'ordre fut donné à deux compagnies de se porter en avant pour reconnaître ce bois, mais les officiers refusèrent l'obéissance. Pendant que l'on discutait sur cette question, des soldats prirent sur eux de tirer sur des bestiaux qui paissaient dans le voisinage. Ces coups de feu donnèrent l'alarme aux Arabes; quelques cavaliers apparurent à la lisière du bois et occupèrent l'attention des troupes par une fantasia inoffensive qui donna aux combattants à pied le temps d'arriver du village. Bien que dépourvus d'armes à feu, ceux-ci, au nombre de 350 à peine, repoussèrent les Égyptiens jusqu'en vue des steamers, se bornant à les poursuivre hors de portée de fusil.

Quelques heures après que les troupes khédivales eurent regagné les bâtiments, le 2ᵉ bataillon du 2ᵉ régiment arrivait de Khartoum avec deux pièces de canon et des fusées, sous les ordres du *kaïmakan* (lieutenant-colonel) du régiment. A l'aide de ces renforts, l'attaque sur Karasah fut renouvelée quelques jours après et les insurgés furent battus, mais on n'a eu aucun renseignement sur cette affaire.

### Préparatifs à Khartoum.

Pendant ce temps, on continuait à Khartoum à organiser une expédition au Khordofan. On y avait rassemblé 650 chameaux et on en attendait 400 autres de Dongolah, estimant qu'il en faudrait au moins 300 par bataillon, savoir : 115 pour porter les vivres, 75 pour l'eau, 52 pour les munitions, 25 pour les officiers et leurs bagages, 33 pour les ambulances et divers services.

#### Ils sont suspendus par ordre du khédive.

Mais, le 23 janvier, Hussein-Pacha-Serih, commandant militaire de Khartoum, recevait du khédive l'ordre de suspendre toutes les opérations en cours de préparation et de concentrer à Khartoum toutes les troupes, en attendant l'arrivée d'officiers d'état-major anglais attendus au Caire. Cette communication faite directement par le khédive, sans passer par l'intermédiaire du gouverneur général ou de son suppléant, Djiegler-Pacha, causa un vif mécontentement à ces deux fonctionnaires. Abd-el-Kader, alors à About, répondit qu'il se refusait à exécuter cet ordre, prétendant que mettre fin aux opérations serait favoriser le développement de l'insurrection et assurer la perte du Khordofan et du Darfour.

#### 27 et 28 janvier. — Victoires d'Abd-el-Kader-Pacha.

Revenons aux opérations du gouverneur général, qui depuis quinze jours demeurait dans l'expectative à About. Informé de la présence, à huit heures de marche de son camp, d'un corps considérable d'insurgés, il se résolut à les attaquer et se mit en route dans la matinée du 27 janvier. Arrivé à quelque distance du village de Maatouk, il se trouva en présence de l'ennemi, massé à la lisière d'un petit bois, dans une plaine. Les troupes égyptiennes formèrent le carré et attendirent le choc des insurgés, qui, après avoir fait leur prière, se portèrent en avant et furent accueillis par un feu très vif. Au bout de quelques minutes, ils se replièrent en désordre, vivement poursuivis par la cavalerie irrégulière, ayant environ 600 hommes hors de combat, dont un de leurs chefs, Faki-Moussa, grièvement blessé. Le lendemain 28, 300 cavaliers et fantassins montés sur des chameaux atteignaient un corps de fuyards et les mettaient en déroute, en tuant leur chef Abou-Schneb.

Quatre jours après, Abd-el-Kader-Pacha arrivait à Kawah et y opérait sa jonction avec les 1er et 2e bataillons du 2e régiment, qui arrivaient de Karasah en suivant le rivage du fleuve, et qui se vantaient d'avoir accompli des prodiges de valeur pendant la marche, après avoir battu les Hassanychs à Karasah même.

### 3 février. — Retour d'Abd-el-Kader à Khartoum.

Le 3 février, Abd-el-Kader s'embarquait pour Khartoum, en laissant aux troupes réunies à Kawah les ordres suivants : les trois bataillons du 1er régiment devaient se porter vers Oued-el-Medinet sur le Nil Bleu, où il les rejoindrait le 15, pour diriger une opération sur Senaar; les deux bataillons du 2e régiment devaient attaquer les insurgés à Abou-Djumah.

A cette époque, des bachi-bouzouks furent envoyés à Debbeh, afin de tenir en respect les tribus de ce pays, dont la désaffection commençait à se manifester.

Les troupes campées à Omdourman comprenaient, au 10 février : quatre bataillons d'infanterie égyptienne, ensemble 3,200 hommes; 420 bachi-bouzouks, 1,100 conscrits nègres, 90 cavaliers démontés, et un petit nombre d'artilleurs. L'état sanitaire était satisfaisant.

### 5 janvier. — Reddition de Barah.

Le 11 février, la nouvelle arriva à Khartoum de la reddition de Baralı, effectuée le 5 janvier : 2,000 hommes étaient tombés au pouvoir des insurgés, avec des armes et des munitions en abondance. On disait les prisonniers bien traités par l'ennemi.

### 17 janvier. — Reddition d'Obeyed.

Quatre jours après, on était informé de la reddition d'Obeyed, qui livrait au Mahdi toute la province du Khordofan. Depuis les assauts donnés par les troupes du prophète au mois de septembre et repoussés par les assiégés, la garnison n'avait pas cru pouvoir prendre l'offensive, et, en dehors de fréquentes sorties ayant pour but le ravitaillement de la place, elle était restée dans l'inaction. De leur côté, les assiégeants s'étaient confortablement établis dans les maisons ruinées des environs et dans des huttes de paille, pour attendre paisiblement une capitulation inévitable.

En effet, le 13 janvier, les vivres se trouvant à peu près épuisés et les hommes réduits à mâcher de la gomme élastique pour suppléer à l'insuffisance de leurs rations de dhoora, le gouverneur, Mahmoud-Saïd-Pacha, recevait du Mahdi des propositions auxquelles il ne répondit pas d'abord. La garnison, travaillée en secret par des émissaires de l'ennemi, désertait peu à peu. Le 17, les insurgés ayant fait un mouvement vers la place, le pacha commanda le feu, mais il ne fut pas obéi ; les artilleurs tirèrent quelques coups de canon pointés à dessein dans une mauvaise direction, et l'infanterie passa à l'ennemi en masse. Se voyant abandonné, Mahmoud consentit à se rendre. Le Mahdi fit son entrée dans la ville et alla tout aussitôt rendre grâces à la mosquée.

Mahmoud-Saïd-Pacha et le mudir du Khordofan, Ali-

Schérif-Bey, furent d'abord bien traités; mais, sur leur refus de livrer leur argent, ils furent jetés en prison. On trouva chez le premier 8,000 livres sterling en or et 7,000 chez le second. Le trésor public étant à peu près vide, le Mahdi frappa les fonctionnaires et les notables d'une contribution de 100,000 livres sterling, et la ville fut pillée. Il ne fit aucune distribution de butin dans ses troupes, ce qui fut une grande source de mécontentement parmi ses adhérents et lui valut bien des défections.

Les 3,500 hommes de garnison durent jurer fidélité au Mahdi; ils furent enrôlés dans son armée et distribués par compagnie entre les différentes bannières. 6,000 fusils Remington et cinq pièces de canon tombaient entre les mains des insurgés, avec tous les papiers du gouvernement, qui furent détruits. Le Mahdi s'installa dans le palais et nomma un gouverneur, mais il ne prit aucune mesure pour établir une administration régulière. Il adressa aux habitants la proclamation suivante:

#### Proclamation du Mahdi.

Du serviteur de Dieu Méhémet-el-Mahdi, fils de Saïd-Abdullah, à tous les fervents.

Nous vous avons donné pour prince (gouverneur) notre cher scheikh Mansour, fils d'Abd-el-Hakem. Exécutez ses ordres et suivez-le au combat. Celui qui se soumet à lui se soumet à nous, et celui qui lui désobéit nous désobéit et désobéit à Dieu et à son Prophète.

Montrons à Dieu notre pénitence et renonçons à toutes les choses mauvaises et défendues, telles que les dégradantes œuvres de la chair, l'usage du vin et du tabac, le mensonge, le faux témoignage, la désobéissance envers son père et sa mère, le brigandage, la non-restitution des biens dérobés, les battements de main, les danses, les regards immodestes, les larmes et les lamentations au lit des morts, la calomnie et le commerce avec les femmes étrangères. Que vos femmes s'habillent avec décence et soient attentives à ne pas s'entretenir avec des inconnus. Tous ceux qui n'observeront pas ces préceptes seront châtiés conformément à la loi.

Dites vos prières aux heures prescrites.

Donnez le dixième de vos biens à votre prince Mansour, qui le versera dans le trésor de l'Islam.

Adorez Dieu et ne vous haïssez pas les uns les autres, mais au contraire prêtez-vous assistance mutuelle.

### Février. — Marche sur Senaar.

Le 13 février, Abd-el-Kader-Pacha quittait Khartoum pour se rendre à Oued-el-Medinet, où il trouva les trois bataillons venus de Kawah, avec 600 bachi-bouzouks, quelques cavaliers irréguliers et plusieurs bouches à feu. Ces forces se mirent aussitôt en marche sur Senaar.

### 24 février. — Défaite des insurgés.

Le 2, la colonne campait à Meschoah-el-Dakhin, à huit heures de marche de Senaar. Cette journée et celle du lendemain furent employées en reconnaissances et en escarmouches, et, le 24, la marche en avant était reprise. A dix heures du matin, on se trouva en présence de 10 à 12,000 insurgés commandés par le Makaschêef, massés sur un terrain broussailleux voisin du fleuve. L'artillerie ouvrit le feu sur les Arabes, qui, au bout de peu de temps, se déployèrent pour attaquer; ils montrèrent une grande intrépidité; mais, après un combat très vif, qui dura jusqu'à une heure de l'après-midi, ils furent mis en déroute et poursuivis par la cavalerie, qui les rejeta dans le fleuve, où beaucoup d'entre eux furent noyés. Les Égyptiens n'avaient perdu que vingt-sept hommes, et l'on évalua à 2,000 le nombre des insurgés mis hors de combat; le scheikh Oued-el-Kérif était parmi les morts, mais le Makaschêef trouva le salut dans la fuite. Quelques-uns des insurgés faisaient usage d'armes à feu, et Abd-el-Kader-Pacha eut sa chaîne de montre broyée par une balle.

### 4 mars. — Autre défaite des insurgés.

Cette victoire eut pour résultat de fractionner le corps du Makaschêef en trois parties : l'une, sous ses ordres directs, alla prendre position à six heures de marche à l'ouest de Senaar; une autre, sous Abdul-Ghaffar, se replia sur Kharkoj, et la troisième alla faire sa soumission à Senaar. Instruit par ses éclaireurs des mouvements de l'ennemi, Abd-el-Kader envoya Saleh-Agha avec 1,200 irréguliers surprendre le Makaschêef dans son camp de Sekhedy. L'opération eut un plein succès; les insurgés furent mis en déroute, laissant sur le champ de bataille 547 morts, dont les deux frères et le neveu de leur chef.

Ces succès amenèrent la soumission des villages situés sur la route de Senaar et le rétablissement des communications par terre et par eau entre cette place et Khartoum; le service de la poste fut réorganisé et l'on s'occupa de réparer la ligne télégraphique. Abd-el-Kader-Pacha se disposait à poursuivre la pacification du pays en se portant sur la rive droite du Nil Bleu, entre les rivières Dinder et Rahad; mais, comme on va le voir, il fut remplacé dans ses fonctions avant d'avoir pu mettre ses plans à exécution.

### 20 février. — Arrivée à Khartoum des pachas Al-ed-Dèen et Suleiman et du colonel Hicks.

Le 20 février, les pachas Al-ed-Dèen et Suleiman-Nyasi

arrivaient à Khartoum, suivis de près par le colonel Hicks, du corps d'état-major, accompagné des officiers suivants : les lieutenants-colonels Colborne, du 11ᵉ d'infanterie; de Coëtlogon, du 70ᵉ d'infanterie; les majors Martin, de la cavalerie de Baker dans l'Afrique méridionale, et Farquhar, des gardes; les capitaines Warner, Massay, Evans et Walker, de l'infanterie, et le chirurgien-major Rosenberg.

Le colonel Hicks était nommé chef d'état-major de l'armée du Soudan, avec le rang de major général en Égypte, et était chargé de préparer et de diriger toutes les opérations. En réalité, il était le véritable commandant en chef; mais, en présence du caractère ostensiblement religieux de l'insurrection, on avait jugé impolitique de mettre officiellement à la tête de l'armée du Soudan un étranger et un chrétien.

Le commandant en chef nominal était Suleiman-Nyasi, vieux pacha qui avait servi sous Méhémet-Ali et en Crimée; il avait reçu l'ordre secret de se conformer en tout aux plans de campagne du général Hicks, mais, tant par apathie et ignorance que par jalousie et malignité, il devait plus d'une fois agir contrairement à l'esprit de ses instructions.

### 8 mars. — Départ pour l'Égypte du colonel Stewart.

Le 8 mars, le colonel Stewart quittait Khartoum pour retourner au Caire par Senaar, Katariff, Kassalah et Massouah.

### 26 mars. — Al-ed-Dèen-Pacha nommé gouverneur général.

Le 26 mars, Al-ed-Dèen-Pacha était nommé gouverneur général du Soudan à la place d'Abd-el-Kader-Pacha, relevé de ses fonctions et de son commandement militaire, ce qui mit fin à sa campagne dans la vallée du Nil Bleu.

### Avril. — Opérations du général Hicks dans la vallée du Nil Blanc.

Le 3 avril, Suleiman-Pacha et le général Hicks, avec son état-major, quittaient Khartoum pour se rendre par steamer à Kawah, où ils arrivaient le 6; 5,000 hommes étaient rassemblés sur ce point, savoir : cinq bataillons et demi d'infanterie égyptienne, un demi-bataillon de nègres et quelques bachi-bouzouks, avec cinq pièces de canon et deux mitrailleuses Nordenfeldt.

Le 10, le général Hicks remonta le Nil Blanc à bord du *Bordéen*, avec cinquante bachi-bouzouks et du canon, jusqu'au gué d'Abou-Zed, et le résultat de cette reconnaissance fut de lui faire télégraphier au Caire un tableau peu rassurant de la situation. Il n'avait avec lui qu'une vingtaine de jours de vivres, et le pays, ruiné par la guerre, ne pouvait rien fournir. Les services administratifs de l'armée étaient aussi mal organisés que possible; les troupes étaient en haillons, et on leur devait plusieurs mois de solde. Les steamers avaient besoin de réparations, manquaient de combustible et étaient, d'ailleurs, insuffisants pour les transports de vivres et de munitions, la défense du fleuve et le maintien des communications. D'autre part, le Mahdi avait à sa disposition des forces considérables au Khordofan, où il était retenu par des querelles avec les Arabes Baggaras, et un corps considérable d'insurgés se concentrait à Djebel-Aïn, à huit journées de marche de Kawah.

Le 23 avril, une colonne de 5,000 hommes quittait Kawah pour se porter sur Djebel-Aïn. La veille, le général Hicks en personne s'était emparé du gué d'Abou-Zed, et il y avait disposé en échelon d'une rive à l'autre des bateaux montés par des bachi-bouzouks, sous le commandement de Djahir-Bey; le fleuve se trouvait ainsi commandé sur une grande étendue, et il était impossible de forcer le passage.

Informé par un chef de nègres schilluks que le Makaschéef avait quitté Djebel-Aïn et marchait en force à sa rencontre, le général Hicks, après avoir recommandé à Djahir-Bey la plus grande vigilance, rejoignait son armée, la faisait camper dans une position avantageuse à Maharabieh, au nord de l'île d'Abbah, et y attendait le choc de l'ennemi pendant les journées du 25 et du 26. Le 28, ne voyant rien venir, il se remettait en marche; mais le lendemain, à neuf heures du matin, le major Farquhar, envoyé en éclaireur, prenait connaissance de l'ennemi et se repliait sur le gros de la colonne.

29 avril. — Défaite du Makaschéef à Maharabieh et sa mort.

Les troupes égyptiennes étaient formées dans leur ordre de marche habituel, en carré, avec les bagages au centre et quelques bachi-bouzouks à dos de chameau en éclaireurs sur les flancs et en avant-garde. Le carré était sur quatre rangs d'épaisseur, et, le premier rang n'étant pas instruit dans la manœuvre du « genou terre », les hommes du quatrième, qui ne pouvaient tirer par-dessus les épaules de trois de leurs camarades, déchargèrent consciencieusement leurs fusils en l'air pendant tout le combat. Les mitrailleuses Nordenfeldt étaient placées aux angles du carré.

Les insurgés s'avançaient rapidement, bannières au vent, avec beaucoup d'intrépidité; mais peu d'entre eux étaient armés de fusils à longue portée. Dès que les obus eurent fait quelques trouées dans leurs rangs, les cavaliers lâchèrent pied; l'infanterie continua à se porter en avant; mais, après une demi-heure de combat, pendant laquelle les soldats égyptiens se montrèrent assez solides, les insurgés s'enfuirent en désordre. L'absence de cavalerie empêcha de les poursuivre. Ils avaient 500 hommes hors de combat; le Makaschéef, son fils et plusieurs autres chefs, étaient au nombre des morts. Les troupes khédivales n'avaient perdu que deux tués et cinq blessés.

### Suite des succès du général Hicks.

A peine l'engagement terminé, le général Hicks, craignant que les débris des insurgés ne fissent une tentative pour forcer le gué d'Abou-Zed, afin de se réfugier sur la rive gauche du fleuve, s'embarqua sur le *Bordéen* avec 150 bachi-bouzouks, deux nordenfeldts et un obusier rayé, et remonta à toute vapeur vers ce point. N'y trouvant pas d'ennemis, il y prit encore 90 bachi-bouzouks avec le steamer le *Faschéer*, et continua à remonter le fleuve, dans l'espoir de les rencontrer. Il trouva en effet un gué établi à dix milles en amont de Djebel-Aïn, et dispersa les insurgés qui le passaient. N'étant pas en force pour attaquer un corps considérable campé sur la rive droite avec un grand nombre de chameaux et de bagages, il manda à Suleiman-Pacha d'arriver au plus vite avec le gros des troupes. Mais la colonne ne mit pas moins de deux jours à franchir les douze milles qui séparaient son camp de ce gué, ce qui permit à l'ennemi de battre en retraite sans être inquiété. Le général Hicks poussa jusqu'à Djebel-Aïn et s'assura que tout ce district avait été évacué. Satisfait de ce résultat, il se porta sur Duem avec toutes ses forces.

L'effet moral de la victoire de Maharabieh fut des plus

favorables et amena la soumission spontanée de plusieurs chefs baggaras et autres. Des négociations entamées avec les tribus kababischs étaient à ce moment en bonne voie de succès.

### Mai, juillet. — Situation militaire et financière.

A la fin de mai, le pays riverain du Nil Blanc étant pacifié, le gros des troupes égyptiennes fut ramené à Khartoum; des garnisons furent laissées à Duem et Kawah, et, sur le Nil Bleu, à Senaar et Oued-el-Medinet.

Le 15 mai, le gouverneur général envoya au Caire un exposé de la situation financière du Soudan. Il n'avait plus en caisse que 40,000 livres sterling et jugeait inopportun de lever des impôts, ce qui aurait provoqué une désaffection générale. 81,000 livres étaient dues pour la solde des troupes et le traitement des fonctionnaires, pour fournitures à l'armée et payement de transports militaires; il estimait à 46,000 livres la dépense mensuelle de l'entretien des troupes, une fois l'arriéré liquidé.

Chérif-Pacha, ministre de la guerre, répondit en mettant à la disposition du gouvernement du Soudan, pour l'année courante, un crédit de 147,000 livres, qui représentait tout l'effort dont les finances égyptiennes étaient capables. Avec les 40,000 livres en caisse, cela faisait 187,000; Al-ed-Dèen-Pacha devait s'arranger pour parfaire avec les ressources locales le surplus des sommes nécessaires.

Le général Hicks avait en même temps télégraphié au Caire qu'il demandait à être investi sans partage du commandement en chef, sans quoi il déclinait toute responsabilité relativement à l'expédition du Khordofan, que l'on préparait alors. Il a même été dit qu'il avait demandé son rappel, en présence de la mauvaise volonté systématique qu'il rencontrait chez les fonctionnaires de tout ordre; ces bruits ont été officiellement démentis.

### 2 août. — Rappel de Suleiman-Pacha.

Le 2 août, Suleiman-Pacha était relevé de son commandement et nommé gouverneur des provinces de la mer Rouge; Al-ed-Dëen-Pacha le remplaçait à la tête de l'armée du Soudan, tout en restant gouverneur général. On espérait ainsi donner au général Hicks la liberté d'action qu'il réclamait, Al-ed-Dëen, absorbé par le soin des affaires administratives et financières, devant ne prendre que peu de part à la conduite des opérations militaires. Cependant il devait se mettre ostensiblement à la tête du corps expéditionnaire du Khordofan, dont Reschid-Pacha, gouverneur des provinces de la mer Rouge, devait commander une brigade. Hussein-Bey, lieutenant-colonel du 2ᵉ régiment, était désigné pour remplir par intérim les fonctions de gouverneur général.

### Situation du Mahdi au Khordofan.

Le Khordofan, tout entier au pouvoir du Mahdi, était sa forteresse, et ce n'est qu'en allant l'y chercher que l'on pouvait arriver à étouffer à tout jamais l'insurrection.

Sa situation ne laissait pas que d'être critique. La discorde régnait entre lui et ses lieutenants, et les rangs de ses troupes s'éclaircissaient sensiblement, par suite de maladies et de désertions. Menacé au nord par l'armée égyptienne, il voyait sa retraite coupée à l'est par le Nil Blanc, maintenant au pouvoir du gouvernement, et bien gardé par une flottille. Au sud, sa position n'était pas meilleure. Le roi nègre Adam de Takalieh, brouillé avec lui, avait juré de lui intercepter le passage, s'il voulait se retirer dans le Djebel-Gadir, où il avait sa smalah et son butin. Ce roi Adam combinait même avec le scheikh baggara Asaker un mouvement offensif sur le sud du Khordofan. Aussi le bruit se répandit-il, à la fin de juillet, que le Mahdi, ne songeant plus qu'à son salut personnel, se proposait de battre en retraite du côté des mines de cuivre de Djebel-Marah, dans le sud-ouest du Darfour. Mais, en opérant ce mouvement, il risquait de se heurter aux troupes commandées par Slatin-Bey, officier autrichien au service de l'Égypte, gouverneur du Darfour.

### La situation dans le Darfour.

On était fort mal renseigné sur l'état des affaires dans cette province éloignée. Au mois d'avril précédent, en exécution d'ordres reçus du Caire, un messager était parti de Khartoum pour porter à Slatin-Bey les instructions suivantes : concentrer les troupes à El-Faschêer, capitale du Darfour, tâcher d'organiser un gouvernement sous quelque descendant des anciens rois de ce territoire, et évacuer le pays en se retirant soit au nord sur Dongolah, soit au sud dans la province du Bahr-Ghazel.

Il ne semble pas que ces ordres soient parvenus à destination; car des informations assez vagues que l'on avait sur les opérations de Slatin-Bey il résultait qu'il aurait, au contraire évacué, El-Faschêer, combattu et dispersé une tribu arabe hostile, après quoi il se serait retranché dans une position stratégique importante sur la route d'Obeyed, pour y attendre des renforts. Le 30 juin, il écrivait de Darah, à 200 milles au sud d'El-Faschêer, au gouverneur général du Soudan, une lettre arrivée à Khartoum au mois d'août seulement, et dont voici les passages principaux :

> Depuis le commencement des hostilités jusqu'à ce jour, j'ai eu à soutenir vingt-sept combats plus ou moins importants; un des khalifas de Méhémet-Achmet a péri dans l'un de ces engagements. Souffrant des suites de deux blessures et, de plus, atteint du ver de Guinée, j'ai dû me replier sur Darah. . . . . . . . . . . . . . . . . . . . . . .
> Je n'ai pas seulement eu à lutter contre l'ennemi : nombre de mes officiers arabes intriguent contre moi et minent sourdement mon autorité. . . . . . . . . . . . . . . . . . . . . . . . . . . . . . .
> La saison des pluies passées, j'aurai à combattre plusieurs tribus hostiles et j'ai grand besoin de secours, car j'ai perdu mes meilleurs officiers et soldats, et mes munitions commencent à s'épuiser. . . . .
> Pour mettre fin aux bruits que font courir les factieux, savoir qu'Arabi-Pacha a chassé d'Égypte tous les Européens, et que je n'ai plus aucun droit à exercer les fonctions de gouverneur, je prie Votre Excellence de m'adresser une dépêche en clair, dans laquelle elle confirmera mon autorité absolue, moyennant quoi je me fais fort, tant que je vivrai, de conserver au gouvernement la province du Darfour. »

Cette lettre était une réponse à une communication de Djiegler-Pacha, datée du 14 mars, et que Slatin-Bey disait être le seul message de Khartoum reçu par lui depuis plus d'une année.

### 20 août. — Le général Hicks nommé commandant en chef de l'expédition du Khordofan. Son plan de campagne.

Le 20 août, le général Hicks recevait un télégramme du khédive le nommant commandant en chef de l'expédition du Khordofan, avec le grade de général de division. Son plan de campagne était conçu comme il suit :

Quitter Khartoum le 8 septembre et remonter le long du Nil Blanc jusqu'à Duem, à 110 milles au sud de Khartoum, avec 8,600 hommes d'infanterie, 1,400 cavaliers et bachibouzouks, une batterie de pièces de campagne Krupp, deux batteries de pièces de montagne portées à dos de chameau, une batterie de mitrailleuses Nordenfeldt et un convoi de 5,000 chameaux. A Duem, quitter la rive du fleuve et se porter sur Barah, à travers une région fertile où il espérait trouver des ressources; puis arriver avec 7,000 hommes devant Obeyed, les 3,000 autres étant employés à maintenir les communications au moyen d'une ligne de postes fortifiés. Mais, sur les représentations d'Al-ed-Dèen-Pacha, approuvées par un conseil de guerre réuni à cet effet, il se décida ultérieurement à emmener tout son monde avec lui. On pensait, non sans raison, que les troupes égyptiennes avaient trop peu de solidité pour que des détachements isolés pussent se maintenir, en présence des nombreux partis arabes qui ne cesseraient de tenir la campagne sur les derrières de l'armée. L'expédition s'enfonça donc dans le désert sans ligne de retraite assurée.

Profondément ignorants et apathiques, les officiers égyptiens du corps expéditionnaire n'inspiraient ni respect ni confiance à leurs hommes, sur qui ils n'exerçaient à peu près aucune autorité. Aussi, pour organiser cette grande opération et pourvoir à tous les besoins de l'armée, équipement, subsistances, moyens de transport, le général Hicks et son petit état-major européen durent-ils faire appel à toutes les ressources de leur énergie et de leur intelligence. La question de l'eau était le principal objet de leurs préoccupations, le Khordofan étant la région la plus sèche de tout le Soudan. Les puits que l'on devait rencontrer ne contenaient guère d'eau qu'immédiatement après la saison des pluies, et, bien que l'on eût attendu ce moment pour entrer en campagne, il était à craindre qu'ils ne fussent insuffisants à abreuver une aussi grande quantité d'hommes et d'animaux. Quant aux vivres, on devait, en quittant le cours du Nil, emporter soixante jours de rations.

9 septembre. — L'armée quitte Khartoum.

L'armée se mit en marche le 9 septembre, et arriva le 20 à Duem, sans avoir rencontré d'hostilité chez les habitants, dont la plupart s'enfuyaient à la vue des troupes. La chaleur était intense et beaucoup de chameaux périrent pendant la route. Le 28 septembre, le général Hicks quittait Khartoum par steamer pour se mettre à la tête des troupes, alors campées à 30 milles au sud de Duem; Al-ed-Dëen-Pacha l'y avait précédé par la même voie, accompagné d'un certain nombre de notables influents de Khartoum, emmenés comme otages pour répondre de la tranquillité de la ville pendant la durée de la campagne. L'état-major du général Hicks était composé du colonel Farquhar, chef d'état-major, des majors Warner, Massey et Evans, des capitaines Heath et Walker et du chirurgien-major Rosenberg. Le colonel de Coëtlogon était demeuré à Khartoum, le colonel Colborne et le major Martin avaient été rappelés pour cause de santé. Plusieurs officiers allemands s'étaient joints à l'expédition : le major von Seckendorff, le capitaine Matyuga, le lieutenant Morris Brody, ainsi que le chirurgien en chef Georges-Bey et MM. O'Donovan et Vizetelly, correspondants de journaux anglais.

### Ordre de marche.

Voici quel était l'ordre de marche adopté : d'abord venaient deux guides à dos de chameau, puis un peloton de cavaliers circassiens en armure, précédant l'état-major général. Ensuite l'infanterie, formée en carré d'un bataillon de front pour deux des côtés, avec plusieurs bataillons en colonne pour les côtés perpendiculaires. Au centre du carré, l'artillerie. Derrière, un long convoi de chameaux, protégé sur les flancs par les bachi-bouzouks. Enfin, à l'arrière-garde, la cavalerie irrégulière. On campait dans le même ordre et, toutes les fois que cela était possible, on se retranchait derrière des *zéribahs*. Les plus grandes précautions étaient observées, tant pendant la marche qu'au bivouac, principalement pendant l'heure qui précédait le lever du soleil, moment habituel de l'attaque chez les Arabes. On ne se mettait en route qu'une heure après le jour. Toutes ces précautions et l'énorme quantité de chameaux qui suivaient la colonne ralentissaient beaucoup la marche, rendue très pénible par l'excessive chaleur, et l'on ne franchissait guère plus de neuf milles par jour. Les habitants emmenaient leur bétail à l'approche des troupes, mais les moissons sur pied fournissaient amplement le fourrage nécessaire.

### Août. — Événements de Sinkhat.

Tandis que l'armée se dirigeait lentement vers Obeyed, des événements importants avaient lieu dans les provinces de la mer Rouge. Au début du mois d'août, Osman-Digmah, riche et puissant marchand d'esclaves, assisté de ses neveux

Ahmed et Fadji, avait soulevé pour le compte du Mahdi plusieurs tribus du territoire de Sinkhat (1). Tewfik-Bey, gouverneur de Souakim, s'était rendu dans cette ville et y avait mandé Osman-Digmah pour lui demander des explications. Celui-ci répondit à son appel, mais accompagné de 1,500 hommes en armes, et pour le sommer, au nom du Mahdi, de lui livrer Sinkhat et Souakim avec le trésor et l'armement de ces places.

5 août. — Défaite d'Osman-Digmah.

Sur le refus du bey, Osman-Digmah attaqua la ville, dont les habitants, aidés par la garnison, se défendirent vigoureusement et repoussèrent les assaillants après une heure de combat. Ceux-ci laissèrent sur le champ de bataille soixante-trois morts, dont les deux neveux de leur chef, lui-même étant grièvement blessé. Les troupes et les habitants n'avaient perdu que sept hommes. Découragés par cet échec, les insurgés se retirèrent dans les montagnes d'Erkowitt (2).

Mesures de défense à Souakim et Berber.

Le gouvernement prit aussitôt des mesures pour la défense de Souakim, dont la garnison était de 100 hommes, y compris 40 artilleurs avec six pièces Krupp de neuf. La garnison de Sinkhat fut portée de 100 à 200 hommes. Cette extension de l'insurrection inspira de vives inquiétudes à Berber, qui se trouvait menacé dans ses communications avec

---

(1) Sur la route de Souakim à Berber. Cette ville, située dans un petit cirque de montagnes, sert de résidence à de nombreux habitants de Souakim pendant la saison chaude.

(2) Hautes montagnes à une trentaine de milles S.-E. de Sinkhat.

la mer Rouge. Le mudir de cette ville arrêta au passage, pour en renforcer sa garnison, deux bataillons qui se rendaient à Khartoum.

### 18 octobre. — Défaite d'un détachement égyptien.

Le 8 octobre, la ligne télégraphique entre Berber et Souakim fut coupée. Le 18, un détachement de 156 hommes avec deux officiers fut taillé en pièces par les Arabes à 20 milles de Souakim, dans un défilé de montagnes qu'il traversait pour se rendre à Sinkhat, où Tewfik-Bey était cerné par les insurgés.

### 5 novembre. — Défaite à Tokhar d'un autre détachement.

Le 5 novembre, un corps de troupes égyptiennes de 250 à 300 hommes, qui de Souakim se portait sur Khartoum par Kassalah, fut attaqué aux environs de Tokhar (1) par un parti ennemi et mis en déroute. On a prétendu qu'en dépit des efforts de leur commandant, les hommes ne s'étaient pas défendus et avaient pris la fuite en abandonnant leurs armes.

### Mort du commandant Moncrieff.

Le commandant Lynedoch Needham Moncrieff, ancien officier de la marine royale, consul d'Angleterre à Souakim, qui accompagnait le détachement, y fut tué.

Depuis lors, Tokhar et Sinkhat ont été continuellement bloqués. Pris de panique, les habitants de Souakim se ré-

---

(1) Petite ville située au centre d'un district agricole, à environ 45 milles à l'O. de Souakim. Il y existe un établissement pénitentiaire.

fugièrent pour la plupart à Djeddah, de l'autre côté de la mer Rouge, en Arabie; leur ville ne tarda pas à être à son tour investie du côté de la terre.

### Marche du général Hicks.

Pendant ce temps-là, l'armée du général Hicks continuait péniblement sa marche sur Obeyed; on en recevait peu de nouvelles. On savait que le général avait modifié son itinéraire; sur la promesse que le roi Adam de Takalieh lui avait faite de son concours, il était entré dans le Khordofan par le sud. Le 17 octobre, on recevait de lui au Caire la dépêche suivante, écrite dans les premiers jours du mois, et portée par courrier à Khartoum, d'où on l'avait transmise télégraphiquement :

> L'armée est parvenue à vingt-huit milles de Sarakhana. Nous n'avons en fait d'eau d'autre ressource que les mares d'eau de pluie que nous rencontrons, heureusement, en quantité suffisante. Les renseignements donnés par les guides sont fort vagues. . . . . . . . . . . . . .
> Il est à craindre que ces mares ne tarissent bientôt, et l'on ne peut, dans cette région, trouver de l'eau en creusant des puits. J'éprouve de grandes inquiétudes à cet égard. L'état sanitaire des troupes est bon, ce qui est bien heureux, car nous n'avons pas de voitures d'ambulances. La chaleur est intense.

### Dernière dépêche reçue de lui.

La dernière dépêche du général Hicks reçue au Caire était datée du camp de Sarakhana, 3 octobre 1883. Il y expliquait les motifs qui lui avaient fait, non sans regret, renoncer à se ménager des communications avec le fleuve et à s'assurer une ligne de retraite (1).

(1) Le fait suivant donnera une idée de l'incurie des administrations égyp-

Depuis lors on n'a plus entendu parler de l'armée du Khordofan.

De vagues rumeurs circulèrent à Khartoum vers la fin d'octobre sur les opérations du général Hicks. On parlait de succès qu'il aurait remportés; mais rien ne vint confirmer ces nouvelles sans aucun caractère d'authenticité, et l'anxiété était grande.

### 19 novembre. — Nouvelle de l'anéantissement de l'armée.

Enfin, le 19 novembre, un courrier qui avait été envoyé à Al-ed-Dëen-Pacha revint à Duem, sans l'avoir trouvé, apportant la triste nouvelle, bientôt confirmée par d'autres personnes arrivant du Khordofan, de l'anéantissement de l'armée. Les différents récits ne s'accordaient pas sur les points de détail, et un certain mystère plane encore sur cette terrible catastrophe, aucun des officiers anglais ni égyptiens n'ayant reparu depuis pour en rendre compte. Le récit qui semble mériter le plus de créance est celui d'un chamelier au service d'un officier indigène, un des rares survivants du désastre.

### Récit de cette catastrophe.

Il a raconté que, de Duem à Rahad (environ 200 milles), l'armée a marché sans encombre, n'ayant d'autres combats à soutenir que quelques escarmouches dans lesquelles ont péri un petit nombre de bachi-bouzouks et de cavaliers irréguliers. A Rahad, on trouva un lac rempli d'eau. De là

tiennes. Sir E. Baring n'a eu connaissance de ces deux dépêches que le 27 novembre, alors qu'elles ont été publiées dans la *Gazette égyptienne;* et Chérif-Pacha lui avait dit être sans nouvelles depuis le départ de Duem du corps expéditionnaire.

on reprit la marche sur Alouba, où l'on fut victorieux dans une rencontre avec les insurgés. Le 2 novembre, on repartit. Surprises dans une forêt par un corps ennemi considérable, les troupes égyptiennes furent encore victorieuses, après une journée entière de combat, et se remirent en marche le lendemain, samedi 3 novembre. L'eau était rare et les troupes commençaient à ressentir les atteintes de la soif. Ce jour-là, le carré fut enveloppé par l'ennemi et eut à soutenir un engagement sérieux; l'avantage resta encore à l'armée égyptienne, qui coucha sur le champ de bataille. Les pertes avaient été considérables des deux côtés.

Le lendemain 4, l'armée reprit sa marche sur Khazghil. Bien que souffrant cruellement de la soif, elle se battit encore toute la journée, pendant laquelle elle fut exposée à une violente fusillade. Enfin, le lundi 5, comme elle se trouvait à une heure et demie de marche des puits de Khazghil (environ 220 milles de Duem), une quantité considérable d'insurgés débouchèrent de la forêt où ils étaient embusqués et l'enveloppèrent de tous côtés. Un combat acharné s'engagea; mais, vers le milieu du jour, une charge générale à l'arme blanche, faite par l'ennemi, enfonça le carré, et l'armée fut mise en déroute. Le général Hicks et son état-major, Al-ed-Dèen-Pacha et les nombreux officiers égyptiens de haut rang qui l'accompagnaient, toute la troupe, officiers et soldats, furent massacrés; environ 200 soldats égyptiens et quelques domestiques nègres échappèrent seuls au désastre, et encore étaient-ils, pour la plupart, couverts de blessures.

Un seul des Européens attachés à l'expédition a survécu, à ce qu'on croit, et l'on suppose qu'il est maintenant au service, du Mahdi : c'est un nommé Adolphe Klootz, ancien sous-officier de uhlans prussiens, qui accompagnait comme domestique le major von Seckendorff. Cet homme avait déserté trois jours avant la lutte suprême, et l'on a tout lieu de croire qu'il avait passé à l'ennemi et qu'il commandait l'artillerie des insurgés pendant le combat du dernier jour.

N. — *Lettre de Saleh-Bey, gouverneur de Kalabat, à S. E. le gouverneur général des provinces du Soudan.*

Seigneur,

Les deux lettres ci-incluses ont été apportées à votre serviteur par un messager spécial de Sa Majesté le roi des rois d'Abyssinie, qui nous prie de les transmettre à Votre Excellence, en quelque lieu qu'elle se trouve. En conséquence, nous vous les envoyons en vous demandant, après en avoir pris connaissance, de nous faire parvenir au plus tôt votre réponse, afin que nous puissions la faire tenir à Sa Majesté le roi des rois par son propre messager, qui, en attendant, reste avec nous à Kalabat.

*Signé :* Saleh-Ibrahim,
Inspecteur du district de Kalabat.

P. S. — Le porteur des présentes se nomme Ali-Otman. Afin de ne pas faire de dépense, cette lettre est écrite sur du papier réglé.

1 zu'l hejeh 1301 (22 septembre 1884).

Ces deux lettres transmises par Saleh-Bey n'étaient point du roi Jean. C'étaient celles du consul Mitzakis au général Gordon et au consul grec de Khartoum, qu'on lira plus loin. Si une communication du roi d'Abyssinie y était jointe, elle n'est pas parvenue à Khartoum.

*Du même au même.*

Seigneur,

Votre serviteur, qui se tient devant vous dans l'attitude du service (1), prie Dieu d'un cœur sincère qu'il fortifie Votre Excellence et la protège contre ses ennemis, pour le bien des serviteurs et des sujets du gouvernement, et qu'il m'accorde la faveur de baiser les mains de Votre excellence, ces mains qui m'ont comblé de bienfaits et de bénédictions. Que Dieu conserve la gloire du gouvernement, et puisse Votre Excellence confondre et anéantir le misérable Méhémet-Achmet et ses pervers partisans. . . . . . . . . . . . . . .

Si vos pensées sont tournées vers votre serviteur, humble sujet du gouvernement, sachez que, jusqu'à présent, je vais bien, grâce à votre protection, et que je suis toujours dans l'attitude du service devant le gouvernement. Et quel gouvernement que le vôtre, à qui nous devons tant de bienfaits et de miséricorde! Je prie Dieu et son prophète que votre serviteur ne s'écarte jamais du sentier de la fidélité.

Quant aux sujets confiés aux soins de votre serviteur, ils ne cessent pas d'être pénétrés de respect pour vous, pleins de soumission et de fidélité, et, avec l'aide du Très-Haut, ils ne renonceront jamais aux bienfaits de votre gouvernement pour s'engager dans les voies de la rébellion.

Mais, Excellence, nous sommes entourés de tous côtés par l'ennemi : par les Doukhas, par les Schukrychs, par les Dâamychs, par les Djàabychs, et, du côté du fleuve, par les Rahbars et les Boukhâadihs.

(1) Formule orientale d'inférieur à supérieur.

Grâce au soutien de Votre Excellence, aucun mal ne nous viendra d'eux, et nous ne nous mettons point en souci de leur prétendu Mahdi. Le Seigneur nous donnera la victoire par la force du gouvernement et par sa réputation de puissance et de majesté d'où nous tirons honneur et gloire, grâce à la faveur de Votre Excellence et du khédive.

Voici quatre fois que nous vous écrivons; mais, lorsque nos messagers arrivent dans le pays de Katariff, les rebelles les prennent et les torturent. Nous sommes en correspondance régulière avec notre mudir.

Voilà nos informations pour Votre Excellence.

*Signé :* Saleh-Ibrahim,
Inspecteur du district de Kalabat.

1er zu'l hejeh 1301 (22 septembre 1884).

Une troisième lettre de Saleh-Ibrahim, datée du même jour, donnait quelques détails sur l'attitude des tribus du district, et portait à la connaissance du gouverneur général la conduite de Mahmoud-Bey, qui avait volé 6,000 dollars envoyés de Katariff sous escorte pour le paiement de la solde des troupes et des fonctionnaires de Kalabat.

*Du consul de Grèce à Adouah (Abyssinie) au général Gordon.*

Adouah, 5/17 août 1884.

Mon cher général,

Je suis arrivé en Abyssinie le 12/24 mai, envoyé par mon gouvernement dans le but d'assister l'amiral Hewitt dans sa mission à la cour de Sa Majesté l'empereur Jean.

Grâce à l'intelligence et au bon vouloir de Sa Majesté,

aidée de mes conseils, la mission de l'amiral a pleinement réussi.

En Égypte et en Angleterre, nous sommes restés quatre mois sans avoir de vos nouvelles, en dépit de toutes les tentatives faites pour s'en procurer.

L'Angleterre organise une expédition du Nil avec 15,000 hommes, commandés par lord Wolseley, et l'empereur Jean se dispose à entrer lui-même en campagne avec une armée considérable. Prenez donc courage et faites-moi parvenir de vos nouvelles, que je transmettrai en Angleterre.

Le porteur de cette lettre est envoyé par l'empereur Jean, à qui j'ai fait comprendre la nécessité d'avoir de vos nouvelles. Vous ne devez pas retenir ce messager plus de deux jours.

Je vous souhaite gloire et honneur dans votre entreprise, et je suis

Votre dévoué ami,
MITZAKIS.

*Du même au consul de Grèce à Khartoum.*

Adouah, 5/17 août 1884.

Monsieur,

Notre gouvernement, très affecté des calamités qui ont frappé les Grecs du Soudan, m'a envoyé ici dans le but de leur venir en aide, au moyen de mes relations avec Sa Majesté l'empereur Jean.

Le gouvernement est d'autant plus inquiet du sort de ses nationaux, que depuis quatre mois, en dépit des efforts des gouvernements anglais et égyptien, aucune nouvelle ne nous est parvenue de Son Excellence Gordon-Pacha.

Le Très Chrétien empereur Jean, informé par moi des

grands intérêts qu'ont au Soudan l'Angleterre et la Grèce, m'a promis de vous faire parvenir cette lettre, *via* Kalabat, par un messager fidèle qui rapportera votre réponse et celle de S. E. Gordon-Pacha, à qui j'écris également. Je vous prie de vouloir bien me donner des détails sur votre situation, sur l'état des vivres et des munitions, la nature du blocus, le nombre des soldats de la garnison et leur esprit, ainsi que celui des habitants, les noms des Grecs et des autres Européens de Khartoum, enfin tous les renseignements de quelque importance.

Il est bien entendu que vous devez renvoyer le messager au plus tôt et lui donner une lettre du plus petit volume possible, afin qu'il puisse mieux la dissimuler.

Je m'étonne que vous ne m'ayez pas encore écrit par Kalabat ou Ouelkeït. Si vous pouvez m'envoyer des lettres par Kalabat, mettez-les au nom du gouverneur général Gondar-Axoum-Gabroun; ou par Ouelkeït, au nom du gouverneur Dedjias-Tessema.

Espérant que vous serez bientôt délivré, je suis, etc.

LE CONSUL.

*Note jointe à la lettre.*

L'amiral anglais Hewitt est venu ici et a signé, au nom du gouvernement égyptien, une convention avec l'empereur Jean, par laquelle Bogos, Kassalah et Katariff sont cédés à l'Abyssinie, ainsi que le droit d'exportation et d'importation d'armes et de marchandises par le port de Massouah. Au moment où je vous écris, les Égyptiens remettent Bogos entre les mains de Ras-Aloula, le commandant en chef abyssin.

En Angleterre, on se dispose à envoyer 15,000 hommes pour lever le siège de Khartoum, et 100 à 200,000 braves d'ici vont se mettre en mouvement pour vous délivrer.

Si vous trouvez quelqu'un qui consente à porter vos lettres à Kalabat ou à Ouelkeït, vous pouvez lui promettre autant d'argent que vous voudrez, nous le paierons, car l'Angleterre porte un grand intérêt au général Gordon.

O. — *Lettre de Slatin-Bey à S. E. Gordon-Pacha.*

Excellence,

Je n'ai reçu aucune réponse aux deux lettres que j'ai envoyées à Votre Excellence, l'une par Georges Calamatino, l'autre par mon domestique, non plus qu'à celle que j'ai adressée au consul Hansall.

Excellence, j'ai soutenu pour le gouvernement vingt-sept combats, et je n'ai été battu que deux fois. Je n'ai rien fait de déshonorant qui puisse empêcher Votre Excellence de me répondre, afin que je sache ce que j'ai à faire.

Votre petit steamer a été pris à Dar-Djumnah, et on a apporté ici vos lettres pour le Caire. Afin de vous prouver que le steamer est bien réellement en leur pouvoir, les rebelles vous envoient quelques-uns de ces papiers. J'ai fait ce que j'ai pu pour y faire joindre votre journal militaire, pensant qu'il a peut-être quelque valeur pour Votre Excellence.

J'espère que le consul Hansall a traduit la lettre par laquelle je mettais à la disposition de Votre Excellence mes faibles services, et que j'avais dû écrire en allemand, les Arabes ayant brûlé mon dictionnaire français qu'ils prenaient pour un livre de prières.

# APPENDICE.

Son Excellence Stewart-Pacha a péri avec neuf de ses compagnons; les autres ont été emmenés à Berber.

Quand vous aurez une lettre pour Dongolah, je vous prie de me l'envoyer; je saurai la faire parvenir.

Votre scribe a si mal rédigé une de vos dépêches, moitié en chiffres, moitié en arabe, que les rebelles ont trouvé moyen de la déchiffrer, ce qui fait qu'ils possèdent maintenant la clef de votre correspondance et qu'ils ont pu lire aussi votre dépêche à Son Excellence Tewfik-Pacha.

Si vous avez à la poste des lettres pour moi, je vous prie de me les faire parvenir, étant depuis trois ans sans nouvelles de ma famille. Je supplie Votre Excellence de m'honorer d'une réponse.

Votre dévoué et obéissant serviteur,
SLATIN.

*P. S.* — Seïd-Djomah, mudir de Faschëer, cherche comme moi une occasion d'entrer à Omdourman pour demeurer avec vous. Je vous en prie, Excellence, faites votre possible pour nous la procurer, car nous redoutons toujours les espions.

Je prie Dieu qu'il vous donne la victoire.

Peut-être Votre Excellence a-t-elle entendu dire que j'ai fait quelque chose de contraire à l'honneur d'un officier, et cela vous empêcherait de m'écrire. S'il en est ainsi, je vous prie de me donner l'occasion de me défendre et d'éclairer votre jugement sur mon compte.

P. — *Lettre du Mahdi au général Gordon.*

Au nom de Dieu, le Miséricordieux et le Compatissant,

loué soit Dieu, le Maître bienfaisant, et béni notre seigneur Mahomet, que la paix accompagne.

Du serviteur confiant de Dieu, Méhémet, fils d'Abdullah, à Gordon-Pacha de Khartoum; puisse Dieu le guider dans le sentier de la vertu. Amen.

Sache que ton petit steamer, nommé l'*Abbas*, que tu avais envoyé pour porter des nouvelles au Caire par Dongolah, a été pris par nous, suivant la volonté de Dieu, avec ton représentant, Stewart-Pacha, les deux consuls français et anglais et d'autres personnes.

Ceux qui nous ont reconnu pour le Mandi ont été remis en liberté, et ceux qui ne l'ont pas fait ont été mis à mort, entre autres ton représentant susnommé et les deux consuls, dont les âmes sont vouées au feu éternel.

Nous avons pris connaissance de toutes les lettres et dépêches en langues arabe et franque trouvées dans le bateau, ainsi que des cartes, et le tout nous a été expliqué par ceux à qui Dieu a accordé ses dons et dont il a éclairé les cœurs.

Tout a été pris et lu par nous, et nous aurions pu te retourner ces papiers qui ne nous servent à rien. Mais, puisque c'est toi et les tiens qui les avez envoyés et que vous les connaissez, nous nous contentons de t'en adresser quelques-uns, afin que tu sois convaincu de la vérité de ce que nous te disons et qu'elle fasse impression sur ton esprit, dans l'espoir que Dieu te guidera vers la foi de l'Islam et vers ta soumission et celle des tiens, ce qui vous donnera à tous le bonheur éternel.

Suit une longue et fastidieuse énumération d'une grande quantité de lettres, dépêches et notes officielles adressées au khédive, à Nubar-

Pacha, président du conseil des ministres, à l'agent diplomatique anglais au Caire et autres, ainsi que du journal du colonel Stewart (1).

Nous sommes donc instruits de toutes vos pensées, de votre situation et des forces sur lesquelles vous vous appuyez, qui ne sont pas la faveur et la puissance divines. Nous avons tout compris; il ne vous a servi à rien d'employer des langages étrangers et de recourir à des chiffres et autres artifices, car rien ne peut être secret pour le Tout-Puissant.

Il ne vous servira pas non plus de compter sur des renforts et des secours autres que ceux de Dieu, et vous ne recueillerez de votre aveuglement que calamités dans ce monde et dans l'autre.

Car le Très-Haut a dissipé la sédition par notre entremise; il a vaincu les méchants et guidé vers la vérité ceux qui ont montré du sens et du jugement.

Il n'y a de refuge qu'en Dieu et, conformément à son commandement, en son prophète et en son Mahdi.

Tu sais sans doute ce qui est arrivé à tes frères, dont tu espérais l'assistance, et qui ont été détruits et dispersés à Souakim et ailleurs.

Nous sommes maintenant à une journée de marche d'Om-

---

(1) De tous ces papiers, nous ne retiendrons qu'une note donnant, sous le sceau de Ferratch-Pacha, l'état des troupes et de l'armement de Khartoum, savoir :

Deux canons Krupp avec 284 obus; onze pièces de montagne avec 2.303 gargousses; deux canons à mèche avec 315 gargousses; cinq mortiers avec 565 gargousses; une pièce de campagne, deux mitrailleuses et huit obusiers; 7,064 fusils Remington, 1,205 mousquets à percussion, 127 fusils rayés d'ancien modèle et 19 pistolets, avec 150,233 paquets de cartouches.

Et pour les troupes : 2 généraux, 2 colonels, 5 lieutenants-colonels et un nombre proportionné d'officiers des autres grades; 2,370 soldats. Plus, le contingent des irréguliers, bachi-bouzouks, schaggyehs et autres, en tout 4,797 hommes, partagés en 26 compagnies.

dourman, et, si tu veux revenir à Dieu, te faire musulman, te soumettre aux commandements du Très-Haut et de son prophète, et nous reconnaître pour le Mahdi, envoie-nous un message pour nous mander que tu déposes les armes, par quoi tu gagneras la bénédiction divine dans ce monde et dans l'autre. Autrement, tu auras à lutter avec Dieu et son prophète. Et sache que le Tout-Puissant t'anéantira, comme il en a déjà anéanti de plus puissants que toi. Et vous tous, vos enfants et vos biens, serez la proie des vrais musulmans, et vous vous repentirez, alors qu'il sera trop tard, car après la bataille il ne vous sera fait aucun quartier.

Il n'y a de force et de secours que dans Dieu, et la paix est avec ceux qui lui sont soumis.

Daté du septième jour de *moharrem* 1302 (22 octobre 1884).

P. S. — Dans une de tes dépêches en chiffres, tu parles des troupes du Bahr-Ghazel et de l'Équateur, et tu dis que tu mourras plutôt que d'abandonner ces 30,000 soldats.

Sache donc que ces provinces sont en notre pouvoir, et que leurs chefs et leurs troupes sont maintenant des auxiliaires du Mahdi. Et voici inclus deux lettres qui nous sont envoyées par nos lieutenants dans ces territoires; en les lisant, tu verras s'ils font maintenant partie de tes États ou de ceux du Mahdi.

C'est dans notre compassion pour toi et les adorateurs de Dieu qui sont avec toi que nous avons pensé à ajouter ceci, afin que tu sois mieux informé et que tu voies ce que tu as à faire.

En bas de cette lettre, écrite sur le recto d'une très grande feuille de papier, se trouve le sceau du Mahdi, très grand, de forme carrée, grossièrement gravé, et portant l'inscription suivante, formant trois vers à rimes redoublées :

Il n'y a d'autre Dieu qu'Allah.
Mahomet est le prophète d'Allah.
Méhémet le Mahdi est le fils d'Abdullah.
An 1292.

A cette lettre du Mahdi en étaient jointes deux assez longues des scheikhs Méhémet-Kerkasâaoui et Karam-Illah-Méhémet, deux frères, émirs du prophète dans le Bahr-Ghazel, rendant compte de la soumission de Lupton-Bey, gouverneur de cette province, de son abjuration et de celle de deux Coptes, et du partage du butin.

Quant aux papiers que le Mahdi renvoyait au général Gordon, c'étaient deux billets insignifiants en arabe, adressés par lui au mudir de Dongolah, et une lettre de M. Hansall au consul général d'Autriche-Hongrie au Caire.

Q. — *Dépêche de Son Excellence Gordon-Pacha à Son Excellence Ferratch-Ullah-Bey, commandant du fort d'Omdourman.*

Le scheikh Méhémet-Achmet nous a écrit pour nous informer que Lupton-Bey, mudir du Bahr-Ghazel, s'est rendu, que le petit steamer de Stewart-Pacha a été pris avec ceux qu'il portait, et pour nous engager à capituler.

Cela m'est fort égal que Lupton-Bey se soit ou ne se soit pas rendu ; Méhémet-Achmet peut avoir pris vingt mille steamers comme l'*Abbas* et vingt mille officiers comme Stewart-Pacha, ou ne pas les avoir pris, cela ne me fait rien.

Je tiens ici comme du fer, et j'espère voir bientôt arriver les Anglais. Et Méhémet-Achmet me manderait que les Anglais sont tous morts, que cela serait la même chose.

Faites faire une copie littérale de ceci et donnez-la, revêtue de votre sceau, au messager de Slatin, que vous renverrez demain matin de bonne heure. Désormais, je n'aurai que du plomb pour Méhémet-Achmet et point de paroles.

*3 moharrem 130? (22 octobre 1884).*

R. — *Lettre du mudir de Senaar à Son Excellence le très honorable gouverneur général du Soudan et ses dépendances.*

Nous portons à la connaissance de Votre Excellence que, le 6 octobre 1884, nous avons eu l'honneur de recevoir son ordre du jour du 24 septembre, annonçant l'arrivée de neuf braves régiments de l'armée anglaise et de musulmans de l'Inde, artillerie, cavalerie et infanterie, exercés à franchir les montagnes, les plaines et les passages difficiles, et accompagnés de canons neufs et de chevaux vigoureux. La lecture publique de cette communication a causé ici et dans les environs une vive satisfaction et provoqué de grandes réjouissances; on en augure au mieux, et tout le monde prie pour que Dieu donne la victoire à vous et à l'armée. Plût à Dieu que les troupes eussent pris possession de Berber et fussent arrivées à Khartoum! Tous les gens de Senaar et du voisinage, ulémas et marchands, citoyens et notables, officiers et soldats, baisent les mains de Votre Excellence et souhaitent qu'avec l'aide de Dieu et de notre prophète (que la paix et la bénédiction l'accompagnent, ainsi que son peuple), les troubles du Soudan soient bientôt apaisés, les prétentions du Mahdi déjouées, et que tout le monde se soumette à l'épée du gouvernement.

C'est à Dieu qu'appartient la victoire et en lui qu'est l'espérance.

Le mudir général de Senaar,<br>
Signé : Hassan-Sadik.

Daté du 18 zu'l Hejeh, 1301 (9 octobre 1884).

P. S. — Nous prions Votre Excellence de nous envoyer promptement le steamer que nous lui avons demandé dans notre lettre n° 39/14.

S. — *Lettre du major Kitchener au général Gordon.*

Debbeh, 11 octobre 1884.

Cher général Gordon,

Veuillez me faire connaître par le porteur de cette lettre, dont le retour est payé, les noms des passagers du steamer qui descendait le Nil en venant de Khartoum. J'ai le regret de vous dire qu'ils sont tombés au pouvoir de Suleiman-Ouedy-Goum, scheikh des Minassirs, et je crains bien qu'ils n'aient péri.

Lord Wolseley est à Ouedy-Halfah, et l'on pense que le corps expéditionnaire se mettra en marche vers le 1er novembre, partant de Dongolah. On a apporté d'Angleterre des bateaux spéciaux pour la navigation du Nil.

Sir Evelyn Baring me prescrit de vous transmettre la dépêche suivante du consul général d'Autriche-Hongrie :

« *Le Caire*, 1er *octobre.* — Je vous remercie de tout cœur des nouvelles que vous avez bien voulu me donner. J'ai fait des démarches pour faciliter le voyage de notre consul de

Berber jusqu'au Caire, mais on m'assure que les chemins de Berber à Debbeh ne sont pas libres. En tout cas, je vous recommande chaudement la sécurité personnelle de notre consul et des sujets austro-hongrois et allemands. Je serai très heureux d'avoir des nouvelles directes de M. Hansall (1). »

Je vous envoie inclus deux lettres arrivées ici pour vous.

J'espère que vous avez reçu quelques-unes de mes lettres antérieures; aucune réponse de vous ne m'est parvenue.

Ces lettres transmises par le major Kitchener sont les suivantes.

*A Son Excellence le général Gordon à Khartoum.*

Berlin, 10 avril.

Général,

J'espère que vous excuserez la liberté que je prends. Bien que l'on vous ait abandonné et que l'on n'ait pas suivi vos instructions, j'espère que vous serez victorieux, et votre nom sera gravé sur les tablettes de l'histoire.

Je suis, cher général, votre très obéissant serviteur,

Th. Roth.

Berlin, 4 mai 1884.

Cher Monsieur,

J'ai eu l'honneur de vous écrire le 10 avril. Depuis lors, je me suis permis de télégraphier le 22 avril au comte Granville : « Pour l'amour de Dieu, secourez Gordon à Khartoum, » et j'ai confirmé cette dépêche par la lettre suivante.

(1) Le texte original de cette dépêche est en français.

« Mylord, j'ai l'honneur de confirmer mon télégramme de cette après-midi. Votre Seigneurie aura la bonté d'excuser la liberté que j'ai prise. Étant un admirateur de Gordon et lui devant une profonde reconnaissance pour la bonté avec laquelle il s'est efforcé de délivrer mon frère, Gottfried Roth, que l'on croit prisonnier du Mahdi ( le même qui a été félicité par Votre Seigneurie pour avoir, il y a quelques années, fait la capture d'une bande de marchands d'esclaves et délivré plusieurs centaines de nègres), pour ces motifs j'ai cru de mon devoir de faire quelque chose pour lui. De là mon idée de télégraphier à Votre Seigneurie, qui, dans sa haute position, pourra être utile à Gordon. J'ai l'honneur d'être, etc. »

J'ai eu le plaisir de recevoir de Sir J. Pauncefote, secrétaire d'État, la réponse suivante :

« Monsieur, par ordre du comte Granville, je vous accuse réception de votre dépêche et de votre lettre du 22 courant, par lesquelles vous insistez pour que des secours soient envoyés au général Gordon. Je suis, etc. »

Au bas de cette lettre, Gordon avait écrit ces mots : *Roth n'a pas tiré grand'chose de Sa Seigneurie!*

### T. — *Firman du khédive d'Égypte.*

A Son Excellence l'honorable Gordon-Pacha (1).

Vous savez que l'objet de la mission de Votre Excellence au Soudan est d'opérer l'évacuation de ce pays par nos troupes et par les fonctionnaires du gouvernement qui s'y trou-

(1) La formule littérale est : Sa Félicité l'excellent...

vent, ainsi que d'assurer l'arrivée en Égypte de ceux des habitants du Soudan qui voudraient s'y transporter avec leurs familles et leurs biens. Nous sommes certain que Votre Excellence saura prendre les mesures nécessaires à l'accomplissement de sa mission.

Après avoir réglé cette affaire, vous prendrez les arrangements indispensables pour établir dans ces provinces un gouvernement fort qui assure le maintien de l'ordre et préserve la masse ignorante des calamités qui fondraient sur elle, si elle était abandonnée sans chef. J'ai pleine confiance dans votre jugement et votre énergie pour mener à bonne fin la tâche qui vous est prescrite.

*Scellé et signé :* Méhémet-Tewfik.

27 janvier 1884.

Du khédive d'Égypte et ses dépendances aux ulémas, juges, notables, scheikhs des villages, marchands, et à tous les habitants arabes et autres du Soudan, ainsi qu'à leurs serviteurs, salut.

Il est connu de tous que, lorsque mon aïeul Jantimgan-Méhémet-Ali a pris les rênes du gouvernement dans la terre d'Égypte, il s'est efforcé de répandre l'instruction et les lumières, d'élargir la sphère de l'agriculture et du commerce et d'augmenter la richesse des habitants, jusqu'à ce que l'Égypte ait acquis la réputation d'un pays civilisé. Après quoi, il a jugé devoir étendre les mêmes bienfaits à la région du Soudan, et le Tout-Puissant a favorisé cette entreprise. Depuis lors, la prospérité n'a cessé de croître dans ce pays, des villes y ont été fondées, des marchés établis, le commerce y a pris de l'extension, et les lumières de la civilisation ont peu à peu éclairé les habitants. Le progrès réalisé ressort avec évidence de la comparaison entre la condition du pays antérieurement à la conquête et sa condition présente. C'était là le seul but que se fût proposé mon aïeul.

Mais la grande distance qui nous sépare offre certains inconvénients qui ont amené des soulèvements contre mon gouvernement. Cette rébellion a eu pour unique résultat de grandes pertes d'hommes et d'argent, et a été pour la terre d'Égypte un très lourd fardeau. Aussi avons-nous résolu de rendre l'indépendance aux anciennes familles des rois du Soudan, et, sachant que, pendant son séjour parmi vous, Son Excellence Gordon-Pacha s'est acquis votre sympathie par ses efforts pour assurer à votre pays la paix et la prospérité, ayant confiance dans son jugement, ses capacités et son bon vouloir à votre égard, nous vous l'avons envoyé comme notre représentant, avec pleins pouvoirs pour retirer de votre pays, par des voies amiables et pacifiques, nos fonctionnaires et nos troupes, ainsi que tout ce qui appartient à notre gouvernement. Nous demandons en conséquence à ceux qui ont pris les armes de les déposer, et de constituer en toute diligence et en pleine tranquillité un gouvernement de leur choix, qui assure la prospérité du pays et la sécurité des routes, de façon à ce que les relations commerciales puissent continuer entre nous, ce qui vous donnera la richesse et favorisera les progrès de la civilisation. De la sorte, les liens d'amitié continueront à subsister, comme le commandent les lois de l'humanité.

Écrit le 28ᵉ jour de *rabiah* 1301.

(26 janvier 1884.)

*Proclamation de Gordon aux habitants de Khartoum,
révoquant le firman ci-dessus.*

Primitivement le gouvernement avait résolu de rappeler au Caire les Égyptiens qui se trouvent ici et d'abandonner le Soudan, et vous avez pu voir que l'on avait commencé à agir dans ce sens, du temps d'Hussein-Pacha-Yousri. Mais, à notre arrivée à Khartoum, pris de compassion pour vous, nous avons représenté au khédive d'Égypte, notre effendi, l'inopportunité d'un abandon de ce pays, qui entraînerait sa ruine. Les ordres antérieurs ont été rapportés, et tous nos soins ont été consacrés à l'apaisement des troubles et à la dispersion des perturbateurs. Aussi des troupes considérables, infanterie et cavalerie, sont-elles en marche pour venir délivrer Khartoum ; elles ont déjà atteint Dongolah et seront bientôt ici. En les attendant, nous fortifierons notre défense, selon la volonté du khédive, exprimée dans son *iradé* du 14 septembre. Les ulémas et les professeurs de Khartoum avaient adressé au khédive une pétition télégraphique pour lui demander des renforts, et il leur a répondu par un *iradé* dont nous vous donnons copie (1). Soyez donc pleinement rassurés quant à vos personnes, à vos familles, à vos biens et à vos maisons. Si la volonté de Dieu le permet, dans quelques jours le siège sera levé, et tout sujet d'alarme sera évanoui. Sachez aussi que, quand Méhémet-Achmet me demanderait pendant trois années de rendre Khartoum, je ne l'écouterais pas, et je demeurerais ici pour protéger avec

---

(1) Voir ci-après, lettre U, cette pétition et l'iradé du khédive.

énergie et persévérance vos existences, vos familles et vos biens.

Signé : Gordon-Pacha.

U. — *Pétition télégraphique des ulémas et fonctionnaires de Khartoum au khédive.*

Nous avons la hardiesse d'offrir nos humbles remerciements à notre souverain le khédive.

L'ennemi a assiégé Khartoum, nos existences étaient dans notre gosier (*sic*), nous n'avions plus de courage et il n'est point de mots pour décrire notre misérable situation. Mais le gouvernement général a été conféré à S. E. Gordon-Pacha, et, dès son arrivée, il nous a comblés de bienfaits, a fait droit à nos demandes et a pris des mesures pour que l'ordre naisse du chaos. Et, Khartoum étant assailli de tous les côtés par la fusillade et la canonnade, le gouverneur général a veillé nuit et jour. Et, quand le Nil a commencé à croître, il a envoyé au dehors ses victorieux soldats, qui ont remporté l'avantage, et nous espérons que bientôt la victoire sera complète. Khartoum est comme un roc imprenable.

Nous prions Dieu qu'il accorde une longue vie à Sa Hautesse le khédive et qu'il nous délivre des soucis actuels.

IRADÉ DU KHÉDIVE,

*Daté du 21 septembre 1884 et adressé aux ulémas et professeurs, aux cadis et à tous les officiers civils et militaires de Khartoum.*

Votre télégramme du 27 schamal (19 août) nous est parvenu. Nous déplorons la situation dans laquelle vous vous trouvez par suite de l'impossibilité où les circonstances nous ont mis jusqu'à présent de vous envoyer des renforts. Mais nous sommes heureux de vous savoir encore sains et saufs et de savoir la ville conservée par votre énergie et votre vaillance. Si Dieu le permet, des renforts vous arriveront bientôt, et vous serez récompensés de vos peines. Nous espérons que vous continuerez à sauvegarder l'honneur du gouvernement. Avec le temps, toutes les difficultés sont vaincues, et, par la grâce de Dieu, le jour du salut est proche.

### V. — *Projet d'organisation du Soudan, élaboré par le général Gordon.*

1. — Son Excellence El-Zubehr-Pacha sera gouverneur du Soudan, avec le rang de *farik* et la décoration de l'Osmanié; sa solde sera de 6,000 livres sterling par an.

2. — Il nommera et révoquera à son gré les mudirs, les vakêels et autres fonctionnaires et employés, fera tous les règlements relatifs aux administrations civiles et militaires, déterminera la quotité des taxes à percevoir annuellement et fixera le budget des dépenses.

3. — Il pourra conférer les grades militaires jusqu'à celui de *miralli* (colonel), dont les brevets seront envoyés du Caire sur sa demande; au-dessus de ce grade, il en référera au khédive.

4. — Le Soudan sera limité au nord par le district de Handak, l'un des districts de la province de Dongolah, et il sera divisé en trois provinces : celles de Dongolah, de Berber et de Khartoum. Massouah et Senheït ne feront pas partie du gouvernement du Soudan. Les provinces de

l'Équateur et du Bahr-Ghazel seront évacuées et abandonnées.

5. — Le gouvernement égyptien paiera encore pendant deux ans au gouvernement du Soudan la somme de 250,000 livres sterling, que lui coûtait annuellement l'administration de ce pays.

6. — Les droits de douanes perçus sur les marchandises importées par la voie de Souakim resteront fixés comme auparavant et feront partie intégrante des revenus du Soudan. Mais les marchandises importées au Soudan par la frontière d'Égypte n'acquitteront pas de droits.

7. — Tout le matériel de guerre, munitions, fournitures d'arsenal et objets d'équipement des troupes qui seront jugés nécessaires au gouvernement du Soudan lui seront envoyés d'Égypte, et la valeur n'en sera pas comprise dans le subside payé par le trésor khédival.

8. — Les approvisionnements militaires, les objets d'équipement, les bateaux à vapeur et autres qui se trouvent actuellement au Soudan, ainsi que leurs gréements et accessoires, y seront laissés.

9. — Des stations fluviales seront installées sur le Nil, depuis Handak jusqu'à Khartoum, avec une redoute et des parapets à chacune d'elles, ainsi que les moyens de transport nécessaires. Ces stations seront continuées au nord de Handak, mais celles-là appartiendront au gouvernement égyptien.

10. — Les troupes britanniques prêteront leur concours au gouvernement du Soudan pour la levée des sièges de Khartoum et de Senaar, après quoi il appartiendra au gouverneur de parfaire l'apaisement des troubles.

11. — Son Excellence El-Zubehr-Pacha s'efforcera de

s'emparer du prétendu Mahdi, Méhémet-Achmet, et de délivrer ceux qu'il retient captifs, Européens et autres, et, en cas de succès, une somme de 30,000 livres sterling sera payée à ladite Excellence.

12. — La traite des nègres sera abolie, conformément à la convention conclue en 1877 entre l'Angleterre et l'Égypte.

13. — Le monopole des transits à travers les déserts du Soudan sera retiré à Hussein-Pacha-Khalifa et à tous ses parents et alliés.

14. — Le gouvernement du Soudan indemnisera Seyd-Méhémet-Osman des pertes éprouvées pendant les troubles par lui et les siens.

FIN DE L'APPENDICE.

# TABLE DES MATIÈRES.

|  | Pages. |
|---|---|
| Préface, par A. Egmont Hake............................ | 1 |
| Introduction, par Sir Henry W. Gordon................. | xxxvii |
| Journal. — Premier fascicule (du 10 au 23 septembre)...... | 1 |
| — Deuxième fascicule (du 23 au 30 septembre)... | 96 |
| — Troisième fascicule (du 1er au 12 octobre)...... | 103 |
| — Quatrième fascicule (du 12 au 20 octobre)..... | 155 |
| — Cinquième fascicule (du 20 octobre au 5 novembre)................................... | 185 |
| — Sixième fascicule (du 5 novembre au 14 décembre)................................... | 245 |
| Appendices ............................................. | 353 |

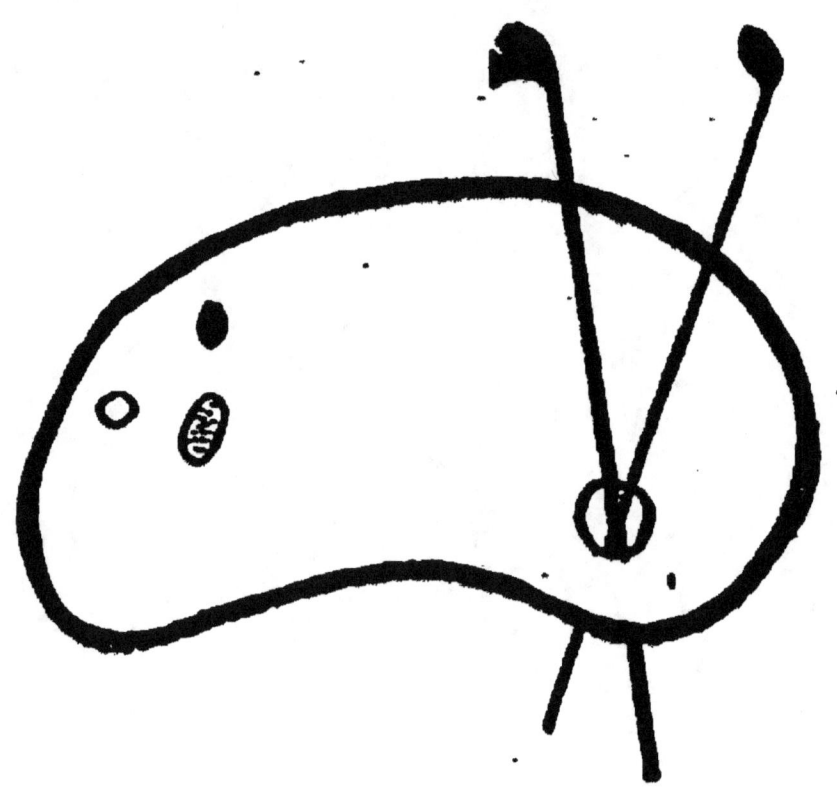

ORIGINAL EN COULEUR
NF Z 43-120-8

www.ingramcontent.com/pod-product-compliance
Lightning Source LLC
Chambersburg PA
CBHW051135230426
43670CB00007B/818